PHYSICAL EDUCATION ADMINISTRATION

# 체육행정 경영의 이론과 실제

| 저자 이상효 |

 혜민북스

# 머리말

스포츠 산업은 자본주의 내에서 사회적 재생산을 가능하게 해 주는 문화적 형태로 존재하는데, 스포츠와 연관된 직업 선수, 운동 클럽, 여가 산업 그리고 제조업 등이 문화 산업의 중요한 내용을 구성한다라는 김성일(1998)의 글은 지금 나라 안밖으로 일어나고 있는 스포츠의 새로운 개념을 함축하고 있다.

체육학을 전공한 저자로서는 이러한 세계적인 스포츠의 새로운 현상들이 닥쳐올 것이라고 귀가 따가울 정도로 익히 들어 왔고, 앞으로도 이러한 현상의 이해와 연구에 도움을 줄 수 있는 많은 문헌과 이론들이 등장할 것으로 생각된다.

우리 나라의 체육관련 행정부처와 민간 조직만 보더라도 국내·외 대규모 체육 행사 준비로 무척 부산한 움직임을 읽을 수가 있다. 그런데 이러한 역동적인 움직임을 일어나게 하는 동기와 그러한 과정 속에서 존재하는 조직력, 그리고 궁극적으로 달성하고자 하는 목표는 무엇일까? 또한 현재 붐을 일으키고 있는 지방정부 단위의 생활체육 운동의 지원과 관리는 어떤 형태로 이루어져야 바람직하다고 할 수 있는가?

저자를 포함한 미래의 체육행정·경영 지도자로서 꾸준한 준비를 하고 있는 독자들은 이러한 질문에 답변할 수 있어야 한다. 특히 학계에서는 행정과 경영에 관한 개념 논쟁에서 약간의 차이점은 인정하고 있지만, 동일한 개념으로 사용하여야 한다고 주장하고 있다. 하지만 우리 나라 체육학계의 현실은 그렇지 않다. 즉 체육 행정학과 체육경영학 또는 스포츠 마케팅이라는 과목으로 각각 명확하게 구분되어 교과과정으로 편성되고 있기 때문에 학생들은 이러한 세 가지 과목이 서로 공통점 보다는 차이점이 많은 것으로 인식하고 있는 듯하다.

따라서 필자는 행정과 경영의 의미가 각자의 의미에 있어서 차이점을 인정하면서도 공통점이 더 많다고 주장하면서 본서의 제목을 『체육행정·경영의 이론과 실제』라고 붙였으며, 위에서 제시한 스포츠의 역동적인 움직임, 조직력, 목표, 바람직한 방향에 대한 물음에 답하고 기본적인 이론을 제시하기 위한 방향으로 내용을 구성하였다.

특히, 저자는 체육인의 한 사람으로서 체육행정의 발전과 체육행정학의 학문적 발전에 기여해야 한다는 생각으로 대학·대학원의 석·박사과정 중에 배운 내용과 10여년간 지방자치단체의 체육행정 전문 공무원으로 근무하면서 체득한 행정이론과 실무를 바탕으로 본서를 집필하였다. 물론 이론과 실무에는 다소의 차이가 있을 수 있으며, 저자의 전공영역(專攻領域)과 사견(私見)이 본서의 약점이 될 수 있다. 또한 본서에서는 행정과 경영이 외국문헌의 번역과정에서 혼동되어 표기될 수도 있고, 국가나 지방자치단체의 체육행정 부분(조직, 재정, 실무)이 특히 강조되었다. 하지만, 저자가 국가 공무원으로서 이 분야에 수년간에 걸친 경험이 있어 좀 더 많은 정보를 독자에게 제공하겠다는 의지로 이해하여 주시기 바란다.

본서는 차례가 예증하는 것처럼 아래와 같은 논리적인 절차에 따라 진행되며, 총 12장으로 구성되어 있다.

제1장에서는 체육행정의 개념에 대한 정의와 유사개념과의 동일성과 차이점을 비교하였다.

제2장에서는 본서의 특징이라고 할 수 있는 체육·스포츠경영관리를 기술함으로써 행정·경영이론의 공통점인 학문적 발달과정을 살펴보았고, 본서를 읽는 독자들이 스포츠경영체에 근무하거나 경영할 때 도움이 될 수 있는 스포츠경영의 기초적인 이론과 실무 측면을 설명하였다.

제3장~제8장까지는 체육정책, 조직관리, 시설관리, 직장체육, 체육재정과 예산, 체육·스포츠 법률에 대하여 기술하였다.

제9장은 우리 체육행정가들이 학교 및 스포츠 조직의 현장에서 근무할 때 가장 흔히 나타나는 취약점인 사무관리 능력을 향상시키기 위하여 사무관리 이론의 기초부터 문서작성법, 문서보관 요령 등을 설명하였다.

제10장은 학교교육과정 속에서 정과체육수업의 원리를 설명하고 학교체육시설, 특기적성교육, 운동부육성의 중요성과 문제점을 지적하고 바람직한 방안을 제시하였다.

제11장은 현재 정부와 지방자치단체에서 큰 관심을 보이고 있는 생활체육행정관리에 대하여 기술하였다.

제12장은 우리의 체육학이 그 영역을 확대해야할 분야인 스포츠 마케팅의 기본적인 이해와 사례들을 제시하였다.

끝으로 본서의 내용이 잘못되었거나 고쳐야할 부분이 있다면 질책하여 주시고 격려하여 주시기를 기원하며, 저자는 앞으로도 체육행정·경영의 발전을 위하여 최선을 다함과 동시에 본서의 약점을 개정·보완할 예정이다.

2001.  11월  저자 씀

# 차 례

# 제1장 체육행정의 의의

우리가 행정이라고 하면 정부기관이나 공공단체에서 이루어지는 업무를 말하고 있지만 사실은 국가의 행정기관을 포함한 기업, 군대 등에서 "조직의 목표를 달성하기 위하여 2인 이상이 협동하는 행위"를 일컫는다. 그러나 이러한 행정을 한 마디로 규정하기는 매우 어렵고 경영과의 의미도 그 구분이 애매하다.

그 이유는 행정에 대한 이론적인 체계가 정립되기 전에 또 새로운 이론을 요구하기 때문이며, 경영·관리라고 하는 용어와 명확한 구분이 없기 때문이다.

특히 체육행정학은 일반 행정학 분야의 이론을 토대로 하였고 체육행정학에 대한 본격적인 연구가 최근에 이루어졌기 때문에 더욱 그 구분이 어렵다. 하지만 일반적으로 "체육행정" 하면 대규모 체육조직의 상층부에서 업무를 효율적으로 추진하기 위해 일어나는 관리적 요소를 다분히 내포하고 있다.

따라서 본 장에서는 행정의 의미와 혼용하여 사용되고 있는 용어의 개념들을 정리하고 체육행정을 담당하는 체육행정가의 역활과 임무에 대하여 설명하고자 한다.

# 제1절  행정의 개념

## 1. 행정의 대두와 발전

행정이라는 현상은 자아에 눈을 뜬 인류의 역사와 더불어 대두되면서 인간이 정치공동체 내지 국가를 형성·조직한 이래 존속되어 왔다(여기 말하는 행정은 영어의 Administration에 해당되는 넓은 개념으로서 공적·사적 행정을 통칭한다). 이러한 행정은 집단이나 사회의 공동목적을 달성하기 위하여 사회자원을 동원하고 이를 효율적으로 활용하려는 인간의 협동적 노력을 통하여 대두하게 되었다(김규정, 1997).

그래든(Gladden, 1972)은 행정이 무술(巫術, shamanism) 다음으로 오래된 직업이라고 지적한 바 있으며, 행정은 성서의 창세기에서도 엿볼 수 있으며 요셉(Joseph)·모세(Moses)와 솔로몬(Solomon)은 탁월한 행정가였었다(Chandler & Plano, 1982).

어떻든 왕국을 통치하거나 대규모의 전쟁을 수행하든 혹은 도시를 건설하거나 거창한 공공사업을 추진하든 상당한 수준의 행정능력이 요구되었던 것이다. 고대 중국의 만리장성 축조와 이집트의 피라미트 건설도 행정없이는 이루어질 수 없었다고 보아야 할 것이다.

역사의 성쇠와 더불어 거듭하면서 발달하여 온 행정은 밀접한 관련성을 가진 기술·수완·태도·절차 등의 속성을 내포하고 있었으며 왈도(Waldo, 1980)는 이를 사회기술의 한 측면인 행정기술(administrative technology)로서 파악하였다. 행정은 나라와 시대와 대륙을 달리하면서도 놀라울 정도의 유사성을 띠고 있었으며 행정능력의 제도화는 다양한 문명을 서로 연결시켜 주었다.

이와 관련하여, 행정의 관념은 원래 국가작용의 한 부문으로서 다른 두 가지 부문, 즉 입법 및 사법의 관념과 함께 국가의 역사적 발전과정 속에서 이룩되고, 또 발전되어 나왔다. 위에서 말한바와 같이 근대국가의 성립 이전에도 오늘날의 관념으로서 행정에 해당하는 국가작용이 사실상 존재하였음은 의심할 여지가 없다. 그러나 그 당시의 이러한 국가작용들은 다른 모든 국가작용과 마찬가지로 절대군주의 통치권으로 행하여졌던 것이며, 아직 행정이라는 관념은 성립되지 아니하였다. 다시 말하면, 근대국가 이전에 있어서의 행정적 사실은 통치라든가, 정치라는 포괄적인 관념 속에 포함되어 있었다.

그러므로 오늘날 일컬어지는 행정의 관념은 근대국가의 성립, 특히 자유주의적 정치조직의 원리인 권력분립의 원칙(principle of separation of powers)의 영향을 받아 비로소 성립된 것이라고 할 수 있다.

## 2. 행정의 개념

행정은 특정의 목적을 달성하기 위해서 두 사람 이상이 모여 협동하는 행위(cooperative action)라고 할 수 있다. 다시 말해서 협동적인 집단행동이라는 것이다(Simon, Smithburg, & Thompson, 1973). 목적을 향한 집단적 행위이기 때문에 왈도(Waldo, 1955)는 행정의 중심 개념은 합리적인 행동(rational action)이라고 지적하고 있다.

행정은 인간이 특정의 목적을 달성하기 위해서 함께 모여 협동하는 행위이기 때문에 다음과 같은 요소들을 포함하게 된다. 첫째, 두 사람 이상이 모여 의식적인 협동(conscious cooperation)을 하기 때문에 이것은 곧 조직화된 행동(organized activity)이라는 것이다. 이때 조직화된 행동은 공식적인 조직은 물론 비공식적인 조직도 포함된다. 둘째, 여기서 협동하는 사람들을 어떻게 선발할 것인가의 문제이다. 그리고 선발된 이 사람들을 어떻게 하면 일을 열심히 하도록 동기를 부여하는가의 문제이다. 셋째, 목적성취에 필요한 물적 자원을 어떻게 하면 효율적으로 조달하고 관리하는가의 문제이다. 넷째, 목적을 성취하는 방법에는 여러 가지가 있는데, 가장 바람직한 대안은 무엇인가의 대안 선정 문제가 나타나게 된다. 다섯째, 효율적인 목표성취를 위해서 작업은 어떻게 분할되어야 하며, 분할된 작업은 어떻게 다시 통합되어야 하는가의 문제이다(백완기, 1997).

또한, 이러한 행정에 대한 개념을 여러 학자들은 <표 1-1>과 같이 정의한다.

이렇게 행정이론의 변천과 더불어 행정의 개념도 다양하게 변해 왔으며 지금도 변하고 있다. 즉, 행정의 개념을 명확히 규정하는 것은 매우 어려운 일로서 아직까지 만족할 만한 정설은 없다. 그 이유는 첫째, 행정에 대한 지식이 급격히 확대되고 변화가 빠르기 때문에 이론적인 체계가 정립되기 전에 또 새로운 이론을 요구

**〈표 1-1〉 행정에 대한 정의**

| White(1926)<br>Willougby(1927) | "행정은 국가 목적을 실현하기 위한 사람과 물자를 기술적으로 관리하는 것이다." |
|---|---|
| Dimock(1937) | "정치와 구별될 수 없고 상호 보완적인 통치과정의 일부이다." |
| Waldo(1955) | "공동의 목표를 합리적으로 달성하려는 협동적인 집단의 형태이다." |
| Esman(1966)<br>Weidner(1970) | "사회를 보호하고 안정시키는 기능이외에 사회변동을 추진하고 사회개발을 위한 계획을 수립하며 국가사회를 바람직한 방향으로 유도하는 기능을 담당해야 한다." |
| Kreitner &<br>Kinicki(1995) | "조직의 목적을 달성하기 위하여 다른 사람을 통하거나 함께 일하는 과정이다." |

하기 때문이며 둘째, 행정의 경계가 분명하지 않으며 행정의 내용과 기능이 능동적으로 시대에 따라 변화되기 때문이다(박용치, 1992).


## 3. 공행정과 사행정

공행정(公行政)이란 국가 또는 공공기관이 공익이나 특정목표를 달성하기 위하여 행하는 활동을 말하며, 사행정(私行政)이란 사기업이나 민간단체가 조직의 목표를 달성하기 위하여 행하는 활동을 말한다. 일반적으로 전자를 행정, 후자를 경영 또는 관리로 통칭하고 있다. 공행정과 사행정에 대하여는 양자간의 유사성을 강조하는 입장과 차이점을 강조하는 입장이 대립되어 왔는데 양자간의 차이를 인정하는 입장이 통설이라고 할 수 있다. 이와 같은 이유는 과거에 행정관 (administrator)이 주로 공공 분야에서 일했고, 경영가(manager)는 사적인 분야에서 일했기 때문에 행정(administration)과 경영(management)의 구분이 확실했다. 하지만 최근에는 행정과 경영 사이의 구분이 불분명해져 어떤 용어가 적절한지 논쟁하는 것 자체가 비생산적인 일이 되어버렸다(Parks, Zanger, & Quarterman, 1998). 물론 행정이 경영에 비하여 배분적·통합적 성격을 가지고 있다는 관점을 완전히 무시하는 것은 아니다.

또한, 프로그램의 제목(행정 또는 경영)보다 중요한 것은 교과과정의 질이다. 이런 의미에서 우리 나라 대학에서 행정학과와 경영학과의 확연한 구분은 세계적인 흐름에서 뒷걸음질하고 있다는 느낌이 든다. 이러한 행정과 경영의 유사점과 차이는 제4절에서 언급하게 될 것이다.

# 제 2 절   체육행정의 개념

## 1. 체육개념의 변천

인간의 신체활동은 '체육'이라는 말이 나오기 이전부터 행하여 왔다. 그 변천 과정을 살펴보면 다음과 같다.

### 1) 스포츠 개념의 형성

스포츠는 디스포타레(disportare)라는 라틴어가 뒤에 disporture(라틴), desport (프랑스), disport(영국)으로 변천하여 sport란 말이 생기게 되었으며 고대 프랑스어인 desporter는 스스로 즐긴다의 명사화한 desport준영어로 그 어원은 기분 전환, 만족이란 뜻으로 바뀐 라틴어인 de-portare '들고 가다', '옮긴다'에서 비롯되었다. 원시시대 체육활동의 목적이 생존을 위한 수단이었다면 스포츠의 어원적(語源的) 의미는 체육활동 그 자체가 목적이고 활동임을 알 수 있다.

움직임의 본능을 표현한 첫 단계를 '놀이'라 한다면 이 놀이의 발달된 형태가 스포츠이다. 스포츠 개념의 근원을 찾아볼 수 있는 놀이와 게임의 관계를 나타내는 대표적인 정의를 보면 다음과 같다.

에드워드(Edwards)는 놀이의 정의를 "임의의 공간적, 시간적 한계 내에서 그리고 일상생활의 역할 관심사 및 영향을 벗어나 분리된, 또한 그 자체의 한계와 맥락 내에서 요구되어지는 것 이상의 진지하고 의도적이며 현실과 분리된 별개의 활동이다."라고 하였다.

이브라힘(Ibrahim)은 게임 가운데서 신체활동을 주로 하는 신체 기능적 게임 (Kinetic play)을 대상으로 해서 정의하기를 "게임은 양측 혹은 그 이상의 대상 사이에 승부의 결정 기준을 미리 정한 규칙에 의거한 조직적이며 경쟁적인 신체활

동적 놀이"라고 정의하고, "스포츠는 인간표현의 한 형태인데 역사적으로는 신
체적 놀이로부터 유래하며 문화적으로 인정을 받는 기본적인 여가활동이다. 스포
츠의 목표는 미리 동의한 일련의 규칙을 통한 경쟁적인 상황에서 획득하게 된다."
고 스포츠를 정의하였다.

위의 세 가지 정의에서 살펴보면 각각의 개념은 특징을 지니되 스포츠는 놀이가
보다 조직화되어 게임의 단계를 거쳐서 신체기능과 그 능력을 과시하는 측면이 강
조되는 인간활동으로 구체화되어 발전되었다고 볼 수 있다.

따라서 놀이가 인간의 본능적인 활동이며 자기를 표현하려는 욕구에 의해 이루
어지는 활동이라면 스포츠는 조직(organization), 규칙(rule), 방법(method)을 부
여해서 경쟁적으로 행하는 의도적인 활동이라고 할 수 있다.

## 2) 체 육

스포츠를 비롯한 신체활동에 교육적인 의미를 부여하여 인간형성의 중요한 과정
으로서 학교교육의 분야에 속하게 되면서 '체육(physical education)'이라 부르
게 되었다. 1910년 이전까지만 해도 체육은 '신체문화(physical culture)나 신
체훈련(physical training)으로 불리던 것이 19세기초부터 신체(physical)와 교육
(education)의 합성어인 체육(physical education)이라고 문헌에 나타나기 시작
했다.

이렇게 체육의 개념이 전환하게 된 것은 그 당시 사람들의 인식의 변화를 반영
하는 것이라고 볼 수 있다. 왜냐하면 이때부터 '훈련'과 '교육' 간에, '훈련받
은 사람'과 '교육받은 사람' 간에 '개념적' 구별을 시작하였기 때문이다. '교
육받은 사람'의 개념을 한 개인의 지적·도덕적·신체적 측면의 전면적 발달을
상징하는 것으로 간주한 이들은 마음속에 지·덕·체가 일체된 전인의 이상을 지
니고 일하는 것과 이 가운데 어느 한 측면만의 집중적 단련을 의미하는 '훈련'
이라는 보다 제한된 목표를 지니고 일하는 것을 명확하게 구분하였다.

체육을 단지 제한된 '훈련적' 의미로 간주하는 입장으로부터 보다 포괄적인 의
미 즉, '교육적' 의미로 새롭게 이해한 이래로, 일반적으로 체육학계에서는 '신
체적 교육'(체육)의 개념을 두 가지 방식으로 해석해 왔다. 첫 번째 방식은 신체
적 교육을 신체 '의'교육(education of the physical)으로 파악하는 즉, 교육시
키고자 하는 주된 대상을 신체(또는 근력, 지구력과 같은 신체적 특성)로 보는 입

장이었다. 두 번째 입장은 신체를 '통한' 교육(education through the physical), 다시 말해서 우리가 교육시키고자 하는 주된 대상은 신체라기보다는 그러한 신체의 교육을 통하여 궁극적으로 정신(또는 지능발달, 협동심 함양 등과 같은 정신적 특성)이라고 주장하는 입장이다.

### 3) 체육용어의 변천과정

유럽과 미국에서는 체육을 신체활동에 의한 교육이다라는 입장이 1960년대까지 지배적이었으며, 학교교육에 있어서 교과명도 세계적으로 체육(physical education)이 사용되었다.

그러나 1970년대에 들어서는 교과명으로서의 체육, 학문대상으로서의 이견이 생겨 교과목으로서의 체육대신에 스포츠나 움직임 교육(movement education), 신체활동학(phyactology) 등을 제창하기도 하였다. 이러한 용어의 변천에 있어 체육 선진국인 미국에서 개념의 변천은 다음과 같다.

- 제1시기인 1960~1963년은 전통적인 신체를 통한 교육(education through the physical)의 개념이 지배했던 시기이다.
- 제2시기인 1964~1970년은 신체를 통한 교육에 대한 비판이 제기되어 인간 움직임(human movement)을 다루는 것을 체육이라 하였다.
- 제3시기는 1971년에서 1976년으로 체육은 인간 움직임(human movement)에 Act와 Science라고 하는 것을 추가하는 것이 체육에 대한 공통적인 견해가 되었다. 다시 말하면 체육은 신체 움직임의 기술과 과학이라고 하였다. 또한 미국체육학회에서는 명칭을 American Academy of phyactology로 변경하자는 동의가 제출되었는데 phyactology의 phy는 physical을, act는 activity를, logy는 학문으로 신체활동학을 뜻한다.

이상과 같이 체육에 대한 개념은 시대, 이념, 지역적 특성에 따라 그 정의를 달리하며, 과거 신체단련을 주요 기능으로 하던 체육은 각 시대의 변동에 따라 건강, 운동, 레크리에이션, 인격완성, 국민화합, 세계평화에의 기여 등의 수단으로 확대되고 있으며, 하위학문으로는 체육사 및 철학, 체육심리 및 사회학, 체육행정 및 관리, 체육교육과정, 체육생리학, 체육역학 등이 있다.

## 2. 체육행정의 개념

체육행정이란 용어는 일반 행정학분야에서 "조직의 목적을 달성하기 위한 협동적 행위"라고 하는 행정의 정의에 '체육조직'이란 말을 덧붙여 공행정(公行政)의 의미로 "체육조직의 공공 목적을 달성하기 위해 체육정책을 수립, 집행하는 행정청의 업무로서 지도적, 관리적 기능을 포함하는 활동이다"라고 할 수 있다. 또는 공(公) · 사행정(私行政)의 의미로 **체육조직의 목표를 달성하기 위해 적절한 인적, 물적 자원을 유용하고 효과적으로 되도록 하는 전체적 과정**"이라고 할 수 있다.

한편, 이범제(1999)도 체육행정의 개념을 공적 · 사적 개념을 구분하지 않고, 체육에 관한 행정인가 아니면 체육을 위한 행정인가에 따라 아래와 같이 다각적인 차원에서 정의하고 있다.

첫째, 체육행정을 일반 행정의 일부로 보는 견해이다. 이러한 개념은 "체육에 관한 행정"의 정의로 법규 해석적인 정의라고 할 수 있다.

둘째, 체육행정을 수단적 봉사활동으로 보는 견해이다. 이러한 견해는 체육행정은 사회적, 공공적, 조직적 활동으로서의 체육에 관하여 공동목표를 설정하고 목표달성을 위한 인적, 물적 조건을 정비 · 확립하고 목표달성의 과정을 지도 · 감독하는 일련의 봉사활동이라는 것이다.

셋째, 체육행정을 구체적인 행정과정으로 보는 견해이다. 페욜(Fayol, 1949)이 제시한 일반행정의 과정에도 도입될 수 있다. 이 과정을 구체적으로 설명하면 기획, 조직, 지시, 조정, 통제, 보고, 예산 등이다.

넷째, 체육행정을 조직의 목적을 효율적으로 달성하기 위하여 다른 사람과 협동하는 과정으로 보는 견해이다. 이 견해에 의하면 체육행정은 체육목적을 달성하기 위한 협동적 집단 행동 또는 조직적 협동 행동이라고 보고 있어 협동적 행동을 강조하고 있다.

---

Administration of Physical Education may be defined as the total of the processes through which appropriate human and material resources are made available and made effective for the accomplishing the purpose of an organization of physical education.

출처 : 강복창(2001). **체육행정학**. 서울: 태근문화사. p. 17.

# 제3절　체육행정의 유사개념

## 1. 체육경영

　제1절에서 언급한 바와 같이 행정의 종류 중 사행정(私行政)이라고 부르는 경영은 행정과 본질적으로는 차이가 없다는 것이 현대의 많은 학자들의 일반적인 견해이다. 하지만 경영은 행정보다는 재화의 생산과 밀접하게 관련되는 점에서 경영은 "높은 가치의 생산을 위한 창조적인 활동을 수행하는 것" 또는 "재화를 생산·유통하는 사기업이 목적을 효율적으로 달성하기 위하여 일련의 활동을 수행하는 것"이라고 할 수 있다.

　따라서 체육경영이란 **"체육(스포츠)에 관련된 기업에 필요한 업무를 효율적으로 수행하기 위하여 최소의 노력으로 최대의 이윤을 획득하는 과정"**이라고 정의할 수 있으며, 이를 보다 구체적으로 정의하면 "체육사업의 조직체(학교, 공공기관, 사회체육단체, 스포츠센타 등)를 하나의 경영체로 보고 그 경영체가 행하는 활동을 경영활동으로 인식하여 체육사업을 계획, 조직, 지도, 평가하는 일련의 과정"으로 정의할 수 있다(이병익, 김종필, 1999).

## 2. 체육관리

　관리는 **"최소의 노력으로 최대의 효과를 얻도록 계획하고 운영해 나가는 과정"**이며 **"조직의 목적을 달성하기 위하여 개인이나 집단이 협동해 가는 과정"**이다. 이러한 관리의 개념은 경영학에서 도입된 것으로 경영의 개념과 관리의 개념은 상당히 유사한 점이 많다. 그러나 관리와 경영이 다른 점은 경영은 이윤을 추구하는 것이 목적이지만 관리는 이윤을 추구하든 공익을 추구하든 상관없이 그 조직의 목표를 효율적으로 달성할 수 있도록 하는 일련의 과정이라는 것이다. 그러므로 행정에서도 관리가 존재하며 경영에서도 관리가 존재하는 것이다(이범제, 1999).

　또한 협의의 관리는 일정한 방침이나 기준에 근거하여 일정한 방향이나 또는 상호간의 조정을 가져오는 작용이고, 광의의 관리는 목표 달성을 위해 여러 가지 조건을 정비하고, 유지 향상을 도모하는 간접적이고 제2차적인 행위의 총칭이다. 즉 협의의 관리는 지도, 경영, 행정에 공통되는 기능을 하는 관리이며, 광의의 관리는

경영이나 행정의 개념을 포괄하는 것으로, 관리의 주체와 대상을 명확히 함으로써
그 의의가 확실해진다(양재용, 김홍수, 변영신, 1998).

### 1) 체육관리의 세 가지 개념

체육관리의 개념을 한마디로 표현한다는 것은 어려운 일이다. 이와 같은 이유는
관리의 개념이 행정이나 경영의 개념과 명확히 구분되는 선이 없고 경우에 따라서
는 양자를 모두 지칭하는 의미로 사용되기 때문이다.

하지만, 이러한 관리를 세 가지 층으로 구분하여 설명한다면 개념의 이해가 쉬
울 것이라고 생각한다. 즉 체육관리의 개념을 체육현상에서의 관리, 체육경영에서
의 관리, 체육행정에서의 관리 등 세 가지 층으로 파악할 수 있다. <그림 1-1>에
는 체육관리의 세 가지 개념이 제시되어 있다.

### (1) 체육현상에서의 관리 -<그림 1-1>의 관리 A

어느 지도자가 운동을 실시할 때 시설의 안전을 확인하거나, 행동을 관리하는
것이다. 이는 체육현상의 기초를 이루는 조건들을 조정·통제함으로써 운동에 참

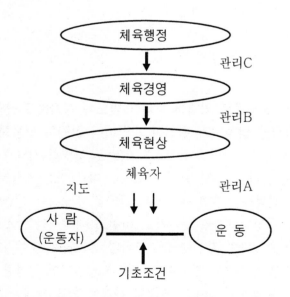

<그림 1-1> 체육에 관한 세 가지 관리 개념

자료: 宇土正彦, 八代勉, 中村平(1991). **體育經營管理學講義.** 東京: 大修館書店. p. 18. 수정.

여하는 사람에게 직접적이고 제1차적인 작용으로 지도와 밀접한 관계가 있으며, 간접적이고 제2차적인 행위인 운동을 체육과 결부시키는 활동이다. 대표적인 예로 시설 용구의 정비, 활동계획의 관리, 운동행동관리, 운동시의 안전관리 등이 있다.

### (2) 체육경영에서의 관리 -〈그림 1-1〉의 관리 B

학교의 학교장이나 체육주임이 운동시설의 확충계획을 상담하거나, 기업의 담당부서에서 체육대회를 기획하는 것은 체육의 조건이나 체육현상의 구성요소에 직접 관여하는 기능은 아니지만, 체육의 목적달성을 위한 중요한 기능을 행하는 것이다.

이와 같이 경영의 기능을 가진 조직체(경영체)가 그 목적이나 방침에 따라 합리적이고 효과적으로 활동할 수 있도록 하는 조정작용을 체육경영에서의 관리라고 한다.

### (3) 체육행정에서의 관리 -〈그림 1-1〉의 관리 C

중앙행정기관이 하위행정기관이나 학교에 대해 시설이나 행사에 보조금을 지급하거나, 법 또는 조례를 제정하여 운동시의 안전 조건을 규제하는 등 체육진흥에 관한 행정기관이 취하는 일체의 공적인 활동이다. 예를 들면, 각종 기준의 설정, 관계기관 및 단체의 원조, 지도자 양성이나 연수 등이다.

## 2) 체육관리의 구조

체육관리의 궁극적인 목표는 말할 것도 없이 사람들이 체육활동이나 스포츠활동을 효율적으로 추진하는데 필요한 환경조건을 정비하고 유지하는데 있다. 이러한 체육관리는 기본적으로 세 가지 요소로 구성되는데 체육관리자, 체육사업, 그리고 운동자 등이 포함된다. 〈그림 1-2〉에는 이러한 체육관리의 구조가 제시되어 있다.

### (1) 체육관리자

직접적 또는 간접적으로 체육이나 스포츠를 관리하는 사람들을 총칭하여 체육관리자라고 한다. 체육관리자에는 체육자, 체육경영체, 체육행정체, 운동자 단체 등이 있다.

① 체육자 : 체육 혹은 스포츠현상에 직접 관여하여 운동자(참가자)를 가르치며 체육활동이나 스포츠활동을 유지하는 사람을 말한다. 여기에는 체육교사, 생

활체육지도자, 감독, 코치, 트레이너 등이 있다.

② **체육경영체** : 체육사업을 운영하는 조직체를 말한다. 체육경영체에는 독립적 체육경영체와 부분적·기생적 체육경영체가 있다. 독립적 체육경영체는 체육경영만을 행할 목적으로 형성된 조직체로서 스포츠센터, 골프장, 체육관 등의 공공운동시설이나 민간운동시설이 있다. 또 부분적·기생적 체육경영체는 일반적인 교육이나 산업 경영체 활동의 일부로서 체육을 취급하는 조직체를 말하며 학교나 직장 등이 포함된다.

③ **체육행정체** : 체육이나 스포츠진흥에 관한 문제를 담당하는 행정기관을 말한다. 여기에는 문화관광부, 교육인적자원부, 시·군·구의 생활체육과 등이 포함된다.

④ **운동자 단체** : 운동자가 자신들의 운동 및 활동조건을 정비하는 것을 목적으로 조직된 단체를 말한다. 여기에는 각종 체육관련 협회나 연맹, 대한체육회, 생활체육협의회 등이 포함된다.

### (2) 체육사업

체육사업(physical education service)이라는 것은 체육현상(체육적 활동)의 성립, 유지에 필요한 직접적 조건을 정비하는 작용의 총칭이다. 즉 체육활동이나 스포츠활동의 성립과 유지에 직접 필요한 운동시설, 운동동료, 운동내용과 시간, 프로그램 등 체육경영관리의 입장에서 체육자가 직접 작용할 수 있는 운동의 장이 되는 체육조건을 정비하는 것을 말한다.

체육사업에는 Area Service, Club Service, Program Service, 관련체육사업 등이 있다. (제2장 7절의 지역사회와 체육경영 참고)

### (3) 운동자

운동자라는 것은 운동을 하는 사람을 지칭하는 말이다. 그러나 운동자는 현재 운동을 행하고 있는 사람뿐만 아니라 앞으로 참여할 가능성이 있는 잠재적 참여자도 운동자라고 부른다.

## 3. 체육운영

운영이란 행정, 경영 및 관리와 분명히 구분된다. 즉, 엔지니어링(engineering),

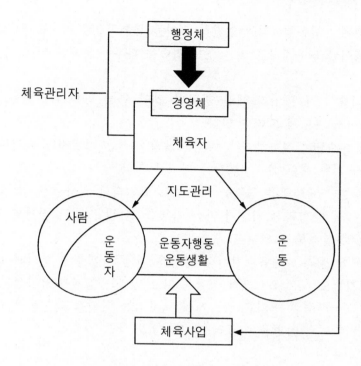

**〈그림 1-2〉 체육관리의 구조**

자료: 宇土正彦(1970). **體育管理學**. 東京: 大修館書店. p. 40. 수정.

시설 및 기구 관리, 회원 관리, 인적판매활동, 광고, 판촉활동 등과 같이 체육행정·경영체의 부서장(중간관리층) 내지 하부계층이 구체적인 직무(specific project or program)를 수행하는 것을 뜻한다.

# 제4절 체육행정 · 경영의 유사점과 차이점

## 1. 체육행정과 경영의 유사성

체육행정과 경영은 관료제적 성격을 가지는 대규모 조직을 통하여 많은 사람이 협동하면서 목표달성 수단으로 기능을 한다는 점에서 유사성을 띠고 있다.

① 협동행위 : 협동행위라는 인간적 요인을 공통적으로 가지고 있다. 따라서 체육행정이나 체육경영은 인간 또는 집단을 다루는 문제를 떠나서는 생각할 수 없다.

② 관리기술 : 기획·조직·예산·권한의 위임·통제 등과 관련되는 관리기술면에 있어서 유사성을 띠고 있다.

③ 목표달성수단 : 실현하고자 하는 목표의 성격은 다르지만 이러한 목표를 달성하기 위한 수단이란 점에서는 차이가 없다.

④ 의사결정 : 체육행정·경영을 막론하고 합리적인 의사결정방식을 따르고 있으며 능률적·합리적 기준에 따라 가능한 한 많은 대안 중에서 최선의 대안을 선택·결정하게 된다.

⑤ 관료제적 성격 : 체육행정이나 경영은 전문화·계층제·분업과 비정의성 등을 특징으로 하는 관료제적 성격을 띠고 있다는 점에서 유사성을 가진다. 따라서 체육행정과 경영은 관료제에 내포되는 합리적 측면과 병리적·역기능적인 비합리적 측면을 아울러 지니고 있다.


## 2. 체육행정과 경영의 차이점

체육행정과 경영은 본질적으로 차이가 있다고 보이지는 않지만, 정도의 차이는 있다. 정치·행정·경영의 문화가 다르고 공권력이 우세한 우리 나라의 경우 그 기능·구조·행태·환경에 있어서 상당한 차이를 보인다. 예를 들면 체육행정하면 누구나 국가기관의 통제를 받는 체육조직을 연상하고 체육경영하면 국가기관의 통제와 거리가 먼 체육조직의 업무를 연상한다. 일반적으로 양자의 차이점은 다음과 같이 구분할 수 있다.

① 주체 : 체육행정과 체육경영은 각각 그 활동의 주체가 다르다. 따라서 동일한 성질의 활동이라 할지라도 주체가 다름에 따라 구별될 수 있다.

② 목적의 성격 : 체육행정은 공익을, 체육경영은 사익(이윤)을 추구한다. 체육행정은 공익을 가치의 최고의 판단척도로 삼고 국민에 대한 체육진흥과 지원 등 광범위하고 포괄적인 다원적 목적을 추구하지만 체육경영은 이윤의 추구라는 일원적 목적을 주로 지향하고 있다.

③ 법적 규제 : 체육행정과 체육경영은 그 활동에 대한 법적 규제의 대소에 있어
서 차이가 있다. 즉 체육행정은 경영보다 더욱 엄격한 법적 규제를 받는데 비
하여 체육경영은 정관이나 규칙에 따라서 사무를 처리한다 하더라도 행정기
관의 경우에 있어서처럼 엄격하지 못하다.
④ 정치적 성격 : 체육행정과 체육경영은 정치적 성격에 있어서 차이가 있다. 체
육경영은 정치로부터 분리될 수 있으나 체육행정은 본질적으로 정치성을 내

**〈표 1-2〉 행정과 경영의 차이점**

| | 행 정 | 경 영 | 관 리 |
|---|---|---|---|
| 위 치 | 공적인 영역<br>조직의 상층부<br>가치·정책·전략 수립<br>질적·반사적 | 사적인 영역<br>조직의 하부층<br>가치·정책·전략 수행<br>수량적 | |
| 재정적 기초 | 수입 산출 :<br>세금·학생회비·보조금 | 수입 산출 :<br>품질·서비스 판매 | |
| 재원할당 | 예산편성에 의해 지출 | 자산 | |
| 소비자와의<br>관계 | 간접적 : 소비자 만족이 중요<br>하지만 최우선이 아님 | 직접적 : 소비자 무시는<br>수입감소 | |
| 마케팅 | 중요한 기능은 아님 | 성공에 아주 중요함 | |
| 관 점 | 조직의 내적요소의 욕구와 사<br>회적 경향에 대한 외적요소 | 조직의 내적요소와 소비자 인간<br>향내, 능동적 느낌 | 사무적<br>규제적<br>보수적 |
| 목 적 | 현상유지 :<br>논쟁회피, 갈등 최소화,<br>측정할 수 없는 목적,<br>이윤을 추구하지 않음 | 성장 :<br>시장진출, 투자 회수,<br>측정할 수 없는 목적,<br>이윤 추구 | |
| 교과과정 | 생산이나 마케팅의 영역이 거<br>의 포함되지 않음 | 마케팅, 재무, 회계, 인사,<br>생산 등 | |

자료 : 김병식(2000). **스포츠경영학**. 서울: 도서출판 대한미디어. p. 41.
김치조(1994). 스포츠경영학의 본질과 전망. **스포츠과학, 47,** pp. 2-9.
Chelladurai, P.(1985). *Sport management: Macro perspectives.* London, Ontario: Sport Dynamics. pp. 15-16.
Mullin, B. J.(1985). Sport management: The nature and utility of the concept. *Arean Review, 4*(3), pp. 3-4.

포하고 있다.

⑤ 권력수단의 유무 : 체육행정과 체육경영은 권력수단의 유무에 차이가 있다. 체육행정은 강제력과 권력수단을 가지고 있으나 경영은 그렇지 않다.

⑥ 평등성 : 체육행정과 체육경영은 대상에 대한 평등원칙의 적용범위에 있어서 차이가 있다. 체육행정은 모든 대상에 대하여 법 앞에 평등이라는 규범이 강하게 적용되지만 체육경영에서는 이윤추구의 목적에 비추어 임기응변적으로 한 거래자와 다른 거래자에 대한 태도와 취급을 달리할 수 있다.

⑦ 자율성과 획일성 : 사기업은 정부기관에 비하여 고도의 자율성과 행동의 자유를 가지고 있으나 각 행정기관은 상하관계를 이루고 획일성·일관성을 확보하기 위한 일정한 규칙을 준수하도록 요구된다.

⑧ 활동의 규모·규범·조직계층상의 차이와 긴급성 : 체육행정은 체육경영과 비교하여 그 활동의 규모·범위에 있어서 경영을 압도하고 매우 다양하며 조직의 상위계층일수록 업무의 성격에 차이가 심하다. 또한 행정기관의 활동은 민간 체육경영체에 비하여 긴급성을 띠고 있다.

⑨ 공개성 : 체육행정은 원칙적으로 그 활동이 국민이 알 수 있도록 공개되어야 하지만 경영은 상대적으로 비밀에 속하는 업무·활동이 많다.

⑩ 독점성·비경쟁성과 비능률성 : 체육행정은 일반적으로 독점적 형태를 취하여 경쟁대상이 존재하지 않는데 비하여 경영은 능률의 원칙, 경쟁의 원칙이 지배하여 독점성을 갖기가 어렵다(김규정, 1997).

이외에도 여러 가지 차이점이 있다. 예를 들면 체육행정의 재정은 일정한 예산 절차를 통하여 대부분 조세를 통하여 형성되지만, 체육경영의 재정은 품질이나 서비스의 판매를 통한 잉여 수익금으로 충당된다. 그러나 양자의 차이가 명확한 것은 아니다. 왜냐하면 체육행정은 경영의 이론이나 방법론에 많은 영향을 받아 왔기 때문이다. 우리 나라의 체육행정은 외국과 비교할 때 정치성을 다분히 소유하고 있기 때문에 체육행정이 체육경영과 구분되는 경향이 짙다. 하지만 요즘에는 국가의 체육행정조직에서도 행정이라는 용어보다는 경영의 용어를 선호하고 그 기법을 습득하고자 노력하고 있다.

# 제 5 절　체육행정가의 역할과 자질

## 1. 체육행정가의 역할

오늘날의 체육은 규모가 방대해지고 유형이 다양해지고 있으며, 이러한 체육활동을 인적·물적으로 도와주는 체육조직도 역할과 기능이 복잡해져 가고 있다. 또한 행정의 역할 증대와 함께 체육에 대한 행정적 역할도 증대되고 있는데, 이에 따라 체육행정가의 역할이 중요시되고 있다.

체육행정가는 체육조직의 업무를 관장하고 조직의 목적과 목표를 달성할 책임을 맡고 있으며 업무의 조정, 인력의 배치, 물적 자원 관리, 시설관리, 프로그램관리 등의 업무를 수행하는 사람이다.

그러나 아직까지 체육행정 이론가 및 실무 행정가들은 체육행정의 현상을 정확하게 규명할 능력과 실제적인 경험이 부족하기 때문에 전문가로서 인정을 받지 못하고 있는 실정이다. 따라서 체육행정가는 체육에 대한 기본적인 원리의 이해와 인간관계에 기초한 실무능력과 폭 넓고 체계적으로 이 학문을 연구할 실력을 향상하여야 한다.

## 2. 체육행정가의 자질

### 1) 지 식

실력있는 행정가나 관리자가 되려면, 우선 지식을 갖고 있어야 한다. 아직도 많은 사람들이 체육행정가를 보는 시각이 소양적인 측면에 문제가 많다고 생각하고 있기 때문에 체육행정가는 일반적인 소양을 갖추어야 한다. 일반적인 소양뿐만 아니라 행정학, 심리학, 사회학 분야에서도 그 배경 지식을 충분히 가지고 있어야 한다. 행정의 개념과 법칙을 알기 위해서는 조직과 경영에 관하여 상식 이상의 전문적인 지식을 지니고 있어야 한다. 그리고 체육행정가는 업무와 조직구조와의 관계를 이해하고 지역사회와 국가 내에서의 광범위한 프로그램의 특성 등을 이해함으로써 훌륭한 지도자가 될 수 있다.

## 2) 기 능

체육행정가는 관련된 운동이나 스포츠를 할 수 있는 능력과 기술을 습득하고 있어야 한다. 이것은 체육행정가들이 가장 소홀히 생각하고 있는 것으로 현재 정부 체육조직 내 체육행정가는 체육을 전공한 사람의 수가 적고, 특히 스포츠를 이해하고 기능을 겸비한 사람이 많지 않은 실정이다.

또한 체육행정가에 있어서 중요한 것은 대인관계 기술이다. 행정가는 무엇이든지 혼자서 할 수 있는 일이란 많지가 않기 때문에 다른 사람과 어울려 일하는 능력을 가지고 있어야 한다. 그로스(Gross, 1964)는 "이와 같은 지혜는 다른 사람들에게 관심을 가지고서 그들을 진실로 이해함으로써만 가능하다"고 지적하였다. 그 밖에도 체육행정가에게 있어서 중요한 사항은 충돌이 발생하였을 때 극복하는 능력과 원만히 해결할 수 있는 조정력이 필요할 뿐만 아니라 충분한 의사소통 능력을 갖추어야 한다.

마지막으로 체육행정가는 직관적인 사고를 갖추고 진실이나 실체를 파악하고 문제의 상황을 잘 이해하여 적용할 수 있는 능력을 갖추어야 한다.

## 3) 적 성

체육행정가는 급변하는 체육상황 속에서 직원교육 및 관리, 방문자 면담, 회의 참석 등 매우 다양한 임무를 동시에 수행한다. 때문에 자신감이나 책임감이 없는 사람은 체육행정가로서의 자질이 없다. 따라서 개성, 자질 못지않게 성실, 정직, 동정심, 이타심, 인내, 친절 등과 같은 자질은 체육행정가에게 요구되는 필수사항이다(박정근, 1996).

---

 ※ 체육행정의 주요이론, 발달과정, 행정관리의 기능은 제2장의 체육·스포츠경영 관리를 참고하기 바람.

# 참고문헌

강복창(2001). **체육행정학**. 서울: 도서출판 태근.

김규정(1997). **행정학원론**. 서울: 법문사.

김병식(2000). **스포츠경영학**. 서울: 도서출판 대한미디어.

김성일(1998). 스포츠산업의 정치경제학. 이동연, 김종엽, 김종화, 김성일, 정준영 외 5인 편집, **스포츠 어떻게 읽을 것인가** (pp. 65-76). 서울: 삼인.

김치조(1994). 스포츠경영학의 본질과 전망. **스포츠과학, 47**, 2-9.

박용치(1992). **현대 행정학원론**. 서울: 고려원.

박정근(1996). **스포츠행정 및 관리**. 서울: 도서출판 21세기 교육사.

백완기(1997). **행정학**. 서울: 박영사.

양재용, 김흥수, 변영신(1998). **사회체육개론**. 서울: 형설출판사.

이범제(1999). **체육행정의 이론과 실제**. 서울대학교 출판부.

이병익, 김종필(1999). **체육행정학**. 서울: 도서출판 홍경.

宇土正彦(1970). **體育管理學**. 東京: 大修館書店.

宇土正彦, 八代勉, 中村平(1991). **體育經營管理學講義**. 東京: 大修館書店.

Chandler R. C., & Plano, J. C.(1982). *The public adminstration dictionary*. New York: John Wiley & Sons.

Chelladurai, P.(1985). *Sport management: Macro perspectives*. London, Ontario: Sport Dynamics.

Dimock, M. E.(1937). *Modern politics and adminisration*. American Book Company.

Esman, M. J.(1966). The Politics of development administration. In John, D. M. & Siffin, W.(Eds.), *Approach to development administration*. McGraw-Hill, Inc.

Fayol, H.(1949). *General and industrial management*. London, England: Sir Issac Pitaman and Sons.

Gladden, E. N.(1972). *History of public administration*: Volum 1, From the Earliest Times to the Eleventh Century. London: Frank Cass.

Gross, B. M.(1964). *Organization and their managing*. New York: The Free Press.

Kreitner, R., & Kinicki, A.(1995). *Organization behavior* (3rd ed.). Chicago: Richard D. Irwin, Inc.

Mullin, B. J.(1985). Sport management: The nature and utility of the concept. *Arean Review, 4*(3), 3-4.

Parks, J. B., Zanger, B. R. K., & Quarterman, J.(1998). *Contemporary sport management*. Champaign, IL: Human Kinetics.

Simon, H. A., Smithburg, D. W., & Thompson, V. A.(1973). *Public adminstration*. Alfred A. Knopf.

Waldo, D.(1955). *The study of public administration*. New York: Doubleday.

Waldo, D.(1980). *The enterprise of adminstration: A summary view*. Novato, Calif.: Chandler & Sharp Publishers.

Weidner, E. W.(1970). The Element of Development Administration. Weidnerd (Ed.). *Development administration in asia*(Duke University Press. 1970). p. 5; Development Administration: A New Focus for Research. Ferrel, H., & Sybil, L. S.(Eds.). *Papers in comparative public administration*(Ann Arbor, IPA: University of Michigan. 1962).

White, L. D.(1926). *Introduction to the study of public administration*. New York: Macmillan.

Willoughby, W. F.(1927). *Principle of public adminstration*. Baltimore: John Hopkins Press.

# 제 2 장   체육 · 스포츠경영관리

　본 장은 제1장, 제12장과 함께 사회체육 경영론이라
는 과목으로 사회체육과 4학년생을 대상으로 강의한 한
학기동안의 강의록을 축소·정리한 내용이다. 따라서 최
소한의 체육경영에 관한 이론과 실무만이 언급되었다. 또
한 제1장에서 언급된 행정과 경영의 유사점과 차이점을
비롯한 행정과 중복되는 부분은 다른 장에서 언급될 것
이며, 누락된 부분이 본 장에서 설명될 것이다.

　이와 같이 체육행정 부문을 주 내용으로 하는 교과서
에서 경영관리를 추가로 편집한 이유는 저자를 비롯한
많은 학부, 대학원생들이 체육행정과 경영을 바라보는 시
각이 아주 근접함에도 불구하고, 연구활동이나 참고자료
를 정리할 때 체육행정과 경영의 서적을 번갈아 탐색하
는 안타까움에서 비롯되었다.

　또한 이 글을 읽는 독자 중에는 체육과 관련된 사업에
종사하고 있거나 개업을 준비하고 있는 독자들도 있을
것이다. 저자는 이들에게 조금이나마 체육경영학의 이해
를 돕는 차원에서 체육·스포츠경영관리를 추가하게 되
었다. 따라서 본 장에서는 체육경영학에 대한 기본적인
이론이 설명될 것이다.

# 제 1 절   체육경영학의 의의

## 1. 경영학 연구의 필요성

경영학은 21세기의 뛰어난 학문이다. 경영학은 민주주의 정치제도와 자유기업
제도에 바탕을 둔 시장경제의 종주국인 미국에서 지속적인 산업발전을 위해 이를
필요로 하여 1900년경부터 생겨난 이후, 전 세계에 널리 퍼져서 수많은 나라를 민
주산업사회로 발전시키는데 공헌하면서 발달하여 온 21세기의 가장 전문적이고
실용적인 학문(professional and pragmatic academic discipline)이기 때문이다.

따라서 우리 스포츠 산업에서도 경영학을 연구하고 발전시키는 것은 당연하고도
절실히 필요하다. 왜냐하면, 우리는 경영학의 연구와 실천을 통해 민주정치제도와 시
장경제제도에 바탕을 둔 스포츠 산업사회를 발전시키는데 공헌해야 하기 때문이다.

## 2. 경영학의 기본성격 및 발달

경영학 발달의 먼 발자취는 몇 백년 전의 유럽으로 거슬러 올라갈 수 있다. 그러
나 우리의 관심사는 오늘날 한국 경영학은 20세기초부터 미국산업사회를 배경으
로 발달한 미국경제학을 1950년대 후반부터 도입한 것에 기초를 두고 있다.

미국경제학은 기업 및 기업제도의 본질에 대한 이해를 바탕으로 하여 기업을 둘
러쌓고 있는 환경 속에서 기업이 목적을 추구하는 과정에서 당면하는 수많은 문제
를 해결하고 실천에 옮길 과제를 강조하는 실용적이고 실천적인 기본성격을 띠고
있다. 미국경제학의 그러한 성격은 미국의 고유한 문화적, 사상적 배경과 산업적
배경에서 온 것이다.

---

미국사회의 철학적 기반 : 실용주의(pragmatism), 이는 실제적인 효과를 중요시하는
철학 내지 사고방식을 뜻한다. 즉 분석적이고, 문제해결중심적이며 합리적인 사고방식과 행
동이 지배적이다. 따라서 기업경영을 할 때 기업의 생존, 이익, 성장, 발전 등과 같은 효과
또는 성과를 중요시 하는 것은 당연한 귀결이다.

경영학의 출발점은 대체적으로 테일러(Taylor, 1911)의 공장관리와 과학적 관리의 원칙이라고 할 수 있다. 테일러는 생산공장 내에서 인간을 과학적으로 관리하는데 중점을 두었다.

또한 1908년 하바드대학교에 경영대학원이 설립된 것을 계기로 상업학(Commerce)에서 경영학(Business Administration)으로 바뀐 것은 경영학의 학문적·교육적 발전에 큰 의의가 있었다.

- 1920년대 초 : 경영학이 생산분야의 과학적 관리에 한정되었던 것에서 벗어나 판매, 재무, 회계, 마케팅 등의 분야로 확대되기 시작하였다.
- 1930년대 : 인간관계, 산업조직, 경영관리 등의 분야에 활발한 연구가 전개되고 학문적인 체계화가 이루어졌다.
- 제2차 세계대전~현재 : 합리적 의사결정을 위한 과학적 방법, 계량분석 등의 제기법이 발달하였다.
  - 오퍼레이션리서치(operation research)
  - 산업공학(industrial engineering)
  - 관리과학(management science)
  - 경영정보시스템(management information system) 등

그리고 심리학, 사회학, 생태학, 인류학 등 행동과학(behavioral sciences)을 경영학에 응용하는 것도 계속 확대되고 있다.


## 3. 스포츠경영학의 정의

스포츠경영이란 두 가지 형태를 가진다. 즉, 스포츠경영자라는 직업이 존재하는 전문적인 활동분야와 고등교육기관의 전문가 양성 교육분야를 말한다(Parks, Zanger, & Quarterman, 1998).

① 전문적인 활동 분야에서 스포츠 경영 : "그 주력 상품과 서비스가 스포츠 또는 신체적 활동 혹은 그 두 가지 모두에 관련되어 있는 부서나 조직 속에서 행해지는 것이며 기획, 조직, 감독, 관리, 예산, 지도, 평가에 관련된 종합적인 기술이다"(DeSensi, Kelley, Blanton, & Beitel, 1990). 또, VanderZwaag(1988)는 지역공동체의 레크리에이션 스포츠 프로그램, 기업

에서 스포츠 프로그램, 군대의 스포츠 프로그램, 기업의 스폰서, 스포츠 용품 산업, 스포츠 단체(선수협회, 국제 골프재단, 여성 스포츠 재단), 사회기관 (YMCA, YWCA), 스포츠 뉴스 미디어(출판사와 방송), 스포츠경영 교육 프로그램 등과 같은 다양한 스포츠 분야를 정의했다.

② 전문가 양성 교육 분야 : 대학을 비롯한 전문적인 스포츠경영 교육 프로그램을 말한다. 이제 이러한 스포츠경영 교육 프로그램은 미국, 캐나다와 더불어 독일, 한국, 프랑스, 영국, 대만, 일본 등지에서 프로그램을 시행하고 있다. 최근 미국 내 프로그램은 좀더 자연스럽게 대학과 프로 스포츠, 관리, 피트니스 클럽의 경영 등에 초점을 맞춘 반면, 캐나다에서는 좀더 이론적이다. 즉, 스포츠의 문화 역사적 관점, 신체활동, 정신적, 사회학적 영역, 신체적, 생물학적 관점 등의 부수적인 학문분야에 초점을 두고 있다(조연철 외, 2001).

그리고 스포츠경영은 스포츠와 경영이라는 두 개의 기본요소로 이루어져 있다. 기획하고(planning), 조직하고(organizing), 지도하고(leading), 평가하는 (evaluating) 기능이 스포츠와 관련된 활동이나 스포츠 제품의 생산 혹은 스포츠 서비스를 제공하는 조직에서 이루어질 때 이러한 활동을 스포츠경영으로 정의한다 (Mullin, 1980).

스포츠경영학은 이러한 활동들의 이론과 적용방법을 연구하는 분야로서 체육학과 경영학을 두 개의 큰 핵심으로 하여, 여러 분야가 전문화되고 특성화됨에 따라 현대산업사회의 일반적 현상으로 자리잡은 학제간(interdisciplinary) 연구를 바탕으로 한다.

경영학이 Business Administration이라는 용어를 쓰는 것과는 달리 스포츠경영학은 Sport management라는 명칭을 쓴다. 이는 경영학자들이 Administration(경영 또는 행정)이 Management(경영 혹은 관리)보다 포괄적인 의미를 갖는 개념이라고 주장하고, 스포츠경영학을 연구하는 사람들은 Sport administration이 스포츠행정의 개념으로 사용되어 왔기 때문에 사업지향적(business-oriented)이자 경영적인 관점을 포함한 듯한 Management라는 용어를 선호하는 까닭이다.

그러나 Sport Management, Sport Administration 혹은 Athletic Administration이 미국대학의 체육행정 및 경영 프로그램 명칭으로 혼용되고 있기 때문에 그 명칭만으로는 프로그램이 경영학 지향인지 행정학 지향인지 쉽게 알 수 없다. 따라서 이는 그 프로그램의 교과과정 내용이 마케팅, 재무, 회계, 인사, 생산 등의 영역으로 구성된 경영학 지향인지 생산이나 마케팅의 영역이 거의 포함되지 않는 행정 지향인지를 파악해서 구분할 수밖에 없다. 다만 북미 스포츠경영학회(North American Society of Sport Management: NASSM)는 스포츠경영학의 공식명칭을 Sport Management로 결정하여 사용하고 있다(김치조, 1994).

스포츠경영 분야에서 세계적으로 인정받는 학자들은 스포츠경영을 다음과 같이 정의한다(김병식, 2000).

- **Zeigler & Bowie(1983)** : 스포츠경영(Sport Management)이란 인적·물적 재원을 역동적이면서도 상당히 보수적인 스포츠 단위 조직에 효율적으로 투자하여 스포츠를 통한 각종 서비스를 받고자 하는 사람들을 만족시키려는 목표를 달성하기 위해 스포츠산업 분야에 종사하는 사람들이 높은 수준의 도덕성과 왕성한 책임의식을 갖고 서비스에 종사하는 과정이다.

- **우도 마사히코(宇土正彦, 1986)** : 스포츠경영학을 스포츠경영에 관한 연구와 스포츠에 관한 경영학적 연구의 두 가지로 대별할 필요가 있다고 논의한다. 전자는 스포츠경영에 대해서의 사고방식, 바람직한 상태, 취급 방법에 직접 영향을 초래하는 것이 기대되는 스포츠경영의 과학(science of sport management)이고, 연구대상을 특히 스포츠의 경영이라고 말하는 실천 영역에 추구하고 있는 것을 의미한다. 후자는 스포츠 일반에 경영학적인 접근을 꾀하려고 하는 것 즉 스포츠에 관한 경영과학(management science in sport)이며, 연구대상을 특정화하는 것에 특징이 있는 것이 아니라, 연구방법에 경영학적 특징을 추구하고 있는 것과 지견을 나타내고, 넓은 의미로는 양자를 포함하며, 좁은 의미로는 전자에 한정한다고 한다. 또한 그는 스포츠경영을 사람들의 스포츠 수요에 대하여 스포츠를 공급하는 경영이라고 정의하고, 스포츠 행동의 성립·유지에 필요한 제조건(시설·프로그램·동료)의 제공 즉 참여스포츠 뿐만 아니라 관중·청중·독서 스포츠 등을 포함하고 종래의 체육경영학과 기본적인 차이를 나타내고 있다.

- **북미스포츠경영학회(NASSM)** : ① 스포츠에 나타난 다양한 운동과 관련하고, ② 모든 분야의 조직체가 경영하며, ③ 경영현상을 대상으로 하는 연구분야라고 정의하고 다음과 같이 해석하고 있다.

첫째, 스포츠에 대해서는 좁은 의미의 스포츠만이 아닌 체조나 무용, 신체훈련이나 연습을 포함한 신체활동의 총칭이며, 참여스포츠가 초점이 되나 그것

　에 멈추지 않고, 보고 듣고 읽기도 하는 스포츠에 관련하는 행동을 포함한다. 또한 참여스포츠는 경기스포츠, 건강·체력 향상을 위한 스포츠, 교육내용으로서의 스포츠 등으로 세분화된다.

　둘째, 모든 분야의 조직체란 공적인 조직체로서 국가·지방공공단체, 학교, 학교교육단체, 공공법인조직(스포츠진흥단체, 사업체, 공사 등)과 민간의 조직체로서 각종 스포츠단체(경기단체·총괄단체), 주민의 스포츠 조직, 상업스포츠경영체(민간스포츠클럽·상업스포츠시설), 스포츠 용구·용품회사·매스컴, 스포츠행사 회사 등이 포함된다.

　셋째, 경영현상이란 조직체가 그 존속·발달을 위해 실시하는 조직적인 활동의 총체이다.

## 4. 스포츠경영학의 발달

　스포츠행정·경영학은 1957년 Walter O'Malley(LA 다저스 야구팀 구단주)에 의해 대학에서 전문적인 스포츠경영자를 육성할 필요가 있는 분야로서 최초로 인정받았다. O'Malley는 주로 스포츠행정·경영학을 전통적인 스포츠 운영에만 한정된 영역으로 취급하였지만 그 후로 그 개념은 모든 스포츠는 물론 건강과 관련된 활동의 운영까지 포함하였다. 따라서 몇몇 대학은 피교육자에게 스포츠·휘트니스와 관련된 활동의 운영에 필요한 제반 지식을 특별한 구별없이 제공하였다.

　마침내 1966년 오하이오대학교(Ohio University)는 스포츠행정학 석사과정 프로그램을 개설하였고 세인트토마스대학교와 세인트존스대학교(St. Thomas University and St. John's University)에서도 스포츠경영학 학부과정 프로그램을 개설하여 최초로 스포츠경영학 학사를 양성하였다(송기성, 1995; Parkhouse, 1991).

　스포츠경영학 석사과정 프로그램은 1971년 매사추세츠대학교(University of Massachusetts)에서 개설되었고 로버트모리스대학교(Rovert Morris University)는 1978년 운동경기행정(Athletic Administration) 프로그램 과정에서 경영학을 전공으로 선택할 수 있도록 하였다. 그 후 1981년 로버트모리스대학교는 운동경기행정 프로그램으로부터 독립한 스포츠경영학과를 설치하였다(Hardy, 1987).

　이와 같이 미국의 각 대학들은 사회의 변천·변화에 민감하게 대응하기 위해 다양한 스포츠행정·경영학 프로그램을 개설하여 마침내 1988년에는 그 수가 총 109

개 대학(51개 대학, 33개 대학원, 25개의 대학과 대학원 공통)에 달하였다. "미국스포츠·체육학회(National Association for Sport and Physical Education: NASPE)"가 1993년 대학조사를 추적하고 미국대학을 안내할 때 201개의 스포츠경영 프로그램 중 6개의 박사과정 프로그램이 포함된 것을 밝혔다. 비록 처음 스포츠경영 프로그램이 1966년에 설립되었지만 교과과정발전에 따른 엄청난 증가는 1980년대 중반부터 이루어지기 시작하였다. 따라서 1988년에는 오직 프로그램의 10%만이 5년 이상 존재하게 되었다(김병식, 2000).

한편, 캐나다에서는 1988년도까지 6개의 학사과정, 9개의 석사과정 및 2개의 박사과정 스포츠경영학 프로그램이 개설되었다.

호주에서는 1990년 빅토리아 대학(Univ. of Victoria)이 최초로 스포츠경영학 프로그램을 설치하였으며, 대만에서는 1992년초에 국립체육대학에 스포츠경영학 프로그램을 개설하였다.

대학의 스포츠경영학 프로그램 외에 스포츠경영학 학회도 조직되어 스포츠경영학 연구와 발전에 기여하고 있다. 1970년대 매사추세스 대학의 스포츠경영학과 교수들에 의해 최초의 스포츠경영학회(Sport Management Arts & Science Society: SMARTS)가 조직되었고 이 조직이 1985년 북미스포츠경영학회(North America Society for Sport Management)로 확대 재창설되었다. 이 학회는 스포츠경영학의 발전을 위해 끊임없이 노력하고 있으며 이러한 노력의 일환으로 1987년 1월에 Journal of Sport Management라는 스포츠경영학 학술지를 창간하였다. 또, 1990년대 들어 Sports Marketing Quarterly의 창간도 주목할 만한 일이다.

그리고 미국스포츠·체육학회(NASPE)는 1986년 스포츠경영학 특별전문위원회(Task Force on Sport Management)를 설치하여 1987년 교과과정, 프로그램 선정 지침 및 대학 주소록 등의 내용을 포함한 스포츠경영학 프로그램 지침을 발간하였다(김치조, 1994).


## 5. 한국 스포츠경영학

현재 한국에서는 미국처럼 전문적인 스포츠경영자를 양성하는 프로그램이 보편화되어 있지 않다. 국내의 스포츠경영 관련 학과의 실태를 보면, 용인대학교에서는 1993년 체육경영학과를 최초로 설립하여 실시하였지만, 그 본질을 특성화하는 데 실패하여 2년만에 폐지되고 말았다. 가장 큰 실패의 원인은 당시 4명의 스포츠경영학과 교수들 중 3명이 순수 경영학을 전공하였고, 교육과정 또한 순수 경영 이론 위주로 편성되어 순수 경영학과와 특별히 차별화되지 않아 체육경영학의 특성이라고 할 수 있는 "체육"과 "경영"을 통합·적용시키지 못한 데 있다고 지적되고 있다. 스포츠 산업체에서 필요로 하는 스포츠경영관리자는 스포츠의 전반적인 이해를 바탕으로 고객이 필요·욕구(욕망)하는 스포츠에 대하여 충분히 설명·지도할 수 있고, 항상 고객에게 스포츠 실기 시범을 보일 수 있으며, 조직의 경영목표를 달성하기 위하여 구성원으로서 훌륭한 능력을 발휘할 수 있는 사람을 원한다는 것을 간과했던 것이다.

남서울 산업대학교에서는 1995년 학부과정으로 스포츠경영학과가 개설되어 현재까지 운영되고 있다. 국민대학교에서는 1996년 특수대학원 과정으로 스포츠 산업 대학원을 신설하여 스포츠경영의 학문적인 연구와 더불어 기존의 스포츠경영 실무자들을 대상으로 재교육 프로그램을 제공하고 있다. 경희대학교와 수원대학교에서는 1997년 대학원 과정으로 스포츠 산업학과를 개설·운영하고 있다. 한국체육대학교 사회체육대학원에서는 1999년 스포츠 마케팅과를 개설·운영하고 있다.

이외에 스포츠경영 전문대학원으로서 서울스포츠대학원대학교와 오성스포츠산업대학원대학교가 신설되어 석사과정과 연구과정의 대학원생들을 모집하고 있으며, 여러 대학의 체육·스포츠 관련 학과에서 스포츠경영학을 전공필수과목으로 선택하고 있는 추세이다.


## 6. 스포츠경영학의 교과과정

스포츠경영 교과과정은 그 동안 많은 변화가 있었는데, 역사적으로 스포츠경영은 체육교육에 기초한다. 1970년대에 스포츠경영을 전공하던 학생들에게 요구된 필수과목은 전형적인 체력단련, 생리학, 체육교육측정이었으며, 선택과목으로는 사회학, 체육심리, 체육사 및 철학, 체육·스포츠 조직 및 관리 등이었다. 여기에서 경영과 신문방송과목이 있었으며 프로그램 실습이 선택과목으로 추가되기도 하였다(조연철 외, 2001; Parkhouse, 1996). 즉 당시의 스포츠경영 교과과목은 체육교육 교과과정의 선택과목이었던 것이다.

그러나 1980년대 후반 다양한 스포츠 사업·조직·프로그램에서 지도적 역할

**〈표 2-1〉 스포츠경영학 프로그램의 교과과정**

| 부 분 | 학부 과정 | 대학원 과정 |
|---|---|---|
| 기초과정 | 경영관리, 마케팅, 경제학, 재무관리, 회계학, 컴퓨터과학 | 연구방법론, 논문이나 프로젝트 |
| 응용과정 | 스포츠사회학, 스포츠심리학, 스포츠역사, 스포츠철학, 스포츠에서 여성문제, 스포츠법, 스포츠경제, 스포츠마케팅 | 스포츠법, 스포츠경제, 스포츠마케팅, 스포츠 행정, 시설설계론, 행사경영 |
| 실습과정 | 인턴 및 실습 | 인턴 및 실습 |

자료: 김병식(2000). **스포츠경영학**. 서울: 도서출판 대한미디어. p. 50.
　　　Brassie, P.S.(1989). Guideline for programs preparing undergraduate and undergraduate students for careers in sport management. *Journal of Sport Management, 3*(2), pp. 158-164.

**〈표 2-2〉 최근 개정된 스포츠경영 교육과정의 필수 교과과목**

| 학부 과정 | 대학원 과정 |
|---|---|
| ① 스포츠 사회·문화론 | ① 스포츠 사회·문화론 |
| ② 스포츠 경영·리더십 | ② 스포츠 경영·리더십 |
| ③ 스포츠 경영 윤리 | ③ 스포츠 경영 윤리 |
| ④ 스포츠 마케팅 | ④ 스포츠 마케팅 |
| ⑤ 스포츠 커뮤니케이션 | ⑤ 스포츠 커뮤니케이션 |
| ⑥ 스포츠 예산·재정 | ⑥ 스포츠 재정관리 |
| ⑦ 스포츠 법률 | ⑦ 스포츠 법률 |
| ⑧ 스포츠 경제 | ⑧ 스포츠 연구법 |
| ⑨ 스포츠 행사·현장 경영 | ⑨ 스포츠 행사·현장 경영 |
| ⑩ 스포츠 경영 현장 실습 | ⑩ 스포츠 경영 현장 실습 |

자료: Stier, W. F.(2000. 8. 26). The past, present and future of sport management. **2000 년도 국제학술대회: 각국의 스포츠경영의 동향 및 발전방향** (pp. 1-17). 한국스포츠산업·경영학회에서 발표된 논문, 서울, 한국체육대학교 4층 회의실.

을 떠맡을 유능하고 전문적으로 훈련·경험된 스포츠경영자들을 필요하게 됨에 따라 교과과정에 대한 변화가 본격적으로 일어나기 시작하였다.

예를 들면, 미국스포츠·체육학회(North American sport and Physical Education: NASPE)의 위원장인 Brassie 박사가 스포츠경영학회지(Journal of Sport Management)에 발표한 스포츠경영학 프로그램 교과과정은 <표 2-1>과 같다.

또한, 최근 미국스포츠·체육학회(NASPE)와 북미스포츠경영학회(NASSM)는 학부·대학원의 스포츠경영 교과목을 개정하였다(Stier, 2000). 이 두 단체가 제안하여 개정된 교육과정의 필수과목은 <표 2-2>와 같다.

## 7. 스포츠경영학의 교육목표

### 1) 미래 스포츠경영자가 되는 데 필요한 지식체계를 확립해 주고 합리적인 의사결정을 할 수 있도록 분석력과 객관적 판단력을 배양하는 데 중점을 둔 목표 :

이 목표는 오늘날의 체육관련 대학생들이 미래에 스포츠경영자가 될 것으로 전제하고, 스포츠경영학 전반에 대해 폭넓은 지식체계를 우선 확립해 주는 데 대학의 스포츠경영학 교육의 중점을 두는 것을 말한다. 그리고 그 지식체계를 바탕으로 하여 졸업 후에는 ① 스포츠관련 직장에 근무하면서 전문지식과 기법을 습득 또는 자기 계발을 하게 한다. ② 대학원에서 특정 분야를 전공하여 전문가가 되게 한다. ③ 직장에 근무하면서 특수대학원에 진학하여 실무경험과 지식체계를 겸비한 전문가가 되는 것을 돕는다.

### 2) 스포츠산업 경영체의 전문가를 양성하기 위해 학부에서부터 전문분야별 지식체계를 확립하도록 도움을 주는데 중점을 둔 목표 :

이 목표하에서는 스포츠마케팅, 프로그램관리, 회계, 재무관리, 인사관리, 행사진행 등 분야별로 경영자와 전문스탭이 필요하다는 것과 입사 후 처음 몇 년간은 특화된 직책(대부분 지도자)을 담당한다는 사실을 인정하고, 광범위한 지식보다는 전문적 지식의 교육에 중점을 두는 것을 말한다.

### 3) 스포츠경영학에 대한 기초지식체계를 확립해 주는 동시에 학생들이 스포츠경영체에 입사하고 적응할 수 있도록 준비과정을 제공하는 동시에 장차 중·

　소 체육시설업을 개업했을 때 경영기법을 제공하는 목표 :

　이 목표하에서는 전문적인 체육지도자로서 국가기관의 체육조직 및 민간단체의 조직에 입사할 수 있는 입사시험준비를 해주는 것과 직접 체육시설의 개업을 준비할 때 꼭 필요한 스포츠경영 기법이나 지식을 가르치는데 관심을 둔다.


# 제 2 절　스포츠경영 조직의 이론

## 1. 이론의 개념

　이론이란 현상을 설명하고 예언할 목적으로 개념(변인)간의 관계를 상세히 진술함으로서 현상에 대한 체계적인 관점을 제시하는 일련의 상호 관련된 구성개념, 정의, 명제이다. 즉 우리가 관심을 갖고 관찰하는 현상을 명확하게 설명하기 위하여 그 현상과 관련된 사항들의 상호관계를 체계적으로 밝혀 주는 정리된 지식의 집합이다. 또한 이론은 관심사항에 대하여 논리적 설명을 해 줄 뿐만 아니라 인과관계(因果關係)를 밝혀 준다. 그러므로 원인이 되는 사실이 변함에 따라 결과가 어떻게 될 것인가를 예측해 준다.

### 1) 훌륭한 이론의 조건

① 보편타당성 : 특정한 경우만이 아니라 시간과 공간을 초월하여 적용될 수 있다.
　　예) 모든 인종에 적용되는 치료법, 여러 지역 그리고 모든 수준에 적용되는 스포츠경영 이론 등
② 실용적 : 현실과 동떨어져 가치가 없는 것이 아니라, 문제의 해결에 실질적인 도움이 되어야 한다.
　　예) 복잡한 도시에서 지도사용 등

### 2) 이론성립을 위한 단어

① 개념(槪念, concept) : 언어의 기본단위는 개념이다. 개념은 사물, 사건 혹은

관념을 어떤 속성(屬性)에 따라 분류한 것이다. 그런데 이들을 분류하는 방식이 다양하여 새로운 개념의 창조가 가능하고 계속적인 검토과정을 통하여 필요할 때는 개념의 의미가 변하기도 한다. 개념에는 첫째, 컴퓨터, 축구장, 농구공 등과 같이 직접 관찰을 통해 쉽게 식별이 가능한 것(관찰적 용어: observational terms)으로부터 둘째, 체력, 근력, 스포츠 기능 등의 과학자의 상상에 의하여 창안된 것이지만 그것의 존재를 간접적으로 지적해 볼 수 있는 것(가설적 구인: hypothetical construct)과 셋째, 자아개념, 승리감, 자신감 등과 같이 사물 내에 잠복해 있지만 그것의 존재를 관찰할 수 없는 개념(이론적 구인: theoretical construct)이 있다.

②명제(命題, proposition) : 두 개 이상의 개념이 문법에 맞게 결합되어 자연현상의 어떤 상태를 나타내는 문장을 명제라고 한다. 명제는 그것의 진(眞)위(僞)라는 판정을 내릴 수 있는 것이다. 이 명제는 사실일 수도 허위일 수도 있다. 이 명제의 사실(진위)여부는 첫째, 이론적인 법칙을 만족시키는지의 여부와 둘째, 경험적으로 증명될 수 있느냐에 의해 결정된다.

예) 웨이트 트레이닝(X)은 근력(Y)를 향상시킨다.

③법칙(法則, law) : 한 명제가 보편적 규칙성(universal regularity)을 가지고 있을 때 다시 말하면 적용 범위가 넓고 이론적으로나 경험적으로 모두 사실로 판명되었을 때 그 명제는 법칙이라고 한다. 그리고 경험적으로 증명되지 못한 수준일 경우 가설(假說, hypothesis)이라고 부른다(강상조, 1999).

## 2. 경영의 문제를 보는 관점과 접근방법

### 1) 경영의 문제가 어려운 이유

경영현상이 체계적으로 연구된 것은 일반 학문들에 비하여 최근의 일이며, 급격한 사회현상의 변화성 때문에 너무나 많은 이론이 존재한다. 그러나 이론이 많다는 것은(Koontz의 '이론의 정글') 경영이라는 형언하기 힘든 복잡한 현상을 다양한 각도에서 조명하고 상호 검증하게 함으로써 문제의 본질을 빨리 효과적으로 해석하게 해주는 장점도 있다(한이석, 1994).

## 2) 시대와 장소에 따라 경영을 보는 시각이 다르다

• **산업혁명이전** : 선사시대부터 경영에 대한 이론은 정립되어 있지 않았지만 경영현상은 존재하였다. 고대 스포츠 올림픽경기, 체육관 건설, 조세의 징수나 군대의 관리 등

• **19세기 말부터~20세기 초대량 생산시스템 시기** : 거대 조직을 효율적으로 조직하는 문제와 작업의 생산성 향상이 중요한 과제였다.

  - 경영에 관한 저술가 -
  Robert Owen(1771~1858) : 인적 자원도 자금이나 생산원료만큼 중요하며 근로자의 생산성 향상이 중요한 과제이다. 체벌보다는 보상이 효과적이다.
  Charles Babbage(1792~1871) : 수학자로서 수학의 원리를 경영에 접목하고 이윤의 배분과 상여금 제도가 노사문제의 해결에 도움을 준다. 그는 컴퓨터가 경영에 사용될 수 있는 기초를 마련하였다.

• **산업혁명 이후** : 근로자의 의식 수준과 생활 수준 향상으로 조직구성원의 인간관계에 초점을 두었다.

## 3) 경영의 역사를 학습해야 하는 필요성

경영의 접근방법들을 학습함으로써 경영이란 거대한 몸집에 보다 포괄적이고 균형 잡힌 이해를 하기 위함이다.

# 3. 고전적 경영학

19세기 말 제품시장이 포화상태로 되고 기업의 경쟁이 치열해짐에 따라 생산원료나 노동력을 효율적으로 이용하는 기업만이 생존하게 되었다. 따라서 원가절감과 경영의 효율을 높이는 것을 과제로 근대 경영학이 출현하게 되었다. 즉 (미국) 프레드릭 테일러(Frederick Taylor), (프랑스)헨리 페욜(Henry Fayol), (독일) 막스 베버(Marx Weber)를 중심으로 고전적 경영학이 출현하였다.

이러한 사조는 작업자들의 능률을 향상시키기 위한 원칙의 개발에 중점을 두었으며 금전적 유인(wage incentive)이 동기유발을 하기에 충분하다고 주장함으로

서 인간행동의 복잡성을 단순하게 가정해 버렸다. 그들의 접근법은 노동윤리에 대한 신념과 부의 극대화에 대한 인간의 희망이 노동자들은 실로 '빵만으로 산다'라고 쉽게 가정하였던 시대에 전개되었다. 고전적 경영론자들이 주장한 조직구조는 이와 같은 기계적 세계관을 반영했다.

## 1) 고전적 경영학의 유형

### (1) Taylor 중심

미국 학자와 기업을 중심으로 한 과학적 경영(Scientific Management)으로서 생산현장에서 능률제고가 주된 연구대상이었다. Taylor는 철강회사 기술자로 근무하면서 종업원들이 일을 수행하는 방법에 대하여 관심을 갖고 있었다. Taylor는 전체 공정을 이루는 구체적인 동작에 대한 과학적인 연구로 보다 합리적이고 효율적으로 작업방법을 개발할 수 있다고 생각했던 것이다(Barr & Hums, 1998).

### (2) Fayol & Weber 중심

조직을 어떻게 구성하는 것이 유리한가에 초점을 두고 경영을 계획, 조직화, 지휘, 조정 그리고 통제의 다섯 가지 기능으로 분류하였다.

〈그림 2-1〉 고전적 경영학파

자료 : 한이석(1994). **사회체육운영론**. 서울: 형설출판사. p. 26. 수정·보완.

## 2) Taylor의 과학적 경영

### (1) 과학적 작업과정 연구

Taylor는 경험을 통해 노동자들이 자신의 능력을 최대한 발휘하지 않고 있음을 알고 작업에 관한 과학적인 분석을 실시하였다. 즉, ① 작업분석(job analysis), ② 시간연구(time study), ③ 동작연구(motion study), ④ 동작종합(collecting the quickest and best movement)의 단계적인 방법이 취해진다.

### (2) 과학적인 노동자 선발

노동자의 신체적 조건을 기준으로 처음부터 적합한 사람을 선발하기를 권장했다.

### (3) 성과급 제도

시간제 임금보다는 생산량과 직접적으로 결부된 성과급제도(incentive system)를 권장하였다.

### (4) 기능별 감독제도

작업이 진행되어감에 따라 감독자도 달라져야 한다. 즉 한 사람이 관리할 수 있는 능력에는 한계가 있으며 작업단계에 따라 작업계획, 지시, 평가 등을 각 기능별 감독이 전담하여야 한다.

그러나 Taylor 시스템은 다음과 같은 문제점이 있었다.

① 그 대상과 영역이 전반적인 경영관리가 아니라 공장관리, 생산관리, 노무관리에 한정됨.
② 과업설정의 과정이 객관적·과학적이지 못하고 주로 시간연구자의 주관에 의함.
③ 노동자에게 노동을 강요하고 인간의 노동을 기계시함.
④ 노조의 존재를 부정하였고,
⑤ 능률의 저하를 노동자의 태만에만 그 요인을 두고 있다.
⑥ 하루의 표준작업량이 일류 노동자에게 가능한 최대량으로 일방적으로 설정됨.

## 3) Fayol의 관리과정론

Taylor와 비슷한 시기에 프랑스에서는 Fayol이 광업회사 사장으로 있으면서 기

업경영의 경험을 통하여 관리활동의 중요성과 관리교육의 필요성을 절감하여 1916
년 「산업 및 일반관리」라는 책을 출판하였다. 그는 이책의 서문에서 "관리란
산업·상업·정치·종교 및 기타 모든 사업의 경영에 있어서 중요한 역할을 수행
하는 것"이라 하고 최고경영자의 관점에서 경영관리의 이론을 제시하였다. Taylor
가 '과학적 관리의 아버지'로 불리는 데 비해, Fayol은 '경영관리론의 아버지'
로 불리고 있다. 또한 그는 관리적 기능의 다섯 가지 요소를 다음과 같이 설명하였
다(추헌, 1995).

① **계획** : 미래에 대한 탐색과 활동계획의 수립
② **조직** : 기업의 물질적 및 사회적 조직의 구성
③ **지휘** : 종업원에 대한 지휘기능
④ **통제** : 이미 확정된 규정이나 기준·명령에 따르도록 감시
⑤ **조정** : 모든 활동과 노력을 결합·통일·조화시킴

Fayol은 경영자들이 지켜야 할 일반관리의 원칙을 제시하였는데 특히 능률, 질
서, 안정성, 공평성을 강조한다. <표 2-3>에 Fayol의 일반관리의 14가지 원칙이
제시되어 있다.

### 4) Weber의 관료조직

관료제는 조직의 이상형 또는 규범형을 말한다. 이 관료제는 경제학에서 완전경
쟁의 개념과 같이 현실적으로 존재한다기보다는 현실에 대비될 수 있는 하나의 준
거기준이 되는 조직의 모형이라 할 수 있다. Webersms 관료제 형태가 지금까지
개발되었던 대규모 관리조직 중에서 가장 효율적인 수단이며 또한 현대 산업사회
는 이에 크게 의존하고 있다고 주장한다. 즉 그는 관료제 형태를 환경의 요구에서
나오는 것으로 보며 또한 산업사회에서 대규모 복합적 조직 관리에 가장 유효한
도구로 보는 것이다(한이석, 1994).

### (1) 관료제의 특징

① 관료의 권한은 규칙, 즉 법규나 행정규칙에 의해서 일반적으로 엄격히 유지
   되고 있다.
② 직무의 조직화는 계층화의 원칙을 따른다. 다시 말하면, 각 하급기관은 각 상
   급기관의 통제와 감독하에 있다. 이러한 관리계층에 속하는 각 구성원은 그

〈표 2-3〉 Fayol의 일반관리 원칙

| 분류 | 내용 |
|---|---|
| 분업(division of work) | 사람은 전문화될수록 생산성이 높아진다. |
| 권한과 책임(authority and responsibility) | 권한이란 명령을 할 수 있는 권리이며, 책임은 권한을 행사함에 따라 수반되는 것이다. |
| 준법정신(discipline) | 구성원들은 조직의 규칙에 따라야 한다. |
| 명령일원화 (unity of command) | 한 사람의 하급자는 항상 한 사람의 직속상급자로부터 명령·지시를 받아야 한다. |
| 지휘일원화 (unity of direction) | 한 가지 목표를 가진 개개의 집단은 한 가지 계획과 한 명의 지도자의 지휘를 받도록 해야 한다. |
| 조직이익의 우선 (subordination of individual interest to general interest) | 개인이나 소집단의 이익이 사회나 조직전체의 이익보다 먼저 추구되어서는 안 된다. |
| 보상제도(remuneration of personnel) | 종업원의 충성과 지원을 얻기 위해서는 적절한 보상체제가 필요하다. |
| 집권화(centralization) | 경영자가 최종의 권한을 가져야 하지만 부하들도 작업수행을 위하여 어느 정도의 권한은 필요하다. |
| 연결계층(계급:scalar chain) | 연결계층은 최고경영자로부터 최하급자까지의 조직서열을 나타내는 계층구조이다. |
| 질서(order) | 인적·물적 자원은 항상 적재적소에 있어야 한다. |
| 공정성(equity) | 공정성은 대인관계에서의 애정과 공평한 처리로부터 생긴다. |
| 인적자원의 안정성(stability of tenure of personnel) | 빈번한 인력의 변경이나 개편은 비능률적인 조직경영을 초래한다. |
| 주도적 역할·창의성 (initiative) | 계획을 주도하고 실천하는데 부하들이 참여하고, 창의적 정신은 성공적인 계획을 생각해내어 조직에 활력을 불어넣는다. |
| 단결(team-work) | 개인간의 조화에서 비롯된 집단정신은 매우 큰 힘을 갖는다. |

자료: 추헌(1995). **경영조직론**. 서울: 박영사. p. 5. 수정·보완.
　　　한이석(1994). **사회체육운영론**. 서울: 형설출판사. p. 28. 수정·보완.

하부의 결정 및 행위뿐만 아니라 그 자신의 결정과 행위에 대해서도 상급자에 대해서 책임을 지고 있다.

③ 직무의 집행은 원안(原案) 또는 초안(初案)이라는 형식으로 보존되는 서류에 의거해서 행해지며 조직의 재산과 사유재산은 구별된다.

④ 직무의 수행은 전문화되고 따라서 전문가로서 훈련을 받은 자만이 그 일을 담당할 수 있다.

⑤ 직무의 수행은 그것을 수행하는 자의 전체적인 능력을 요구하게 된다. 따라서 부업으로서 행할 수 있는 성질의 것이 아니다.

⑥ 직무의 수행은 안정적이며 철저·세밀한 동시에 누구나 습득할 수 있는 법규에 의하여 행하여지게 되어 있다. 그러므로 이 경우 이상형으로서의 관료는 증오나 애정과 같은 감정을 갖지 않는 비정서적·형식주의적 합리성의 정신에서 그 직무를 행한다.

## (2) 관료제의 역기능

① 형식주의(formalism) : 제 규칙에 대한 복종은 결과적으로 그들을 절대화하게 하며 규칙이 조직목표달성을 위한 수단이 아니라 그 자체가 목적이 된다.

② 권한의 축적(hoarding authority) : 최대의 권한을 축적한 관료들은 전형적으로 자기자신을 가장 확실한 의사결정자(infallible decision maker)라고 여기며, 자기의 능력(competence and ability)을 과시하려 한다.

③ 책임의 회피와 분산(avoiding and spreading responsibility) : 규정에 포함된 정신보다는 표면적 문구해석에 입각해서 의사결정이 이루어지며 형식주의(red tape)가 지배하게 된다. 또한 책임과 의사결정을 회피하기 위하여 상

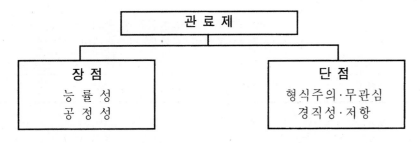

〈그림 2-2〉 관료제의 장점과 단점

사의 권위에 의존하거나 부하의 책임으로 돌린다.

④ 의사결정의 지체(delay of decision) : 오늘날 대규모 조직에서 의사결정 과정의 복잡성은 신속한 결정을 곤란케 하고 있는 것이 문제점이다.

⑤ 관료들의 방해행위(bureaucratic sabotage) : 부하들은 감독자에게 중요한 정보를 제공하지 않거나 너무 많은 정보를 주어서 그들이 결국 활용하지 못하도록 하는 방법이 있다.

⑥ 파벌주의(sectionalism) : 관료들이 자기가 속하는 기관, 부서, 국, 과만을 종적으로 생각하고, 타부서의 대해 배려를 외면하게 된다.

⑦ 변화에 대한 저항 : 관료제는 기본적으로 보수성을 가지며, 변화를 싫어한다. 가장 큰 원인은 관료제가 본질적으로 선례답습적(先例踏襲的)이며 현상유지적인데 있다.

⑧ 기타의 병리 : 권한을 위임하지 않으려는 것, 극단적인 비밀주의, 권력에 대한 욕구, 공공이익의 망각, 무사안일주의, 얕은 지혜 및 출세욕 등.

## 4. 행동주의 경영이론

개인의 합리성과 경제적 동기를 전제로 하여 고전적 이론가들은 경영학의 기술적 접근방법을 발전시켰다. 그들은 과학적인 직무, 경영관리, 조직구조 아래서 인간은 경제적 유인으로 말미암아 능률을 증대시키고 기업의 생산성이 향상된다고 믿었다.

그러나 1930년대에 이르러 인간적 측면을 강조하는 새로운 경영이론이 등장하였다. 이러한 접근방법을 행동주의 경영이론(behavioral approach to management)이라 한다. 다수의 학자들은 근로자들이 집단생활에서 보이는 다양한 행동의 원인들에 초점을 맞추어 경영의 문제를 규명하려 한 이론이다.

### 1) 인간관계론

하버드 대학의 심리학 교수였던 엘튼 메요(Elton Mayo, 1880~1949)는 어떤 요인들이 근로자들로 하여금 자발적으로 열심히 일을 하게 하고 또 만족을 주는가를 연구하였다. 그 과정에서 근로자들간의 인간관계가 중요한 것을 밝힘으로써 인

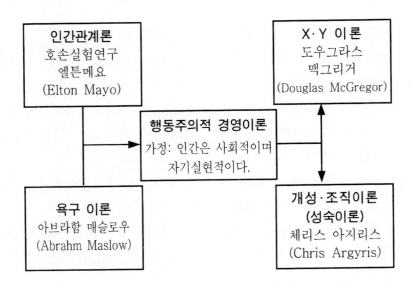

<그림 2-3> 행동주의 경영이론

자료: 추헌(1995). **경영조직론**. 서울: 박영사. p. 212. 수정·보완

간관계론을 주창한 학자로 인정받게 되었다. 그의 주장을 설명할 때 빼 놓을 수 없는 것은 미국의 시카고 교외의 웨스턴 전기회사(Western Electric Co.)에서 행한 호손실험(Hawthorne experiment)이다. 이 실험은 기업에서의 새로운 인간관계에 초점을 두어 과학적인 실험을 한 것이 인간관계론(human relation)의 시초가 되었다. 인간은 경제적 조건뿐만 아니라 심리적·사회적 조건에 의해서도 영향을 받는 다면적(多面的) 존재이다. 또한 인간은 그들의 기대수준이 충족되면 만족을 느끼며 생산성 향상에 이바지하게 된다. 이러한 상태를 '높은 사기'(high morale)라 하며, 이들 욕구를 충족시킨다는 것이 바로 일을 하게 하는 동기부여와 직결되며 또한 이것이 인간관계론의 핵심이라 할 수 있다. 이러한 인간관계론의 개요를 그림으로 나타내면 <그림 2-4>와 같다.

조직에 참여하는 인간을 사회적 인간이라고 이해하는 바탕 위에서 조직현상을 연구하고 조직혁신의 처방들을 제시한 인간관계론의 기본적 가정 내지 원리들을 요약하면 다음과 같다(Davis, 1957; Etzioni, 1964; Mayo, 1933).

① 경영조직은 기술적·경제적 시스템일뿐만 아니라 사회적 시스템이다. 따라서 개인의 역할과 규범은 공식조직의 그것과 다른 방법으로 규정된다.
② 개인은 경제적인 유인뿐만 아니라 다양한 사회적 내지 심리적 유인에 의하여

동기를 부여받는다. 따라서 그의 행동은 감정·정서 및 태도에 의하여 영향을 받는다.

③ 비공식집단은 개인의 태도와 생산성을 결정하는데 결정적인 역할을 한다. 관리층의 욕구나 보상 또는 규범에 대하여 조직참여자들은 개인적으로서가 아니라 집단의 구성원으로서 반응을 보인다.

④ 공식적인 조직구조 내에서 계층적 권위에 근거한 리더쉽 유형은 제고되어야 한다. 인간관계론자들은 권위주의적 리더쉽보다는 민주적 리더쉽 유형을 더 강조한다.

⑤ 조직구성원의 만족, 즉 사회적 욕구의 증진은 원칙적으로 생산성을 증진시킨다.

⑥ 조직계층의 다양한 수준 및 단위간의 의사소통을 효율적으로 발전시킬 필요가 있다.

⑦ 조직을 관리하는 사람들은 기술적 능력뿐만 아니라 사회적 기술을 갖추어야 한다.

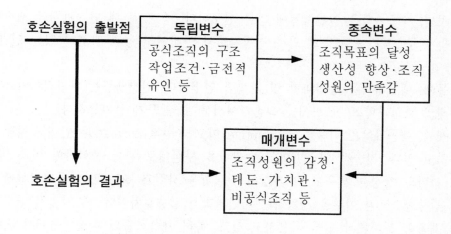

〈그림 2-4〉 인간관계론의 기본도식

자료: 추헌(1995). **경영조직론**. 서울: 박영사. p. 219.

## 2) 행동과학이론

행동과학(behavioral science)은 인간행동에 영향을 미치거나 이를 결정하는 요인에 관한 지식을 체계화하려는 학문이다. 사회과학연구에서 원용하고 있는 과학적 방법은 일정한 한계를 지니고 있다. 왜냐하면 인간행태가 사회적 속성을 지니고 있기 때문이다(Ernest, 1961). 따라서 ① 인간행동은 복잡하고 가변적이기 때문에 예측이 불가능하며, ② 인간행동의 정수를 알아낼 수 있는 객관적 절차, 즉 실험 같은 방법이 불완전하며, ③ 인간에게는 예측을 전복시킬 수 있는 능력이 있고, ④ 사회과학연구에 있어서 인간에 대한 연구를 과학으로 분석하고 기술하는 것은 용이하지 않은 일이다. 더구나 오늘날 기술혁신에 따른 산업사회의 급속한 변화는 기업 혹은 조직을 둘러싸고 있는 외부환경을 매우 복잡하게 만들고 있으며 이에 따라 조직의 구성요소인 인간은 많은 변화와 문제에 직면하게 되었다.

이러한 인간을 둘러싼 문제를 해결하기 위하여 그 동안 정치학·법률학·사회학·심리학·인류문화학 등 모든 사회과학이 응용되었으나 어느 특정의 연구만으로는 문제의 규명과 해결이 불가능하였다. 이에 따라 서로의 전문영역을 초월한 공동연구의 필요성을 느끼게 되었으며 이러한 인식을 바탕으로 행동과학이 탄생하게 되었다(추헌, 1995).

이러한 행동과학의 특징을 요약하면 다음과 같다.

첫째, 행동과학은 인간행동에 관한 연구이다. 즉 조직 내 인간관계와 조직과 인간의 갈등, 그리고 조직의 의사 결정자로서 인간연구 등과 관련이 있는 인간행동을 연구한다.

둘째, 행동과학은 종합과학 및 과학적 연구이다. 인간행동은 다면적이기 때문에 종래의 사회과학의 한 면에만 의존하여서는 그 연구가 불가능하다.

셋째, 행동과학은 기술적(descriptive)이고 규범적(normative)인 연구방법을 이용하고 있다. 기술적 연구방법이란 현상을 사실대로 관찰·분석하여 이를 바탕으로 하나의 가정을 세우고 그 가정이 진실함을 사실과 실험 및 시뮬레이션에 의하여 검증함으로써 이론을 정립하는 자연과학적 실증절차이다. 즉 기술적 연구는 우리 체육학 분야에서 널리 이용하고 있고, 특히 체육학습의 현장연구에서 흔히 사용하는 연구방법이다. 이러한 행동과학의 학문영역들을 <그림 2-5>에서 제시하고 있다.

### (1) McGregor(1906~1964)의 X·Y이론

맥그리거의 연구업적은 직무수행상의 업적에 대한 새로운 행동주의적 접근에 의거 새로운 행동주의적 접근에 있어 좋은 예를 제시했다고 할 수 있다. 맥그리거에 따르면 전문화된 직무, 집권적 의사결정, 상의하향식 커뮤니케이션 등의 전통적 조직은 경제적 필요에 의한 산물이 아니라 인간속성에 대한 기본적 가정을 반영하고

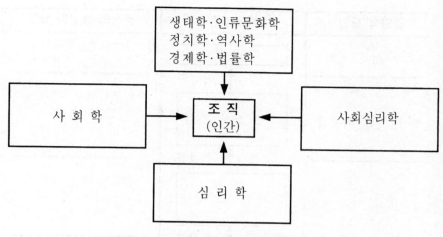

〈그림 2-5〉 행동과학의 학문영역

있는 것이다(Luthans, 1981). 맥그리거의 이론은 X·Y이론으로 명명하였는데 아래와 같다.

① X이론 : 대부분의 사람들은 작업 및 책임을 싫어하고, 지도받기를 좋아하며, 사람들은 일을 잘 수행하겠다는 욕망보다는 단순한 재무적 유인에 의해 동기가 유발되고, 이러한 결과로 그들은 감시되어지고, 통제되고, 강압적으로 조직의 목표달성을 종용해야 한다는 인간의 본성에 대해 부정적으로 보는 견해이다.

② Y이론 : 일한다는 것은 자연적인 현상이며, 일은 고통의 원천이 되기도 하지만 조건 여하에 따라서는 기쁨을 가져오는 것이다. 조건이 허락하면, 인간은 책임을 스스로 질뿐만 아니라 오히려 그것을 추구한다. 또한 인간은 단순한 재무적 보상만으로는 동기가 유발되지 않고 일을 보다 잘 하려는 욕망과 동료와 사귈 수 있는 기회에 의해 동기가 유발된다.

이러한 X·Y이론을 평가하여 보면 Y이론은 인간에 관한 동태적 견해를 대표하고 있다. 개인은 본성적으로 성장과 발전의 잠재력을 갖춘 행동주체로 인식되고, 동기부여의 문제도 관리층의 책임으로 규정하고 있다.

물론 Y이론도 비판적인 견해가 없는 것은 아니다. 즉 Y이론은 대체로 X이론에 비하여 인성에 관한 보다 발전적인 가정체계(假定體系)로 인식되고 있으나, 첫째,

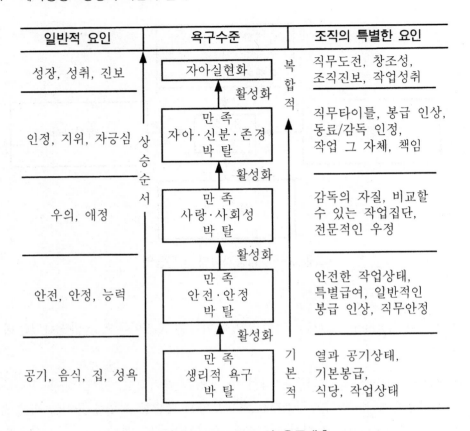

| 일반적 요인 | 욕구수준 | 조직의 특별한 요인 |
|---|---|---|
| 성장, 성취, 진보 | 자아실현화 | 직무도전, 창조성, 조직진보, 작업성취 |
| | 활성화 | |
| 인정, 지위, 자긍심 | 만 족 자아·신분·존경 박 탈 | 직무타이틀, 봉급 인상, 동료/감독 인정, 작업 그 자체, 책임 |
| | 활성화 | |
| 우의, 애정 | 만 족 사랑·사회성 박 탈 | 감독의 자질, 비교할 수 있는 작업집단, 전문적인 우정 |
| | 활성화 | |
| 안전, 안정, 능력 | 만 족 안 전·안 정 박 탈 | 안전한 작업상태, 특별급여, 일반적인 봉급 인상, 직무안정 |
| | 활성화 | |
| 공기, 음식, 집, 성욕 | 만 족 생리적 욕구 박 탈 | 열과 공기상태, 기본봉급, 식당, 작업상태 |

<그림 2-6> Maslow의 욕구계층

자료: Chelladurai, P.(1985). *Sport management: Macro perspective*. London, Ontario: Sports Dynamics. p. 111.
Szilagyi, A. D., Jr., & Wallace, M. J., Jr.(1983). *Organizational behavior and performance*. Glenview, Ill.: Scott. Foresman and Company. p. 86.


지나치게 이상주의적인 요소가 강하다. 둘째, Y이론은 욕구충족의 주된 장소로 작업현장(on the job)을 강조하고 있으나, 실제로 많은 근로자들은 그들의 욕구를 작업장외(off the job)에서 충족하고 있다. 이러한 경향은 작업시간의 단축과 레저의 중요성이 강조됨으로서 더욱 뚜렷해진다(추헌, 1995).

### (2) Maslow(1908~1970)의 욕구단계 이론

매슬로우가 주장한 욕구이론은 오늘날 가장 널리 활용되고 있으며, 인간의 행동은 욕구에 의하여 동기가 유발되는 것이며, 이러한 욕구는 5단계의 계층을 형성한다고 주장한다.

① 생리적 욕구(physiological needs) : 생리적 욕구는 인간의 좀더 근본적인 생물학적인 필요조건 즉 음식과 휴식처 그리고 고통을 피하려는 욕구와 관련된다.

   예) 고용인은 생리적 욕구의 만족을 보장하기 위해 충분한 재정적인 보장 즉 월급과 보너스가 제공되어야 한다.

② 안전·보호의 욕구(safety and security needs) : 생리적 욕구가 충족되면 장래에도 의(衣)·식(食)·주(住)·성(性)을 보장받고 싶어하며 동시에 외부로 부터 자신을 보호·보장받고자 하는 자기보전에 대한 요구이다.

   예) 조직의 맥락에서 직업 안전성, 건강 보상범위, 그리고 퇴직계획이 포함된다.

③ 소속 및 사랑의 욕구(belonging and love needs) : 사회적 욕구라고도 하며, 소속감, 연합, 우정, 친화와 같은 대인 관계적 욕구들이 주종을 이룬다. 이 욕구는 생리적 욕구와 안전·보호의 욕구가 충족된 후에만 나타난다.

   예) 사교적인 욕구만족은 고용인의 공동작업자, 작업단체, 감독, 그리고 그들의 사교적인 욕구의 강도에 의존된다. - 클럽 활동, 체육대회 등 활용

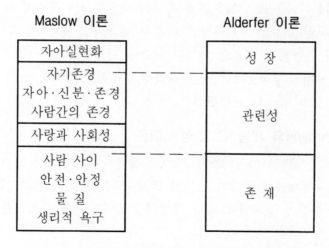

〈그림 2-7〉 Maslow의 이론과 Alderfer의 이론비교

자료: Chelladurai, P.(1985). *Sport management: Macro perspective*. London, Ontario: Sports Dynamics. p. 114.

④ 존중의 욕구(self-esteem needs) : 다른 사람들에게 인정받기 위한 사람의 욕망 그리고 그들 사이에서 자격을 갖기 위한 사람의 욕망에 관련하는 더 높은 순서의 욕구라고 생각된다.

　예) 조직에서 개개인들에게 수여된 직함, 자격, 그리고 그들이 동료에 의해 취급된 존경은 존경의 욕구에 부응하는 요인들의 종류이다.

⑤ 자아실현의 욕구(needs for self-actualization) : 자기 자신이 가지고 있는 잠재 가능성(potentialities)을 실현시키고자 하는 욕구, 그리고 자기개발을 하고자 하는 욕구를 말한다.

　예) 조직에서 능력과 적정에 맞는 근무 배치, 자기개발을 위한 취미활동 및 교육.

### (3) Alderfer의 ERG이론

매슬로우의 이론에서 문제되었던 문제점을 보완하고 동기욕구를 보다 실제에 맞도록 수정한 이론이다. 존재, 관련성, 성장 이론을 구성한다. 즉, 존재·관련성·성장의 영어의 서두 문자를 딴 것이 ERG이론이다. <그림 2-7>에 매슬로우와 알더퍼의 이론이 비교되어 있다.

- 존재(Existence) : 존재는 지속적인 존재를 확실히 하기 위하여 필요한 모든 것을 의미한다. 그 의미에서 존재 욕구는 매슬로우의 생리적 욕구와 비슷하다.
- 관련성(Relatedness) : 관련성은 다른 사람들과 상호작용하기 위하여 개개인의 욕구와 관련되고 그들의 느낌과 사고에 관계한다.
- 성장(Growth) : 성장은 도전하는 과업을 성취하고 새로운 능력과 창조성을 발달시키기 위한 욕구와 관련된다.

### (4) Chris Argyris의 개성·조직(성숙)이론

행동학파의 한사람인 아지리스에 의하면 경직화된 조직, 즉 고전론적 상황하에서 전개된 조직에서는 근로자가 그들의 잠재능력을 충분히 발현시킬 수가 없다는 것이다. 그는 인간이 성숙함에 따라 특성이 미성숙단계에서 성숙단계로 전환한다고 한다.

- **미성숙단계의 특성** : 수동적, 의존적, 단순한 행동, 얕은 관심, 단기적 조망, 종속자적 위치, 자아의식 결여

- **성숙단계의 특성** : 능동적, 독립적, 다양한 행동, 깊은 관심, 장기적 조망, 지
  배자적 위치, 자아의식 및 통제

아지리스의 주장은 사람들을 강압적으로 규칙에 따르도록 하고, 그와 가까운 곳
에서 그를 감시하는 감독관으로부터만 명령을 하달하게 되면 종업원이 수동적·의
존적·종속적으로 되어 정상적인 성숙화를 방해한다는 것이다. 경영자는 종업원에
게 추가적인 책임을 부여하여 그들에게 성장 및 성숙에의 유연성을 제공해야 한다
는 것이다.


## 5. 계량적 접근

2차 세계대전 중 군사장비의 이동과 보급을 위하여 군사전문가, 수학자, 물리학
자 등의 많은 과학자들이 참여하여 OR팀(Operation Research)을 구성하는 것이
시초이다. 종전 후 생산시설이나, 유통시설에 활용하였는데, 체육산업에서는 예산,
자금관리, 공정관리, 재고관리 등에 도입할 수 있다.


## 6. 시스템적 접근

시스템은 통일된 전체를 구성하고 있는 상호 관련되고, 상호 의존적인 부분들의
집합이라고 할 수 있는데, 경영시스템의 주된 관점은 조직을 하나의 전체시스템으
로 보고, 그것이 어떻게 분석 가능한 여러 개의 하위시스템으로 구성되는가를 강
조한다. 경영에서 시스템적 접근이란 조직을 하나의 유기체로 보고 그 조직의 내
부와 외부세계를 포함하여 전체적으로 볼 것을 주장하는 이론이다.


### 1) 개방시스템(open system)강조

시스템 이론에서는 특히 개방 시스템을 강조한다. 즉 조직이 존속, 성장, 발전하
기 위해서는 조직의 내적·외적 여건과 상호작용하면서 동태적인 균형(dynamic
equilibrium)을 유지해야 한다. 즉 시스템이 유지되기 위해서는 구성인자가 유기
적으로 연결된 구조를 지니고 있어야 하는데 이들 구조는 부문과 부문, 그리고 그
부문과 전체간에 상호관련성(interrelatedness)을 가지게 된다.

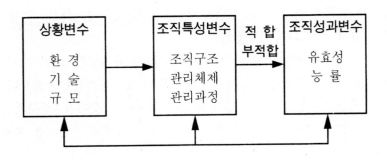

<그림 2-8> 상황이론의 기본모형

그런데 오늘날의 경영은 이러한 내부구성인자도 중요하지만 기업을 둘러싼 환경과 직·간접적으로 관계된 외부인자와의 상호 관련성이 더욱 중요한 것이다. 즉 종업원이나 기술, 제품의 품질 등과 같은 통제 가능한 요인(controllable factor)인 내부인자보다 통제 불가능 요인(uncontrollable factor)인 고객·정부·경쟁업체·채권자·지역사회 등 외부환경인자에 대해서 능동적으로 적응하고 도전하는 것이 현대경영의 요체이다.

### 2) 시스템적 접근 사고방식과 생활체육 경영자

- **업무와 관련된 기술** : 운동자를 지도할 수 있는 능력과 마케팅 정보를 수집 하고 분석할 수 있는 능력을 갖추어야 한다.
- **인간관계 기술** : 현대의 조직사회에서 가장 중요한 사항으로서 주위의 존경과 호감을 지닐 수 있는 인격형성이 중요하며 자신의 의견을 타인에게 효과적으로 전달할 수 있는 언어능력이 중요하다.
- **사고력** : 급격하게 변화하는 사회환경 속에서 미래를 예측하고 문제점을 분석하여 해결할 수 있는 사고력이 중요하다(제4절 생활체육경영자 참고).

## 7. 상황적 접근

상황이론(contingency theory)은 보다 일반적인 차원에서 환경 또는 상황요인을 조건변수로 하고 조직의 내부특성변수와 성과(업적)의 관계를 특정화하는 이론이라고 할 수 있다. 전통적 이론의 접근방법들은 환경이나 조건에 관계없이 모든 조직에 공통적으로 유효한 조직원칙을 도출하는 데 초점을 두었다. 그러나 현대 조직연구의 결론은 이러한 보편주의(普遍主義)를 부정하고 모든 환경에 적응할 수 있는 최선의 조직은 있을 수 없으며, 환경이 달라지면 조직도 변화한다는 견해를 갖는 것이 특징이다. 상황, 즉 contingency라는 용어를 최초로 사용한 로렌스와 로시(Lawrence & Lorsch, 1967)에 의하면 상황이론은 여러 가지 환경의 변화 및 요구에 효율적으로 대응하기 위하여 조직이 어떠한 특성을 갖추어야 할 것인가를 규명하기 위한 이론이라고 정의하고 있다. <그림 2-8>에는 상황이론의 기본모형이 제시되어 있다.

# 제 3 절  경영관리의 기능

경영관리란 "조직의 목표를 효과적·경제적·능률적으로 달성하기 위해 스포츠경영체가 활용하는 제 자원(인적 및 물적자원·자본·기술·경영기법 등)을 기획·조직·지휘·조정·통제하는 과정"이라고 할 수 있다. 크레트너와 키니크(Kreitner & Kinicki, 1995)는 경영관리를 "조직의 목표를 효과적으로 달성하기 위하여 다른 사람과 함께 일하는 과정으로 정의할 수 있다"라고 하였다. 또한 바르와 흄(Barr & Hums, 1998)은 "경영관리를 한다는 것과 관리자의 역할이란 그들이 원하는 것을 종업원들이 하도록 하는 것"이라고 설명하면서 "관리의 과정은 계획, 조직, 인사, 지휘, 조정을 포함한 여러 가지 지식을 사용하여 이루어진다"고 하였다.

또, 학자에 따라서는 "타인의 노력을 통하여 일(기업체의 목표)을 달성하는 기능(the function of getting things done through others)" 또는 "타인의 노력을 통하여(through the efforts of other people) 기업체의 목표를 달성하는 것" 등으로 경영관리를 정의하기도 한다.

## 1. 계 획

계획(planning)은 조직의 목적을 규정하고 설정된 목표를 달성하기 위하여 적당한 방법을 결정하는 것이다(Gibson, Ivancevich, & Donnelly, 1997). 또한 계획은 스포츠조직을 위한 행동절차와 관계된다(VaderZwaag, 1984).

즉, 계획은 스포츠경영체가 소기의 목적을 달성하기 위해 행동노선을 사전에 결정하는 경영자의 기능이라고 하겠다. 계획수립에는 스포츠산업의 전 계층에서 수행하는 모든 활동을 포함시켜야 한다.

## 1) 계획수립에 포함되어야 할 사항

(1) 단기목표 및 장기목표를 포함한 경영체의 전반적 목적(overall objectives)의 설정
(2) 스포츠경영체의 정책 내지 방책(business policies), 진행절차(procedures) 및 일정 내지 프로그램(schedule or program)의 수립
(3) 예산(budgets)의 편성과 소요자원의 배분

## 2) 계획의 유형

**(1) 기본방향과 구체적인 목적에 따라** : 전략적 계획, 운영계획으로 구분한다.

① 전략적 계획 : 경쟁환경에서 조직이 취해야 할 포괄적인 계획을 의미한다.
• 외부환경에 대처하는 방식

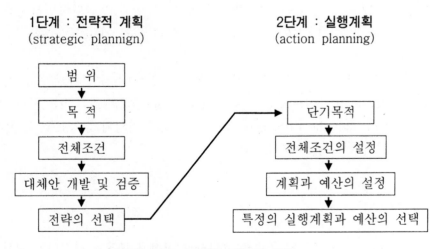

〈그림 2-9〉 계획의 시간적 차원

- 고위경영자의 관점에서 작성하는 계획
- 전략적 계획의 중요성 : 체육산업의 거대화, 체육·스포츠 환경의 변화성과 불확실성 때문에 중요하다.

② 운영계획 : 하위경영자들이 참여하는 구체적인 계획이다.
- 보다 현실적인 기능부서별 계획으로서,
- 전략적 계획을 토대로 수립한다

**(2) 기간에 따라** : 장기계획, 단기계획으로 구분한다.

① 장기계획 : 3~5년 내지 10년에 걸쳐 설정한다.
② 단기계획 : 1년 이내의 계획을 말한다.


## 2. 조직화

계획을 수립한 다음 스포츠경영 관리자는 조직화(organizing)를 행하여야 한다. 조직화 기능은 설정된 모든 계획을 행동으로 이행하는 것이다. 조직화 기능의 일부분으로서 관리자는 목적달성을 위해 수행되어야 할 모든 직무활동을 여러 단위로 분류·분업화하고 누가 그러한 과업을 수행하는데 책임을 져야하는가를 결정한다. 이러한 정보가 수합되면 조직도를 개발하여야 한다. 조직도는 스포츠경영체 내의 다양한 직위뿐만 아니라 이러한 직위에 대한 보고체계를 나타낸다(Barr & Hums, 1998).

① 효과적인 팀웍(teamwork)과 개인능률의 향상을 도모하기 위해 상호관련성을 감안하여 모든 직무활동을 집단화하는 것.
② 직무활동을 담당할 조직구성원 각자의 권한과 책임을 규명하고 위임하는 것.
③ 조직 내의 부서와 계층이 수행하는 직무활동을 상호간 조정하기 위해 유기적인 조직관계를 개발하는 것.

조직화 기능에는 조직 내에 마련된 각종 직책(position)에 적합한 자질을 갖춘 사람을 찾아서 배치하는 인사충원기능(staffing functions)도 포함된다. 조직화 기능을 확대 해석하면 위에서 설명한 관리조직의 편성 및 인사충원 이외에 자본, 시설, 스포츠 프로그램 등 타 기업자원의 조달까지 포함시킬 수 있다.

## 3. 지 휘

지휘(directing)는 스포츠경영체가 기대하는 것이 무엇인가를 부하(종업원)들에게 인식시키고, 또한 그들이 맡은 바 직책을 능률적으로 수행하여 경영체의 목적 달성에 공헌하도록 인도(guide)하고 감독(supervise)하는 스포츠관리자의 기능이다. 지휘기능은 조직의 모든 계층에서 수행되어야 하지만, 특히 중요한 대상은 일정하고 반복적인 작업 임무(routine operating works)가 대부분인 프로그램 지도자들이다.

## 4. 통 제

통제(controlling)는 계획목표 내지 성과(planned goals or results)에 실제성과(actual results)가 일치(conform)되도록 하는 경영자의 한 기능이다. 통제기능을 발휘하려면 관리자는 계획대로 집행활동이 이루어지고 있는지 또는 이루어졌는지를 파악하고, 만일 이루어지지 않고 있거나 이루어지지 않았을 때는 집행활동을 시정시켜야 한다.

이와 같이 계획성과와 실제성과를 계속적으로 비교·검토하고 체크하여 불일치할 때는 집행을 시정하는 통제기능은 집행활동의 실시 중에는 물론이고 실시 후에도 다 같이 수행되어야 한다. 따라서 통제는 단순한 명령·지시와는 다르다.

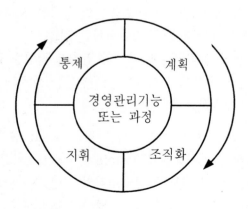

〈그림 2-10〉 경영관리의 기능적 과정(Management Cycle)

통제기능의 효과적인 수행은 조정(coordination) 기능의 수행을 전제조건으로 하고 있다. 계획목표를 달성하려면 조직을 구성하는 여러 부서와 구성원들이 공통 목표를 향하여 통일된 행동을 하고 집단적인 노력을 질서정연하게 하여야 하는데, 그렇게 하도록 하는 관리자의 기능이 조정이다. 조정과 통제를 구태여 분리한다면, 조정기능은 통제기능에 앞서서 수행되어야 한다(반병길 1984).

위의 경영관리기능(계획, 조직화, 지휘, 통제)은 <그림 2-10>과 같이 상호 연관되어 있다.

# 제 4 절   생활체육 경영자

생활체육 경영자(managers)들은 현대 스포츠산업의 주체이며 지도자(leaders)들이다. 그들은 스포츠산업체의 목적달성을 위해 책임과 권한을 가지고 경영전략을 구사하며, 모든 산업체의 경영관리, 기능부서들의 관리, 사업부서들의 관리 등을 의사결정과정을 통하여 수행한다. 성장·발전 등 스포츠경영체의 성공여부가 스포츠경영자 또는 관리자의 능력(capability, competence)에 따라 결정될 만큼 오늘날의 스포츠 기업사회에 있어서 전문경영자의 역할과 중요성은 계속 증가하고

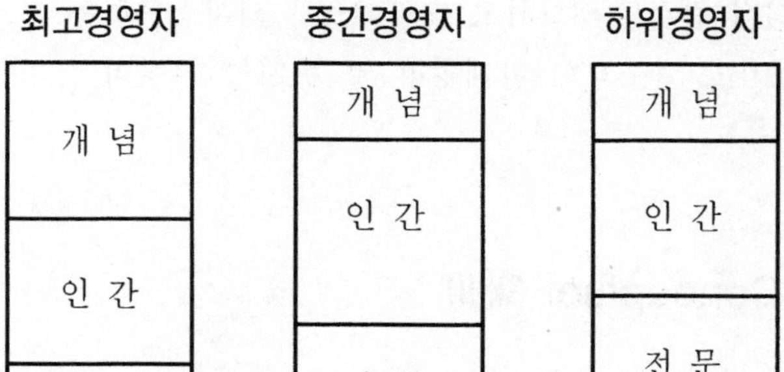

| 최고경영자 | 중간경영자 | 하위경영자 |
|:---:|:---:|:---:|
| 개 념 | 개 념 | 개 념 |
| 인 간 | 인 간 | 인 간 |
| 전 문 | 전 문 | 전 문 |

<그림 2-11> 계층의 수준에 따른 성공적인 경영에 필요한 기술의 차이

자료: Steers, R. M.(1988). *Introduction to organization behavior* (3rd ed.). Illinois: Scott, Foresman and Company. p. 134

지위가 향상되고 있다.

Katz(1974)는 경영자에 있어서 다음과 같은 세 가지의 경영능력을 주장한다.

## 1. 전문적 기술(Technical Skill)

전문기술은 전문화된 활동을 수행하는 데 필요한 방법, 과정 및 기법에 관한 지식과 그러한 활동을 하는 데 관련된 도구를 사용하고 장비를 조작하는 능력을 말한다. 전문적 기술은 교육기관에서의 교육이나 실무 담당 경험을 통하여 습득하게 된다.

> 예) 스포츠센터의 경영자에게 필요한 전문기술: 웨이트트레이닝 장비, 트레이드밀 등의 기구 사용에 관한 작업지식과 경험; 운동의 생리학적 효과에 대한 이해, 비만, 체중조절; 체력검사와 운동처방 등. 또한 스포츠센터의 경영자는 경영이론, 회계, 재무, 인사·조직관리, 경영전략, 마케팅, 체육법 등을 익혀야 한다.

## 2. 인간기술(Human Skill)

인간기술은 대인관계 기술(interpersonal skill)이라고도 하며, 인간의 행동과 대인 상호작용 과정에 관한 지식, 타인의 언행을 보고 그의 감정, 태도 및 동기를 파악하는 능력(사회적 감각), 명확하고 효과적으로 의사소통하는 능력(언변, 설득력), 타인과의 효과적이고 협조적인 관계형성 및 유지능력(정치적, 외교적 감각) 등을 말한다.

## 3. 개념기술(Conceptual Skill)

일반적 분석 능력, 논리적 사고, 복잡하고 애매한 관계성들 속에서 개념을 찾고 이를 개념화하는 능력, 아이디어 생산과 문제 해결에서의 창조성, 사건을 분석하여 추이를 파악하고 변화를 예측하며 호재(好材)와 악재(惡材)를 발견해 내는 능력(귀납 및 연역적 추리 능력) 등을 말한다. 세 가지 분류단계에서 가장 복잡한 개념이다.

# 제 5 절 생활체육 경영체의 경영구조

## 1. 독자적 소유권

### 1) 특징 및 장·단점

• 특징 : 개인에게 완전한 설립책임과 권한이 있으며 한국 생활체육 경영체의 80%를 차지하고 있다.
• 장점 : 설립자본의 저렴, 독자적 이익, 사무의 직접통제, 설립절차의 간편, 특별세가 없음.
• 단점 : 사업부채에 대한 무한한 책임, 자본형성의 어려움, 제한된 경영, 회원모집의 어려움 등

### 2) 현 황

(1) **법적근거** : 「체육시설의설치·이용에관한법률」, 시행령, 시행규칙
(2) **업종별 현황** : 우리 나라의 체육시설업은 대부분 독자적 소유권 형태를 유지하고 있으며 당구장이 가장 많고 그 다음은 체육도장이 차지하고 있다. <표 2-4>에는 체육시설업의 업종별 현황이 제시되어 있다.

<표 2-4> 체육시설업의 업종별 현황(2001. 1. 1 현재)

| 종목 | 업소수 | 비율 (%) | 종 목 | 업소수 | 비율 (%) | 종 목 | 업소수 | 비율 (%) |
|---|---|---|---|---|---|---|---|---|
| 계 | 44,349 | 100 | 종합체육시설 | 192 | 0.4 | 무도장 | 61 | 0.1 |
| 골프장 | 143 | 0.3 | 수영장 | 581 | 1.3 | 무도학원 | 1,329 | 3.0 |
| 스키장 | 13 | 0.1 | 체육도장 | 8,469 | 19.1 | 체력단련장 | 3,924 | 8.9 |
| 요트장 | 1 | 0.1 | 볼링장 | 1,042 | 2.4 | 에어로빅장 | 2,377 | 5.4 |
| 빙상장 | 22 | 0.1 | 테니스장 | 237 | 0.5 | 당구장 | 24,026 | 54.2 |
| 승마장 | 18 | 0.1 | 골프연습장 | 1,786 | 4.0 | 썰매장 | 127 | 0.3 |
| 자동차경주장 | 1 | 0.1 | | | | | | |

자료: 문화관광부(2001). 전국 공공·등록·신고 체육시설현황. p. 217.

**(3) 체육시설업의 종류(제 8 장 체육 · 스포츠와 법률 참고)**

- 등록체육시설업 : 골프장업, 스키장업, 요트장업, 카누장업, 빙상장업, 자동
  차경주장업, 승마장업, 종합체육시설업(수영장 필히 포함) 등 9개 업종
- 신고체육시설업 : 수영장업, 체육도장업(유도,태권도,권투,검도,우슈,레스링),
  볼링장업, 테니장업, 골프연습장업, 체력단련장업(헬스크럽), 미용체조장업(에
  어로빅장), 당구장업, 썰매장업, 무도장업, 무도학원업 등 11개업종

  *합기도장, 해동검도장, 탁구장 등은 법적규제없이 누구나 개업할 수 있는 자
  유업이다.

# 2. 협동조합

협동조합(cooperative)에는 민법상계약에 의한 조합과 특별법에 의하여 적법 절
차를 밟아 설립되고 규제 받는 법인기업이 있다. 일반적으로 중소규모의 농수산물
업자, 상공업자, 소비자 등이 다수 협력하여 생산, 구입, 판매, 보관, 금융 등의 사
업을 공동 운영함으로서 조합원의 경제적 지위를 향상시킬 목적으로 설립된다. 따
라서 협동조합의 설립정신과 취지는 공존(共存), 공영(共榮), 상부상조(相扶相助)
에 있다.

## 1) 협동조합의 특징

① 각 출자자는 협동조합의 이용자이며 회원(조합원)이다.
② 각 조합원은 출자지분에 관계없이 한 표의 투표권을 갖는다.
③ 종교적, 정치적으로 중립을 지닌다.
④ 협동조합의 자본은 조합원만이 출자한다.
⑤ 조합원에 대한 이자지급 또는 이익배당은 출자지분에 따른다.
⑥ 조합원 교육을 통하여 상호작용을 강조한다.

## 2) 단 점

① 생산자 협동조합의 조합원은 생산물을 자기들이 원하는 시기에 고객에게 자

유롭게 판매할 수 없다.

② 다른 기업의 형태에 비하여 이익창출의 유인(profit−making inducement)이 부족하다.

③ 조합원의 이사들은 서어비스를 제공하면서도 급여을 받지 않은 것이 상례이며 업무집행을 책임 맡은 임직원의 급여수준은 낮은 편이어서 이직율이 높다. 그러나 요즘은 금융기관의 형태로 변질되고 있으며 보수도 금융기관의 직원과 비슷하다.

### 3) 협동조합의 형태

① 소비자 협동조합 : 필요한 물자를 저렴하게 구입할 목적으로 형성한다.

② 생산자 협동조합 : 중소 생산자들이 결정하는 조합으로 판매조합, 구매조합, 이용조합, 생산적 조합이 있다.

　　예) 관공서에 납품하는 여러 조합 : 인쇄물 협동조합, 광고물 협동조합 등

③ 신용협동조합 : 경제적 약소자들이 자금의 융통을 원활하게 하여 경제적인 상부상조를 목적으로 설립된다.

　　예) 직장내 협동조합, 마을금고, 신용협동조합 등

## 3. 주식회사

### 1) 특 징

(1) **자본의 증권화** : 주식회사는 여러 종류의 주식을 발행하여 자본을 조달하는데 보통주(common stocks)와 우선주(preferred stocks)로 나눈다. 보통주는 가장 광범위하게 발행하는 것으로서 그 주주는 기업경영에 참여하고 이익과 손실을 분할한다. 채무에 대한 책임은 소유주식가치에 한정한다. 이익배당(profit dividend)은 모든 경비와 채무를 공제한 순이익으로 한다. 이익배당에 우선권이 있는 우선주를 발행했을 때는 우선주에 대한 배당이 행해진 후 보통주에 대해서 배당을 실시한다.

이와 같이 주식회사의 출자는 균일한 주식으로 분할되어 있어서 출자자인 주주는 주식을 통해 회사에 대하여 출자의무를 지고 의결권과 배당청구권 등을 행사할 수 있다. 공개된 주식회사의 주식은 매매양도가 가능한 유통증권이므로 주식시장

(stock market)에서 사고 팔 수 있다.

**(2) 주식의 유한책임제도** : 즉, 주식회사의 주주는 출자액(주식가치)만큼만 회사의 자본위험에 대하여 책임을 진다는 뜻이다. 이러한 제도 때문에 대중으로부터 대규모 자본조달이 가능하며, 또한 주주의 개인재산과 주식회사의 재산은 뚜렷이 구분된다.

주식회사를 그 소유권자인 주주로부터 분리한 법적존재(a legal entity)라고 하는 것은 그 때문이다. 주식회사는 그 성공도(수익력)에 따라서 기업신용을 창출하여 추가적인 자본조달이 가능해진다.

**(3) 소유권과 경영의 분리** : 주식의 소유가 대중화되어 수많은 주주가 탄생하게 되면 모두 경영에 실제로 참여한다는 것은 불가능하다. 따라서 주주들은 주주총회, 이사회 등을 통해 전문경영자로 하여금 회사경영을 담당하도록 하는 것이 보편적이다.

그러나 소유와 경영의 분리가 필수적인 것은 아니다. 다만 바람직하다는 뜻이다. 주식회사의 규모가 커지고 운영이 복잡성을 띨수록 소유와 경영을 분리시킬 필요성이 증가하기 때문이다.

### 2) 주식회사의 장점

① 주식회사의 생명은 영구적이다.
② 주주는 유한책임을 지닌다.
③ 소유권(주식)전이가 용이하다.
④ 확장(성장)이 용이하다.
⑤ 출자자(주주)의 경영부담 필요성이 적다.
⑥ 소규모 및 대규모 기업체가 다같이 채택할 수 있다.
⑦ 전문경영자의 활용기회가 많다.
⑧ 대규모 자본의 집중이 용이하고 이를 촉진시킨다.

### 3) 단 점

① 세금의 종류가 많다.
② 개인기업, 파트너쉽(합명회사) 등 타형태의 기업체보다 조직하기가 어렵고

경비가 많이 든다.

③ 기업활동이 정관의 제약 때문에 한정될 가능성이 있다.

④ 정부기관, 준정부기관 등의 규제가 상대적으로 많다.

⑤ 비밀유지가 잘 안된다.

## 4) 주식회사의 설립절차

정관의 작성 → 출자의 의무의 확정 → 출자의무의 이행 → 책임의 선임 → 설립등기

## 5) 주식회사의 최고기관

① 총회 :
- 정관변경, 자본의 증감, 영업의 양도, 양수, 합병 등
- 이사, 감사, 검사인, 청산인의 선·해임과 연관된 인사사항
- 주식배당, 신주인수권 등의 승인과 같은 주주의 이해에 관한 사항

② 이사회 :
- 법률 또는 정관이 정한 주주총회의 의결사항이 아닌 모든 업무의 집행에 관한 사항
- 대표이사를 포함한 최고경영층의 선·해임
- 주주총회의 소집
- 이사회 소집자의 특별지정 사항 등
- 신주발행과 사채모집의 사항 등

③ 감사 : 신상법하에서는 회계감사권만을 갖는 것이 일반적이다.

# 제 6 절  생활체육 경영체의 경영전략

## 1. 생활체육 관리자의 과업

생활체육 경영체 입장에서 마케팅 관리를 하려면 마케팅 관리자는 두 가지 기본

과제에 대한 의사결정을 해야 한다. 첫째로, 경영체가 모든 마케팅 노력(marketing efforts)을 동원하여 점유하고자 하는 표적시장(標的市場, target market)을 선정해야 한다. 표적시장을 선정한다는 것은 경영체의 제품(또는 서비스)을 구매할 만한 고객들이 누구인가를 찾아내는 것을 뜻한다.

생활체육 경영체의 마케팅관리자의 과업(課業, the task of marketing manager)은 원래부터 "모든 이질적 시장을 항상 점유하는 데 있는 것이 아니라, 특정시장만을 항상 점유하는 데 있다"(Not to serve all the markets all the time but to serve a particular market all the time).

그 이유는 아무리 규모가 크고 시설, 제품, 프로그램이 다양화되어 있다 하더라도, 하나의 경영체가 국내 그리고 광범위한 지역의 모든 고객집단(customer groups)이나 모든 시장을 항상 상대한다는 것은 불가능하기 때문이다. 또한 그렇게 하는 것은 낭비적이고 비효과적이다. 따라서 스포츠경영체는 장점과 비교우위를 가지고 가장 잘 점유할 수 있는 표적시장을 우선 선정해야 한다.

마케팅 관리자가 의사결정을 해야 할 두 번째 기본과제는 일단 선정된 표적시장에 모든 마케팅 노력을 맞추는 것이다. 즉, 표적시장을 만족스럽게 점유하기 위한 마케팅전략(marketing strategy)을 수립하고 집행하는 것이다. 경영체 또는 산업체가 추구하는 마케팅 목적은 마케팅 전략의 집행결과로 달성되는 것은 물론이다. 그러므로 마케팅 전략의 수립과 집행은 마케팅 관리자의 중요한 과제이다.

## 2. 시장세분화와 표적시장의 선정

### 1) 표적시장의 선정

마케팅 관리자가 자사제품이나 프로그램서비스의 표적시장을 선정하려면 다음의 몇 가지 단계를 거쳐야 한다. 즉, 마케팅 관리자는 ① 잠재적 고객군 또는 시장(potential customers or market)을 규명(糾明, identify)하고 찾아(locate)내야 한다. ② 규명된 잠재적 시장에 있어서, 자사제품과 서비스에 대한 수요와 수용(product demand and acceptance)의 정도를 측정해야 한다. 그리고 ③ 위의 정보에 입각하여 표적시장을 실제로 선정해야 한다.

## 2) 표적시장의 정보 탐색

경쟁이 치열한 스포츠 제품과 서비스 경쟁에서 성공하기 위해 스포츠마케팅 담당자는 최대고객이 될 사람들을 꼭 알아야 한다. 소비자의 생활양식 및 구매결정을 포함한 표적시장의 필요와 특성을 검토하는 조사과정에 따라 제품과 프로그램 그리고 회원권의 판매촉진 가격결정이 이루어진다. 소비자에 대한 많은 정보는 표적시장을 만족시키고 불만족을 최소화하여 시장점유율의 유지·증대로 경쟁력을 유지시킨다.

어떤 스포츠 제품이나 서비스의 마케팅 방향계획을 세우기 이전에 담당자는 고객에 대한 다음과 같은 일반적인 질문에 답변해야 한다(한이석, 1994).

- 제품이나 서비스(프로그램)의 소비자는 누구인가? 여기서 스포츠마케팅 담당자는 실제로 그 제품이나 서비스에 구매결정을 내리는 최종소비자에 대한 정보를 얻으려고 노력할 것이다.
- 소비자가 사는 곳은 어디인가?
- 어떻게 소비자는 그 제품이나 시설, 운동프로그램을 알게 되었는가?
- 어떤 종류의 대중매체를 이용하는가?
- 제품구입이나 운동프로그램 참여에 어느 정도 결심했는가?
- 언제 입회수속을 마치고 참가회비를 수납할 것인가?
- 운동프로그램 참가 전·후에 무엇을 하는가?

## 3) 시장세분화의 기준

운동자시장의 세분화 기준에는 일반적으로 연령, 성별, 직업 등 「인구통계학적(demographic)변수」가 있다. 이 변수는 다른 변수에 비하여 측정이 용이하다는 점에서 일찍부터 참가자 그룹을 분할하기 위한 기본으로 널리 이용되어 왔다.

그러나 참가자의 필요나 욕구가 오늘날 처럼 다양화된 상황에서는 이 분류 기준만 갖고 유효한 세분화를 기할 수 없다는 인식이 높아져가고 있다. 가령 참가자가 연령이나 성은 같아도 체육사업을 똑같이 받아들인다고 할 수 없기 때문이다. 즉, 참가자 개인의 내면적 특성이 새로운 기준으로 제시될 필요성이 대두되었다. 「hard segmentation」에서 「soft segmentation」에로의 발상 전환이 그것이다.

특히 체육사업을 한정된 시장세분화의 필요에 의해 적응하려는 전략을 선택할 경우에는 시장분할 방법을 사전에 가능한 한 많이 검토할 필요가 있다. 운동의 장을 특징화시키는데 노력을 집중하는 만큼 위험성은 적어지기 때문이다. 만일 단일의 특성에 기초한 세분화가 시장에서 성과를 올리기 어렵다고 판단되면 두 개 이상의 변수를 조합하는 것을 주저해서는 안 된다.

① **차별화 마케팅** : 운동자 시장에 있어서 복수로 세분하여 각기 적합한 다른 타입의 운동의 장 혹은 서비스 방법을 준비하는 것을 말한다.
예) 테니스나 라켓볼의 등급별 편성, 에어로빅체육관에서 째즈, 댄스스포츠 수업 등.

② **집중화 마케팅** : 하나의 시장 세분화로 목표를 정해 놓고, 그 세분화에 속하는 운동자에게 이상적인 장을 구축하려고 하는 것을 말한다.
예) 에어로빅사업에서 젊은 여성들의 욕구와 결부시키려는 전략 등.

③ **무차별 마케팅** : 시장전체를 하나의 통일체로 취급하며 단일 운동의 장만을 준비하여 가능한 한 운동자의 동원을 도모하려고 하는 것이다.
예) 건강마라톤 - 운동자의 욕구나 필요가 산만하다는 점에 착안하여 무차별 마케팅이 유효하다고 판단한 전형적인 무차별 마케팅의 사례이다.

그러나 운동자 시장을 세분화하는 작업의 궁극적인 목표가 차별화 마케팅에 있다고 안이하게 판단하는 것은 잘못이다. 현재의 수요 구조가 미묘하게 흔들리고 있고, 필요없이 시장세분화를 기대하는 새로운 아이디어의 창조는 오히려 시장환경에 부적응을 초래할 수도 있다.

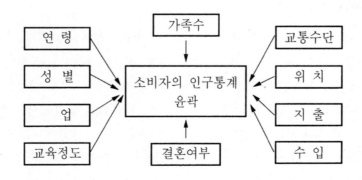

〈그림 2-12〉 인구통계학적 윤곽을 결정하는 기준

자료: 김병식(2000). **스포츠경영학**. 서울: 도서출판 대한미디어. p. 638.
　　　조연철, 이정섭, 이재우, 이달원, 이동운 역(2001). **스포츠경영**. 서울: 도서출판 금광. p. 292.

이제는 기업의 극심한 환경변화와 함께 소비자의 의식구조나 행동양식의 급격한 변화는 종래의 인구통계적 제요인(성, 연령, 거주지 등)이나 사회환경적 제요인(소득, 학력, 직업 등)등의 단일지표만으로는 소비자 행동을 예측할 수 없다고 많은 학자들이 지적하고 있다.

예를 들면, 다변화 해 가는 민간 Fitness club 시장환경하에서 소비자의 의식구조나 행동양식을 바탕으로 한 서비스 기대편익, 즉 서비스에 대한 기대수준과의 상관관계를 재조명해 보는 것은 소비자의 행동특성에 유익한 정보를 얻을 뿐만 아니라 그 정보를 경영체에 제공함으로서 Fitness club 서비스의 유지 및 개선을 위한 마케팅전략에도 유용한 정보를 제공할 수 있다.

여기서 기대편익이란 사용자인 고객이 내포하고 있는 스포츠 서비스에 대한 기대값으로 유추할 수 있다. 즉 민간 Fitness club 고객이 현재 스포츠경영체에서 제공할 수 있는 서비스에 대해 어느 정도의 기대를 갖고 있는지에 대한 수준을 말한다.

이러한 시장세분화를 위해서는 Lifestyle(심리 묘사적 세분화와 비슷한 개념)의 개념이 도입되기도 한다.

Keegan(1995)은 라이프 스타일을 시간, 에너지, 그리고 돈을 분배하거나 쓰는 방법뿐만 아니라 일상생활에서의 행위를 결정하도록 해주는 개인의 일반적인 가치나 취향이라고 정의하고 있다.

Evans & Barry(1992)는 라이프 스타일이란 사람의 생활, 소비시간, 그리고 돈을 사용하는 습관을 의미한다고 정의하면서, 크게 사회적 개념과 심리적 개념의 라이프 스타일로 분류하고 있다. 전자는 문화, 사회계층, 사회적 성취, 준거집단, 의사결정권, 가족생활주기, 그리고 시간소비(활동)를 포함하는 반면, 후자는 개성, 태도(의견), 계급지각수준, 동기, 위험지각, 혁신, 그리고 구매의 중요성 등을 포함한다고 서술하고 있다.

## 4) 시장세분화의 단계

마케팅 관리자는 오늘날 변화하는 시장에서 승리하기 위해 각 시장의 세분화를 인식하고 시장세분화에 초점을 맞추어야 한다. <그림 2-13>에는 이러한 시장세분화 전략의 여섯 단계가 제시되어 있다.

① 소비자의 특성 및 제품이나 서비스에서 원하는 것이 무엇인지를 알아낸다.

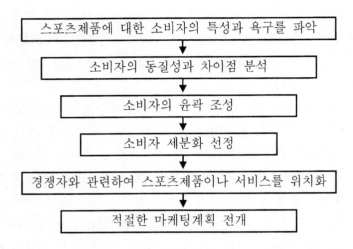

<그림 2-13> 시장세분화 기획의 여섯 단계

자료: 김병식(2000). **스포츠경영학**. 서울: 도서출판 대한미디어. p. 648.
조연철 외(2001). **스포츠경영**. 서울: 도서출판 금광. p. 302.

② 소비자들의 유사성과 차이점을 분석한다.
③ 소비자의 윤곽을 만든다.
④ 가능성이 가장 높은 층을 선택하고 설득해야 할 고객층의 숫자를 정한다.
⑤ 경쟁사와 관련된 것을 고려하여 장소를 결정한다.
⑥ 각 표적시장을 위해 적절한 마케팅을 실제로 전개한다.

## 3. 가격 결정

마케팅 관리자에게 가장 어렵고 복잡한 의사결정의 하나는 제품 또는 서비스의 가격을 결정하는 일이다. 수요에 비해 생산·공급이 부족하였던 과거에는 가격결정이 어려운 문제는 아니었다. 가격을 인상시켜도 제품이나 서비스의 판매에는 커다란 영향이 없었기 때문이다. 그러나 오늘날에는 주변에 수많은 스포츠경쟁업체와 유사한 기능과 모델을 지닌 제품이 활개를 치고 있다. 따라서 제품이나 서비스의 품질도 좋아야 하고 촉진도 잘해야 하지만 가격을 적절하게 잘 결정해야만 판매나 잠재고객을 유도할 수 있다. 다음의 세 가지 이유 때문이다.

① 오늘날의 대량생산체제(제품, 서비스)하에서는 공급이 수요를 초과하는 경우
가 많다. 그러한 상태는 과다경쟁(excessive competition)을 유발함으로서
경쟁자가 쉽게 모방할 수 없는 전술(tactics)을 사용하는 산업체들이 늘어나
도록 만든다. 가격중심의 경쟁을 하는 것이 아니라 선물공세, 할인, 운동복의
세탁 등 비가격경쟁(non-price competition)을 하는 것이 그 예이다.

② 계속적으로 소득이 증대됨에 따라 소비자들은 일반적으로 가격을 의식하기
보다는 품질이나 서비스의 질을 의식하는 경향이 늘고 있기 때문이다.

③ 성공적인 촉진을 통해서만 마케팅 관리자는 가격결정을 할 때 비로소 어느
정도 융통성을 행사할 수 있기 때문이다.

위에서 설명한 바와 같이 가격은 제품이나 서비스의 수요에 영향을 미친다. 어
느 정도 영향을 미치는가는 제품이나 서비스의 성격에 달려 있다. 휘발유, 쌀 등의
가정용품은 근본적으로 약간의 가격 융통성만을 허용한다. 그러나 어떤 스포츠경
영체가 광고, 판촉활동 등을 통해서 자사제품, 시설이나 서비스를 경쟁제품과 성공
적으로 이질화 또는 차별화(differentiate)시킬 수 있다면, 그 스포츠경영체는 가
격을 변동시킬 수 있는 재량권이 많아진다.

## 1) 가격의 결정 요소

제품이나 서비스의 가격을 결정할 때는 다음과 같은 요소를 고려한다.

① 제품이나 서비스의 특수성 또는 차별성(distinctiveness of product) : 제품
이나 서비스에 특수성이 많을수록 가격결정을 할 때 융통성이 더욱 많다. 일
반적으로 제품이 특수하거나 신품(brand-new)이면, 산업체는 두 가지 방법
중의 하나를 선택하게 된다. 하나는 가격을 높게 책정하여 고소득층 고객만
을 상대로 판매하여 높은 이익을 올리는 것이고(skimming pricing), 또 하
나는 잠재적 경쟁자의 진출을 막으면서 시장점유율(market share)을 높이
기 위해 낮은 가격을 책정하는 것이다(즉, penetration pricing).

② 생산비, 마케팅비용 등 제비용(costs) : 가격은 생산으로부터 마케팅에 이르
는 직접비와 관리비 등의 간접비를 회수(recover)하는 데 충분할 정도로 책
정되어야 한다. 제비용은 가격의 하한선(下限線)을 제시해 준다. 장기적으로
제비용을 회수하지 못하는 스포츠경영체는 도산을 면할 수 없다.

③ 제품과 서비스에 대한 수요와 그 탄력도(彈力度) : 특수한 프로그램이거나 일시적으로 한정 판매하는 제품은 가격을 올릴 수 있다.

④ 선택하는 유통경로(channels of distribution) : 만일 스포츠경영체가 여러 단계를 거쳐 최종 소비자에게 직접 판매한다면 그 경영체가 모든 마케팅 비용을 부담해야 한다. 따라서 가격이 높게 책정되어야 한다. 또한 운동시설이 토지가격이나 시설물 임대료가 저렴한 시외에 위치한다면 가격을 낮게 책정할 수 있다.

⑤ 가격결정에 있어서 가장 중요한 요소는 경쟁(competition)이다 : 스포츠경영체가 경쟁적 위치를 유지하려면 경쟁에 대응할 수 있는 가격을 책정하여야 한다. 즉, 경쟁사와 동일가격을 책정하든지 혹은 다소 높게 책정할 수 있다하더라도 경쟁은 그 상한선을 제시한다.

⑥ 정부규제(government regulation) : 체육시설에 대한 정부의 규제는 비교적 유연하지만 지나칠 경우 세무조사를 통하여 가격을 억제하는 경우도 있다.

⑦ 가격결정을 할 때 항상 고객을 염두에 둔다 : 가격은 어디까지나 고객이 제품이나 서비스를 구매하도록 고무(encourage)시킬 수 있게 적정하게 책정해야 한다. 만일 가격이 높아서 고객이 구매를 회피할 경우, 경영체는 이중의 손실(twofold losses)을 보게 된다. 첫째는 판매기회를 잃어 수익을 상실하는 손실이요, 둘째는 생산, 마케팅, 시설 등에 투입된 자금을 회수하지 못하고 상실하는 손실이다.

## 2) 가격결정 정책

가격을 결정할 때는 위에서 설명한 제요소를 고려해야 할 뿐 아니라, 생각할 수 있는 여러 대안의 가격결정정책(pricing or price making policies)도 고려해야 한다. 예컨대, 구매량이나 제공서비스에 따라 모든 고객에게 단일가격 또는 차별가격을 부과할 것인가를 결정해야 한다. 시장지역별로 차별가격을 책정할 것인가 아니면 전국 시장에 동일 가격을 적용할 것인지도 결정할 필요가 있다. 수량할인(quantity discount), 현금할인(cash discount) 등 가격과 연관된 거래조건에 대한 정책 등도 결정해야 한다.

# 제 7 절 지역사회와 체육경영

## 1. 체육시설의 효율적인 운용

스포츠경영체의 시설이 항상 운동 참가자나 고객들로 붐비고 있더라도 경영관리자는 지도자나 종업원들에게 창의적이고 반복적인 교육을 통하여 참여자가 계속적으로 운동프로그램과 제반시설에 만족하여 훌륭한 고객으로 자리잡도록 최선을 다하여야 한다. 특히 지도자의 지속적인 관심은 운동참여자에게 용기와 흥미를 유도한다.

또한, 어떤 스포츠시설을 막론하고 하루에도 무척 붐비는 시간이 있을 뿐만 아니라 한가한 시간도 있다. 게다가 계절과 관련성이 많은 일부 운동종목이 있기 때문에 시설관리자는 다각적인 경영기법을 도입하여 항상 체육시설이 활용되도록 노력하여야 한다. 아래에는 이러한 체육시설의 창의적인 운영법이 소개되어 있다.

### 1) 운동시설 활용

① 노동집약적인 club의 경우 : 테니스장을 비롯한 대부분의 생활체육 활동 현장은 노동집약적이다. 따라서 성수기에는 파트 타임으로 근무하는 아르바이트생을 고용해야 할 필요성이 있다.

② 계절에 따라 변화하는 사업 : 일부 종목은 계절에 따라 성수기와 비성수기가 분명히 구별된다. 따라서 야외 수영장과 헬스장 등은 면밀하고 충분한 계획을 수립하여 비성수기의 수익을 감안하여 집중적인 투자와 경영이 필요하다.

③ 불규칙적인 사용 : 비성수기 또는 프로그램 운영이 이루어지지 않은 시간대에 시설을 방치하는 것이 아니라 참신한 아이디어와 시장개척을 통하여 경영 합리화에 기여해야 한다.

- 야외 수영장 : 겨울철(스케이트장), 가을철(롤러스케이트장)
- 헬스장 → 시간대별 할인요금제도(심야)
- 대형 체육관 → 새벽(배드민턴 동호인 클럽 임대), 토·공휴일(학원임대)
- 체육도장 → 취학전 어린이의 신체활동 장소로 활용 및 임대

## 2) 2차적 기업의 활성화

대부분의 스포츠 센터들은 운동 기구와 약간의 소매활동인 스낵을 판매한다. 이러한 일반적인 2차적 기업은 다음과 같다.

### (1) 운동용품 판매

대부분의 스포츠 센터들은 장비를 공급할 방법으로 직접적인 판매를 한다. 이러한 출발은 사람들이 종종 자기의 물품을 갖고 오지 않는데서 비롯된다. 그러므로 장비판매는 비교적 많은 수입을 증대시킬 수 있다.

### (2) 음식물과 음료수

운동 전후에 많은 사람들은 청량음료수를 원한다. 이 수요에 대응하는 가장 간단한 방법이 아마도 자판기일 것이다. 그러나 이런 자판기도 내용물을 갈아주는 등의 또 다른 관리가 필요하다. 볼링 사업은 초창기에 음식물을 판매하는 사업을 덧붙임으로써 단순한 볼링 동호인이 아닌 사람들까지 유치하는 성공적인 예로 묘사되고 있다.

이 밖에도 다수의 스포츠 센터들이 음식물을 비롯한 여러 가지 상업적 행위가 널리 활용되고 있다. 이러한 문제에 있어 가장 중요한 일은 어떻게 효과적인 방법으로 공간을 제공하느냐는 것이다. 이러한 것 중에 하나가 일부의 공간을 상인에게 대여하는 것이다. 그러나 전문적 상인은 이윤 추구에만 강력한 동기를 갖게 되므로, 스포츠 센터의 이미지 관리에 손해를 끼칠 수 있다.

### (3) 사회화 요소

스포츠 센터는 많은 사회화 요소를 프로그램에 부가한다. 에어로빅 센터에서는 앞뒤 공간에 휴식공간을 많이 갖게 되므로 운동 전후와 휴식시간에 새로운 사람들과의 대화를 유도한다. 잘 계획된 프로그램은 바로 이런 만남의 기회를 여러 사람에게 제공하고, 단순한 체육활동의 장소가 아닌 친목단체로 변화하여 지속적으로 많은 고객을 유치할 수 있다.

## 2. 지역사회에서 체육·스포츠사업의 서비스 분류

체육·스포츠사업이란 체육활동이나 스포츠활동의 성립과 유지에 직접 필요한 운동시설, 운동동료(club), 운동내용과 시간, 프로그램 등 체육경영관리의 입장에서 체육자가 직접할 수 있는 운동의 장으로서의 조건을 정비하기 위한 행위를 말한다.

## 1) Area Service(AS; 운동시설의 정비 및 운영)

체육활동이나 스포츠활동을 위해서는 그것을 시행하기 위한 시설이 필요하다. 훌륭하게 잘 정비된 운동시설은 사람들을 끌어 들여 체육·스포츠 활동을 하게끔 유도하는 작용을 한다. 운동시설을 정비하고 그 시설이 갖는 체육적 기능을 가능한 활용하여 사람들의 활동을 바람직한 방향으로 이끄는 작용을 에리아 서비스라고 한다.

- 구체적 시설 : 시설자체의 사용으로 운동자의 참여를 유도하고 운동자 행동을 유발시키는 시설을 말한다.
- 부대적 시설 – 락카룸, 샤워실, 휴게실, 창고 등을 말한다.

## 2) Club Service(CS; 동호인 모임 후원 및 결성)

체육활동이나 스포츠활동을 위해서는 동료를 필요로 하는 경우가 많다. 혼자서 행하는 활동보다는 동료와 함께 하는 활동이 더 효과적인 경우가 많기 때문이다. 이와 같이 활발한 체육활동을 위한 집단(club)을 육성 또는 지원하고, 그 집단이 가진 체육적 기능을 최대한 발굴하여 바람직한 방향으로 이끌게 하는 작용을 클럽 서비스라고 한다.

여기서 말하는 클럽이란 공통의 목적을 지니고 역할을 분담해 나가면서 계속적으로 운동을 행하고, 자신들의 힘으로 동호인 관계를 유지하는 집단으로 운동부, 동호회, 서클 등이 여기에 속한다. 클럽은 그 활동 목표를 어디에 두느냐에 따라서 크게 두 가지로 구분할 수 있다.

- 주체적 club : 운동의 즐거움이나 건강·체력증진만을 순수한 목적으로 구성된 모임을 말한다.
- 종속적 club : 경기대회 등을 통해 활동하는 성격을 지닌다.

### 3) Program Service(PS; 프로그램의 제공)

경기대회나 스포츠 교실 등 운동에 필요한 시간과 내용을 결합하여 운동 기회를 제공하는 것을 프로그램 서비스라고 한다. 운동 프로그램은 자체가 지닌 성질에 따라 다음과 같은 유형으로 구분된다.

- 경기 프로그램
- 트레이닝 프로그램
- 학습 프로그램
- 테스트 프로그램
- 발표 프로그램

프로그램 서비스에 기초한 수혜자의 운동량은 기본적으로 프로그램에 따라 제공된 시간에 영향을 받는다. 프로그램 서비스에 있어서 관리의 주안점은 운동자의 욕구에 대응하여 어떠한 유형으로 프로그램을 준비해야 하는가를 결정하는 일이다. 즉 시간적 조건인 단발적·행사적 프로그램과 계속적·일상적 프로그램을 어떻게 조화하여 제공할 것인가를 검토하는 것이다.

### 4) 관련 체육 사업

Area Service, Club Service, Program Service라는 세 가지의 체육사업은 각각의 특징에 따라 운동의 장을 제공하고 그것을 유지하도록 하는 기본적인 체육사업이다. 이는 운동자에게 직접적으로 작용하는 데 반해, 관련 체육사업은 기본적 사업이 그 기능을 효과적으로 발휘하여 사람들이 운동을 할 수 있도록 간접적으로 작용하는 체육사업이다.

관련체육사업의 대표적인 예에는 체육홍보((information service; IS), 운동자나 체육자에 대한 표창 혹은 경제적 후원 등이 있다.

## 3. 행사관리의 구조

모든 행사를 기획하는 단계에서는 다음 사항을 미리 예상하고 적절한 대비책을 강구하여야 한다. 특히 야외 운동종목인 경우 예측된 기상관측을 최대한 활용하고 가급적 우기(雨期)에는 피하는 것이 좋다.

## 1) 지역 및 행사 장소

지역적인 측면에서는

- 사용가능성
- 수송가능성 또는 접근가능성
- 시설의 사용비용, 행사장소의 이미지, 부대 서비스 등을 고려

장소(시설)적인 측면에서는

- 주차시설, 수용능력, 좌석배치
- 출입구 및 비상구, 범죄예방
- 편의시설(탈의실, 음식점, 화장실)
- 전력 및 음향시설의 사용여부 또는 용량 확인

## 2) 스케줄 및 프로그램

- 지역적 기호, 특성에 맞게 프로그램 선정
- 지역사회의 행사계획을 고려(중복 또는 유사 프로그램 확인)
- 경쟁적 요소의 평가
- 계절성(seasonality)을 고려
- 전체행사 계획을 고려하여 부속행사 준비(일정조정)
- 마케팅 관리를 위한 충분한 준비

## 3) 법적인 측면

수익의 분배, 각종 비용의 부담과 관련된 계약조건, 보험 및 위험관리, 사고에 대한 안전대책, 우발적인 사태로 인한 행사 취소시 책임 및 부담 문제 등의 법적인 문제가 있다(한이석, 1994).

## 4) 재정적 관리

마케팅, 계약, 회계 및 현금지불 방법, 행사진행비 일부의 사전 지급 및 절차 그리고 가격설정 및 투자의 문제를 다룬다. 특히, 행사개최가 확신될 경우 이에 따

르는 광고 및 홍보비용을 적절히 확보하고 지역사회 또는 전국적인 기업과 단체의 후원을 받도록 노력한다(기념품, 음료수, 시음회, 판촉활동 유도).

# 제 8 절  인사·재무관리

## 1. 인사관리

### 1) 인사관리의 정의와 의의

인사관리란 적절한 근무환경하에서 구성원(직원) 각자의 능력과 잠재력을 최대한 육성·개발하고 발휘케 하여 스포츠경영체의 목적달성에 최대한 공헌하도록 하는 동시에 직원들이 직무에 대하여 만족하도록 하고 구성원의 일원으로서 개인적인 만족을 얻을 수 있도록 조력하고 지도하는 기능 또는 활동이라고 정의할 수 있다.

따라서 인사관리는 ① 스포츠경영체 구성원의 생산성 향상을 통하여 경영체의 목적달성에 기여하고 ② 경영체 내의 모든 이해집단의 조정을 통하여 공동이익과 만족을 추구하고 ③ 구성원 각자의 개성을 존중하는 등 세 가지를 기본적 목표로 삼고 있다.

인사관리의 주목표는 어디까지나 구성원 각자의 자질과 능력을 효과적으로 활용함으로써 스포츠경영체의 목적을 가장 능률적·경제적으로 달성하는 데 있다. 그러한 목표 달성은 구성원 각자가 그의 능력, 관심, 기회 등을 자기 자신과 경영체의 공동이익을 위해 활용해야만 이루어질 수 있기 때문이다.

따라서 인사관리의 책임(responsibility)은 스포츠경영체에게 가장 중요한 인적자원에 속하는 직원의 모집(recruitment), 선발(selection), 개발(development), 배치(placement), 보상(compensation), 욕구충족(satisfying needs) 등의 활동을 계획·조직화·지휘·조정 및 통제하는 것이라고 할 수 있다.

인력(manpower)은 스포츠경영체의 가장 중요한 자산이므로 직원의 능력과 잠재력을 최대한 효과적으로 활용하는 것은 모든 경영자가 수행하여야 할 중요한 책임의 하나이다.

## 2) 인사관리의 기능

인사부서(본부, 부, 과)가 담당하는 직무는 광범위하고 다양하기 때문에 한 명 정도로는 도저히 수행할 수 없다. 중규모나 대규모 스포츠경영체에서는 대체적으로 임원급의 경영자가 인사부서의 운영·조정·지휘를 책임지고, 부·과장이 그에게 보고한다.

인사관리부서가(인사관리자)가 수행하는 기능은 다양하지만 대체적으로 다음의 다섯 가지로 크게 나눌 수 있다. 이들 다섯 가지는 인사관리의 체계라고 할 수 있다.

① 직무분석(job analysis), 모집(recruitment), 선발(selection) 및 배치 (placement) : 가용 노동력 중에서 스포츠경영체에 명세된 직무(specified positions or jobs)를 담당할 최선의 직원을 선정하고 배치하는 기능을 말한다.

② 교육훈련 등 직원개발(employee development) : 배정받을 직책에 대한 준비태세를 잘 갖추도록 선발된 직원을 교육·훈련시키는 등의 개발기능을 말한다.

③ 인사이동(transfer), 승진(promotion), 면직(免職, separation) : 직원의 효율적 활용과 직장규율을 유지하기 위한 기능을 말한다.

④ 종업의 보수, 혜택 및 서비스(employee compensation, benefits and service) : 직원의 사기와 생산성을 향상시키기 위해 좋은 작업 조건을 형성하고 유지하는 기능을 말한다.

⑤ 직원의 필요(needs), 동기(motivation), 태도(attitude), 사기(morale), 안전 (safety), 건강(health) 등에 진심으로 관심을 갖고 또한 실현시키는 기능을 말한다.

## 3) 직원 모집 방법

인사관리부서가 행하는 주요 직무의 하나는 새로운 직원을 발견하는 것이다. 즉, 새로운 직원을 모집(recruitment)하는 것인데, 그 방법에는 여러 가지가 있다.

① 현 직원들로 하여금 신입사원을 모집토록 하는 것도 한 방법이다. 일반적으로 현 직원의 소개나 추천으로 모집한 신입사원은 상대적으로 가장 유능한 측에 속한다. 현 직원은 그 자신이 자기 직장에 대해 만족하고 있어야만 직장

을 구하는 사람에게 자기 직장을 추천할 것이며, 또한 현 직원이 자기 직장을 열성적으로 추천할수록 더욱 유능한 신입직원을 모집할 수 있을 것이다. 그러나 소규모의 스포츠경영체를 제외하고는 이 방법에만 의존하여 필요한 직원을 모집하는 예는 극히 드물다.

② 규모가 크고 다수의 각급 직원들을 일시에 공개 모집하는 경영체일수록 광고 방법을 활용한다. 광고를 통한 공개 모집의 방법은 오늘날 가장 널리 활용되고 있다. 또한 직장을 구하는 사람이 직접 지원하도록 하여 필요한 직원을 모집할 수 있다.

③ 대학 등 각급 학교를 대상으로 하여 신입사원의 모집활동을 벌일 수도 있다.

④ 스포츠 협회 및 단체 등을 통해서도 새로운 직원을 모집할 수 있다.

### 4) 직무분석

스포츠경영체 내의 결원이 생기거나 모든 직책(job, position)에 가능한 한 가장 유능한 인재로 충원하기 위해 잠재적 종업원을 찾아서 면접·시험·평가하기 이전에 인사부서는 이들 직책(직무)을 정확히 파악할 필요가 있다.

직무의 내용과 성격 등에 대한 파악은 경험에 비추어 직무분석(job analysis)을 통해서만 정확히 할 수 있다. 직무분석을 통하여 직무기술서(job description) 또는 직무명세서(job specification)를 작성하게 되며, 이를 토대로 직무분석(job classification) 내지 직무평가(job evaluation)를 하게 된다.

직무분석이란 특정직무의 성격을 관찰과 조사 및 보고 등을 통하여 얻은 자료를 바탕으로 파악하는 과정이다. 즉 직무분석은 사원이 특정 직무를 성공적으로 수행하는 데 필수적이며, 그 직무를 형성하는 요소인 과업(tasks), 숙련(skills), 지식(knowledge), 능력(ability) 및 책임(responsibilities)을 파악하는 동시에 그 직무와 모든 다른 직무를 차별화(differentiate)하는 작업을 말한다.

그런데 직무분석에는 해당 직무자체에 대한 조사뿐만 아니라 어떤 조건과 환경하에서 직무를 수행하는 것이 바람직한가에 대한 분석도 포함되어야 한다.

### 5) 직무분석의 방법

직무분석을 하는 데 필요한 자료는 면접, 관찰, 질문서 등을 통하여 수집할 수 있다. 세 가지 방법을 동시에 활용해도 된다.

어떤 방법을 택하든 간에 직무분석을 할 때는 직무와 연관된 다음에 열거한 질문에 대해 정확한 답을 받아내야 한다.

① 무엇을 수행해야 하나?(What is it to be done?)
② 언제 수행해야 하나?(When is it to be done?)
③ 어디서 수행해야 하나?(Where is it to be done?)
④ 어떻게 수행해야 하나?(How is it to be done?)
⑤ 왜 수행해야 하나?(Why is it to be done?)
⑥ 누가 수행해야 하나?(By whom is it to be done?)

## 6) 임금지급방법

스포츠경영체에 종사하는 종업원에 대한 임금(보수)지급방법에는 여러 가지가 있으나 대체적으로 다음과 같이 요약할 수 있다. 직무수행에 투입된 시간양에 의거한 시간급과 생산한 단위 수에 의거한 성과급이 있다 .

### (1) 시간급(time wages, time-rate payment plan)

많은 직종에 대해 임금을 책정할 때, 종업원의 노동성과 또는 생산성보다는 직무책임을 근거로 하는 것이 현실적이고 합리적이라고 생각한다. 특히 ① 생산성을 객관적으로 측정하는 것이 거의 불가능할 때, ② 종업원이 수행하는 직무의 양보다 질이 중요할 때, ③ 직무성격상 종업원의 직무수행이 수시로 타의에 의해 중단될 때, ④ 종업원들이 집단적으로 근무하여야만 능률향상이 가능하여 개별 종업원의 공헌도를 측정하기 어려울 때에는 시간급이 바람직하다.

### (2) 성과급(piece wages, piece-rate payment plan)

성과급은 주로 생산 종업원들을 대상으로 하여 종업원이 생산한 제품단위 당 일정금액을 지급하는 것을 말한다. 이러한 성과급을 채택하려면 ① 산출양을 객관적으로 측정할 수 있어야 하며, ② 시설용구 또는 작업시간의 표준화가 이루어져야 하며, ③ 충분한 작업량이 계속 있어야 가능하다. 성과급은 스포츠경영체에 적용했을 때는 지도자가 한 사람의 회원만을 지도하는 테니스 또는 라켓볼 등의 렛슨에 적용할 수 있다.

### (3) 이익배분제도(employee profit-sharing plan)

이익배분이라 함은 기본급율(basic pay schedules) 이상의 보수를 지급하는 임급 지급방법을 말한다. 이와 같은 추가보수는 모든 종업원에게 지급되며, 그 지급액은 스포츠경영체가 달성한 이익액과 직결된다. 이익배분의 기본철학은 종업원과 파트너쉽(partnership relationships)을 형성하는 데 있다.

요즘 소규모의 스포츠경영체에서는 일정한 기본 급여와 기본 회원을 경영자와 지도자가 미리 정해 놓고 그 이상 초과인원에 대해서는 경영자와 지도자가 공동으로 이익을 분배하는 경향이 있다.

### (4) 성과분배제도(production-sharing plans)

성과분배는 경영층과 종업원 양자의 협조적 노력을 활용한다는 점에서 이익분배와 유사하다. 다른 점은 이익을 분배하기보다는 생산비용의 감소에서 오는 절약을 분배하는 데 있다. 생산비용의 절약은 그 범위가 스포츠경영체의 이익보다 훨씬 좁기 때문에 절약된 것은 종업원들에게만 분배되는 것이 일반적이다 .

## 2. 재무관리

### 1) 재무관리의 의의

스포츠경영체에서 가용한 모든 자원 중에서 그 용도가 최소로 특화(least specialized)된 것이 자본, 자금 등의 재무자원이다. 즉, 인력이나 체육시설과 같이 그 용도가 비교적 특화되어 있는 것과는 달리 재무자원은 특화된 용도가 없다는 뜻이다. 그러므로 일단 조달(financing)된 자본은 스포츠경영체의 목적 달성에 필요한 어떠한 용도에든지 소유자 또는 경영자의 재량에 따라 운용 내지 투자될 수 있다.

스포츠와 관련된 경영체를 창설하려면 이에 앞서 시장잠재성, 사업타당성, 소요자원 등을 분석하고 인·허가를 취득하는 데 어느 정도의 자금을 투입하여야 한다. 인력, 장비, 자재 등을 결합하여 경영체를 실제로 창설할 때도 자금이 조달되고 투자되어야만 기업의 목적달성에 필요한 인사, 생산, 마케팅, 연구개발 등의 제 기능을 능률적으로 수행할 수 있다.

예를 들면, 인사책임자가 관리할 직원을 확보·유지하려면 정해진 날짜에 임금을 지급해야 한다. 현장의 운동지도자가 새로운 동작을 회원에게 설명하려면 최신 기계시설을 구입하여 노후화된 헬스장비 등을 대체시킬 수 있는 자금을 확보할 수 있어야 한다. 자금부족으로 광고판촉활동이 여의치 못하면 전체의 마케팅노력이 무의미한 것이 되어 버린다.

제품과 프로그램의 다양화, 새로운 시장(지역)으로의 진출, 체육시설의 확장, 추가인력의 고용 등을 통하여 경영체의 운영을 확장할 때도 추가자본을 조달하고 투자해야 한다.

이상의 예와 같이 모든 스포츠경영체의 경영활동은 재무와 연관성이 깊다. 그러므로 모든 스포츠경영체는 상호간 자금의 조달과 운영이라는 측면에서도 경쟁을 하게되며, 인사, 생산, 마케팅, 연구개발 등의 분야에서만 경쟁하는 것이 아니라는 사실을 인식할 필요가 있다. 따라서 모든 조건이 같다면, 자금을 어느 정도 능률적으로 조달하고 또한 운용하느냐에 따라서 스포츠경영체의 경쟁력과 성공 여부가 결정된다.

기업실패(business failure) 역시 근본적으로 재무적 개념이다. 재무 이외의 요인 때문에도 기업체는 실패할 수도 있다. 그러나 스포츠경영체의 지급불능(insolvency)은 확실히 재무적 근거에 의하여 결정된다. 지나치게 높은 비용으로 자본을 조달하면 재무상의 압박을 받아 파산한다. 자본운용이 비능률적이면 막대한 자산(assets)을 가지고도 지급불능으로 부도를 내고 재무신용은 추락되어 궁극적으로 경영권을 상실하거나 파산까지 할 수 있다.

## 2) 재무관리의 기능

최고경영자 또는 그로부터 권한을 위임받은 재무책임자가 스포츠경영체의 목적을 달성하기 위해 수행해야 할 재무관리의 기능은 ① 자금조달결정(financing decision), ② 투자결정(investment decision), ③ 배당결정(dividend decision)의 세 가지 이다.

**자금조달방법**에 관한 문제를 다루는 자금조달결정에는 ① 어떤 원천(sources)으로부터 자금조달을 함으로써 가장 합리적인 자본구조(capital structure)를 구성할 수 있을 것인가, ② 자금을 어떻게 능률적으로 조달(efficiently financing)함으로써 자본비용(capital cost)을 극소화(minimize)할 수 있을 것인가의 두 가지

의사결정이 포함된다.

**투자결정**은 스포츠경영체 미래의 수익성(profitability)은 물론 위험(risk)까지도 결정짓는다. 그러므로 투자결정을 할 때는 장기적인 투자효과를 미래에 발생할 수익(benefits)과 비용(cost)분석을 통하여 판단해야 하며, 미래에는 불확실성이 개재되기 때문에 투자안(投資案)의 위험요소도 고려해야 한다.

투자결정에 따라서 궁극적으로는 스포츠경영체가 소유하는 자산의 총액과 자산의 구성도 결정되게 된다. 새로운 투자뿐만 아니라, 기존자산의 효율적 이용도 어느 의미에서는 투자결정에 속한다. 유동자산 및 설비자산의 관리와 투자도 투자결정의 중요한 요소가 된다.

**배당결정**은 스포츠경영체가 어떻게 이익배당 결정을 하여야만 경영체의 목적을 가장 효과적으로 달성할 수 있느냐에 관해 의사결정을 하는 것이다. 이익배당결정을 할 때는 배당성향(payout ratio)을 경영체의 특성(현재의 상황과 미래계획)에 알맞게 하여야 하며, 이익배당이 경영체의 유동성에 주는 영향 등을 고려해야 한다. 넓은 의미로 보면 배당결정은 자금조달결정의 한 분야로 생각할 수 있다. 왜냐하면, 배당결정 자체가 경영자금의 사용을 의미하기 때문이다.

### 3) 재무관리의 원칙(목표)

#### (1) 자본유지의 원칙

자본유지(capital preservation)의 원칙은 스포츠경영체가 법정자본금에 상당하는 실질적 재산을 보전하여 자본의 내용을 충실히 해야 한다는 원칙이다.

#### (2) 계속기업의 원칙

계속기업(going concern)의 원칙은 경영체가 계속적인 존속은 물론, 계속 성장·확장하는 데 필요한 이익을 획득해야 한다는 원칙이다.

#### (3) 수익성의 원칙

이는 스포츠경영체가 자본수익성(capital profitability)을 확보해야 한다는 원칙이다. 자본수익성이란 자본이익율(ratio of net profit to capital)을 말하며, 총자본순이익율(순이익의 총자본에 대한 비율)과 총자본영업이익율(영업이익의 총자본에 대한 비율)등으로 산정된다. 수익성이 낮으면 경영체의 확장에 필요한 내부금융(internal financing)이 어렵고, 이익배당이 감소되어 그 결과로 외부자금조달도 어렵게 된다.

### (4) 안전성의 원칙

이는 자본구성을 적절히 하여 재무안전성(financial stability)을 확보해야 한다는 원칙이다. 총자본안정율은 총자본 중 자기자본 또는 자기자본과 장기차입자본의 합계인 자기자본이 차지하는 비율을 말하는데, 그 비율이 높으면 높을수록 안전성이 높아진다.

### (5) 유동성의 원칙

지급불능(solvency) 또는 재무적 유동성(financial liquidity)을 확보하여야 한다는 원칙이다. 이 원칙은 스포츠경영체가 지급능력을 항상 확보하기 위해 유동자산과 유동부채와의 차액인 순운전자금을 적절히 유지해야 한다는 것을 말한다.

# 제 9 절 제품과 서비스의 경영

## 1. 인생 · 제품 · 이익의 싸이클

개인마다 인생의 주기에 차이가 있듯이 체육경영 또한 주기가 있다고 볼 수 있다. 성장이 매우 빨라 급경사를 보일 수도 있으며, 또한 발전을 위한 후퇴와 정체기가 있을 수도 있다. 예를 들면 볼링의 수요는 국민소득 2,000$을 기준으로 가장 흥행하고, 테니스는 1980년대에 절정에 달했다가 쇠퇴하고 근래에 다시 활기가 일어나고 있다.

또한 스포츠 제품도 일정한 라이프 싸이클과 이익 싸이클 곡선을 갖고 있다. 제품 라이프 싸이클(제품수명주기 : product life cycle)은 ① 제품도입단계(product introduction stage), ② 시장성장단계(market growth stage), ③ 시장성숙단계(market maturity stage), ④ 판매쇠퇴단계(sales decline stage) 등 네 단계로 나눌 수 있다.

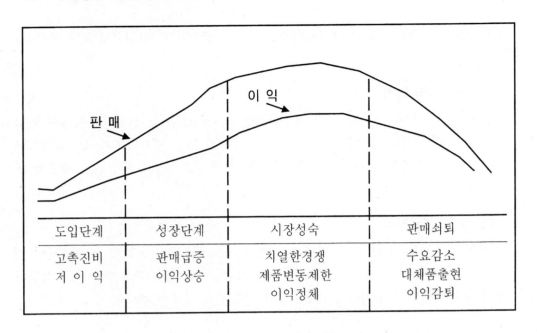

<그림 2-14> 제품의 라이프 싸이클과 이익 싸이클

① 제품도입단계에서 마케팅 관리자는 소비자 내지 시장이 제품을 수용하도록
노력을 기울여야 한다. 이 단계에서 소비자들은 그 제품에 대한 아무런 지식
이나 정보를 갖고 있지 않기 때문이다. 그러므로 소비자들에게 그 제품의 존
재, 장점, 용도 등을 알릴 필요가 있는 것이다. 그러므로 이 단계에서는 보편
적으로 광고와 판매촉진, 거래처를 대상으로 하는 제품의 취급 권유와 진열,
고객이 제품수용(product acceptance)을 증대토록 하는 등에 많은 비용을
투입해야 한다.
② 일반적으로 시장성장단계에서는 어느 형태이든지 제품혁신을 해야 한다. 예
컨대, 경쟁제품에 대응하기 위해 신제품과 개량된 제품을 개발해야 한다. 세
분시장별 수요를 좀 더 정확하게 맞추어 만족시킬 수 있는 제품다양화를 하
고 구색(assortment)을 넓혀야 한다. 판매가 급격히 성장하고 이익이 최고
로 발생하는 이 단계는 제품의 성격에 따라 라이프 싸이클이 몇 개월 이내에
끝날 수도 있고 오랫동안 지속될 수도 있다. 몇 달로 끝나는 예는 치료제, 의
약품, 일정기간에만 실시된 기념 스포츠 행사용품 및 T셔츠 등이며, 그리고
컬러 TV, 스포츠 경기공은 오랫동안 지속되는 하나의 예이다.

③ 시장성숙단계는 치열한 경쟁(extensive competition)으로 특징지울 수 있다. 이 단계에는 많은 경쟁자들이 이미 시장에 진출하여 있기 때문에 새로운 경쟁자가 진출하기는 매우 어렵다. 경쟁은 대체로 제품의 차이 또는 장점을 앞세워 전개되나, 경쟁제품간의 실질적인 차이나 장점은 별로 없는 것이 일반적이다. 시간이 경과함에 따라 경쟁은 더욱 치열해져서 이익이 감소하기 시작한다. 시장 역시 감소하기 시작한다.

④ 위와 같은 시장의 감소가 계속되면 마지막 단계인 판매쇠퇴단계에 도달하게 된다. 이 단계에 오면 구제품(old product)을 신제품(new products)으로 대체해야 한다. 대체하지 않더라도 구제품은 수요가 감소되어 시장에서 사라지기 마련이다. 이익의 감소가 계속되면 언젠가는 손실이 발생하게 된다. 그러므로 수익성을 상실한 제품을 철수(drop)시키고 신제품을 추가(add)하는 것이 중요하다.

이와 같이 모든 제품은 짧고 긴 차이는 있으나, 라이프 싸이클과 이익 싸이클이 있기 때문에 스포츠 산업체는 신제품과 프로그램 그리고 서비스를 계속 연구·개발하여 시장에 도입하는데 노력과 자원을 투입해야 한다. 그렇지 않고 하나 또는 몇 개의 제품만으로 시장을 점유하려고 할 경우, 이들 제품의 시장성이 사라지게 되어 결국 기업체 자체도 도산할 수밖에 없다. 기업체의 성장과 발전도 신제품의 연구·개발 및 기존제품의 개량(조)을 통한 제품다양화 및 제품 차별화(product differentiation)에서 비롯된다는 사실도 잊어서는 안된다.


## 2. 시장의 의미

(1) 시장은 재화의 매매(賣買)가 이루어지는 장소(marketplace)를 뜻한다.

(2) 스포츠 시장(sport market)이 확대 또는 축소되고 있다고 말할 때는 스포츠 제품이나 서비스에 대한 고객의 수요가 강해지고 있다거나 약해지고 있다는 뜻이다.

(3) 주식시장(stock market)이란 용어는 증권거래소에서 공개기업의 주식을 매매하는 것을 뜻한다.

(4) 경제학자들에게는 특정 경제재시장이란 일정 기간에 걸친 그 경제재에 대한 매매자간의 모든 교환거래의 총합을 뜻한다.

또한, 이러한 시장이 조성되려면 ① 구매자와 판매자 ② 상품 또는 서비스 ③ 교환 ④ 합의가격이 있어야 한다.

## 3. 서비스 상품의 성격

스포츠경영에서 생산물은 재화일 수도 있고 서비스일 수 있다. 스포츠 범위 안에서 재화는 골프채, 테니스공, 축구화, 유니폼, 라켓 등을 말하며, 체육관의 임대, 스포츠 기술의 지도, 건강 상담, 운동 프로그램 등은 서비스 상품이다. 이러한 서비스 상품의 성격은 아래와 같은 특징을 지닌다.

(1) **무형성** : 서비스는 무형이다. 고객들은 그것을 직접 경험하기 전까지는 그 품질을 판단할 수 없기 때문이고 감각적, 신체적인 만족은 다분히 개인적이기 때문이다.

(2) **필멸성** : 건강 상담자는 고객없이 서비스를 창출할 수 없으며, 서비스는 미래를 위해 저장될 수도 없다. 반대로 재화 생산자는 계속 생산할 수 있으며, 재고를 저장할 수 있다.

(3) **이질성** : 서비스는 ① 두 명의 다른 고객이 같은 건강관리자에게서 서로 다른 영향을 받을 수 있고, ② 하나의 고객은 그 자신의 정신상태와 분위기에 따라 다른 서비스를 느끼게 되며, ③ 다른 교육상태·경험·연습정도·지도력을 지닌 두 명의 건강관리자는 같은 질의 서비스를 제공할 수 없으며, ④ 같은 관리자라 해도 매 번 같은 질의 서비스를 제공할 수 없기 때문에 이질성을 지닌다. 학생들은 다른 교수들로부터, 혹은 한 교수라 해도 매번 다른 질의 서비스가 제공되어지는 것에 익숙해져야 한다.

(4) **동시성** : 서비스는 소멸가능하고, 생산될 때 사용되기 때문에 고객과 생산자의 접촉에서 비판이 발생할 수 있다. 반면 축구공은 생산시점과 사용시점이 다르다.

## 4. 촉진(promotion)

촉진은 장려라고도 번역되며, 자사의 제품이나 서비스를 주어진 가격에 구매하거나 구매를 계속하도록 유도할 목적으로 해당 제품이나 서비스의 효능에 대해 실제 및 잠재 고객을 대상으로 정보를 제공하거나 설득하는 모든 마케팅 활동이라고 요약될 수 있다.

장려믹스의 수단으로 광고, 판매촉진, 홍보, 인적판매, 스폰서십이 있으며 각각 독특한 특징을 지니고 있다.

- (1) **광고(advertising)** : 광고란 주체를 밝힌 광고주에 의해 제품, 서비스 또는 아이디어를 사람이 아닌 다른 매체를 통하여 제시하는 활동을 말한다.

- (2) **판매촉진(sale promotion)** : 촉진활동의 여러 수단 중 광고, 홍보, 인적판매를 제외한 모든 촉진수단으로 소비자나 중간상들의 시험구매(trial purchase)를 자극하고, 소비자 욕구를 증가시키며, 제품의 가용성을 개선시키기 위해 적용하는 일련의 마케팅 노력이라고 할 수 있다. 광고가 일반적으로 소비자가 제품을 구매하여야 하는 이유를 제시하는 반면에 판매촉진은 소비자에게 실제 구매를 자극하는 역할을 한다.

- (3) **홍보(publicity)** : 마케팅 의사전달 수단으로서 홍보는 특정기업체가 자사 제품에 대한 수요를 자극하는 데 궁극적인 목표를 두고, 원칙적으로 금전 지불없이 해당 기업체에게 유익한 뉴스가 매중매체를 통하여 공표되도록 하는 촉진 방법이다.

- (4) **인적판매(personal selling)** : 인적판매는 매출을 실현할 목적으로 1인 또는 그 이상의 예상 판매자들과 대화를 통해서 판매하고자 하는 제품이나 서비스를 구두로 제시하는 것을 말한다. ─ 비용, 인적 자원, 시간 등의 측면에서 제약 요건들이 많다.

# 5. 내적·외적 단서와 브랜드

## 1) 내적·외적 단서

소비자가 제품을 인지, 구매, 사용, 평가, 재구매하는 과정은 기업의 여러 가지 활동 중 하나이며, 이에 대한 이해가 마케팅 측면에서 중요한 분야이다.

일반적으로 소비자들은 제품을 평가함에 있어서 내적 단서(intrinsic cues), 즉 제품의 일차적 속성인 제품이나 성능 등에 근거하고 있지만 소비자들이 이러한 속성을 정확하게 파악한다는 것은 어려운 일이다. 그 이유는 제품의 품질이나 성능

은 그 제품을 직접 구매하여 사용하거나, 또는 반복하여 구매하기 전에는 측정할
수 없기 때문이다.

특히 오늘날과 같이 복잡한 기술적 조건하에 생산되는 내구성 소비재의 경우에
는 소위 숨은 품질(hidden quality)로 일컬어지는 품질 인지의 어려움이 따르기
때문이다. 이와 같은 상황 때문에 소비자들은 제품의 신뢰성을 뒷받침하는 브랜드
명이나 기업의 명성, 광고, 가격과 같은 제품의 외적 단서(extrinsic cues)로부터
제품의 품질을 유추하여 평가하게 된다.

또한 급격한 산업의 발전에 따라 기존의 제품에서 조금씩 변화된 제품과 동시에
새로운 제품이 지속적으로 시장에 출현되고 아울러 이들 제품간에 유사성으로 인
하여 브랜드간의 품질 비교가 용이하지 않게 됨으로써 품질에 대한 지표로 기업의
이미지 및 브랜드 이미지 등이 중요한 변수가 되고 있다.

기업이란 상품의 판매를 목적으로 삼고 있으므로 기업 이미지는 크게 나누어 기
업 자체의 이미지와 기업에서 다루고 있는 상품의 이미지로 구성된다. 따라서 기
업 그 자체의 이미지를 보다 효율적으로 향상시키는 것이 고도로 정보화된 현대시
장에서 기업과 상품을 경쟁사와 명확하게 구별시켜 주며, 다(多) 선택상황에서 광
고 선전의 핵이 되는 중요한 기능뿐만 아니라 소비자의 구매 의식이나 구매 시점
에서 선택 행동에 영향을 줄 수 있게 하는데 이것이 외적 단서로서 브랜드의 중요
한 기능 중 하나이다(김도균, 2001).

## 2) 브랜드

오늘날 스포츠 기업들이 판매하는 모든 제품에는 브랜드를 부착하며 소비자는
기업과 브랜드를 보고 제품을 구입하게 된다. 이러한 구매 행위가 반복됨으로써
브랜드와 기업은 동일시되어 결국 브랜드가 갖는 이미지에 의해 구매 의사 결정이
이루어지게 된다. 그러므로 기업 경영에 있어서는 브랜드를 기업과 동일체로 중요
하게 인식하여 소비자들도 그렇게 인식할 수 있도록 브랜드의 기능과 마케팅 전략
을 통하여 충분히 발휘하여야 한다.

우리 나라의 경우 스포츠 제품에 대해 브랜드명을 사용하여 상품화시킨 것은 그
리 오래되지 않았다. 그러나 외국 스포츠 기업의 국내 시장 진출로 인하여 각 기업
간의 경쟁이 치열하게 전개되어 각 스포츠 회사들은 기업 자체의 이름 대신 고유
의 브랜드명을 가진 제품으로 시장 경쟁체제를 재편하게 되었다.

현재 국내에서 유통되고 있는 스포츠 관련 제품은 시장 자체가 너무나 다양화되어 있어 정확한 수치를 조사하기 어려울 정도이며, 국내에서 고급 브랜드를 지향하는 브랜드가 10개 이상을 상회하며, 중소기업 브랜드까지 합친다면 그 수를 헤아릴 수 없을 정도로 난립해 있다. 그러나 그 수많은 브랜드 중에서 몇몇의 고급 브랜드들이 전체 시장 중 대부분의 시장 점유율을 차지하면서 국내 스포츠 브랜드 시장을 선도하고 있다.

브랜드란 "제조 업체의 품질을 증명하고 소유권을 나타내기 위해 달구어진 쇠붙이로 동물의 가죽에 인두질한 표이다"라고 웹스터 사전에서 정의하였듯이 브랜드에 대한 견해는 다음과 같이 요약할 수 있다(아오키 유키히로, 1999). 브랜드(brand)란 어떤 판매업자 또는 판매 집단의 재화나 서비스를 경쟁 업자의 그것과 식별하고 차별화하기 위하여 사용되는 명칭, 용어, 기호, 디자인, 혹은 이들의 조합이라고 정의할 수 있다. 또한 브랜드는 상표명(brand name)과 상표 마크(brand mark)로 구성되며, 등록 상표(trade mark)는 상표명과 상표 마크가 법으로 보호되는 것으로 규정하고 있다. 이러한 브랜드의 기능은 호칭 및 광고 기능, 자·타 상품의 식별 기능, 출처 표시 기능, 품질 보증 기능을 지니고 있다. 또한 경쟁이 치열한 시장에서 기업의 목표를 달성하기 위하여 자사 제품을 경쟁 기업의 제품과 식별하고, 시장 점유율을 늘릴 수 있도록 판매경쟁을 돕고 소비자들에게 반복 구매를 유도하려는 목적과 기능을 지니고 있다.

세계 초일류 기업들은 효율적인 해외 시장 개척 및 관리 차원에서 브랜드 마케팅 전략을 구사하며 브랜드를 기존의 상표와 회사 상표가 결합된 통합 이미지로 전략적 차원에서 여타 경쟁 회사와 차별되는 회사의 경영전략, 홍보 전략, 제품 전략 등으로 소비자들의 뇌리 깊숙이 심어주는 매개체로 활용하고 있다. 즉 브랜드는 세계 초일류 기업들에게 그 무엇과도 견줄 수 없는 그 자체의 막대한 무형의 가치를 보유한 기업 운영의 핵심 전략 요소로 자리잡고 있다.

현대의 소비자들은 가장 좋아하는 브랜드 하나만을 집중적으로 선택하고 이를 오래 기억하며 경쟁 대안을 비교하는 기준으로 삼고 경우에 따라서는 情을 붙이고 특별한 의미를 부여하기도 한다. 또한 과거의 단순 기능성 상품의 필요에서 나아가 패션을 위한 자기과시 욕구로 확대되어 구매자 및 사용자 자신의 이미지와 자아 향상을 위한 구매로 변화하여, 스포츠 소비자 구매 행동은 더욱 복잡 미묘해지고 예측 불가능해지고 있다(McPherson, 1997).

스포츠 브랜드는 스포츠·레저 용품에 관련된 국내외 모든 상표들로서 현대의 모든 시장과 제품들이 그러하듯이 스포츠 관련 제품 시장도 고도로 세분화되고 다양화되어 수적으로 헤아릴 수 없을 정도의 많은 제품과 브랜드들이 쏟아져 나오고 있다. 우리나라는 1981년 나이키의 출현으로 스포츠화의 고급화, 기능화, 패션화 시대로 돌입하였으며, 그 후 새로운 브랜드간의 경쟁이 더욱 치열해졌다. 외국 유명 상표 도입과 국내 상표의 개발 등으로 많은 스포츠 브랜드 기업들이 치열한 각축전을 벌이고 있으며 꾸준한 신장세를 유지해 오고 있다.

## 6. 스포츠 산업과 용품시장

### 1) 스포츠 산업

스포츠가 게임 차원을 벗어나 본격적인 산업으로서의 특성을 띠게 되면서 스포츠 산업에 대한 관심과 스포츠를 이용한 마케팅 활동이 크게 붐을 이루고 있다. 근대 스포츠 등장 이후 스포츠의 대중화가 광범위하게 진행되면서 관련 제품과 서비스가 대중에 의해 본격적으로 소비되기 시작한 것은 전 세계적인 대중 여가 붐과 시기적으로 일치하고 이러한 스포츠 산업은 스포츠를 기업 활동의 대상으로 하는 스포츠 관련 재화와 서비스의 생산 및 유통을 통해 부가가치를 생산하는 활동으로 볼 수 있다.

오늘날 스포츠 기업의 마케팅 컨셉트는 전통적인 영리 기업의 범위를 뛰어 넘어 스포츠 마케팅(marketing of sport)과 스포츠를 이용한 마케팅(marketing through the sport)을 통해 새로운 분야까지 확대 발전되고 있으며, 20세기에 접어들면서부터 시작한 급속한 경제 성장은 법인 스포츠의 출현뿐만 아니라 프로 스포츠의 등장, 대중매체, 예술, 의류 등 우리 삶의 각 분야에서 스포츠 붐을 일으켰다고 할 수 있다. 이러한 현상은 스포츠의 상품화 현상을 더욱 심화시켰으며 기업으로 하여금 이윤 추구를 목적으로 스포츠를 상업화하는 계기를 마련해 주었다(Mingnet, 1998).

로이와 그의 동료들(Loy, McPherson, & Kenyon, 1978)은 스포츠 산업을 8개 산업으로 분류하여 스포츠 제조업을 2개 산업으로 분류하고, 그 중에 스포츠 용품 생산 대기업체와 의류 생산 업체를 스포츠 브랜드 업체로 포함시켰다. 뮬린(Mullin, 1983)은 스포츠 산업을 16가지 분야로 제시하고 그 중에서 한 분야로 스포츠 용품(스포츠 장비나 의류 제조업자, 도매업자 대리점 및 소매업자, 스포츠

기념품, 스포츠 트로피 및 메달 제조업자)으로 분류하였다. 로이와 뮬린 등이 제시한 스포츠 산업 분야를 종합하여 보면 스포츠 브랜드는 스포츠 의류업과 용품, 용구업 분야로 구분할 수가 있다.

국내에 스포츠 제품을 판매하는 기업들은 소비자들의 시장을 몇 개 그룹으로 분류하여 종목별, 제품별로 하는 마케팅 전략을 구사하고 있다. 스포츠 신발, 의류용품, 시설 등을 만드는 부분들 역시 스포츠 산업의 일부이며, 이들은 제품을 만드는 제조업의 일종이다. 스포츠 제조업은 스포츠 소비자가 스포츠 활동을 좀 더 안전하고 효과적으로 즐길 수 있도록 일정한 시설이나 용품 등을 만들어 제공하는 산업 분야이다.

우리 나라의 경우 1988년에 국내 스포츠 산업 시장의 총 규모가 4조6,000억원이었는데 1994년 이후 매년 평균 13%씩 증가하여 1998년에는 6조2천억원의 규모로 성장하기에 이르렀고, 다가오는 2005년에는 38조1천억원의 규모로 성장할 것으로 전망하고 있다(이민재, 1997). 그러나 이와 같은 자료는 전체 레저 시장의 규모를 가지고 스포츠 산업 시장의 규모라고 하기에는 다소 무리가 있는 것이 사실이다.

경제 발전과 직·간접적으로 관련을 맺고 성장한 스포츠는 상업화, 기업화 현상으로 인하여 순수한 스포츠의 이상과 본질에 있어 큰 변화를 초래하기에 이르렀다. 더구나 고도의 산업사회 발전이나, 국민 소득의 증대 그리고 건강에 대한 의식 변화 등은 스포츠와 경제 관계를 더욱 긴밀하게 하고 있으며, TV나 신문사의 각종 경기대회 주최, 매스 미디어에 의한 보도는 스포츠의 진흥과 더불어 경기 대회를 대대적으로 보도함으로써 관람자와 독자를 확대시키려는 경제 활동의 의도를 내포하고 있다(송기성, 1997).

우리 나라 스포츠 시장은 1980년대에 접어들면서 경제 성장과 더불어 사회 문화적 환경 변화와 올림픽 개최, 프로 야구, 프로 축구, 프로 씨름, 프로 농구 그리고 2002년 월드컵 대회의 유치 등에 따른 스포츠에 대한 국민들의 관심고조에서 비롯된 스포츠의 대중화와 더불어 급격히 성장을 하였다.

전 세계적으로는 1990년대 들어와서부터 스포츠 시장이 크게 확대되었다. 이에 따른 소비자의 욕구를 맞추기 위해 그리고 수요 추세를 이용하여 기업의 수입을 증대시키기 위해 다양한 스포츠 제품이 개발되었으며, 마케팅 프로그램도 광범위하고 복잡하게 발전을 하였다.

## 2) 스포츠 용품 시장

스포츠 시장이라고 하는 말은 사람에 따라 달리 해석할 수 있지만 김병식(1997)은 스포츠 시장(sports market)을 개인이나 조직들로 제품에 대한 구매 욕구를 갖고 그러한 제품을 구매하기 위한 경제적 능력, 의지, 권한을 갖는 사람들의 집합체라고 정의하고 있으며, Kotler(1994)는 시장에 대하여 ① 구매자와 판매자가 모여서 제품과 서비스를 교환하는 물리적 장소, ② 제품에 관계되는 실제 또는 잠재적인 거래를 하는 구매자와 판매자의 모든 것, ③ 제품과 구매자와 관련된 모든 것이라고 정의하고 있다.

스포츠 소비자는 스포츠라는 상품 혹은 서비스, 그리고 스포츠 관련 제품을 구매하고 획득하는 개인이나 단체로 정의된다(김종, 김종환, 1997). 또한 스포츠 시장에서는 수많은 사람들에 의해 스포츠 용품, 레크리에이션 장비, 스포츠 의류, 스포츠 신발, 스포츠 음료 등과 같은 제품들이 선택되어지며 이로 인하여 소비자 시장의 다양성이 구성된다.

스포츠 소비자의 입장에서 제품을 구매할 때 제공되는 각종 서비스는 제품 구입에 영향을 미친다. 따라서 스포츠 소비자의 행동을 이해함으로써 스포츠 제품에 대한 필요와 욕구, 가치관에 맞는 제품을 공급할 수가 있다.

소비자는 자신의 욕구를 충족시킬 것으로 기대하는 제품이나 서비스를 탐색, 구매, 사용, 평가, 처분하는 일련의 과정을 수행하기 때문에 구체적으로 스포츠라는 상품 혹은 서비스, 그리고 스포츠 관련 제품을 구매하고 사용하는데 직접 관련된 개인의 행위 및 그러한 행위에 있어 그것을 결정해 주는 의사 결정 과정을 스포츠 소비자 행동이라 한다(하지원, 1998).

그리고 학문으로서의 소비자 행동(comsumer behavior)은 소비자의 제반 행동과 관련된 항목들에 대해 소비자들이 그들의 돈, 시간, 노력 등의 자원을 어떻게 사용하기로 결정하는가를 연구하는 분야이다. 이에 대한 명확한 이해는 기업이 목표로 하는 소비자 시장의 특성과 소비자의 선호를 파악하여 소비자에게 부응하는 마케팅 전략의 수립 및 집행을 가능케 해준다.

이제 스포츠 프로화 시대에 접어들면서 스포츠에 대한 관심이 고조, 그리고 경제성장과 사회 문화적 환경 변화에 따라 스포츠의 대중화 시대가 도래하면서 스포츠 용품의 수요가 급증하였다. 또한 국가 경제의 발전과 성장에 따른 국민들의 여가 증대와 부모의 소득증대로 인한 자녀들의 스포츠 용품 소비에 대한 규모가 더욱 증가하고 있으며 통계청에서 발표한 경제 성장과 스포츠 소비 지출 추이를 보면 <표 2-5>와 같다.

현재 국내에서 유통되고 있는 스포츠 관련 상품은 시장 자체가 너무나 다양화되어 있어 정확한 수치가 조사하기 어려울 정도이다. 그러나 소비 통계인 통계청의

<표 2-5> 경제성장과 스포츠 소비 지출 추이(통계청, 1998)

| 연 도 | GNP | 경 제 성장률 | 1인당 GNP($) | 가구당 연간 스포츠 소비지출(원) | 연간 스포츠소비 증가율 |
|---|---|---|---|---|---|
| '90 | 178,262 | 9.5 | 5,883 | 92,064 | 42.9 |
| '91 | 194,458 | 9.1 | 6,757 | 116,384 | 26.4 |
| '92 | 204,231 | 5.1 | 6,988 | 141,384 | 21.5 |
| '93 | 216,162 | 5.8 | 7,484 | 164,400 | 16.3 |
| '94 | 234,333 | 8.6 | 8,467 | 188,304 | 14.5 |
| '95 | 254,704 | 8.9 | 10,037 | 200,400 | 6.4 |
| '96 | 272,200 | 7.1 | 10,543 | 213,600 | 6.6 |
| '97 | 285,588 | 5.5 | 9,511 | 243,600 | 14.0 |

자료: 김도균(2001). 스포츠 기업 마케팅 믹스에 대한 청소년의 중요 인식과 소비 행동. 한국체육대학교 대학원 박사학위 논문. p. 20.

<표 2-6> 우리 나라 국민들의 스포츠용품 품목별 소비(통계청, 1998)

| 구 분 | 품목명 | 월간소비액(원) | 연간소비액(원) |
|---|---|---|---|
| 식료품 | 이온음료 | 200 | 2,400 |
| 피복 및 신발 | 운동화 | 2,000 | 32,400 |
| 교 통 | 자전거 | 500 | 6,000 |
| 교양, 오락 | 등산, 낚시용품 | 800 | 9,600 |
| | 운동기구 | 600 | 7,200 |
| | 운동복 | 2,700 | 32,400 |
| 소 계 | | 8,200 | 98,400 |

자료 : 김도균(2001). 스포츠 기업마케팅 믹스에 대한 청소년의 중요 인식과 소비 행동. 한국체육대학교 대학원 박사학위 논문. p. 21.

도시 가계 연보를 이용하여 우리나라 국민들의 스포츠 용품 품목별 소비 규모를 산출하여 보면 <표 2-6>과 같다.

그러나 국내 스포츠화 브랜드 시장에서 국외 브랜드의 시장 점유율이 높아지고 있으며, 이는 다국적화 되어 있는 마케팅 전략을 활용하여 국내 시장을 공략함으로써 국내 스포츠 브랜드 시장을 잠식해나가고 있다.

이것은 스포츠 시장에서 외국 브랜드들이 선수를 활용한 나이키의 마이클 조던 시리즈(Michael Jordan Series), 리복의 샤킬 오닐 시리즈(Shaquille O'Neal Series)등으로 국내 스포츠 시장에서 외국 브랜드들의 시장 점유율 확대가 두드러지는 등 시장 점유율 면에서 외국 브랜드가 국내 브랜드 보다 강세를 보였기 때문이다. 주된 표적 시장을 청소년층으로 겨냥한 스포츠화 시장 조사는 서울 강남 지역 중, 고등학생의 70% 이상이 외국 브랜드를 착용한다고 보고하여 그 사실을 뒷받침하고 있다.

또한 세계적인 스포츠 용품 생산 업체인 나이키의 경우 생산비 절감을 위해 동남 아시아의 후진국에서 용품을 생산하면서 다양한 마케팅 전략으로 전 세계 시장을 석권하고 있는 데서 볼 수 있듯이 스포츠 용품 및 제조업의 경우도 결국은 어떠한 마케팅 전략을 사용하느냐에 따라 전 세계적인 기업으로 발전하느냐 아니면 도태되느냐가 결정되는 것이다.

스포츠 브랜드 용품 시장은 다른 시장과 비교해 볼 때 상대적으로 높은 단가, 짧은 구매 주기로 인한 내점 고객의 증대 및 부대 구매의 창출, 특화된 품목에 의한 타 업종 진출의 어려움, 사계절 상품화에 따른 재고 부담 경감 등의 이유로 스포츠 용품 브랜드는 캐주얼 브랜드간에도 관심이 집중되고 있다.

그리고 외국 브랜드들의 제품이 잘 팔리는 이유는 뛰어난 마케팅 전략으로 높은 브랜드인지도 및 선호도, 우수한 제품력, 디자인, 광고 면에서 국내 브랜드 제품을 앞서고 있기 때문이다. 특히 주 소비자인 청소년층의 외국 브랜드에 대한 선호도의 증가로 높은 성장을 할 수 있었고, 그에 비해 국내 브랜드의 성장은 다소 뒤지고 있는 편이다. 청소년 시장을 목표로 한 다양한 판촉 활동으로 외국 스포츠 브랜드들은 글로벌 마케팅 전략(global marketing strategy)이 전 세계적으로 파급되면서 스포츠 브랜드에 대한 전략은 지속되고 있으며, 국내 스포츠 업계도 새로운 제품 개발, 마케팅 개발을 통한 외국 브랜드에 대한 대응력, 중요 인식의 전환 등 새로운 모습으로 스포츠 시장을 공략할 수 있는 마케팅 활동이 이루어지고 있다(김도균, 2001).

### 3) 스포츠·레져용기구 산업

한국의 스포츠·레져용기구 산업은 '86아시안게임 및 '88서울올림픽 국내 유치를 계기로 잠재적 수요기반이 구축되면서 세계적 유명 스포츠·레져용품의 국내 진출이 활발히 이루어졌고, 이러한 추세에 영향을 받아 국내스포츠·레져용품 또한 고급화, 다양화되어 왔다. 이는 경제성장에 따른 소득 증대와 여가의 증대로 인한 삶의 질에 대한 가치 인식의 급속한 변화와 밀접한 상관을 갖게 되면서부터 자연발생적으로 스포츠·레져용품에 대한 수요는 증대될 수밖에 없으며, 이는 내수용 및 해외 수출의 증대로 이어지게 된다.

해외 수출을 위한 효율적인 전략으로 생산설비의 해외 진출은 보다 유리한 고지를 선점하는 효과를 가진다. 스포츠·레져용품 제조를 위한 해외 투자는 또 다른 측면에서 스포츠의 기술체계가 합리화 추세로 진전되는 한 단면을 보여주는 것이다.

한국의 스포츠·레져용품 산업의 해외 투자는 중국이 전체 투자금액 및 진출 업체 수에서 각각 49.8% 및 53.3%를 차지하는 가장 큰 투자 대상국이 되고 있으며, 인도네시아를 비롯한 동남아 국가들이 전체 투자금액 및 진출 업체 수에서 각각 41.1%와 36.7%을 차지하고 있다(대한 스포츠용구 공업협동조합, 1997).

스포츠·레져용품 제조업 기술 수준의 연차적 발달과 스포츠 용기구의 국내외 공인획득의 증가 및 국내 스포츠·레져용품 산업의 해외 투자의 확산 등과 같은 현상들은 에너지 저의존 및 이론적 지식중심화 요인 등과 관련하여 스포츠 산업의 기술체계가 발전되고 있음을 단적으로 설명해 주는 지표이다(이진갑, 1998).

## 7. 판매 경로

마케팅경로라고 불리는 판매경로는 제품과 서비스가 생산자로부터 최종 소비자 및 사용자에게 이전되는 과정에 참여하는 모든 개인 및 기업의 집합을 의미한다. 판매경로는 생산자와 소비자 그리고 중간상을 포함하고 있다.

생산자가 중간상에게 판매 업무를 위임한다는 것은 제품의 판매 대상과 판매 방법에 대한 통제권을 상실했다는 것을 의미하는데, 제조업체가 통제권 상실에도 불구하고 판매 업무의 일부를 중간상에게 간섭하는 이유는 중간상을 이용함으로서 표적 시장의 제품 접근성을 크게 향상시킬 수 있기 때문이다.

판매 경로는 생산자와 소비자 사이에 존재하는 네 가지 차원의 격차를 메워주는 역할을 한다(박명희, 1997).

① 시간효용(time utility)은 소비자가 원하는 시기에 언제든지 제품을 구매할 수 있는 편의를 제공해 주는 것을 말한다.

② 장소효용(place utility)은 소비자가 어디에서나 원하는 장소에서 제품이나 서비스를 구매할 수 있는 편의를 제공해 주는 것을 말한다.

③ 소유효용(possession utility)은 생산자나 중간상으로부터 제품이나 서비스의 소유권이 이전되는 편의를 제공해 주는 것을 말한다.

④ 형태효용(form utility)은 제품과 서비스를 고객에게 좀더 매력적으로 보이기 위하여 그 형태나 모양을 변경시키는 모든 활동을 말한다.

판매경로는 이러한 네 가지 효용을 제공하기 위하여 여러 가지 기능을 수행하고 있는데 거래기능(transactional function), 물적 유통기능(logistical function) 그리고 촉진기능(facilitating function)으로 구분할 수 있다. 현대에 존재하는 기업들의 과제는 새로운 개념의 제품을 개발하는 데 있는 것이 아니라 기존의 상품을 얼마나 편리하게 개선하여 얼마만큼의 저렴한 가격으로 어떤 유통 방식을 통하여 소비자에게 전달할 수 있는가에 있다고 할 수 있을 것이다. 만약 어떤 기업이 변화하는 소비자들의 욕구와 시장, 기업 환경에 적응하지 못한다면 기업은 도태되고 말 것이다. 스포츠 제품의 판매는 대형 백화점이나 대리점 형태의 체인점, 본사 직접 운영 형태의 직영점, 그리고 할인 매장 형태로 운영된다.

# 제 10 절   프로그램 개발과 운영

## 1. 체육 프로그램의 의의와 개발과정

체육 프로그램이란 「체육 경영조직이 스스로 경영자원을 운동자(소비자)에게 공급하기 위하여 사업화한 운동실천(주로 건강지향)을 내용으로 하는 통합 프로그램」이라고 정의할 수 있다.

어떤 체육 프로그램을 공급할 것인가에 앞서 프로그램의 개념에 대한 명확한 개념이 확립되어야 한다. 현대 사회에서는 인간과 체육과의 관계가 변화하고 있으며,

그 관계를 어떻게 이해할 것인가 하는 접근방법에서도 부단히 변화하는 사회(환경)에 적응할 수 있는 개념(나아가서는 경영방침)의 확립이 중요한 몫으로 자리잡고 있다.

따라서 「사람이 보다 잘 살아가기 위한(생활의 질을 높이는)문화」로서의 운동이나 체육이 인간에 대하여 갖는 의의나 기능에서 출발하는 것이 중요하다. 즉, 생활문화로의 운동이나 체육을 사람들이 자율적으로 추구하는 발상이 중요한 것이다.

이와 같은 발상에서 운동자와 경영조직의 주체간에 발생하는 「교환」과정은 보다 잘 이해될 것으로 생각된다. 다음으로 경영자원의 재편성이라는 발상이 중요하다. 특정 경영조직이 갖고 있는 시설과 설비가 체육 프로그램의 공급에 부족할 때 다른 시설에 대한 지도자의 출장 또는 다른 시설과의 공동사업 전개도 고려되어야

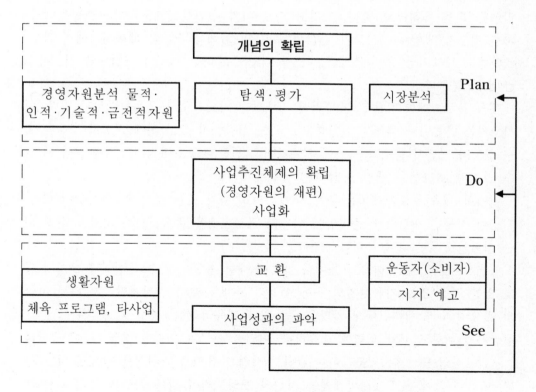

<그림 2-15> 체육 프로그램 공급과정

자료 : 이상효, 유희형(2001). **건강·스포츠 프로그램을 위한 지도방법과 리더십.**
　　　 서울: 도서출판 금광. p. 61.

하고, 이를 위해 지도자의 재정비(배치 전환, 연수 등 전문적인 훈련)가 도모되어야 한다.

즉, 경영자원을 고정적인 것으로 인식하고, 그 범위 내에서 시책을 강구할 것이 아니라 명확한 개념하에 특정 시책을 강구하기 위한 경영자원의 재편성을 신중하게 고려하는 것이 중요하다. 물론 경영자원의 재편에는 한계가 뒤따르므로 어떠한 재편이 가능한가를 탐색, 평가하는 것이 중요하다.

## 2. 체육 프로그램 제작자(sport programer)의 역할

스포츠경영체에서 체육 프로그래머의 역할은 운동·체육을 실천하려는 사람들이 생활환경이나 신체 상태에 적절한 운동이나 체육활동을 할 수 있도록 지도, 조언하는 것을 목적으로 한다. 그리고 주로 지역 주민들에게도 지도·조언을 하는 자원 지도자(생활체육 지도자 2급)와 주로 민간 체육클럽 등 체육시설에서 지도·조언하고 트레이닝 등 기본적인 지도를 직업으로 하는 지도자(생활체육 지도자 3급)로 구분한다.

체육 프로그래머와 똑같은 활약이 기대되는 지도자로서 운동처방사가 있다. 이 지도자는 운동이나 체육을 실천하고자 하는 사람들이 그 목적에 적합한 활동을 할 수 있도록 상담이나 체력 측정에 기초하여 안전하고도 효과적이고 또한 즐겁게 할 수 있는 프로그램을 개발·공급하는 역할을 한다.

이러한 체육 프로그래머는 스포츠 시설의 종사자 또는 봉사자들을 교육한다.

또한 이들은 프로그램 준비만이 아니라 프로그램을 존속시키는 역할을 하게 되는 사람들로 구성되어야 한다.

물론 체육 프로그래머는 운동이나 체육에 대한 욕구는 있으나 실천에 옮기지 않고 있는 사람 또는 지금까지의 운동·체육과 관계를 보다 발전시키고자 하는 사람의 필요에 따라 개개인에게 알맞은 운동이나 체육의 실천 방법을 적절하게 개발·공급하기 위한 연구와 노력이 중요하다. 이러한 연구와 노력은 경영조직이 공급하는 다른 사업 또는 다른 조직이 공급하는 사업과 유기적 관련성을 필요로 하고 있다. 따라서 체육 프로그래머에게는 자신의 경영조직에 다른 사업의 목적과 내용, 그리고 다른 경영조직이 공급하는 사업 정보를 처리하고 공급할 수 있어야 한다.

따라서 체육 프로그래머는 여가와 생활체육의 개념에 관한 지식이 있어야 하는 것은 당연하다. 스포츠 활동에 참여하여 만족을 얻을 수 있도록 하는 설치된 기구의 성질을 이해해야만 한다. 또한 그들은 일상생활 속에서 관련된 Sports for all과 스포츠사회학의 개념 그리고 스포츠 및 인간에 대한 발달심리학을 이해하여야 한다.

## 3. 체육 프로그램과 발달심리학

인간발달의 몇 가지 중요한 이론들은 삶의 변화하는 과정(유아기부터 노인기까지)을 연구하는 발달심리학에서부터 나왔다. 발달심리학은 인간 삶의 과정에 관련된 개념들을 체육 프로그램에 응용하여 스포츠에 참가하는 사람들의 필요와 욕구를 만족시킬 수 있다.

### 1) 발달심리학

발달심리학은 인간성장과 발달의 과정으로 스포츠를 이해하는데 관련이 있다. 비록 개인 각각의 실제에 작용하는 발달 단계 또는 변화의 개념과 이론이 다양하지만, 모든 인간에게 공통적인 삶과 성장 발달에 대한 개념은 공통되는 것이다.

발달심리학자들은 인간발달의 다양한 이론을 설명하기 위해서 사회적, 생물학적 등의 둘 이상의 학문이 관여하는 방법을 사용한다. 그러므로 체육 프로그래머들은 사람들이 참가할 수 있는 여러 가지 요인들을 발달심리학에서 수집할 수 있다.

인간발달에 영향을 주는 요인들은 인간성장과정의 발달 행위에 4가지 범위로 결정요인을 나눌 수 있다. 즉, 생리학적, 환경적, 심리학적 그리고 형이상학이다.

① 생리학적 요인 : 태아기와 출생 후의 발달에 포함한 생물학적인 유전적, 신경조직 그리고 신체의 다양한 발달과정에 관련된 요인을 내포하고 있다.

② 환경학적 요인 : 사회화된 개인적 경험의 규범 또는 문화적 힘을 내포하고 있다. 가족과 동료, 사회적 그룹 안에서 개인 각자에게 임무들을 행하도록 도와준다. 사회적 태도와 임무는 환경적으로 결정한다. 체육 프로그래머들은 이런 결정요인의 환경적 범위 안에서 인간발달에 중요한 영향을 준다. 그 이유는 많은 스포츠 경험들이 가족, 동료 관계에서 형성된다. 다른 환경적 요인들은 자연, 지리학적인 환경이다. 예를 들어 시골에서의 삶 또는 도시에서의 삶은 지역에 따라 사람들의 발달과 성장에 영향을 준다.

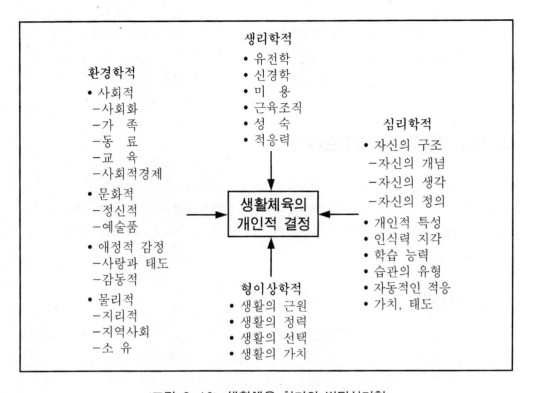

<그림 2-16> 생활체육 참가와 발달심리학

③ 심리학적 요인 : 사람들에게 영향을 주는 내부적 그리고 외부적인 요인들에
  의해 영향을 받는다. 자신의 개념, 가치 그리고 태도 등의 요인들과 행동 응
  답들은 개인들의 심리학적 발달에 영향을 미치는 요인들이다.
④ 형이상학적 요인 : 추상적인 요소의 경험에 의해서 갖는 입증의 불가능 때문
  에 분석하는데 어려움이 있다. 성인의 스포츠 경험에서 전개되는 이론은 형
  이상학 영향이 주요하게 되는 성인기에 나타날 수 있다. 이 형이상학의 결정
  요소는 삶의 개인적 이해 요소를 포함한다. 삶의 능력은 자신의 생존적 가치,
  사회적 가치, 자아의식 가치에 영향을 미치는 내부적 조정자이다.

## 2) 프로그램의 라이프 싸이클(life cycle)

프로그램의 life cycle 개념은 앞에서 설명한 제품 cycle 개념처럼 스포츠경영
체의 마케팅에서 가장 중요한 개념이다. 이 개념은 인간의 신체적 성장에서 유추,

추론된 것으로 성장기, 성숙기, 쇠퇴기 등으로 기술된 것이다. 인간의 심리학적 성장은 육체적 성장과 병립되지 않고, 심리적 성장의 쇠퇴는 육체적 성장의 쇠퇴기가 40~50세를 전후로 일어나는 것과 동일하지는 않다. 어떤 사람들은 인생 단계에서 그들의 경험, 세계관, 미래에 대한 확신과 같은 새로운 차원의 창조성으로 life cycle을 성장시킨다.

이 인간모델에 의해서 life cycle 개념은 프로그램이 처음부터 끝까지 지속되어 고객들의 인식단계를 추정하는 방법으로 인정되었다.

인간의 life cycle처럼 스포츠경영체의 체육 프로그램은 신중한 운영에 의해 구성되어질 수 있지만, 분명한 결론은 그 필연성이 변하지 않는다. 체육 프로그램은 스포츠경영체의 생활체육에 참가하려는 소비자 구매의 마케팅과 비교될 수 있으며 새롭고 더 나은 프로그램에 의해 교체된다.

이러한 프로그램 life cycle의 특징은 아래와 같다(<그림 2-17>).

① 도입단계 : 새로운 프로그램에 대한 인식과 자원을 위한 많은 노력이 요구된다. 활성화 노력으로 잠재고객의 참여를 권유하거나 프로그램과 연관된 공동체의 대변인 또는 대표자에게 스포츠 활동의 참여를 설득하는 형태가 된다.

② 발전(출발, 도약)단계 : 프로그램에 수많은 참여자들이 급격히 성장하며, 이

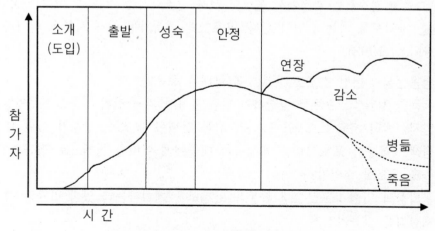

<그림 2-17> 프로그램의 Life Cycle

자료: 이상효, 유희형(2001). **건강·스포츠 프로그램을 위한 지도방법과 리더십**. 서울: 도서출판 금광. p. 61.
한이석(1994). **사회체육 운영론**. 서울: 형설출판사. p. 191.

단계에서는 도입단계보다는 노력이 덜 요구된다.

③ 성숙기 : 이 단계에서는 수많은 참여자들이 자신이 선택할 수 있는 프로그램을 인식하고 그들이 참여를 원하거나 원하지 않는가를 결정한다. 특히 이 단계에서는 프로그램이 성공적이라고 판단되면 상업적 요소에 뛰어난 경험을 쌓아야 한다.

또한 이 단계에서는 계속되는 프로그램에 의존하게 되지만 참여하는 사람이 더 이상 없게 될 수도 있다. 따라서 남아 있는 참여자들을 유도할 만한 새로운 기회를 제공하는 운영이 life cycle 프로그램으로 발전되는 가장 큰 기회가 된다. 프로그램 life cycle을 확장시킴으로서, 잠재적 전략에 주의 깊은 관심이 필요 하다. 즉 다른 기술을 사용하거나 새로운 접근 방식과 새로운 지도 방식으로 문제점을 재활성화시킬 수 있는가에 최대한 노력한다.

④ 쇠퇴기 : 이 단계에서 프로그램은 더 이상 참가자의 관심사가 되지 못한다. 만일 쇠퇴기를 막으려는 어떤 시도가 있다면 그것은 기초적인 활성화 노력이 잠재적인 고객집단으로 목표와 방향이 재설정되어야 한다.

## 4. 프로그램의 설계

프로그램을 결정하는 과정에서 복잡한 것을 간소화하는 것은 좀 더 성공적인 프로그램을 제작토록 하는 요인이 된다. 프로그램 제작자는 아래 사항을 인지하여야 한다(한이석, 1993).

① 행동분석 : 어떤 스포츠 프로그램 형태가 좋은가?
② 유용한 자원 : 스포츠를 경험하기 위한 유용한 자원(장비, 도구)이 무엇인가?
③ 양자선택의 자원 : 스포츠를 하기 위한 선택될 수 있는 장소가 어딘가?
④ 정책 : 훌륭한 프로그램을 제작하여 대중에게 어떠한 정책으로 접근하고 그들을 유도할 것인가?
⑤ 관리상의 위험 : 프로그램 활동을 안전하게 계획하는데 있어 법규적 측면의 제한점은 있는가?
⑤ 유용함 : 참가자에게 프로그램이 유용한가?
⑦ 영향 : 프로그램은 참가자에게 어떤 신체적·심리적 영향을 미칠 것인가?

## 5. 프로그램의 판매

스포츠경영체의 스포츠 프로그램은 현대 사회가 안고 있는 여러 형태의 개인적, 사회적 긴장감을 해소하고 보다 진취적인 자신의 삶을 개발하는데 목적을 두어야 한다. 이러한 프로그램은 모든 사람이 창조적 취미 문화활동과 야외여가 활동을 통해 활기 넘치는 인간관계를 유지하는데도 기여할 수 있어야 한다.

또한 프로그램을 판매할 때는 그 프로그램의 성격을 면밀히 분석하여 지역과 계층에 따라 적절한 프로그램을 보급하여야 스포츠경영체에 많은 사람이 관심을 갖고 참여하여 운영의 활성화를 기할 수 있다.

① 주민이 중·하위 계층으로 아이가 없는 경우 : 양질의 프로그램을 선호한다. 따라서 프로그램의 전문성에 치중을 두어야 한다.

② 고학력층 거주지역 : 인간관계와 인격형성이 목적이므로 단순화된 운동기능 향상 프로그램보다는 프로그램 참가 자체를 통하여 구성된 클럽 등의 활동에 자연스럽게 참가하게 하여, 원활한 의견교환(communication)의 장을 제공 받을 수 있도록 해주는 종목별 프로그램이 필요하다.

③ 사무실 밀집지역 : 건강 증진을 위한 신체활동의 필요성을 인식하지만 체육 활동참여에 대한 가장 큰 장애요인으로 시간의 압박감을 들 수 있다. 따라서 운동을 위한 소비시간이 많은 종목보다는 골프, 요가와 같이 시설에 도착과 동시에 프로그램에 참가할 수 있는 종목을 제공하는 것이 좋다.

# 참고문헌

강상조(1999). **체육연구방법**. 서울: 도서출판 21세기교육사.

김도균(2001). **스포츠기업 마케팅 믹스에 대한 청소년의 중요 인식과 소비행동**. 한국체육대학교 대학원 박사학위 논문.

김병식(1997). **스포츠경영학**. 서울: 대한 미디어.

김병식(2000). **스포츠경영학**. 서울: 도서출판 대한미디어.

김종, 김종환(1997). **스포츠 마케팅 어떻게 할 것인가?** 서울: 보경 출판사.

김치조(1994). 스포츠경영학의 본질과 전망. **스포츠과학**, 47, 2-9.

대한스포츠용구공업협동조합(1997). **운동용구국제공인획득 현황**.

문화관광부(2001). **전국공공 등록·신고·체육시설현황**.

박명희(1997). **소비자 의사 결정론**. 서울: 학현사.

반병길(1984). **경영학원론**. 서울: 박영사.

송기성(1995. 3. 25). **스포츠행정·경영학의 체계**. 한국스포츠행정·경영 연구회에서 발표한 논문, 서울, 연세대학교.

송기성(1997). 미국 스포츠 행정 및 경영학 연구의 경향과 과제. **한국스포츠행정·경영 학회지**, **2**(1), 37-39.

아오키 유키히로(1999). **전략적 브랜드 관리의 이론과 사례**. 서울: 21세기 북스.

이민재(1997. 5. 16). 2005년 레저 산업 황금 시장. **동아일보**. 29면.

이상효, 유희형(2001). **건강·스포츠 프로그램을 위한 지도방법과 리더십**. 서울: 도서출판 금광.

이진갑(1998). **경제성장에 따른 사회변동과 한국 스포츠 구조변화의 관계**. 한국체육대학교 대학원 박사학위 논문.

조연철, 이정섭, 이재우, 이달원, 이동운 역(2001). **스포츠경영**. 서울: 도서출판 금광.

추헌(1995). **경영조직론**. 서울: 박영사.

통계청(1998). **한국의 사회지표**. 서울: 통계청

하지원(1998). **스포츠 소비자 행동에 관한 의사 결정 요인 분석**. 이화여자대학교 대학원 박사학위 논문.

한이석(1993). **사회체육계획론**. 서울: 보경문화사.

한이석(1994). **사회체육운영론**. 서울: 형설출판사.

宇土正彦(1986). **體育管理學**. 東京: 大修館書店.

Barr, C. A., & Hums, M. A.(1998). Management principles applied to sport management. In L. P. Masteralexis, C. A. Barr, & M. A. Hums (Eds.), *Principle and practice of sport management* (pp. 20-38). Gaithersburg, Maryland: Aspen Publisher. Inc.

Brassie, P. S(1989). Guidelines for programs preparing undergraduate and graduate students for careers in sport management. *Journal of Sport Management, 3* (2), 158-164.

Chelladurai, P.(1985). *Sport management: Macro perspective*. London, Ontario: Sports Dynamics.

Davis, K.(1957). *Human relations in business*. New York: McGraw-Hill.

DeSensi, J. T., Kelley, D. R., Blanton, M. D., & Beitel, P. A.(1990). Sport management curricular evaluation and needs assessment: A multifaceted approach. *Journal of Sport Management, 4*, 31-58.

Ernest, N.(1961). *The structure of science: Problems in the logic of science*. New York: Harcourt, Brace & World.

Etzioni, A.(1964). *Modern organizations*. Prentice-Hall.

Evans, J. R., & Barry, B.(1992). *Marketing* (5th ed.). New York: Macmillan Publishing Company.

Gibson, J. L., Ivancevich, J. M., & Donnelly, J. H.(1997). *Organization* (9th ed.). Chicago: Richard D. Irwin, Inc.

Hardy, S.(1987). Graduate curriculums in sport management: The need for a business orientation. *Quest, 39*, 207–216.

Katz, R. L.(1974). Skills of an effective administrator. *Harvard business review, 52*, 90–102.

Keegan, W. J.(1995). *Marketing*. Englewood Cliffs, New York: Prentice–Hall.

Kotler, P.(1994). *Marketing management: Analysis, planing and control* (7th ed.). Englewood Cliffs, New Jersey: Prentice–Hall.

Kreitner, R., & Kinicki, A.(1995). *Organization behaviore* (3rd ed.). Chicago: Richard D. Irwin, Inc.

Lawrence, P. R., & Lorsch, J. W.(1967). *Organization and environment: Managing differentiation and integration*. Cambridge, Mass: Harvard–Graduate School of Business Administration.

Loy, J. W., Jr., McPherson, B. D., & Kenyon, G.(1978). *Sport and social system*. Reading, MA: Addison–Wessely.

Luthans, F.(1981). *Organizational behavior* (3rd ed.). New York: McGraw–Hill.

McPherson, B. D.(1997). *Influencing attendance at professional sporting events*. Unpublished doctoral dissertation, Florida State University.

Mayo, E.(1933). *The human problems of an industrial civilization*. Macmillan.

Mingnet, P. L.(1998). Sport technology, industry and national economy. *Proceedings of the 98 International Sports Science Congress*, 19–40.

Mullin, B. J.(1983). *Sport marketing, promotion and public relations*. Amherst, MA: National Sport Management.

Parkhouse, B. (1991). Definition, evolution, and curriculum, In B.L. Parkhouse(Ed.), *The management of sport*. St. Louis, MO: Morsby–year Book.

Parkhouse, B.(1996). *The management of sport* (2rd ed.). New York: McGraw–Hill.

Parks, J. B., Zanger, B. R. K., & Quarterman, J.(1998). *Contemporary sport management*. Champaign, IL: Human Kinetics.

Steers, R. M.(1988). *Introduction to organizational behavior* (3rd ed.). Illinois: Scott, Foresman and Company.

Stier, W. F.(2000. 8. 26). The past, present and future of sport management. **2000년도 국제학술대회: 각국의 스포츠경영의 동향 및 발전 방향** (pp. 1–17). 한국스포츠산업·경영학회에서 발표된 논문, 서울, 한국체육대학교 4층 회의실.

Szilagy, A. D., Jr., & Wallace, M. J., Jr.(1983). *Organizational behavior and performance*. Glenview, Ill.: Foresman and Company.

Taylor, F. W.(1911). *The principle of scientific management*. New York: Harper & Bros.

VanderZwaag, H. J.(1984). *Sport management in school and college*. New York: John Wiley & Sons.

VanderZwaag, H. J.(1988). *Policy development in sport management*. Indianapolis, IN: Benchmark Press.

Zeigler, E. F., & Bowie, G. W.(1983). *Management competency development in sport and physical education*. Philadelphia: Lea & Febiger.

# 제 3 장  체육정책

체육학 분야에서 정책(政策)이란 용어는 흔하지 않은 말이다. 게다가 일반 행정학 분야에서도 정책학(policy science)이란 용어는 1970년대에 사회과학분야에서 정책연구에 초점을 둔 새로운 학문연구 분야로 태동하기 시작하면서 도입되었기 때문이다.

정책학은 일반 행정학에서 정책문제의 중요성이 고조되어 가면서 현대사회의 인간이 당면하고 있는 많은 문제를 해결하는데 기존과학이 적절한 시야와 접근방법을 제시하지 못하였다는 반성에서 출발하였다. 정책연구(policy studies), 정책분석(policy analysis)이라고도 일컬어지는 정책학은 학제적·문제지향적·규범적 성격을 띠고 있다.

따라서 본 장에서는 급변하는 체육의 물적·인적환경과 정치사회 속에서 전개되고 있는 체육정책을 이해하고 학교, 정부기관 혹은 이와 유사한 체육조직을 이끌어 갈 체육학도들에게 보다 나은 체육정책의 결정으로 정책수행에 능동적으로 대처할 수 있는 지식을 제공하고자 한다.

# 제1절 정책의 개념

## 1. 정책의 개념

정책(policy)은 권위 있는 정부기관이 공공문제의 해결을 위하여 공식적으로 결정한 활동지침 또는 중요한 결정이나 활동을 의미하는데 관점·목적이나 분석방법에 따라 다양하게 정의될 수 있는 다의적 개념이지만 이러한 다양한 개념이 상호 모순되기 보다 상호 보완적인 것으로 인식해야 할 것이다(김규정, 1997).

일반적으로 정책에는 정부의 간여(intervention)가 이루어진다. 즉 정책이란 어떤 사회분야에서 사회적 시스템·구조·문화·가치·규범·행태·물리적 환경 등을 어떻게 바꾸며, 또 어떠한 방법으로 바꾸고자 하는가 하는 정부간여의 수단이라고 할 수 있다. 좀 더 간략하게 설명하면 정책이란 정부가 어떠한 사회를 어떻게 만들겠다고 하는 것을 결정하고 선택해 놓은 수단이다. 그렇기 때문에 정책에는 목적과 수단의 개념이 중요할 뿐만 아니라 전략개념이 매우 중요하다(노화준, 2000).

이와 관련하여 라스웰(Lasswell, 1951)은 정책학(policy science)이란 정책결정과 결정집행을 설명하고 제공하는 학문이며, 정책부문과 민간부문의 결정과정에 관한 지식 및 결정과정에 있어서의 지식을 다루는 학문이라고 정의하였다. 한편, 정책학의 대표적인 학자인 드로(Dror, 1971)는 정책학을 보다 나은 정책결정을 위하여 그 방법·지식·체제를 다루는 학문이며 보다 효과적·능률적인 정책을 통하여 설정된 목표를 달성하는데 주안점이 있다고 말하였다.

## 2. 종속변수와 독립변수로서의 정책

정책은 종속변수(從屬變數)로서 환경적 요인과 정치·행정체제의 특징에 따라 그 내용·범위·영향이 좌우된다고 볼 수 있으며 이러한 관점은 정책을 정책과정의 산출로서 인식하는 것이다. 이와 달리 독립변수(獨立變數)로서 정책 자체의 성격·내용에 중점을 두고 정책이 환경과 정치·사회·경제체제 혹은 결정체제에 어떠한 영향을 미치는가를 고찰할 수 있다(Salisbury, 1968).

## 3. 정책의 유사 개념

위에서 설명하였듯이 정책의 개념을 한마디로 규정하는 것은 어려운 일이며 이와 비슷한 여러 가지 용어들이 상식적으로 사용되고 있다. 시책, 대책, 정부방침, 정부지침 등이 그것이다. 뿐만 아니라 법률, 규칙, 기획, 계획 등은 이론상으로 정책과 혼용되고 있다.

이러한 단어들을 이론적으로 엄격하게 정의하는 것은 어렵다. 그러나 이들은 정책이라는 동일한 현상을 다른 각도에서 파악한 내용이 많아서 정책과 이질적인 것은 아니다. 이들을 엄격하게 구분하는 것은 아직 학계에서도 관심을 끌지 못한다 (정정길, 2001).

① 시책 : 시책은 정책과 거의 같은 뜻으로 쓰인다. 하지만 시책은 하위정책을 의미할 때가 많다. 상위정책은 하위정책에 비해서 보다 근본적인 가치문제 이념문제 등이 많이 포함되고 이를 구체화한 것이 하위정책이다.

② 계획·기획 : 계획(plan)이라는 용어와 기획(planning)이라는 용어는 일반적으로 혼용되고 있으나 기획은 계획을 수립, 집행하는 과정이며, 계획은 기획을 통하여 산출되는 결과이다. 그러므로 기획은 절차와 과정을 의미하는 반면에 계획은 대체로 문서화된 활동목표와 수단을 가르킨다고 할 수 있다(권영찬, 이성복, 1989; 김신복, 1983; 노화준, 2000; Faludi, 1973).

③ 계획·정책 : 계획은 그 구성요소로서 목표와 수단을 지니고 있으며 정부계획의 경우는 수립주체도 정부이므로 정책과 공통적인 요소를 지니고 있다. 그러나 계획을 정책과 비교하면, 계획은 상위적인 개념으로서 많은 세부정책을 포함하며 정책보다 장기적인 시계와 이상적인 목표를 지닌다. 또한, 계획은 포괄성과 일관성을 강조하기 때문에 구체적이지 못하며 정책보다 실현가능성이 적다. 즉 계획은 정책으로 구체화되어야만 집행력을 갖기 때문이다.

④ 정책·법률 : 법률은 일반적으로 정책과 본질적으로 동일하다. 즉 정책과 마찬가지로 법률에서도 목표가 있고 최후수단으로서 강제력이 보유되고 대상집단으로 규제될 인간이 있으며, 법의 내용을 실현할 정부의 강력한 의지가 있다. 특히 규제정책은 법률과 동일한 경우가 많다.

그러나 모든 정책이 법이 아니듯이 모든 법을 정책으로 보기는 어렵다. 즉 법률 중에서 사법은 정책의 성격이 약하고, 공법 중에서 규제법 등이 전형적

인 정책이 되지만, 정책 중에는 법률의 형태를 취하지 않은 것이 많다(정정
길, 2001).

# 제 2 절  체육정책의 의의

## 1. 체육정책의 개념

체육학 분야에서 체육정책의 개념에 대하여 명확하게 정의를 내리지는 않았지만
많은 학자들이 그 개념을 정의하려고 노력하고 있으며 다양한 관점에서 접근을 시
도하고 있다.

일반적으로 체육정책은 체육에 관련된 공공문제를 해결하거나 목표달성을 위해
정부에 의해 결정된 주요행동방침이라고 할 수 있다. 이러한 정의에는 다음과 같
은 요소들이 포함된다. 첫째, 체육정책은 정책목표를 지닌다. 비록 그 내용이 분명
하지 않거나 표면상으로 보이지 않는 경우가 있지만 원칙적으로 체육정책은 정책
을 통해서 달성하고자 하는 목표를 지니고 있다. 둘째, 체육정책목표를 달성하기
위한 정책수단이 체육정책의 또 다른 중요한 구성요소이다. 수단이란 체육정책목
표를 달성하기 위하여 정부기관이 사용할 수 있는 각종 수단을 의미한다. 셋째, 체
육정책에는 정책대상자가 있다. 정책대상집단(policy target group)이란 체육정책
의 적용을 받는 집단을 의미하며 체육정책에 의하여 혜택을 받거나 희생을 당하는
집단이다.

또한, 이범제(1999)는 체육정책을 일반 정책학 학자들의 정책에 대한 정의를
인용하여 다음과 같이 정리하고 있다.

① 체육에 대한 가치의 권위 있는 분배(Easton, 1953) : 체육정책을 체육에 대
한 가치의 권위 있는 분배로 정의할 경우 체육의 가치를 분배하는데 있어서
체육관련자들이 정치적 현상을 이해하는데 매우 유용하게 사용할 수 있다.
여기서 체육에 대한 가치의 분배는 건강의 증진일 수도 있고 체육관련 특정
한 개인, 기업체, 조직, 지역사회에 공공서비스와 편익을 분배하는 것이다(이

병익, 김종필, 1999). 그러나 분배정책에서 그 분배원칙이 공정하지 않으면 또 다른 문제가 발생할 소지가 있다.

② 체육의 목적이나 가치를 지향하는 의사결정행위(Lasswell & Kaplan, 1970) : 체육정책을 체육의 목적과 가치를 지향하는 의사결정이나 행위로 정의한다 면 체육에 대한 정부 지향적인 성격을 이해하고 설명하는데 도움이 된다. 여 기서 체육에 대한 정부 지향적인 성격은 정부가 의도하는 궁극적인 목적에 체육이 부합하도록 만드는 것이다. 현재 우리 나라 정부는 체육정책을 크게 엘리트 스포츠 정책과 생활체육정책으로 나누고 엘리트 스포츠를 통하여 국 위선양과 국민화합을 도모하고 생활체육을 통하여 국민의 건강과 삶의 질 향 상을 꾀하고 있다.

③ 체육문제 해결을 위한 정부의 활동(Dubnick & Bardes, 1983) : 체육정책을 체육문제 해결을 위한 정부의 활동으로 정의한다면 체육문제 해결과 관련 있 는 정부당국자나 체육정책 결정자의 명시적인 의도와 관련된 활동들을 이해 하는데 도움이 된다. 그런데 정부가 만들어서 집행하고 있는 체육정책들은 위에서 제시한 체육정책 세 가지의 의미가 부분적으로 모두 내포되어 있다고 할 수 있다. 즉 체육정책은 체육에 대한 가치의 권위 있는 배분적 성격을 가 지고 있으며, 체육이 추구하는 어떤 목적이나 가치를 지향하는 성격도 가지 고 있고, 당면한 체육의 문제를 해결하려는 정부당국자나 체육정책 결정자의 의도와 활동을 나타내는 성격도 띠고 있다.

## 2. 체육정책의 유형

체육정책의 유형은 정책의 성격이나 내용을 파악하는 입장에 따라 여러 가지로 분류할 수 있다.

### 1) 비교정책(comparative policy)

체육정책의 유형을 국가의 권력에 의하여 ① 체육에 관한 인적·물적 자원의 확 보와 관련되는 추출정책, ② 체육에 대한 규제정책, ③ 체육의 기회 배분정책, ④ 국민의 긍지·자부심을 높이기 위한 정책을 말한다(Almond & Powell, 1966).

### 2) 구성정책(constituent policy)

체육정책의 유형을 배분·규제·재배분정책 등으로 나눌 수 있으며 체육업무추진을 위한 체육단체의 조직과 법규의 제정을 말한다(Lowi, 1964).

### 3) 자본화 정책(capitalization policy)

체육진흥사업을 창출할 수 있는 성격을 가진 정부의 지방자치단체·공공단체·조직이나 협회 등에 대한 교부금·보조금·지원금 제공과 관련되는 정책을 체육자본화 정책이라고 부른다(Frohock, 1979).

## 3. 체육정책의 특성

### 1) 정치성

체육에 관한 공적인 문제를 의제로 설정한 후 최종적으로 결정하고 집행하는 주체는 중앙정부 혹은 지방정부이다. 그러므로 정치와 행정의 일원론적인 관점에서 볼 때 체육정책은 정치성을 배제할 수 없고 정치권력을 배경으로 전개된다. 체육정책의 정치적 속성은 이데올로기나 정치체제의 강화, 외교적 수단, 국민총화, 국민체력증진 등에서 찾아 볼 수 있다. 물론 체육정책이 정치적 속성을 띠고 있을 때는 순기능적인 측면과 역기능적인 측면을 동시에 포함한다.

### 2) 공공성

체육정책결정은 사회적인 관심을 끌거나, 이해관계가 개입된다거나 하는 등 대부분 공적인 성격을 띠고 있다고 할 수 있다. 예를 들면 여가시간의 증대로 삶의 질을 향상시키려는 국민의 관심을 정부가 개입하여 생활체육의 활성화라는 체육정책을 통해 국민의 욕구를 충족시켜 주는 것이다. 결국 체육정책은 특정인의 이익과 관심에 부응하여 결정되는 것이 아니라 대다수 국민의 욕구를 충족시켜 주어야 한다는 측면에서 공공성을 띠고 있다고 할 수 있다(이범제, 1999).

### 3) 최적의 대안선택

체육정책은 전술한 바와 같이 공공성을 띠고 있기 때문에 체육정책의 수혜자나 집단이 국민 대다수여야 한다. 그러나 어떤 정책이든 모든 사람의 욕구를 충족시킬 수 있는 정책은 없다. 그러므로 체육문제에 대한 정확한 분석과 정책의 집행으로부터 발생할지도 모르는 이차적인 문제 등을 분석하여 적합한 정책을 선택하여야 한다. 물론 각 나라의 정치나 행정발전의 수준과 국민의 여론 등도 체육정책의 결정에 영향을 미칠 수 있으므로 여러 가지의 문제점을 고려한 후 최적의 대안을 선정해야 할 것이다.

또, 선정된 정책이 잘못된 결과를 가져온다면 그 당시 체육정책으로 인하여 희생된 사람이나 집단을 구제하기 어려우므로 최적의 대안은 무엇보다도 중요한 것이다. 그러나 아무리 최적의 대안을 선정하였다고 할지라도 항상 문제는 있을 수 있으므로 정책집행과정에서 문제가 발생하면 즉각적인 조정을 하여야 한다(유희형, 2000).


## 4. 체육정책과 체육기획

흔히 체육정책과 체육기획을 분리해서 설명하고 있지만, 다같이 문제해결과정에 대한 체계적인 분석이라는 점에서 다를 바가 없다. 물론 강조하는 점, 존재양식, 이념과의 관계 면에서 차이가 없는 것은 아니다. 체육기획은 체육정책에 비해서 미래에 대한 의지와 목표성취의 욕구가 더욱 강하다고 볼 수 있다. 따라서 체육기획은 정책보다 미래지향성이 강하다고 볼 수 있다. 그리고 체육기획은 구체적인 기간이 설정되어 있다. 따라서 체육정책은 기간 정향적인 개념이 아니라 기간과 관계없이 늘 일어나는 일시적인 현상이라는 것이다.

그러나 정책은 기획의 한 분야이므로 정책형성과 기획을 분리해서 생각해서는 바람직하지 않다. 목표가 형성되고 방향이 설정되는 것은 그 자체가 정책 혹은 행동지침이라고 할 수 있다.

일반적으로 한 조직이 그 조직의 철학과 방향을 설정하게 되면, 그것이 바로 정책인 것이다. 또한 기획은 채택된 정책의 실현 가능성의 범주 내에서 최적의 방안을 모색하는 것을 말하며, 그것은 곧 대안의 창의적 선택과 통제력 있는 결정을 뜻하는 것으로서 동적인 성격을 지니고 있다. 오늘날과 같은 변동사회에서 조직목표를 성취하기 위해서는 합리적이며 효율적인 정책과 기획이 더욱 요망되고 있다.

따라서 정책목표를 달성하기 위하여 동원되는 정책대안을 놓고, 이들을 여러 개의 목표로 분류하여 궁극적인 목표를 도달하는 방안을 찾아내는 전략적인 성격을 띠고 있는 정책기획은 일종의 목표설정을 위한 기능을 수행한다고 볼 수 있다.

# 제 3 절  체육정책 결정

## 1. 정책결정의 의의

정책결정은 해당 관청이나 단체 또는 개인이 여러 통로를 통하여 여러 형태로 요구하거나 제안되는 정책안을 승인, 수정 또는 거부하는 것을 말한다. 따라서 모든 결정들이 반드시 정책을 기초로 하는 것은 아니지만, 대부분의 상황은 특수한 상황에 적합한 결정을 요구하는 독특한 요인을 내포하고 있다. 그러나 결정은 정책을 기저로 내려져야 하며, 내려져야 할 결정과 정책이 서로 상반되지 않도록 당면한 상황을 주의 깊게 살펴야 한다.

체육행정가는 교사, 코치, 감독 또는 관계 행정가들과 유기적인 관계가 유지되어야 하므로 정책결정과 그 수행도 이에 큰 영향을 받게 되어 신중성이 요구되고 있다. 경기 프로그램을 책임지고 있는 행정가는 여러 어려운 상황에서 결정을 내려야 하는데, 그 예로 선수선발문제, 코치증원문제, 기록경신에 대한 지나친 강요와 기타 여러 압력 등의 문제들은 정책결정 과정에서 큰 변인으로 작용하게 된다. 그러므로 체계적인 정책결정 과정을 확립함으로써 이에 대응할 수 있게 된다. 즉, 어떤 조직에서든지 결정에 따르는 통제가 필요하며 이러한 통제의 수단으로는 조직의 목적을 명확하게 하는 일, 권한의 한계를 명확하게 설정하고, 결정이 합리적으로 이루어지도록 노력하는 일 등의 방안이다.

인간관계에 있어서의 혼란의 주요 원인은 명확한 정책의 결여에 그 책임이 있기 때문에 정책결정에 있어서의 참여자의 과정, 그리고 기준설정 등을 명확히 함으로써 정책효과를 보다 높일 수 있다.

## 2. 체육정책결정에 영향을 미치는 요인

체육정책을 결정하는데는 영향을 미치는 요인들은 수없이 많다. 그러나 여기에서는 수많은 요인들을 모두 고려할 수는 없고, 국가단위의 체육정책결정에 영향을 미치는 요인들을 살펴본다. 하지만 소규모 단위의 조직체이든 국가단위간에 체육정책에 영향을 미치는 근본적인 요인은 비슷하다.

① 비용·효과의 비교 : 체육정책을 결정할 때는 예외적인 경우를 제외하고는 비용이 효과보다 더 큰 정책결정은 할 수 없기 때문에 가장 강력한 요소로 작용하고 있다. 이러한 비용·효과의 비교는 어느 요소보다 객관성을 띠고 있으며 설득력이 크다.

② 정치문화 : 정치문화란 간단히 말해서 정부가 무엇을 해야 하고, 어떻게 하며, 정부와 국민과의 관계는 어떤 것인가에 대한 국민의 가치 및 신념체계의 총화라고 할 수 있다. 이러한 정치문화는 나라마다 다르고, 나라 안에서도 지역마다 다르고, 집단마다 다를 수 있다. 이와 같이 정책결정은 정치문화에 영향을 받는다. 예를 들면 자본주의의 운동종목 대한 이해가 부족한 구 소련사회에서 야구를 보급하려고 시도했지만 실패한 경험이 있었다.

③ 사회·경제적 상태 : 사회·경제발전의 수준은 정부가 국민을 위해서 제공하고 생산하는 용역과 공공재에 한계점을 부과하고 있다. 즉 경제발전의 수준이 교육·복지·공공규제 등의 정책내용을 결정한다는 것이다. 특히 후진 사회에서 체육자원의 동원가능성은 정책의 내용결정에 결정적인 영향을 미치게 된다. 예를 들면 우리 나라의 IMF외환 위기 때 작은 정부의 구현으로 체육조직이 축소되고 많은 실업팀들이 해체되는 사례가 있었다.

④ 균형의 요구성 : 정부차원의 체육정책결정은 사익보다는 공익을 더욱 추구한다. 따라서 정부는 손해나는 일도 하고, 형편상 덜 경제적인 대안을 설정하기도 한다. 지역간의 균등한 개발이라는 입장에서 인구가 적은 지역에도 체육시설과 생활체육 프로그램을 투자할 수 있다는 것이다.

⑤ 이데올로기 : 자유민주주의·공산주의·자본주의 등은 정책결정에 한계선을 그어 놓고 있다. 이러한 이데올리기는 정책의 내용뿐만 아니라 체육정책결정의 스타일까지도 결정하여 버린다. 이러한 이념적인 요소는 국가차원의 정책결정에만 영향을 주는 것이 아니라 개인 또는 집단의 차원에도 영향을

준다. 예를 들면 박정희 정부시대에서는 국가체육의 최우선 순위가 민족의 자존심 고양이었으며, 체육에 관하여서는 북한타도가 우선적인 정책결정의 변수로 작용하였다.

⑥ **정책결정가의 성격** : 정책결정은 정책결정가의 산물이다. 따라서 정책결정가의 성격은 정책결정에 크게 영향을 끼친다. 정책결정가의 성격이 이상주의적이냐, 현실주의적이냐, 이념적이냐, 권력지향적이냐, 직관적이냐, 분석적이냐, 보수적이냐, 진취적이냐에 따라 정책결정의 내용은 크게 영향을 받는다. 지도자가 어떠한 성격을 가지고 있는가를 파악함으로써 우리는 쉽사리 정책의 내용을 예측할 수 있다. 예를 들면 과거 우리 나라 정권에서 지도자의 기질에 따라 체육정책의 많은 변화가 있었고, 경우에 따라서는 고위 공직자에게 특정 종목의 운동 참가를 금지한 적이 있었다.

⑦ **지위 및 권력관계** : 정책결정에 참여하는 사람들 중에서 지위가 높고 권력이 많은 사람들은 아무래도 지위가 낮은 사람들보다 정책결정에 더 많은 영향력을 행사하는 것이 사실이다. 이러한 현상은 후진 사회일수록 더욱 두드러진다.

## 3. 체육정책결정의 이론모형

주로 정부기관이 복잡하고 동태적인 과정에서 장래의 주요 행동지침을 결정하는 정책결정에 관한 이론모형은 매우 다양하고 특성이 다르다. 또한, 이를 연구하는 학자들의 수만큼 많다고 하여도 지나치지 않는다. 그런데 이들 다양한 이론적 모형들은 어떤 한 가지 관점에서만 설명하는 것이 아니라 대개의 경우 두 가지 이상의 다양한 관점에서 설명하고 있기 때문에 이들 모형들을 어느 한 가지 기준에 의하여 분류하고 설명하는 것은 매우 어렵다.

이러한 점을 감안하여 정책결정의 이론모형들을 합리모형, 만족모형, 점증모형, 혼합모형, 최적모형, 쓰레기통모형 등으로 구분하고 그 특징을 체육정책에 적용해 보면 아래와 같다.

### 1) 합리모형(rationality model)

합리모형은 정책결정자가 이성과 고도의 합리성에 따라 행동하고 결정한다고 보며 목표달성의 극대화를 위한 합리적 대안의 탐색·선택을 추구하는 규범적·이상적 접근이론이다. 합리모형은 인간을 합리적 사고방식을 따르는 경제인으로 전제하면서 정책결정자는 아주 박식하다는 가정아래 최적화 기준에 따라 문제·목표를 완전히 파악하고 대안을 포괄적으로 탐색·평가하여 가장 합리적인 최적대안을 선택할 수 있다고 보는 이론이다.

이러한 합리모형을 체육정책에 적용한다면 첫째, 체육에 관한 문제를 인지하고 체육의 가치·목표를 명확히 설정하고, 둘째, 모든 체육정책대안을 체계적·포괄적으로 탐색·분석하며, 셋째, 각 대안의 결과를 비용편익분석 내지 비용효과분석에 의하여 비교·평가하고, 넷째, 체육문제해결이나 체육목표달성을 위한 최선의 대안을 선택할 수 있다.

그러나 이러한 합리모형은 사회 속에서 완전한 합의가 이루어질 수 있는 체육의 가치나 목표는 드물며, 체육정책결정자의 집단적 또는 개인의 이익, 지위의 유지를 위한 욕심 때문에 체육정책에의 적용이 쉽지는 않다.

## 2) 만족모형(satisficing model)

현실적인 정책결정과정에서는 대안들을 모두 탐색하거나 각 대안들이 가져올 모든 결과들을 추정하기에는 인간의 지식, 학습능력, 기억능력, 계산능력, 정보의 활용과 관리능력 등이 제한되어 있다. 그러므로 현실적인 정책결정과정에서 정책결정자는 최적의 대안을 찾으려고 하는 것이 아니라 만족할 만한 정도의 대안을 찾으면 더 이상의 대안탐색을 중지하고 그 대안을 의사대안으로 선택한다는 것이 시몬(Simon, 1957)의 주장이다.

그러나 만족모형은 정치체제·행정체제의 특징을 충분히 고려하지 않고 있으며 스포츠 수요자인 국민의 욕구와 고급공무원의 행정결정은 다르다는 것을 간과하고 있다. 또한, 항상 변화하는 스포츠의 흐름이나 수요를 무시하고 체육정책결정자들이 현실에 안주할 수 있는 보수주의적 사고에 빠질 수 있는 단점도 있다.

## 3) 점증모형(incremental model)

점증모형은 인간의 지적능력의 한계와 정책결정수단의 기술적 제약을 인정하고 정책결정과정에 있어서의 대안선택이 종래의 정책이나 결정의 점진적·부분적·순차적 수정 내지 약간의 향상으로 이루어지며 정책수립과정을 '그럭저럭 헤쳐나가는'(muddling through) 과정으로 고찰되고 있다. 즉 정책결정의 현실적·실증적

모형이다(Lindblom, 1965).

이러한 점증모형 속에서 체육정책결정자는 모든 대안을 포괄적으로 분석·평가하기보다 현존정책에 비하여 약간 향상된 정책에만 관심을 갖고 비교적 한정된 수의 정책대안만 검토한다. 정리하면, 점증적 체육정책결정은 수정적 성격을 띠고 있으며 앞으로 다가올 스포츠현상의 다양화에 대비한 목표의 추구보다 현재의 구체적인 스포츠 현상의 문제점을 경감시키는데 목적을 둔다.

### 4) 혼합주사모형(mixed scanning model)

혼합주사모형(混合走査模型)은 에치오니(Etzioni, 1967)에 의하여 제시된 정책결정의 접근모형으로 드로(Dror)의 최적모형과 마찬가지로 합리적·종합적 접근방법과 점증주의적 접근방법을 절충한 접근방법이다.

이러한 혼합주사모형은 합리주의와 점증주의의 결점을 피하고 양자의 장점을 결합시키려는 전략적 기획모형(strategic planning model)이기 때문에 스포츠 분야의 공공부문과 민간부문에 걸쳐 광범위하게 신축성 있게 적용할 수 있는 장점이 있다. 예를 들면 엘리트 스포츠 정책이나 생활체육 정책의 특수성이나 독자성을 인정하는 상태에서 어느 한 분야를 포기하지 않고 양자의 정책을 효율적으로 추진하기 위한 정책대안을 제시할 수 있다.

그러나 이 모형은 합리모형과 점증모형의 절충혼합모형의 성격을 지니고 있으며, 그 모형들의 결함을 극복하지 못하고 있다. 또한, 이론적인 독자성이 없고 독립된 모형으로는 보기 어려우며 현실적으로 체육정책결정이 신축성 있게 전환되지 않기 때문에 완전한 체육정책결정모형이라고 볼 수는 없다.

### 5) 최적모형(optimal model)

점증주의적 정책결정의 접근방법은 현실적 정책결정의 접근방법을 잘 설명해 주고 있다는 점에서 많은 공감을 얻고 있으나 강한 보수주의적 편견(bias)을 띠고 있을 뿐만 아니라 과거를 답습하고 혁신을 반대하는 세력을 옹호하는 이념적 색체가 강하다는 비판이 강하게 제기되었다(노화준, 2000). 이에 Dror(1968)는 경제적 합리성과 아울러 직관·판단력·창의력과 같은 초합리적 요인을 고려하는 최적모형을 제시하였다. 특히 과거에 선례가 없는 문제이거나 매우 중요한 문제의 해결을 위한 비정형적 결정에 있어서는 경제적 합리성 이외에 초합리성을 중요시해야 한다는 입장이다. 여기서 초합리적 요소에는 판단의 활용, 창의적 고안, 브레인스토밍(brainstorming; 각자가 자유롭게 착상을 내놓는 회의법), 기타의 접근방법들이 포함되고 있다.

그러나 이 모형은 경제적 합리성을 지향하고 있으므로 국민의 삶의 질 향상을 위한 체육정책의 결정에 있어서 경제적 가치의 수치화는 쉽지 않으므로 체육의 사회적 가치에 대한 충분한 고찰과 이해가 따라야 한다는 어려움이 있다. 또한, 합리성의 비중이 매우 높아 엘리트 집단에 의하여 비민주적으로 체육정책이 결정되어 비현실적인 체육정책이 전개될 수 있다.

### 6) 쓰레기통모형(garbage can model)

이 모형은 극히 복잡하고 혼란된 상황, 이를테면 조직화된 무질서 상태(organized anarchies)에서 응집성이 매우 약한 조직이 어떤 의사결정 행태를 나타내는가에 분석의 초점을 둔 모형이다. 쓰레기통모형은 대학을 좋은 예로 들고 있으나 정부에서도 충분히 적용 가능한 모형이다(Cohen, March, & Olsen, 1972). 즉 이 모형은 의사결정의 혼란상태 속에서 마치 쓰레기통에 던져 넣은 쓰레기들이 뒤죽박죽 엉켜있는 것처럼 극히 불합리하게 이루어진다고 본다.

특징은 의사결정에 참여하는 사람들이 어떤 선택이 바람직한가에 대한 합의가 없고, 참여자 자신이 무엇을 좋아하는지 모르면서 의사결정에 참여한다. 또한, 목표와 수단간의 인과관계를 의미하는 기술에 관한 명확한 인식이 없고, 참여가 시간이나 노력에 있어서 매우 유동적이며 결정자나 대상자의 변동이 변덕스럽다. 그러나 이러한 무질서한 흐름(stream)도 경우에 따라서는 중요한 결정을 산출하기도 한다.

# 제 4 절 체육정책과정

## 1. 체육정책과정의 의의

모든 공적인 체육에 관한 문제들은 관심대상층의 공동욕구를 인지함으로써 정치사회에 부각되고, 이들 관심사와 문제들이 결정권한을 지니고 있는 관리층에 의하여 의제로 채택되어 논의되며, 각종 정책기관, 학계 또는 연구분석기관의 검토의견 등을 참조하여 최종판단과 결정을 내리게 된다. 그러나 이러한 정책과정도 상황에 따라 그 과정의 체제를 탄력적으로 설정·운영하기도 하고 하부기관으로 그 결정권한이 배분되기도 한다.

체육정책이 하부기관으로 그 정책권한이 배분되면 정책으로서의 본연의 의미가 변모되기도 한다. 정책결정이 하위수준에 도달하게 되면 정책의 방향이나 지침이 너무 세분화되어 정책이라고 부르기에는 적절하지 못하며, 차라리 '표준행동' 혹은 '표준절차'라고 부르는 것이 적당하다. 따라서 정책과 표준행동을 구분한다는 것은 매우 어려우며, 표준행동은 일련의 지시를 위한 '지침'(guidelines)이라는 용어를 사용하기도 한다.

그리고 이러한 체육정책과정은 순환적·계속적 성격을 띠고 있다. 체육정책과정은 단일방향적인 과정이 아니며 정책의 형성과 집행, 집행과 평가, 평가와 형성이 서로 상호작용한다. 오늘의 체육정책은 어제의 정책에 기초를 두고 있다. 물론 체육정책과정의 이러한 순환적 성격은 모든 정책이 이전의 정책에 근거를 두고 있다거나 정책이 종결되는 일이 없다는 것을 의미하는 것은 아니다. 특히 체육정책은 새로운 문제를 해결하기 위하여 작성되기보다 이전의 체육정책에 입각하고 있는 경우가 보다 일반적이라고 할 수 있다. 왜냐하면 체육정책은 복지정책의 일환으로서 국민에게 국가와 지방정부에서 무엇인가 혜택을 주는 의미가 있기 때문이다.

## 2. 체육정책과정의 단계

체육정책은 일련의 인간활동을 통하여 단계적 과정을 거치면서 형성·결정되며 집행·평가되고 종결된다고 파악될 수 있으며 이를 체육정책과정이라고 한다.

따라서 정책과정은 분석상 구별이 가능한 기능적 활동인 순차적 행동유형으로 이루어지고 각 단계가 서로 연결되는 체육정책순환이라고 말할 수 있다(Palumbo, 1988). <그림 3-1>에는 체육정책과정의 단계가 제시되어 있다.

① 체육정책의제설정단계 : 체육행정기관이 체육에 관한 문제를 인식하여 정책 문서로 채택한다.
② 체육정책결정단계 : 공공문제로 인지된 체육정책문제는 이의 해결을 위한 각

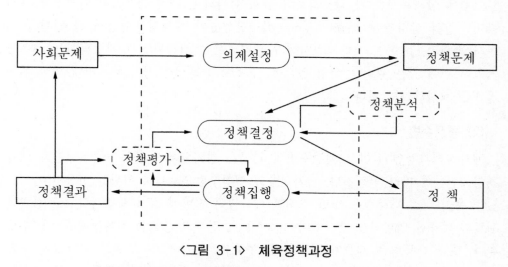

**〈그림 3-1〉 체육정책과정**

자료: 정정길(2001). **정책학 원론**. 서울: 대명출판사. p. 17.

종 체육정책의 분석·검토를 거쳐 대안이 결정·채택된다.

③ 체육정책집행단계 : 결정된 체육정책은 세부적인 시행절차를 거쳐 구체화되며 집행자도 체육정책의 내용에 영향을 미친다.

④ 체육정책평가단계 : 형성·집행단계에서도 필요한 정책평가가 행하여지지만 집행된 체육정책의 효과·영향을 분석·평가하는 단계이다.

⑤ 체육정책종결단계 : 체육정책이 정치적 지지를 잃게 되거나 의도한 목표달성 가망이 없는 경우 또는 비용이 과다하게 소요되는 경우 정책이 종결될 수 있다(예: 지역체육진흥심의위원회 폐지 등).

## 3. 체육정책과정의 참여자

### 1) 공식적 참여자

#### (1) 의 회

국민이나 지역주민이 선거를 통하여 선출한 대표로 구성되는 국회나 지방의회는 체육정책과정에서 중요한 역할을 담당한다. 특히 체육에 관한 특정한 정책이나 프로그램에 이해관계를 가지는 의회의 관계 위원회는 관계 행정기관·이익집단과 더불어 '철의 삼각관계'(iron triangle)를 형성하여 체육정책형성에 큰 영향을 미친다(백완기, 1997). 지방자치시대가 본격적으로 시작되면서 지방의회는 체육정책의 과정에 깊은 관여를 하고 있으며, 경우에 따라서는 정치적 논리에 의한 체육정책을 제시하기도 한다.

### (2) 행정수반

체육정책과정에 있어서 행정수반의 역할은 정치체제가 대통령중심제인가 내각책임제인가에 따라 달라진다. 국가원수와 행정수반으로서의 지위를 아울러 가지고 있는 우리 나라 대통령은 일반 정책과 체육정책 전반에 걸쳐 광범위하고도 강력한 권한과 막중한 영향력을 행사하며 실질적으로 정부의 중요한 체육정책결정을 주도한다. 또한 대통령은 체육관계부처(예: 문화관광부장관) 공무원의 임명권을 포함한 정부 투자기관인 민간체육조직의 장을 추천하는 등 체육정책결정에 간접적으로 큰 영향력을 행사한다. 이밖에 분야별 정책 전문가로 구성되고 각 부처를 통할하는 대통령비서실은 대통령의 국정 전반에 걸친 영향력·지배력을 실질적으로 뒷받침한다.

### (3) 행정기관과 행정관료

행정기관은 오늘날 나라에 따라 규모·복잡성, 계층제 조직으로서의 구조·기능, 자율성의 정도 등에 있어서 차이가 있으나 정책을 단순히 집행하는데 그치지 않고 정책개발·정책결정에 깊이 개입하고 있으며 일반 행정관료들이 실질적으로 체육정책을 좌우하고 있다. 행정조직이 정책과정에 광범위하게 깊이 개입·관여한 이유는 ① 체육정책문제의 기술적 성격과 복잡성, ② 법률의 모호성·불명확성, ③ 행정수반의 주도적인 정책추진 역할, ④ 입법부의 정보·시간부족에 의한 위임입법의 확대, ⑤ 정보화·전문화 추세에 의한 관료의 영향력 강화 등을 지적할 수 있다.

하지만 우리 나라에서 체육정책과정에 있어서 매우 안타까운 현실은 체육정책에 관여하는 대부분의 행정관료들이 체육에 대한 식견이나 경험이 부족한 상태에 있기 때문에 일반 정책의 논리 속에서 체육정책이 자칫 소외되거나 후 순위에 머물어 건전한 체육정책을 형성하는데 방해가 되고 있다.

## 2) 비공식 참여자

### (1) 이익집단

이익집단이란 특정문제에 관한 관심이나 이해관계를 인식하여 결합된 집단이며 조직구성원의 직접·간접이익을 실현하기 위하여 활동한다. 이러한 이익집단이 공동이익을 추구하기 위하여 압력활동을 한다는 점에서 압력집단(압력단체)이라고도 한다.

현재 우리 나라의 체육분야의 경우에는 대한체육회가 가장 큰 이익집단이라고 할 수 있으며, 체육정책형성과정에서 체육정책 결정자에게 그들의 요구를 제시하는 이익표출(interest articulation)의 기능을 한다.

그러나 이러한 이익집단은 체육정책과정에 있어서 반드시 부정적인 역할만을 하는 것이 아니라, 체육에 관한 문제해결을 위하여 축적된 경험을 바탕으로 실현가능성 있는 정책대안을 제시함으로써 체육정책의 모든 단계에서 중요한 역할을 하기도 한다. 또한 체육정책이 의회나 행정부관료들에 의하여 채택되지 않거나 폐지되었을 때는 정치적 지지를 동원하거나 캠페인 등을 통하여 대통령에게 호소하기도 한다.

### (2) 정 당

정당은 정책보다 권력을 획득·유지하거나 선거에서 승리하는데 더 관심을 가지며, 정책지향적 성향이 강한 것은 아니지만 정책과정에 강력한 영향을 미친다. 정당은 이익집단을 비롯한 각종 사회단체의 특정요구 또는 일반 국민의 요망을 일반 정책대안으로 전환시키는 이익집약(interest aggregation)기능을 수행하며 선거공약이나 정강(政綱)으로 이를 나타낸다.

체육정책결정단계에서의 역할은 원칙적으로 보면 공식적 정부기관이 담당하는 역할이 대부분이라 생각할 수 있지만 저변에는 집권당이 제시한 체육정책대안은 그대로 정책이 되거나 구체화되고 수정·보완되어 체육정책으로 결정되는 경우가 많다.

### (3) 일반국민

민주국가에 있어서 시민·유권자는 선거를 통하여 혹은 여론을 조성함으로써 정책과정에 영향을 미친다. 집권자와 집권당은 다수의 유권자가 원하는 정책을 채택하지 않거나 여론을 정책결정에 반영하지 않을 경우 계속적인 집권이 어려워진다.

따라서 개별적인 일반국민들은 체육정책의 모든 단계에서 영향력을 행사하지 못하지만 공직자 선출에 참여하거나 정치체계의 일상적인 운영과정에 참여하여 정책과정에 영향을 미친다. 그러나 일반국민이 체육정책에 미치는 영향력은 극히 미비하다.

### (4) 전문가 집단

행정의 급격한 전문화·복잡화와 정책결정의 중요성에 따라 전문가 정책과정에 참여하는 비중이 어느 나라에서나 높아지고 있다. 체육전문가 또는 단체를 체육정책과정에 참여시키는 이유는 ① 체육정책과정에 전문적 지식을 반영·흡수시키고, ② 체육정책의 공정성을 기하며, ③ 체육정책에 권위를 부여하는 효과를 기대함으로써 행정기관의 정책활동에 대한 국민의 불신감을 배제하는 점 등을 들 수 있다.

### (5) 언론기관

언론기관은 대중매체를 통하여 체육에 관한 문제를 제기하고 각종 정보나 주요 행사를 국민에게 널리 알려줌으로써 여론을 조성하여 체육정책과정에서 중요한 역할을 담당한다.

예를 들면, 생활체육시설의 부족으로 인하여 동네뒷산이 체육동호인들에 의하여

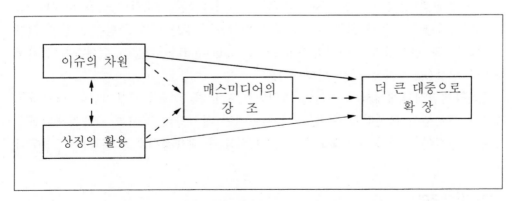

<그림 3-2> 체육정책과정에서 매스미디어의 역할

자료: 노화준(2000). **정책학 원론**. 서울: 박영사. p. 108.
　　　Cobb, R. W., & Elder, C. D.(1983). *Participation in American politics.* Baltimore: Johns Hopkins University Press. p. 141.

불법으로 파헤쳐지고 있다는 TV방송의 뉴스보도는 국민들에게 부정적인 감정을 일으키기보다는 오히려 체육시설 확충의 필요성을 국민과 정책담당자에게 주지시키는 역할을 할 수 있다. 이처럼 매스미디어에 의한 체육문제의 보도는 대중과 정책담당자들에게 정책이슈의 확장과 정책의제의 형성과정에서 지식과 정보의 역할을 할 수도 있다.

이밖에도 체육정책이슈가 대중에게 확장되고 정책의제의 형성과 정책결정에 영향을 미치는 것은 각종 연구보고서, 외국의 사례에 대한 비교분석, 시민여론조사, 각종 통계자료 등도 언론기관 못지 않게 체육정책의 수립을 위한 여론의 방향과 속도에 영향을 미친다.

## 4. 체육정책의제설정단계

### 1) 체육정책의제설정의 개념

체육정책의제설정 또는 체육정책의제형성이란 다양한 사회문제 중 체육문제가 정부에 의한 해결을 위하여 정책의제(policy agenda)로서 채택되는 과정을 의미하며 체육문제가 정책문제(policy problem) 내지 정책쟁점(policy issue)으로 전환되는 과정이다. 체육정책의제설정은 체육정책과정의 시발점이다. 여기서 체육정책의제란 체육과 관련된 사회문제나 이슈가 정책결정자나 이들과 밀접히 관련되어 있는 사람들의 관심을 끌어들임으로서 공공을 위한 체육정책의 형성을 위하여 검토되고 논의될 수 있는 상태에 놓이게 된 것을 말한다.

### 2) 체육정책의제설정의 성격

① 체육정책문제의 해결 필요성 인식 : 체육정책의제설정은 체육정책문제의 해결 필요성을 인식하게 되는 과정이며 개인과 집단의 요구·희망·욕구를 알리고 알아내고 평가하는 과정으로서 정부가 체육에 관한 국민의 요구에 대응해 나가는 과정이다. 체육정책의제는 모든 체육정책의 기반이 되지만 정책내용을 명확히 밝힌 것은 아니며 잠정적으로 밝힌 것이다.

② 체육정책문제의 우선순위 판정 : 체육정책의제는 체육정책문제의 우선순위로서 파악될 수 있으며 따라서 체육정책의제설정은 체육정책문제를 다루는데

우선순위를 정하는 것이다. 즉, 사회에서 일어나는 체육에 관한 사건이나 전개되는 상황으로 말미암아 제기되는 모든 공공성을 띤 체육문제를 정부기관이 다루는 것은 아니며 다룰 수 있는 능력도 없고 또한 다루는 경우에도 동일한 입장이나 관심을 가지고 고려하는 것은 결코 아니다.

③ 정치적 성격 : 체육정책의제설정은 각 사회계층이나 체육단체들이 제각기 그들의 이익이나 주장을 반영하기 위하여 중요시하는 문제를 정책의제에 올려 놓기 위하여 투쟁·대립을 벌인다는 점에서 중앙정부나 지방정부의 모든 차원에서 정치적 성격이 매우 농후하다.

### 3) 체육정책문제의 설정과정

사회 내에서 체육문제가 발생하여 정책적인 문제로 채택되기까지는 여러 단계를 거치게 되며 일반적으로 이러한 단계들은 <그림 3-3>과 같이 진행된다. 그러나 모든 체육문제가 반드시 이러한 절차를 거쳐서 진행되지는 않고 <그림 3-4>처럼 예외가 있을 수 있다.

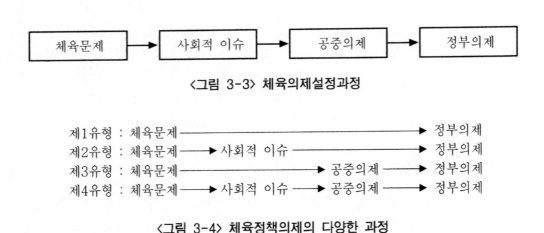

<그림 3-3> 체육의제설정과정

제1유형 : 체육문제 ─────────────────────→ 정부의제
제2유형 : 체육문제 ──→ 사회적 이슈 ──────────→ 정부의제
제3유형 : 체육문제 ──────────→ 공중의제 ──→ 정부의제
제4유형 : 체육문제 ──→ 사회적 이슈 ──→ 공중의제 ──→ 정부의제

<그림 3-4> 체육정책의제의 다양한 과정

이와 관련하여 정책학자인 콥과 엘더(Cobb & Elder, 1972)가 논의한 정책의제 설정과정을 체육문제에 적용하여 본다면 아래와 같다.

① 사회적 이슈(social issue) : 사회적 이슈는 사회적 쟁점이라고도 하는데, 체

육문제의 성격이나 문제의 해결방법에 대해서 집단들이 의견의 일치를 보기 어려운 체육문제로서 집단들 간에 논쟁의 대상이 되어 있는 체육에 관한 사회문제를 말한다. 사회문제로서 체육문제의 해결은 일반적으로 여러 사회계층이나 체육집단에 서로 다른 영향을 미치게 되며, 문제해결은 특정집단에게 혜택을 주면서 타집단에게는 피해를 주는 것이 일반적이다.

② 공중의제(public agenda) : 공중의제는 일반대중의 주목을 받을 가치가 있으며 정부가 문제해결을 하는 것이 정당한 것으로 인정되는 체육문제를 말한다. 즉 많은 사람들의 관심이 집중되어 있으며 정부가 그것을 해결할 수 있는 것으로 인정하는 체육에 관한 사회문제인 것이다. 사회적 이슈 또는 쟁점이 공중의제가 되려면 첫째, 많은 사람들이 관심을 가지고 있거나 알고 있고 둘째, 어떤 방식이든 정부의 조치가 필요하다는 사람들이 상당수 있고 셋째, 문제가 정부의 적절한 고려대상이 될 뿐만 아니라 그 문제 해결이 정부의 권한에 속한다고 많은 사람들이 믿을 것 등이다.

③ 정부의제(governmental agenda) : 정부의제는 제도적 의제 또는 공식의제라고도 한다. 정부의제는 정부의 공식적인 의사결정에 의하여 그 해결을 위해서 심각하게 고려하기로 명백히 밝힌 문제들이다. 그러므로 이 정부의제야말로 정책의제설정활동의 산출물로서 나오는 좁은 의미의 정책문제인 것이다. 그리고 이 정부의제가 등장하게되는 과정이 체육의제설정과정인 것이다. 정부의제는 그 문제의 해결을 심각하게 고려한다는 점에서 정부가 불만세력을 무마하기 위해서 겉으로만 관심을 나타내는 위장의제(pseudo agenda)와는 다르다. 그러나 실제에 있어서 정부의제와 위장의제를 구분하는 것은 무척 어렵다(정정길, 2001).

## 5. 체육정책결정단계

### 1) 체육정책결정단계의 개념

체육정책결정이란 주로 정부기관이 장래의 주요행동지침인 체육정책을 매우 복잡한 동태적 과정을 거쳐 결정하는 것이며 정치·행정과정을 통하여 공익실현을 위한 최선의 체육정책대안·행동방안을 선택하는 것이다.

이러한 체육정책결정의 특징을 다음과 같이 지적할 수 있다. 첫째, 공공성·정치성과 복잡성을 띠고 있으며 매우 동태적이다. 둘째, 공식적·비공식적 성격을 가진 하위구조가 관련되는 다원적 구성요소로 이루어지며 체육을 통한 공익의 실현을 추구한다. 셋째, 불확실하고 예측이 어려운 장래를 지향한다. 넷째, 의사결정의 한 형태로서 가능한 최선의 수단에 의한다.

또한 체육정책의 내용은 주로 체육정책목표와 정책수단으로 구성되어 있으므로 합리적으로 체육정책을 결정한다는 것은 체육정책목표와 정책수단을 합리적으로 결정한다는 것을 의미한다.

## 2) 체육정책목표설정의 중요성

체육정책목표는 체육정책을 통해서 달성하고자 하는 바람직한 상태를 의미한다. 체육정책목표는 정책을 통해서 실현하고자 하는 이상적인 상태로서 체육정책의 존재이유가 된다. 또, 체육정책목표를 결정하는 것은 우리가 정책을 통해서 무엇을 달성할 것인가를 결정하는 것이므로 여행을 떠날 때 목적지를 결정하는 것이나 마찬가지이다. 말하자면 체육정책목표는 정책의 길잡이가 되는 것이다. 그러므로 바람직한 체육정책의 결정을 위해서 바람직한 체육정책목표를 결정하는 것이 가장 중요한 단계라고 할 수 있다.

## 3) 체육정책목표설정의 절차

체육정책목표에는 상위목표와 하위목표들이 있다. 이들 중에서 궁극적 목표를 제외하고는 모두가 상위수준의 목표를 달성하기 위한 "수단'도 되면서 동시에 하위수준의 목표에 대해서는 "목표"역할을 하는 "도구적 목표" 성격을 지닌 것이다. 이러한 도구적 목표를 설정할 때 가장 바람직스러운 목표를 설정하는 방법은 가장 바람직스러운 정책수단을 선택하는 방법과 동질적이다. 그러나 목표-수단의 계층제에서 상위수준으로 갈수록 특정한 상위목표를 고려함이 없이 정책목표를 결정하는 경우가 일반적이다. 따라서 체육정책목표를 바람직스럽게 결정하려면 체육정책문제의 올바른 파악이 먼저 있어야 한다.

따라서 체육정책의 목표는 <그림 3-5>와 같은 순서로 수립되어야 한다. 하지만 현실에서는 <그림 3-5>에서와 같은 순서로 작업이 이루어져 정책목표가 결정되지 않는 경우가 많고, 체계적으로 체육정책문제를 파악하거나 문제해결의 비용·

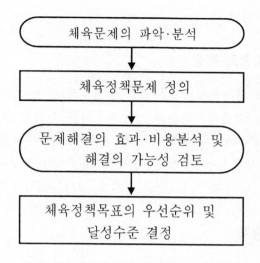

<그림 3-5> 체육정책목표의 수립활동

자료: 정정길(2001). **정책학 원론**. 서울: 대명출판사. p. 292. 수정.

효과, 실현가능성에 대한 치밀한 검토를 하는 것과 같은 분석적 활동 없이 주먹구구식으로 또는 직관적으로 결정하는 경우도 많다.

## 6. 체육정책집행단계

### 1) 체육정책집행의 개념

체육정책집행이란 권위 있는 체육정책의 내용을 실현시키는 과정을 말한다. 이러한 체육정책의 집행은 정책목표를 명확히 하여 이의 달성을 위한 정책수단을 마련하고 자원을 확보하여 체육정책대상집단에 편익 또는 제한을 가하는 상호작용적 활동이다. 그러나 체육정책집행이 있었는데도 정책목표가 달성되지 못한 경우는 불집행(non-implementation)이 된다.

체육정책의 집행이야말로 정부의 활동이 일반국민들의 체육활동에 관하여 직접 영향을 미치는 단계이다. 국민들에게 체육서비스나 재화·시설 등을 제공하는 정책(배분정책)의 경우에는 수혜집단에게 직접 서비스제공(service delivery)을 하는 단계가 되고, 규제정책의 경우에는 피규제자의 행동이나 권리행사를 직접 제한하는 단계가 되는 것이다.

### 2) 체육정책집행과정의 특징

하나의 과정으로서 체육정책집행은 그 특징으로서 첫째, 많은 사람과 조직이 관련되고 정책결정과정·정책평가과정과 상호작용하는 복합적 성격, 둘째, 집행자가 새로운 체육정책에 적응해야할 뿐만 아니라 체육정책 자체가 현지실정에 알맞도록 수정되어야 한다는 상호적응성, 셋째, 법률의 제정에서 비롯하여 지침개발·자원 배분·평가를 거치는 순환적 특성 등을 가지고 있다(유훈, 1990).

### 3) 체육정책집행단계

체육정책집행활동은 정책의 성공적인 집행을 위해서 대체로 다음과 같은 단계를 거치게 된다.

① 정책지침개발단계 : 결정된 체육정책은 추상적이므로 현실적으로 집행이 가능하도록 정책내용을 구체화시켜 무엇을 어떻게 하는가를 집행자, 특히 일선 관료에게 밝혀주어야 한다.

② 자원확보단계 : 체육에 관한 정책의 집행담당기관이나 집행대상자에 대한 예산·인력·시설·정보 등 필요한 자원을 확보한다.

③ 실현활동단계 : 확보된 자원을 이용하여 정책지침에 따라 정책대상자에게 체육 서비스를 제공하거나 규제한다.

④ 감독·통제단계 : 실현활동이 지침에 따라 충실하게 수행되었는가 여부를 점검·평가하고 잘못이 있으면 시정한다.

## 7. 체육정책평가단계

### 1) 체육정책평가의 개념

체육정책평가란 체육정책이나 사업계획의 집행결과가 의도된 체육정책목표를 실현하였는가, 당초 생각되었던 체육정책문제의 해결에 기여하였는가, 어떤 파급효과 내지 부차적 효과를 가져왔는가 등을 체계적으로 탐색·조사·분석하려는 활동을 의미한다. 이러한 정책평가는 체육정책의 내용이나 집행의 효과 등을 검토·사정·판단하는 것이다(Anderson, 1984). 평가란 체육정책과정·체육행정과정의 중요한 단계로서 정책결정의 환류장치라 할 수 있으며 체육행정환경의 맥을 짚어보는 것이다.

### 2) 체육정책평가의 목적

체육정책평가의 주요한 목적은 다음과 같다. 첫째, 체육정책이 국민의 체육욕구에 어느 정도 대응하고 있는가, 즉 체육정책에 대한 국민의 만족도를 파악할 수 있게 한다. 둘째, 합리적 체육정책결정에 도움이 되는 정보를 제공한다. 셋째, 정보의 분석을 통하여 체육정책의 수정·보완·종결과 자원의 재배분을 가능하게 한다. 넷째, 체육정책·사업계획을 집행하는 행정인이 평가를 통하여 자기활동을 새로운 관점에서 파악할 수 있다.

### 3) 체육정책평가의 접근방법

체육정책의 평가가 시작되는 이유는 서로 다르기 때문에 이러한 평가를 통하여 얻고자 하는 정보도 그에 따라 서로 다르며, 이들 다양한 정책평가의 필요(needs)를 충족시키기 위하여 수행되는 정책평가의 접근방법도 다양하다. 이들 다양한 체육정책평가의 접근방법들은 실험적 접근방법, 목표지향적 접근방법, 의사결정에 초점을 둔 접근방법, 사용자 지향적 접근방법, 감응적 접근방법 등 다섯 가지로 대별해 볼 수 있다(노화준, 2000). <표 3-1>에는 정책평가의 다섯 가지 접근방법들의 강조점들과 초점이슈 및 기대되는 평가자들의 역할이 요약되어 있다.

① 실험적 접근방법(experimental approach) : 이 접근방법은 체육정책의 평가영역에 실험 과학적 원리를 적용하려고 시도하는 평가활동이다. 실험적 접근방법을 채택하는 정책평가자는 실험적 방법을 사회과학연구에 응용하고자하는 일반적인 연구자들과 동일한 방법으로 평가계획을 세우게 된다.

② 목표지향적 접근방법(goal oriented approach) : 체계적인 정책개발의 논리에 맞추어 정책평가를 계획하고 실시하는 접근방법을 말한다. 이 방법에서는 그 정책에서 추구하는 특정한 목적과 목표들이 정책의 성공도를 측정하는 평가 기준이 되며, 평가자는 정책목적들이 달성되고 특정한 목표들이 완수된

정도를 측정하려고 노력한다.

③ 의사결정초첨 접근방법(decision-focused approach) : 정책이나 프로그램
의 관리와 운용에 필요한 정보를 체계적으로 제공하는 것을 강조한다. 이 관
점에 의하면 평가정보는 그것이 정책관리자들이 좀더 나은 정책을 결정하는
데 도움을 줄 수 있을 때 가장 값어치가 있다는 것이다. 그렇기 때문에 평가
활동들은 정책결정자들과 집행자들의 의사결정수요(needs)에 맞출 수 있도
록 계획되어야 한다.

④ 사용자 지향적 접근방법(user oriented evaluation approach) : 평가결과의
활용도를 높이는데 초점을 맞춘 정책평가의 접근방법이다. 정책평가 결과의
활용도를 높이는데 영향을 미치는 요소는 핵심적인 의사결정자의 참여, 정보
의 적시성 그리고 조직의 맥락(organizational context)에 대한 민감성이란
것이 평가 결과의 활용성에 영향을 미치는 요인들에 대한 연구결과에서 밝혀
지고 있다.

⑤ 감응적 접근방법(responsive approach) : 이 접근방법은 프로그램에 이해관
계를 가지고 있는 서로 다른 여러 사람들의 복수적인 관점에서 이슈를 이해

**〈표 3-1〉 체육정책평가의 다섯 가지 접근방법**

| 접근방법 | 강 조 점 | 초점이슈 | 평가자의 역할 |
|---|---|---|---|
| 실험적 | 연구설계 | 프로그램활동으로부터 어떤 효과가 나타났으며 그들은 보편화될 수 있는가? | 전문가 / 과학자 |
| 목적지향적 | 목적과 목표들 | 프로그램의 목적들과 목표들은 무엇이며, 그들은 어떻게 측정될 수 있는가? | 측정전문가 |
| 의사결정초점 | 의사결정 | 어떤 의사결정이 내려져야 할 필요가 있으며, 여기에 적합한 정보는 무엇인가? | 의사결정지원자 |
| 사용자 지향적 | 정보사용자들 | 누가 주된 정보사용자들이며 어떤 정보가 가장 유용할 것인가? | 협조자 |
| 감응적 | 개인적 이해도 | 누가 프로그램에 이해관계를 가지고 있으며 그들의 관점은 무엇인가? | 상담자 / 촉진자 |

자료: 노화준(2000). **정책학 원론**. 서울: 박영사. p. 466.
　　　Stecher, B. M., & Davis, W. A.(1987). *How to focus on evaluation.* Newbury: Sage
　　　Publications. p. 40.

할 때에만 유의미한 것이라고 하는 신념에 의하여 이루어진다. 또한, 이 방법
은 조직동태(organization dynamics)를 연구하고 문제를 이해하는 데 다른
접근방법들과 다른 방법들을 사용한다. 감응적 평가는 계량적인 평가연구보
다는 질적이며 자연스러운 상태에서의 연구로 특징 지워 진다. 구조화된 테
스트나 질문을 통하여 계량적 자료를 수집하기보다는 평가자들은 사건들에
대한 직접 또는 간접적인 관찰을 하고, 이렇게 얻은 자료들을 인상적인 해석
(impressionistic interpretation)을 하는 접근방법을 취한다.

## 4) 체육정책평가의 기준

체육정책평가의 기준은 사후기준으로서 평가자나 평가의뢰자의 의도와 정책의
특성 등에 따라 다양하다. 넓게는 체육정책활동이 추구하는 일반적 가치·공익·
정책윤리(policy ethics) 등이 평가기준이 될 수 있으며 구체적인 정책지표도 평
가기준이 될 수 있다(김규정, 1997). 일반적으로 중요시되는 평가기준은 다음과
같다.

① 효과성(effectiveness) : 정책목표의 달성도를 의미하는 효과성을 평가기준
으로 하여 정책이 의도한 본래의 목표를 달성하였는가를 파악하자는 것이다.
효과성을 결과에 초점을 두고 목표의 명확성이 요구되는 기준이며 그 측정단
위는 정책이 산출한 체육관련 서비스의 양이다.

② 능률성(efficiency) : 일정한 목적을 달성하는데 있어서의 투입·산출의 비율
을 의미하는 능률성기준은 비용과 관련시켜 성과의 질과 양을 파악하려는 것
이며 투입과 수단의 극대화에 중점을 둔다. 능률성은 비용편익분석에 의한
정책평가의 기준이다.

③ 충족성(adequacy) : 체육문제의 해결정도를 의미하는 충족성이란 가치있는
결과의 달성이 문제를 어느 정도 해결하였는가, 정책의 실시결과 어느 정도
당초의 문제가 해결되었는가에 관한 평가기준이며 적정성이라고도 한다.

④ 형평성(equity) : 신행정론의 핵심적 개념인 형평성은 사회적·법적 합리성
과 밀접하게 관련되고 있으며 비용과 편익이 상이한 집단간에 공정하고 공평
하게 분배되고 있는가에 관한 평가기준이다.

⑤ 대응성(responsiveness) : 대응성은 정책이 특정집단의 욕구·선호·가치 등

을 충족시키는 정도를 의미하며 시민을 대상으로 하는 여론조사의 일관성 등과 관련되는 기준이다. 이러한 대응성은 수혜자집단이 체육정책에 의하여 어떠한 체육과 관련된 혜택을 받으며 수혜자가 받는 혜택은 인지된 욕구에 어느 정도 대응하고 있는가를 중요시하는 기준이다.

⑥ 적합성(appropriateness) : 적합성은 체육정책의 바람직한 결과가 실제로 유용성과 가치가 있는 것인가를 평가하는 기준이다. 적합성의 기준은 목표를 실현하기 위한 수단이나 도구라기보다 목표의 본질을 내포하기 때문에 실질적 합리성(substantial rationality)과 밀접하게 관련된다.

# 제 5 절   우리 나라의 체육정책

## 1. 체육정책의 변화

체육정책은 정치권력과의 관계를 배제할 수 없다. 위에서 언급한 것처럼 정책은 권위있는 정부기관이 행하는 행정통치작용인 것이다. 또한 체육정책과정에 영향을 미치는 공식적인 집단 중 행정수반으로서 대통령과 행정기관 그리고 행정관료의 역할이 지대하다. 따라서 우리 나라의 체육정책의 변화를 정치권력의 시각에서 살펴보고자 한다.

정치권력은 비정치권력을 집약하거나 제한을 가할 수 있다. 이러한 정치권력의 개념에서 보면 정치권력은 권력의 유지를 위해서 또는 사회질서의 유지를 위하여 인간의 행위를 일정한 방향으로 통제하기 위한 정책을 결정할 수 있다. 특히 특정한 상황이 발생하여 그 필요사태가 변화함에 따라서 정책결정은 집합체의 중요한 목표결정을 명확하게 한다. 따라서 정치권력은 정책결정에 관계한다라고 파악하여 스포츠가 권력의 유지 또는 사회질서에 기능을 수행한다면 정치권력은 스포츠에 가치를 부여하여 정책으로서 스포츠의 발전을 지지·원조하지만, 그러하지 않을 경우에는 스포츠를 어떠한 형태로든지 통제할 가능성이 있다고 할 수 있다(양금산, 1999). 이처럼 세계 어느 나라를 막론하고 그 국가의 스포츠 정책의 전개에 깊은 관심을 갖고 있다. 이러한 정책은 시대와 국민의 요구 그리고 경제 수준과 밀접한 관계가 있으며 때에 따라서 정부의 정치적 위기를 모면하기 위하여 스포츠가 종종 이용되기도 한다. 특히 후진국가, 사회주의 국가에서 이러한 정책이 뚜렷하게 나타나고 있으며 우리 나라도 스포츠와 정치의 관계는 부인할 수 없는 것이 사실이다.

이와 관련하여 우리 나라의 정권별 체육정책을 아래와 같이 정리할 수 있다.

## 1) 박정희 정부(1961~1979)

박정희 중심의 군부세력은 이승만 정권이 장기집권을 하기 위하여 실시한 대통령부정선거(1961년 3월 15일)에 반발하여 1961년 4월 19일의 반정부학생운동과 경제빈곤, 병력감축 및 군부 내에 있어서 승진의 구조적인 파벌투쟁 그리고 사회의 무질서, 부패 등의 정치적 과제를 해결(사회질서의 회복과 좌익세력의 분쇄)하여 정부의 통치권 회복을 도모한다라는 명분에 의해서 5·16군사혁명을 일으켜 정권을 획득하였다.

박정희 중심의 군사정권은 국가자주개념과 공산주의의 위협에 대결할 수 있는 실력배양을 목적으로 반공산주의적(反共産主義的) 및 자립경제기반구축(自立經濟基盤構築) 등의 혁명공약을 발표하여 정권획득과 정권유지의 정당성을 확보하려고 하였다. 특히 혁명공약에 있어서 자립경제기반구축과 반공산주의의 정책은 체육의 중요성을 강조하는 근거가 되어 군국주의적인 체육철학이 반영되어 "국민의 체위향상은 민족의 힘이며 체력은 국력 및 국토방위에 직결" 즉, 「체력은 국력이다」라는 슬로건에 입각하여 이제까지의 체육·스포츠정책에 커다란 변화를 초래하였다.

특히 고등학교 및 대학교 입시에 체력장제도를 도입하였다. 이러한 체력장제도는 중·고등학교에 있어서 정과체육시간 뿐만 아니라 과외시간에도 학생들의 많은 관심을 불러 일으켜 활발하게 학교체육이 발전되었다. 한편 혁명정부는 제15회 동경올림픽대회를 북한보다 좋은 성적을 올려 국위선양을 목적으로 함과 동시에 한국체육의 후진성을 탈피하는 절호의 기회로 판단하여 「북한에 승리하는 것이 선결과제이다」라고 강조하여 우수선수 양성에 전력을 다하였다.

단적으로 말해서 1970년대 박정희 유신 정권 시절에 보여 주었던 스포츠 정책은 일종의 우민화 정책의 일환으로, 스포츠가 국가적 프로젝트에 직접적인 구성요소로 작용되던 단계였다. 대표적인 사례가 '박스컵' 국제 축구대회와 새마을 운동으로 대변되는 국민 계몽 프로그램의 일환으로 시작되었던 조기 축구회이다. 1970년에 창설된 '박스컵' 대회는 비슷한 시기에 있었던 동남아시아 삼류 국제 축구 대회와 마찬가지로 별다는 볼거리가 없었던 당시의 대중들에게 국가의 위대 함과 독재의 정당성을 각인시키는 자리로 기능을 했다.

스포츠는 스펙터클한 이벤트라기보다 국가 주도형 행사로서의 성격이 강했고, 너무 자명하게 애국심의 깃발 아래 결집되는 집단적인 반응을 자극했다. 말하자면, 스포츠 이벤트를 기획하고 관리하는 특별한 정책이었다기보다는 대중들에게 그냥 경기를 제공해 주는 것만으로도 훌륭한 정책적 배려로 가능할 수 있었다. 특히 국 제경기는 대중들에게 흔치 않은 볼거리로서, 당시에 열렸던 '박스컵' 국제 축구 대회를 비롯해서 올림픽 경기와 프로 레슬링과 같은 국제경기들은 독재 정권의 폭 력성을 상쇄시키고 한국의 위상을 세계에 알리는 배타적 민족주의의 선전이라는 이중의 전략을 취했다(이동연, 1998).

### 2) 전두환 정부(1980~1987년)

10·26사태에 의해서 제4공화국의 유신정권의 붕괴와 함께 한국사회는 정치적 인 공백기를 맞이하게 되었다. 그리고 1970년대 후반부터 전개되어온 민주화조치 를 요구하는 학생운동과 노동운동은 군부의 정치적 개입의 조건을 제공하게 되었 다. 당시의 군보안사령관이었던 전두환 중심의 군부세력(하나회)은 실질적인 권력 을 장악하여 민주항쟁이었던 광주항쟁(1980년 5월 18일)을 폭력으로 진압하였 다. 그리고 사회적인 혼란, 무질서, 불안을 해소하기 위하여 국가보안위원회를 설 치하여 위원장에 취임한 전두환은 통일주체국민회의의 형식적인 과정을 거쳐 제5 공화국의 대통령에 취임하였다. 정권을 획득한 전두환 정권은 「선진조국의 창조」 라는 국정목표 그리고 제24회 올림픽대회의 서울 유치성공에 따른 「스포츠 입 국」이라는 정책을 슬로건으로 정권획득의 정당성을 확보하려 하였다. 특히 제24 회 올림픽대회의 서울 유치성공은 체육·스포츠에 관한 법률(국민체육진흥법) 및 행정조직에 커다란 변화를 초래하였다.

우선 행정조직에 있어서는 문교행정으로부터의 독립된 행정조직의 필요성을 인 식하여 1982년 3월 20일에 체육부를 설치하였다.

이와 같이 전두환 정권이 들어서면서 한국의 스포츠 정책은 새로운 변화를 경험 하게 된다. 스포츠는 이제 구체적으로 국가의 정체성과 대중의 정체성을 동일화하기 위한 구체적인 프로젝트로 인식되었고, 스포츠를 통한 국위선양이 산업화 과정과 함께 중요한 국가의 근대화 정책으로 자리 잡았다.

1980년대에 스포츠 정책에서 가장 두드러진 특징은 두 가지를 들 수 있다. 첫째는 스포츠와 스포츠 미디어의 급속한 양적 확산이 이루어지면서 일상의 지배 효과를 가시화했다는 점이고, 둘째는 서울 올림픽 유치를 기점으로 엘리트 체육정책이 정책 방향의 기본 골격으로 자리잡았다는 점이다.

- 프로 야구의 탄생과 프로 축구, 프로 씨름이 등장하였다.
- 스포츠와 중계를 결합시켜 대중들이 일상적으로 스포츠 안에 빠지게 하였다.
- 프로 복싱의 5체급이 세계 챔피언에 등극하였다.
- '언론 통폐합', '삼청교육대 사건' 등 일련의 폭력적인 사회정화운동의 위화감을 상쇄하기 위하여 스포츠 경기를 장려하고 중계방송을 활성화하였다.

## 3) 노태우 정부(1988년~1992년)

1987년 6월의 격렬한 민주화 투쟁이 계속되어 위기에 직면한 전두환 정권은 위기를 벗어나려고 「6·29 민주화선언」을 통해서 대통령선거의 직선제개헌에 동의하여 제5공화국은 제6공화국으로 정권이 이어졌다. 국민의 직접선거에 의해서 제6공화국의 대통령으로 취임한 노태우 정권은 「민족자존의 시대」의 선언과 함께 민주화합, 균형발전, 통일번영을 국정지표로서 설정하였다. 그러나 한국헌정사에 없었던 민주화정책은 많은 사회문제를 초래하였다. 특히 1980년대의 고도경제성장에 따르는 사회적 환경의 변화(급속한 도시화와 산업화, 국민의 생활수준의 향상, 핵가족화, 외래문화의 수용과 향락주의의 확산 등)에 의해서 발생한 청소년비행의 사회적 문제는 민주화정책에 의해서 더욱더 심각한 사회문제가 됨과 동시에 스포츠정책에도 커다란 변화를 초래하였다.

따라서 이에 대한 적절한 대책으로서 정부의 청소년 건전 육성책의 강조에 의해서 이제까지 체육부가 담당해온 청소년의 건전 육성에 관한 업무를 지속적으로 추진함과 함께 청소년국의 기능을 확대하기 위하여 1990년 12월 17일에 정부조직법의 개정에 의해서 체육부를 체육청소년부로 개칭하였다. 또한, 국민체육진흥법을 개정하고 서울 올림픽대회의 성공적인 개최 이후, 시설의 효율적인 관리·운영을 위하여 국민체육진흥재단을 국민체육진흥공단으로 개칭하였다. 그리고 국민체육진흥공단은 기금을 조성하기 위하여 광고 및 복권을 발행할 수 있도록 하였으며 청소년의 건전 육성에도 그 기금사용을 가능하게 하였다.

또한, 6공화국에 들어서는 스포츠의 관료적 시스템이 증가해, 체육부가 중앙 행정부의 독립 부서로 등장하고 대한체육회나 올림픽조직위원회의 인사들이 정부 요직들로 채워졌다. 그뿐만 아니라 국가 대표에 대한 각종 포상 제도가 대폭 강화되고, 대기업 총수들이 각종 경기 단체장을 맡는 현상들이 생겨났다. 1984년 로스앤젤레스 올림픽에서 한국이 금메달 6개를 획득하여 최초로 10위권 안에 들면서, 국가 주도형 엘리트 체육이 중요한 스포츠 정책으로서 본격적으로 자리 잡게 되는 것도 대체로 이 시기이다(이동연, 1998).

일본이 1964년 동경 올림픽을 기점으로 내세웠던 엘리트 체육정책을 1980년대에 들어와서 포기하고, 그 대신 생활체육 정책으로 중심의 축을 이동하는 것과 비교해 보면, 1980년대에 우리가 주최한 거대한 국제 스포츠 이벤트들은 메달 따는 기계들을 양산하는 엘리트 정책을 조장하는 계기가 되었다.

### 4) 김영삼 정부(1993년~1997년)

1990년대 문민 정부의 스포츠 정책 역시 기본적으로 국가 주도형 엘리트 체육 정책을 그대로 유지했지만, 1980년대 정책과 두 가지 점에서 변별된다. 하나는 이데올로기 국가 장치로서의 스포츠가 국가 장치의 폭력성을 상쇄하는 직접적이고 노골적인 대리인으로 나타났다기보다는 점차 체계화된 내부 구조들을 가지며 시장 경제의 논리를 반영하는 경제적 단위로 확대 팽창되도록 유도했다는 점이고, 둘째는 대중의 생활체육에 대한 다소간의 배려가 드러나기 시작했다는 점이다. 전자의 경우는 '서울 올림픽' 이후 한국에 스포츠와 관련된 단체들의 양적 팽창이 일어나면서 생겨난 이른바 '스포츠 관료들과 귀족들'이 폭력 정권의 시녀로서의 역할 그 이상의 독자적인 계층으로 나타나기 시작했다. 이러한 현상은 국제적으로는 탁월한 스포츠 외교력의 강화와 국내적으로 본격적인 스포츠 산업의 활성화가 일어나기 시작했다.

다른 한편으로 소비 문화와 여가 문화의 팽창으로 스포츠와 레저의 구분이 사라지면서 대중들의 일상 생활에서 생활체육의 중요성이 부각되었는데, 문민 정부는 올림픽 때 사용했던 기존 경기장을 일반인들이 사용할 수 있도록 허가하였고 한강 고수부지 내에 있는 체육공원의 사용을 활성화하였다. 그리고 시와 구 단위의 체육 동호회의 육성 등을 체육정책의 한 틀로 구성하기에 이르렀다. 그러나 문민 정부의 스포츠 정책은 서울 올림픽 이후 방만하게 설립되었던 산하 단체들에 대한 구조 조정, 말하자면 체육관료시스템에 대한 군살빼기는 거의 하지 않고 낙하산식 경기 단체장 선임을 여전히 답습하면서, 스포츠 하부 구조에 대한 예산 지원과 생활체육으로의 정책적 방향 전환을 뒤로 미루었다. 따라서 상대적으로 팽창된 생활체육의 장은 국가의 정책적, 재정적 지원에 의해 증대했다기보다는 국민 스스로가 경제적 부담을 지면서 시장 경제의 논리에 의해 증대되었다고 볼 수 있다(양금산, 1999).

### 5) 김대중 정부(1998년~현재)

김대중 정부가 들어서면서 문화체육부가 문화관광부로 명칭이 변경되었고, 체육 관련 중앙 부서는 문화관광부 산하 체육국으로 남게 되었다. 기구가 개정되어 기존의 체육 관련 2국 7과를 1국 4과로 축소(추후 1국 3과로 축소)하고, 체육관련 부처의 기능을 산하 단체와 민간 자율기구에 대폭 이양하는 쪽으로 정책의 기본 방향을 잡고 있다. 그러나 집권 후반기에 있는 이 정부에서 엘리트 체육정책에서 생활체육정책으로의 방향 전환과 시민의 자율적인 문화 공간으로서의 스포츠의 전반적인 환경 개선이 얼마나 가시화 될지는 더 두고 봐야 할 것 같다.

## 2. 국민체육진흥 5개년 계획(문화관광부, 2001. 6. 25)

### 1) 계획수립 및 시행근거

□ 국민체육진흥법 제 4 조(기본시책의 수립 등)
① 문화관광부장관은 국민체육진흥에 관한 기본시책을 수립·시행한다.
② 지방자치단체의 장은 제1항의 기본시책에 따라 당해 지방자치단체의 체육진흥계획을 수립·시행하여야 한다.

### 2) 제1차 국민체육진흥 5개년 계획 평가('93~'97)

□ 사업규모
○ 총 155개 사업을 계획하였으나 학교체육업무의 교육부 이관 등으로 138개 사업 추진

## □ 투자규모

○ 계 획 : 총 1조 6,669억원

○ 실 적 : 4조 1,293억원(2조 4,624억원, 148% 증가)

○ 주요 증가 요인

- 체육시설 설치에 따른 지방비, 민자 투자 1조 3,475억원 증가(5,259억원 계획, 1조 8,734억원 투자)

- 국제종합대회 유치·개최에 따른 지방비 및 민자 투자 4,664억원 증가(554 억원 계획, 5,218억원 투자)

## □ 생활체육

○ 시·군 단위 지역 기본체육시설인 운동장·체육관과 읍·면·동단위 동네체육시설 확보

○ 42종의 생활체육 프로그램 개발·보급 및 34,000여개(계획 24,000여개)의 동호인클럽 조직 육성

○ 운동처방을 할 수 있는 1급 생활체육지도자를 처음으로 양성(61명)하는 등 생활체육지도자 19,000여명 양성

〈표 3-2〉 생활체육시설 확보량       (단위 : 개소)

| 시설명 | 목 표 | 계획기간 중 확보량 | 총 확보량 | 비 고 |
|---|---|---|---|---|
| 운동장 | 165 | 34 | 137(83%) | 2002년까지 완료 |
| 체육관 | 165 | 32 | 118(72%) | 2002년까지 완료 |
| 동네체육시설 | 3,741 | 1,456 | 3,092(83%) | 2000년까지 완료 |

〈표 3-3〉 국제대회 출전 실적

| 대 회 명 | 시 기 | 장 소 | 성 적 |
|---|---|---|---|
| 제17회 동계올림픽 | '94. 2 | 노르웨이 릴리함메르 | 6위(금 4, 은 1, 동 1) |
| 제17회 동계유니버시아드 | '95. 2 | 스페인 하카 | 2위(금 6, 은 4, 동 4) |
| 제18회 하계유니버시아드 | '95. 8 | 일본 후쿠오까 | 5위(금 10, 은 7, 동 10) |
| 제26회 하계올림픽 | '96. 10 | 미국 아틀란타 | 10위(금 7, 은 15, 동 5) |
| 제12회 하계아시안게임 | '94. 10 | 일본 히로시마 | 2위(금 63, 은 53, 동63) |

○ 계획기간 중 생활체육지도자의 배치활용이 미흡하였으며, 시·군·구 지역
단위 생활체육단체의 육성이 예산제약 등으로 미진하였음.

□ **전문체육**

○ 올림픽 등 종합대회 세계 10위 이내의 경기력 계속 유지

○ 그러나 양궁, 유도, 숏트랙 등 특정 종목에만 메달획득이 편중되어 있으며,
육상, 수영 등 기본종목은 여전히 세계 수준과 격차가 있음

□ **국제체육**

○ '97 무주·전주동계유니버시아드 유치 및 개최, 2002년 월드컵축구대회 등
주요 국제대회를 유치하는 등 국제체육계에서의 위상 강화

○ 국제대회 남북 단일팀 참가, 체육지도자 상호교류 등 남북 체육교류를 추진
하였으나 이루어지지 못했음.

○ 지방자치단체에서 국제대회('97무주동계U대회, '97부산동아시아대회, '99
강원동계아시아대회)를 경쟁적으로 유치하였고 대회 개최경비가 계획대비
5,683억원이 증가하였음(745억원 계획, 6,428억원 투자)

□ **체육과학**

○ 국민체력센터를 개설('95. 12), 과학적인 국민체력측정·운동처방 도입으로
대국민 체력증진에 기여함.

○ 체육행정의 효율성 제고를 위하여 체육정보화의 가속화가 필요함.

## 3) 계획수립 추진경위

○ 97. 3.31　　계획수립을 위한 추진기획단 구성

○ 97. 6.30　　계획작성지침 수립 및 계획수립에 대한 시·도, 체육단체 의견
　　　　　　　수렴

○ 97. 8.30　　계획 초안 작성

○ 97.10.29　　계획 초안 검토

○ 97.11.20　　계획 시안 성안

○ 97.11.28　　전문가 자문회의 개최, 의견 수렴

○ 98. 5. 8　　IMF관리체제, 주요 국정과제, 대통령 업무보고 등 정책환경변
　　　　　　　화에 따른 시안 보완 검토 및 시·도 의견 수렴

○ 98. 5.25    시안 보완 집중 정리(Task Force 구성) ※ Task Force-특
            별 추진반
○ 98. 5.28    전문가 및 체육단체로 구성된 자문회의 개최, 계획안 의견 수렴

## 4) 향후 체육환경과 정책방향

### □ 체육환경

○ 체육복지서비스 수요의 다양화, 전문화, 고도화
  - 제조업 중심의 산업사회에서 정보·서비스 중심의 지식산업사회로 이행됨
    에 따라 다양성과 창조성 및 개성이 강조될 것임.
  - 따라서 체육복지서비스 수요의 다양화·전문화·고도화가 요구될 것임.
○ 삶의 질 향상 추구에 따른 체육활동 증가
  - 소득수준이 증가되고 교육수준이 높아짐에 따라 삶의 질 향상을 추구, 체
    육활동을 통하여 자아실현 욕구충족과 건강한 삶을 영위하고자 할 것임.
  - 평균수명이 연장되어 노령인구가 늘어나고 자동화로 인하여 신체활동이 감
    소함에 따라 체육활동의 필요성이 더욱 증대될 것임.
○ 지방자치의 정착으로 스포츠동호인집단의 활동 활성화
  - 지방자치가 정착되어 획일적 중앙집중 현상을 탈피, 지역간 균형개발과 기
    회의 균등을 추구하고 주민복지 수요가 증가할 것임.
  - 주민의 민주의식 고양으로 자율성과 다양성이 존중되어 뜻을 같이 하는 자
    생적인 스포츠동호인집단의 활동이 다양하게 전개될 것임.
○ 스포츠산업 육성 필요성 증대
  - 건강에 대한 관심고조, 여가 및 스포츠활동 증대, 스포츠소비자의 욕구 다
    양화 등으로 각종 체육시설·프로그램·스포츠용품 이용과 체육활동의 전
    문지도에 대한 수요가 폭증할 것임.
  - 따라서 스포츠산업 육성·발전에 대한 필요성이 증대될 것임.

### □ 정책방향

○ 국가발전 촉진의 능동적 역할 수행으로 국가발전 역량 극대화
  - 세계의 프로·아마추어 스포츠무대에서 최상의 성적으로 국위를 선양하고
    국민화합을 도모하여 국가발전역량을 극대화

- 체육활동을 통하여 건강한 신체와 건전한 인격을 형성하여 국민 개개인의 잠재능력 발휘 극대화
- 무한한 경제적 잠재력을 지닌 체육관련산업체의 국제적 브랜드와 스포츠 마케팅 육성, 정보화 촉진으로 국제경쟁력 강화 선도

○ 평생체육활동 정착으로 삶의 질 향상, 체육복지사회 실현
- 전생애를 통하여 능동적·지속적·조직적으로 체육활동에 참여하여 건강한 삶 유지 및 자아실현

○ 균등한 체육활동기회 향수
- 소수 정예선수와 전략종목 육성 중심의 체육에서 국민 모두를 위한 체육으로 전환, 체육활동의 기회 균등 추구
- 체육시설 이용, 프로그램활동 참여, 지도자의 전문적 지도 향수 공유

○ 체육활동을 통한 성숙하고 건강한 시민사회 건설
- 연령별, 성별, 종목별로 다양한 동호인 집단의 체육활동 참여와 규칙준수로 더불어 사는 민주시민으로서의 공동체의식 형성
- 스포츠·레크리에이션 활동을 통하여 퇴폐적·향락적 놀이문화를 불식하고 여가생활을 건전화, 창조적·생산적인 건강사회 구현

○ 공급자 중심에서 수요자·소비자 중심으로
- 다원화, 민주화, 자율화에 부응하여 공급자 중심의 관주도형 수직정책에서 수요자 중심의 민간주도형 수평적 정책 추진으로 전환
- 체육서비스의 공급자 중심에서 체육소비자 중심체계로 전환하여 소비자 권익보호 및 서비스의 질 향상

## 5) 제2차 국민체육진흥 5개년 계획 개요

□ 사업기간 : '98~2002년(5년)
□ 사업규모 : 6개 부문 147개 사업
□ 투자계획 : 총 3조 2,464억원
○ 부문별 투자계획
  - 생활체육 : 6,350억원(19.6%)
  - 전문체육 : 4,077억원(12.5%)
  - 국제체육 : 6,665억원(20.5%)
  - 월드컵축구 : 1조 5,041억원(46.3%)

- 체육산업 : 181억원(0.6%)
- 체육과학·행정 : 150억원(0.5%)
○ 재원별 투자계획
- 국 고 : 6,637억원(20.4%)
- 지방비 : 1조 3,665억원(42.0%)
- 기 금 : 3,273억원(10.1%)
- 민 자 : 8,889억원(27.4%)

〈표 3-4〉 제2차 국민체육진흥 5개년 계획의 부문별 사업 구성비

| 부문별 | 계 | 생활체육 | 전문체육 | 국제체육 | 월드컵축구 | 체육산업 | 체육과학·행정 |
|---|---|---|---|---|---|---|---|
| 사업수 (구성비) | 147 (100%) | 49 (33.3%) | 28 (19.1%) | 20 (13.65%) | 8 (5.4%) | 14 (9.5%) | 28 (19.1%) |

## 3. 북한의 체육정책

북한을 자칫 외국으로 생각할 수 있으나 어디까지나 북한 주민은 우리의 민족이며 그 땅은 우리 나라이다. 즉 헌법 제3조에는 "대한민국의 영토는 한반도와 그 부속도서(附屬島嶼)로 한다"라고 표기되어 있다. 물론 현재 양쪽이 정치체제는 다르지만 언젠가는 통일국가를 이룩하고 하나의 정치체제 속에서 민족문화를 계승·발전시키고 체육정책도 하드웨어와 소프트웨어가 균형있게 결합하여 내·외적으로 내실있는 정책이 전개될 것이다. 따라서 여기에서 북한의 체육정책을 살펴보는 것도 의미있는 일이라고 생각하며 그 내용을 정리하면 아래와 같다.

### 1) 체육정책의 기본 방향

여러 사회주의국가의 체육정책처럼 북한의 체육정책도 모두 체제지향적인 성격을 지니고 있다. 물론 이러한 현상은 북한의 체제 및 이데올로기의 속성상 당연한 것일지도 모른다.

북한의 체육은 주민의 사상교양의 일환으로 또한 군사력 강화의 필요성에 의해 마련되고 있다. 즉 북한은 체육을 "신체를 다방면적으로 발전시키며 집단주의 정신과 혁명적 동지애, 굳센 의지, 규율준수에 대한 자각성과 책임성 등 고상한 사상

과 도덕적 품성을 배양함으로써 국방력을 강화하고 사회주의, 공산주의 건설을 성과적으로 수행하는 데 이바지하기 위한 것"으로 정의하고 있어 수단적 가치 측면에서 체육을 인정하고 있을 뿐이다. 이러한 기본적인 시각에 따라 북한의 체육정책은 체육의 대중화·생활화를 통한 노동과 국방에 대한 기여, 학교교육의 전문화 및 1인1기의 소유, 체육에서의 '사상·투지·속도·기술전' 방침 관철 등에 기초를 두고 있다. 따라서 북한체육의 기본정책은 체육을 통하여 인민대중을 '혁명과 건설, 그리고 국방에 이바지할 공산주의적 인간'으로 육성하는 데 있다고 할 수 있다.

체육정책의 구체적인 특징으로는 국방체육의 강화, 체육교육의 강화, 군중체육의 강화, 엘리트 체육의 강화 그리고 집단체육의 강화 등 5가지로 요약할 수 있다 (성문정, 2001).

그러나 1990년 이후 최근 북한의 체육정책의 양태들을 보면 기존의 방식과는 다른 모습들 즉, 정권수립 이후 줄곧 중심적으로 추진해 오던 국방체육 중심의 체육정책들이 서서히 변화를 보이고 있다.

이러한 현상은 북한이 과거에 자본주의적 또는 부르지아적인 스포츠라 하여 금기시 해오던 야구, 볼링, 골프, 프로복싱, 여자축구 등에 대해서 관심을 갖기 시작하고 있으며, 특히 여자축구 종목은 처음에는 기피하였으나 '86아시안 게임의 정식종목으로 채택되면서 전략종목으로 육성하기도 하였다. 여기에 여자축구팀은 제9회 아시아 여자축구대회('93년 12월)의 준우승과 제11회 아시아 여자축구대회 ('97년 12월)에서 또 다시 준우승을 차지하기도 하였다.

또한 북한은 1980년 모스크바올림픽 이후 20년만의 올림픽 참가인 2000년 시드니올림픽에 선수단들이 세계적인 스포츠의류 메이커인 휠라의 스폰서십으로 그 회사의 유니폼을 입고 출전하기도 하였다.

① 국방체육의 강화 : 북한은 국방체육의 의미를 인민들을 조국보위에 튼튼히 준비시키기 위한 대중적인 체육활동으로 보고, 청소년과 근로자, 인민군 군인들에게 군사활동에 직접적으로 필요한 군사지식과 장비조작기능을 소유시키며 그들의 몸과 마음을 튼튼히 단련할 목적으로 진행하는 국방활동과 밀접히 결합된 체육활동으로 규정하고 있다.

② 체육교육의 강화 : 북한의 체육교육은 청소년들에게 지·덕·체가 겸비된 혁명가로서 실천적인 투쟁으로 공산주의 혁명과 건설에 이바지하는 새 공산주

의적 인간을 육성하는데 중점을 두고 있다. 따라서 북한에서 이루어지고 있는 체육교육의 사명은 청소년 학생들의 체력을 증진시켜 그들을 노동과 국방에 튼튼히 준비시키는데 있다.

③ 군중체육의 강화 : 북한에서 실시하고 있는 군중체육의 의미는 '모든 군중이 다 참여할 수 있는 것으로 일반체육을 널리 발전시키는 것은 체육을 대중화하고 근로자들의 체력을 증진시키며 인민들을 노동과 국방에 튼튼히 준비시키는 것' 이라고 정의하고 있다.

- **인민체력검정** : 인민체력검정은 매년 8~9월에 걸쳐 북한 주민들을 대상으로 실시되는 주민체력측정행사로서 노동생산성과 군사력 강화를 위한 기초체력의 배양을 목적으로 1948년 7월 8일 인민위원회 교육국 명령(제8호)으로 공포된 이후 매년 실시해 오고 있다. 수검대상은 남자는 만 10세부터 60세까지, 여자의 경우는 만 10세부터 55세까지 각각 학교 및 직장을 단위로 실시하여 우수한 단체는 표창과 상장을 수여하고 부진한 단체는 재검정을 받도록 되어 있다(Soccer World, 2001).

- **주요체육대회** : 북한의 체육대회는 크게 학생체육대회와 일반체육대회로 대별할 수 있으며 매년 정기적으로 개최하고 있는 주요 체육대회는 김정일 생일기념(4월 15일)의 '백두산상 체육경기대회'와 김일성 생일기념(2월 16일)의 '만경대상 체육경기대회' 등을 들 수 있다. 그밖에도 당창건(10월 10일), 정권창건(9월 9일), 인민군 창건(4월 25일)등의 각종 기념일을 전후하여 빈번하게 개최하고 있는데 이는 체육대회를 통하여 소위 「김일성의 주체사상과 당의 방침」을 세뇌시키는데 목적을 두고 있는 것이다.

④ 엘리트 체육의 강화 : 북한에서는 엘리트 체육의 진흥을 위해 국가적 차원의 우수선수를 조기에 발굴하고 유망선수로 육성하기 위해 인민학교부터 대학에 이르기까지 체계적으로 관리·육성하고 있다. 북한에서는 국제경기에 참가하여 우수한 성적을 올리는 것이 국가의 위상을 높이는데 가장 효과적인 방법이라고 판단하여 국가의 명예와 체육기술 발전에 공로를 세운 체육인들을 국가적인 차원에서 예우 정책을 펴고 있다.

⑤ 집단체육의 강화 : 북한은 체육활동에 있어서도 '하나는 전체를 위하여, 전체는 하나를 위하여' 라는 집단주의적 원칙을 기초로 하는 특징을 보이고 있다. 이러한 집단주의적 원칙을 체육에 도입한 것은 집단체육이 모든 인민들

에게 단결심과 복종심을 심어주고 사회와 국가에 대한 응집성, 충성심을 배양하여 체제를 유지시키는데 매우 유익하다고 판단하기 때문이다.

## 2) 체육행정의 구조

현재 조선국가체육위원회에서 북한의 중앙체육행정기구로서의 역할을 담당하고 있는데 체육지도국, 급양관리국, 동계체육국 등 11개 부서와 체육과학연구소, 중앙체육행사소, 체육의료연구소, 집단체조창작단, 국가종합체육선수단 등의 부설기관 및 국방체육협회, 체육기술협회, 축구협회 등 40개의 경기 및 관련단체로 구성되어 광범위한 네트워크를 구축하고 있다.

지방체육행정조직으로는 시·도 체육위원회와 시·군(구역)의 체육구락부가 있다. 각급 체육위원회는 중앙의 국가체육위원회가 제시하는 각종 운동종목, 실시방법과 요강을 직접 보급함으로써 실무적 역할을 담당하고 있다(성문정, 2001).

## 3) 체육시설

1970년대에 북한 체육시설의 대부분은 시·도 행정 소재지에 1개씩 건설한 공설운동장(2-3만명 수용)과 각 시·도에 1개씩 설치되어 있는 체육구락부회관이 고작이었으며 평양시에는 5만을 수용하는 모란봉경기장과 동평양경기장 및 기관차체육관 등이 있어 국제대회를 개최하여 왔으며 대규모의 체육시설이 평양에 집중되어 있었다.

1981년 10월 모란봉경기장을 2배 규모인 10만명을 수용할 수 있는 대규모 확장공사에 착수하여 1982년 4월 10일 개장하고 경기장의 명칭을 '김일성 경기장'으로 개칭하였다.

한편 북한은 최대의 실내 아이스링크 시설로 1982년 4월 빙상관을 개관하였으며 동 경기장에서 사회주의국가 청소년빙상대회를 유치하여 개최하였으며 1987년 9월에는 남포시 태성호반에 '평양골프장'(36만평, 18홀 규모)을 개장하였다.

또한, 13차 세계청년학생축전(1989년 7월)에 대비하여 평양시 청춘거리에 최대 종합체육단지인 안골체육촌을 건설하였는데 이곳에는 1개의 종합경기장과 9개의 실내체육관이 있다. 1989년 5월에는 대동강 능라도에 북한 최대 규모 종합경기장인 '5.1경기장'(5만평, 15만석)을 완공하여 제13차 평양세계청년학생축전의 개·폐막식 장소로 활용한 바 있으며 9·10월에는 여기에서 남북통일축구를 진행하였다.

1990년대에 들어서 '평양야구경기장'을 착공하였고 골프연습장(1990년 8월 완공), 롤러스케이트장(1992년 8월 완공) 등을 완공하였으며 1995년 제3회 동계 아시안게임 개최(1992년 7월 반납)에 대비하여 양강도 삼지연에 총 54Km의 슬로프를 개발하고 실내아이스링크도 건설하였으며 대동강, 능라도, 반월도 지역에 종합위락지구를 건설하여 제한적이나마 주민에게 개방하고 있다(Soccer World, 2001).

# 참고문헌

권영찬, 이성복(1989). **기획론**. 서울: 법문사.

김규정(1997). **행정학원론**. 서울: 법문사.

김신복(1983). **발전기획론**. 서울: 박영사.

노화준(2000). **정책학 원론**. 서울: 박영사.

문화관광부(2001.6.25). **제2차 국민체육진흥 5개년계획 일반현황**. www.mct.go.kr.

백완기(1997). **행정학**. 서울: 박영사.

성문정(2001). 북한의 체육행정과 정책의 이해. **스포츠과학, 48**, 111-118.

양금산(1999). 한국정치변동에 따른 스포츠 정책의 특징에 관한 연구. **한국스포츠 행정·경영학회지, 4**(1), 169-183.

유훈(1990). **정책학 원론**. 서울: 법문사.

유희형(2000). **21세기 한국인의 삶의 질 제고를 위한 생활체육정책의 발전방향**. 한국체육대학교 대학원 박사학위 논문.

이동연(1998). 한국의 스포츠 정책, 무엇이 문제인가. 이동연, 김종엽, 김종화, 김성일, 정준영 외 5인 편집, **스포츠 어떻게 읽을 것인가** (pp. 89-103). 서울: 삼인.

이범제(1999). **체육행정의 이론과 실제**. 서울대학교 출판부.

이병익, 김종필(1999). **체육행정학**. 서울: 도서출판 홍경.

정정길(2001). **정책학 원론**. 서울: 대명출판사.

Almond, G. A., & Powell, G. B., Jr.(1966). *Comparative politics: A development approach.* Boston: Little, Brown & Co.

Anderson, J. E.(1984). *Public policy-making*(3rd ed.). New York: Holt, Rinehart and Winston.

Cobb, R. W., & Elder, C. D.(1972). *Participation in American politics: The dynamics of agenda building.* Boston: Allyn and Bacon. Inc.

Cobb, R. W., Elder, C. D.(1983). *Participation in American politics.* Baltimore: Johns Hopkins University Press.

Cohen, M. D., March, J. G., & Olsen, J. P.(1972). A garbage can model of organization choice. *Administrative Science Quarterly, 1*(1), 1-25.

Dror, Y.(1968). *Public policy making reexamined.* Scranton, Penn.: Chandler.

Dror, Y.(1971). *Ventures in policy science.* New York: Elsevier.

Dbnick, M. J., & Bardes, B. A.(1983). *Thinking about public policy -A problem solving approach.* New York: John Wiley & Sons, Inc.

Easton, D.(1953). *The political System.* New York: Alfred A. Knopf.

Etzioni, A.(1967). *The active society.* New York: The Free Press.

Faludi, A.(1973). *Planning theory.* Oxford: Pergamon Press.

Frohock, F. M.(1979). *Public policy: Scope and logic.* Englewood Cliffs, N.J.: Prentice-Hall.

Lasswell, H. D.(1951). The policy orientation. In D. Lerner & H. D. Lasswell (Eds.), *The policy science.* Stanford: Stanford University Press.

Lasswell, H. D., & Kaplan, A.(1970). *Power and society.* New Haven: Yale University Press.

Lindblom, C. E.(1965). *The intelligence of democracy: Decision marking through mutual adjustment.* New York: The Free Press.

Lowi, T. J.(1972). Four system of policy, politics and choice. *Public Administration Review, 32*(4), 677-715.

Palumbo, D. J.(1988). *Public policy in America: Government in action.* New York: Oxford University Press.

Salisbury, R. H.(1968). The analysis of public policy: A search for theories and roles. In A. Ranney (Ed.), *Political science and public policy.* Chicago: Markham.

Simon, H. A.(1957). *Models of man.* New York: Wiley.

Soccer World(2001). 북한체육현황. www.soccer4u.co.kr.

Stecher, B. M., & Davis, W. A.(1987). *How to focus on evaluation.* Newbury: Sage Publications.

# 제 4 장  체육행정 조직

　현대의 체육행정·경영학의 요체는 생산성 향상을 기본 토대로 하면서 정보와 기술자원을 주요 동력으로 하는 국제경영시대에 부응할 수 있는 능력을 배양하는데 있다. 이를 위해 요구되는 것이 새로운 조직구조와 행동규율인 것이다. 구식의 전통적인 조직관리방식으로는 점차 심화되는 경쟁사회에서 살아 남기 어렵다. 첨단 정보과학기술시대에 어울리는 체육조직의 정비와 이에 따른 행동체계와 실천적 응용이 핵심적인 소프트웨어인 것이다.

　따라서 본 장에서는 장차 체육조직에서 근무를 하고 그러한 조직을 이끌어갈 독자들에게 체육조직의 기본적 이론을 제시하고 이해를 돕고자한다.

# 제 1 절  조직의 개념

## 1. 조직의 정의

조직(organization)에 대한 정의는 매우 다양하다. 그러한 정의에 있어서 모든 차원과 맥락의 다양성은 오늘날의 조직현상을 연구대상으로 삼는 현대조직이론의 한 특성이기도 하다. 조직에 대한 여러 학자들의 정의는 다음과 같다.

- 베버(Weber, 1947) : "조직이란 계속적이고 의도적인 특정한 종류의 활동체계로서 조직의 목적과 경계 그리고 공식적 구조화 과정이다."
- 파슨즈(Parsons, 1960) : "조직이란 특정한 목적을 가진 사회 시스템이다."
- 홀(Hall, 1972) : "조직이란 비교적 뚜렷한 경계선, 규범적 질서, 권위의 계층, 의사전달체제, 성원들간의 조정체제를 가지고 일정한 환경 내에서 비교적 지속적으로 존재하면서 하나 혹은 일련의 목적에 관련된 활동에 종사하는 인간들의 집합체이다."
- 바나드(Barnard, 1938) : "조직이란 두 사람 혹은 그 이상의 사람들이 활동 (activities)이나 힘(force)을 의식적으로 조정하는 협동 시스템을 말한다." 라고 정의하고, 조직을 성립케 하는 근본적인 조건을 조직의 공동목적에 기여하려는 사람들의 공헌의식(willingness to cooperate)이라고 하였다. 또한 조직의 구성요소로는 의사전달, 공동목적에 봉사하려는 의욕, 공동목적을 들고, 이러한 조직이 지속되려면 대내·대외적으로 균형을 유지하고 효율성과 효과성을 유지하여야 한다고 강조하였다.

위와 같이 많은 학자들이 주장하는 조직의 정의를 간단히 정의한다면, "조직은 인간들이 협동하여 능률적으로 일할 수 있도록 하는 메카니즘(mechanism) 또는 구조(structure)"라고 할 수 있다. 이것을 좀더 구체적으로 설명하면 "조직은 ① 수행해야 할 일(works; 모든 직무)을 명시하고 집단화하며, ② 책임(responsibility)과 권한(authority)을 규정하고 위임하며, ③ 소기의 목적을 달성하기 위해 구성원들이 가장 효과적으로 협조하며 일할 수 있도록 직무관계(working relationship)를 설정하는 등의 과정(process)"이라고 할 수 있다(반병길, 1984).

## 2. 조직개발의 필요성

한 사람(예: 소유자)에 의해 전적으로 운영되는 소규모의 체육사업체는 사실상 복잡한 조직이 필요없다. 소유자 자신이 모든 일을 수행하기 때문에 책임과 권한을 위임 또는 위탁(delegate)할 필요가 없으며 위임해 줄 대상자도 없다. 소유자는 종업원과 대표자까지 겸하고 있기 때문에 그 한 명이 조직의 전체라고 할 수 있다.

그러나 종업원 또는 지도자를 고용하게 되면 확대된 조직이 필요하게 된다. 또한 종업원간의 직무관계를 설정하고 의사결정을 조정해야 하며, 직무를 종업원간에 배분하는 등 조직을 편성해야 한다. 체육사업체(스포츠경영체)의 규모가 더욱 커지게 되면 조직의 규모 역시 더욱 커지고 그 편성이 더욱 복잡성을 띠게 마련이다. 그 이유는 아무리 유능한 경영자라 하더라도 그 능력이나 역량에는 한계가 있기 때문에 확대된 조직을 통하여 행정·경영능률을 향상시킬 수 밖에 없기 때문이다.

조직의 능률을 향상시키는 방법의 하나는 경영자가 자기직무의 일부를 바로 아래 계층의 종업원 또는 지도자에게 위임시키는 것이다. 그러나 체육사업체의 업무량이 증가하여 종업원을 더 많이 고용하게 되면 경영자는 종업원을 다스릴 부하경영자 계층(subordinate manager class)을 마련해야 하는 등 복잡성이 늘어나게 된다.

이와 같이 체육사업체가 계속적으로 성장하게 되면 전체적인 관리를 사업본부(事業本部), 부(部), 과(課) 등의 부서로 배분하고 부서마다 1인의 관리책임과 권한을 가진 사람으로 하여금 감독하게 된다.

그러나 단순히 체육사업체의 전체 운영(직무)을 배분하고 권한계층(hierarchy of authority)을 설정하는 것만으로는 불충분하다. 왜냐하면 일반 기업체를 포함한 체육사업체는 나름대로 우선 전반적인 조직의 계획 또는 패턴(overall organi-zation plan or pattern)을 결정하고 그에 따라 행정(경영)체에 적합한 구체적인 형태의 조직을 개발할 필요가 있기 때문이다.

## 3. 공식조직과 비공식조직

모든 조직은 집단관계의 구조(structure of group relationship)가 공식적이거나 비공식이다. 우리 인간은 목적달성을 위해 조직을 활용하는데, 인간의 집단행동

패턴은 조직구조가 공식적인가 비공식적이냐에 따라 다르다. 그러므로 행정(경영)가는 조직을 계획하고 운영할 때 공식조직과 비공식조직의 장단점을 고려에 넣을 필요가 있다. (제6장 직장체육관리, 공식조직과 비공식조직 참조)

### 1) 공식조직

의도적으로 설계한 것으로서 모든 구성원이 동일한 목적달성을 위해 능률적으로 일할 수 있도록 책임(responsibility), 권한(authority) 및 책무(accountability)를 명확하게 정의한 직책(jobs)의 총체이다. 공식조직은 일정한 규정에 따라 구성원의 활동에 한계를 정해 주고, 맡은 바 직책을 명시된 과정에 따라 수행하고, 특정인의 명령에 복종하고, 동료와 협조하여 일을 하라는 등 일방적 지시가 따른다.

### 2) 비공식 조직

공식적 규칙이나 절차가 없는 상태하에서 사람들이 개성, 태도, 감정, 좋아하는 것, 싫어하는 것 등을 근거로 조직 내에 집단을 형성하고 모든 관계를 유지하는 자생적 조직(自生的 組織)을 뜻한다(취미클럽, 운동클럽, 향우회, 독서회 등).

## 4. 라인·스탭 및 기능적 관계

조직은 구조상 공식적 또는 비공식적인 것으로 분류할 수 있을 뿐만 아니라, 내부조직의 권한관계(authority relationships in internal structure)의 성격에 따라 라인(계선, line)과 스탭(참모, staff)으로 분류할 수도 있다. 즉 공식조직 구조 내에서 임원과 종업원 집단에 어떠한 기능(직책)과 임무를 어떻게 할당하느냐에 따라서 라인 또는 스탭의 권한관계가 성립된다.

그러나 현대의 모든 행정체와 경영체 중에는 전적으로 라인만으로 구성된 조직도 없을 뿐만 아니라 전적으로 스탭만으로 구성된 조직 역시 존재하지 않기 때문에 종종 라인과 스탭의 정의에 혼란이 오기도 한다.

### 1) 라인과 스탭의 정의

라인과 스탭의 구별은 역할의 할당(assignment of roles)에서 비롯된다. 2인 또는 그 이상의 인원이 같이 일할 때 라인과 스탭의 구별은 누가 목적달성과 직접적으로 연관된 의사결정을 담당하고 누가 의사결정에 도움이 되는 조언과 조력을 제공하는가 하는 기준에서 판단할 수 있다.

따라서 라인은 행정(경영)체의 주요 목적달성에 필요한 직접적인 책임과 권한을 행사하고 그 결과에 대해 상사에게 책무를 지는 조직 내의 모든 직책(positions)과 부서(elements)를 뜻한다.

스탭이란 행정(경영)체의 목적을 좀더 효과적으로 달성할 수 있도록 라인에게 조언과 조력을 제공하는 책임과 권한을 가진 직책이나 부서를 뜻한다.

이와 같이 볼 때 라인은 행정(경영)체의 주요목적의 직접적인 달성과 연관된 책임, 권한 및 의무가 주 역할이며, 스탭은 라인활동을 보조, 지원 등을 하는 것이다.

라인조직과 스탭조직의 차이는 전자는 지휘계통상의 부하에게 명령을 할 수 있기 때문에 조직도에 수직으로 표시하지만, 스탭부서는 라인명령체통과 구분하여 표시한다.

<그림 4-1>에서는 사장의 보좌역인 인사관리자가 지휘계통과 구별되고 있다.

개인스탭의 경우 이러한 역할은 개인이나 부서조직에 명령을 할 수 없고 단지 상사에게 조력하거나 조언을 한다는 것을 의미한다. 인사관리자와 같은 전문스탭의 역할은 관리스탭이 조직도상에서 자기보다 위에 있거나 하위에 있거나 관계없이 조언·조력을 할 수 있지만 그들보다 직위상 하위직급이라 하더라도 특별한 행동을 하라고 지시할 수는 없다.

결국 스탭은 경영주에게 쉽게 접근할 수 있고 개인적인 힘을 통하여 라인계통의 권한을 가질 수 있다. 공식적인 조직도상에는 그러한 권한이 없더라도 실제로 스탭은 지휘·명령을 행사할 수 있으며, 오늘날 많은 조직에서 스탭이 주종을 이루고 있는 경우가 많다(추헌, 1995).

## 2) 기능적 관계

행정(경영)체에 따라서는 기능적 관계(functional relationships)로 부르는 또 하나의 관리적 관계를 활용하고 있다. 기능적 관계는 관리자와 라인부서에만 한정되는 것이 아니다. 기능적 관계가 존재하는 한, 스탭전문가(staff specialists)들도 조직 내의 어느 곳에서 권한을 행사할 수 있다. 그러므로 '기능적 관계'라는 술어가 만들어진 것이다. 예를 들면, 스탭인 인사 관리자에게 행정(경영)체 내의 종

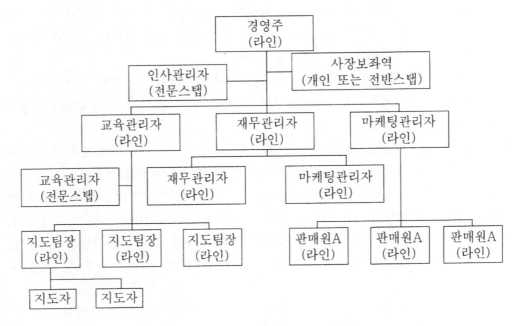

**〈그림 4-1〉 라인과 스탭의 권한**

자료 : 추헌(1995). **경영조직론**. 서울: 박영사. p. 71. 수정.

업원 인사문제에 대한 권한이 위임되어 있다면, 그는 기능관계 또는 전문권한 (specialized authority)을 행사할 수 있다.


## 5. 조직도

우리가 어떤 조직의 대략적인 윤곽을 살피고자 할 때는 조직도를 본다. 앞으로 살펴 볼 체육관련 조직의 설명에서도 꼭 등장하게 되는 것이 조직도이다.

조직도(organization chart)는 어느 특정 시점에서의 조직구조 윤곽을 나타내 고, 각 행정(경영)관리자의 직위 및 각 부서의 책임자를 라인계통으로 연결하여 체계화한다. 따라서 최상직위인 경영주에서부터 최하직까지의 명령계통을 나타내 는 것이다.

예를 들어 〈그림 4-1〉에 나타난 조직도를 보면 경영주로부터 지도자까지의 명 령계통은 경영주부터 교육관리자 그리고 지도팀장으로 구성되어 있다.

그러나 조직도는 직무명·의무·과업을 상세히 설명하는 직무기술서(職務記述書)와는 다르며, 조직 내의 실제 의사소통 형태를 나타내지도 않고, 종업원들이 어떻게 감독되며 조직구성원들이 실제 어느 정도의 권한을 가지는가를 나타내지도 않는다. 단지 그 조직도가 보여주는 것은 직무명과 조직의 장으로부터 하위계층에 이른 명령계통일 뿐이다. 조직도는 종업원들의 직무가 무엇이며 이들의 직무가 조직 내의 다른 사람들과 어떻게 관련되는가를 이해하는 데 도움이 되므로 대부분의 조직체들은 조직도를 갖고 있다.

## 6. 조직의 원칙

좋은 집을 지으려면 과학적으로 설계하고 토목·건축공법을 제대로 활용해야 하는 것처럼, 건전한 조직을 설계하고 운영하려면 그 지침(guideline)이 되는 조직의 원칙을 이해하고 활용해야 한다.

조직원칙은 목적(objectives), 전문화(specialization), 조정(coordination), 권한(authority) 및 책임(responsibility)인 바 영어의 머리문자를 합하여 OSCAR라고도 한다. 그러나 이들만으로는 불충분하다고 생각하기 때문에 반병길(1984)은 11개의 조직원칙을 제시하였는데, 이를 기초로 조직의 원칙을 정리하면 아래와 같다.

### 1) 목적의 원칙 :

조직은 명확히 정의된 목적이 있어야 하고, 각 직책이 추구하는 목적은 타 직책들과 논리적인 연관성이 있어야 하며, 전체 조직목적의 달성은 각 직책 담당자의 목적달성을 통하여 이루어져야 한다. 이를 목적의 원칙(principle of objectives)이라고 한다.

### 2) 전문화의 원칙 :

가능한 범위 내에서 한 사람이 담당하는 일은 단일 기능으로 한정해야 하며, 관련기능은 집단화(grouping)하여 한 사람의 장이 맡도록 해야 한다. 이를 전문화의 원칙(principle of specialization)이라고 한다.

### 3) 조정의 원칙 :

공동목적의 달성을 향해 조직의 모든 노력을 조정할 수 있는 수단방법이 마련되어야 한다는 것이 조정의 원칙(principle of coordination)이다.

### 4) 명령계통의 원칙 :

조직은 반드시 최고 권한자(supreme authority)가 있어야 하고, 명확한 권한계선이 최고 권한자로부터 조직의 모든 구성원에게 연결되어 명령계통이 명확히 수립되어야 한다는 것이 명령계통의 원칙(principle of chain of command)이다.

### 5) 책임과 권한의 대등 원칙 :

책임에는 항상 권한이 수반되어야 하며, 책임을 성공적으로 수행하는데 충분할 정도로 권한이 위임되어야 한다. 이를 책임과 권한의 대등원칙(principle of authority should equal to responsibility)이라고 한다.

### 6) 능률의 원칙 :

조직은 목적을 가능한 한 최저비용으로 달성할 수 있도록 설계되어야 한다. 즉 화폐비용, 인적자원비용 등을 최소한도로 줄이면서 목적을 달성할 수 있도록 조직을 설계해야 한다는 뜻이다. 이를 능률의 원칙(principle of efficiency)이라고 한다.

### 7) 위임의 원칙 :

책임과 권한은 가능한 한 조직의 최하계층까지 위임되어야 하다는 것이 위임의 원칙(principle of delegation)이다. 이는 의사결정의 능력이 있는 한 실무계층에서 의사결정을 하도록 하기 위해서이다.

### 8) 명령통일의 원칙 :

조직구성원의 각자는 한 명의 직계상사로부터만 명령과 지시를 받고 또한 그에게만 보고할 책무를 지녀야 한다는 것이 명령통일의 원칙(principle of unity of command)이다. 이는 조직 내에 명령통일의 질서를 유지하는데 그 목적이 있다.

### 9) 감독한계 적정화의 원칙 :

한 사람의 상사가 직접 지휘·감독할 수 있는 부하의 수에는 한계가 있다. 인간의 능력에 한계가 있기 때문이다. 따라서 각 상사는 적정수의 부하들만 지휘·감독하여야 한다는 것이 감독한계 적정화의 원칙(principle of span of control)의 내용이다.

이 원리는 통솔범위의 원리라고도 하는데, 그 동안 많은 학자들은 한 사람의 상급자가 지휘·감독할 수 있는 적정 인원수에 관하여 다양한 연구를 하였다. 대표적인 학자들의 연구를 보면 프랑스의 페욜(Fayol, 1949)은 5~6명을 적정 인원수로 보았으며, 어윅(Urwick, 1944)은 상위층의 경우 4명, 하위층의 경우 8~12명을 적정 인원수로 보았다. 그리고 그라이쿤스(Graicunas, 1937)는 상위층의 경우 5~6명, 하위층의 경우 20명을 적정 인원수라고 주장하였다. 그러나 대부분의 연구결과를 토대로 볼 때 통솔범위는 통솔자의 능력과 근무시간의 한계, 감독할 업무의 성질, 직원의 능력, 조직의 체계성 정도, 권한과 책임의 명확성 정도에 따라 달라질 수 있으므로 상황을 적절히 고려하여 결정하여야 한다(이범제, 1999).

### 10) 명령계통 단축화의 원칙 :

최고 권한자와 최하부 종업원 사이의 관리계층은 가능한 한 단축시켜야 한다는 것이 명령계통 단축화의 원칙(principle of short chain of command)이다. 관리계층이 많을수록 명령계통과 의사소통 경로가 길어지기 때문에 명령지시의 하달, 보고의 상달 등에 많은 시간이 소비되고 적시적 의사결정(timely decision making)이 곤란하기 때문이다. 이를 계층관리 단축화의 원칙이라고도 부른다.

### 11) 균형의 원칙 :

행정(경영)가는 조직을 계속 평가·분석함으로써 부서들의 규모, 업무처리 과정의 표준화와 융통성, 관리의 집권화와 분권화, 감독한계 적정화와 계층 단축화 등의 사이에 적정한 균형을 유지해야 한다. 이러한 균형의 원칙(principle of balance)에는 전통이나 관습에 사로잡혀 고정화시키지 말고 조직체의 내·외적 환경조건, 조직의 목적과 정책의 변화에 따라 탄력적으로 적응시켜야 한다는 뜻도 포함된다.

# 제 2 절 체육조직의 개념 및 유형

## 1. 체육조직의 정의

체육(스포츠)조직이란 체육활동에서 나타나는 상호작용의 구조화된 과정이며, 체육(스포츠)조직체란 일정한 공동목표 달성을 위해서 체육(스포츠)활동을 매개로 하여 조직망을 형성하고 있는 집단을 의미한다. 체육사회학적 관점에서 체육조직은 조직의 구성요소인 소속감, 성원간 상호작용 등의 조건을 만족하고 있기 때문에 조직체에 속한다고 할 수 있다. 따라서 체육조직이란 체육활동을 매개로 하는 조직체(임번장, 1994)라고 할 수 있다.

체육(스포츠)조직의 범주는 체육수업 학급, 프로스포츠 클럽, 각 경기연맹, 대한체육회(KSC), 국제올림픽위원회(IOC), 국제경기연맹(IF), 국민생활체육협의회에 이르기까지 광범위하고 다양한 사회적 조직체가 포함된다. 체육조직이란 체육상황에 있어서 집단의 구성원 자격이 명확하게 한정되어 있고, 이를 달성하기 위한 관료화와 합리적 절차를 포함하고 있는 공식적인 집합체이다(박진경, 1986). 이들 조직체는 그 공식화의 정도는 다르지만 특정한 목적을 수행하는 공식적 체육조직체이다. 그러나 공식적 체육조직체는 한 범주 안에 포함시킬 수 없는 다양성을 내포하고 있다.

자원주의(自願主義, voluntarism)입장에서 볼 때 학교에서의 체육수업, 군대의 체육 프로그램, 교도소의 스포츠 모임 등은 자발적인 활동이 아니며 그들이 속하고 있는 상위 조직으로부터 활동에 대한 제약을 받고 있다. 한편, 테니스 클럽이나 배드민턴 클럽과 같이 오직 체육활동만을 위하여 만들어진 조직체는 자발적인 것이고 이를 구성하고 있는 성원도 동질성을 갖는다.

체육조직은 자발적 결사체로서의 성격을 갖고 있는 조직으로서 우리는 사회조직이라는 사회학적 개념과의 혼돈을 최소화하기 위해 공식조직과 유사한 의미를 갖고 있는 결사체라는 용어를 보다 자주 사용하고 있다. 결사체란 이익, 공공봉사, 그리고 즐거움 등과 같은 특정한 목적과 목표 그리고 가치 등을 추구하기 위해 의도적으로 설립된 특별 목적 집단으로서 체육조직은 바로 이와 같은 결사체의 성격을 갖고 있는 조직(임번장, 1994)이라고 할 수 있다.

그러나 위의 체육조직의 의미는 사회학적인 관점에서 보는 견해이며, 일반적으로 조직론적인 입장에서 볼 때는 체육조직도 일반조직과 같은 개념에서 접근할 수 있다. 즉 체육조직은 "합의된 체육목적을 효과적으로 달성하기 위해 여러 가지 기능과 책임의 분배를 통하여 직원을 배정하며 직원이나 집단으로 하여금 최소한 의 갈등과 최대한의 만족감을 보장하게 하며 체육목적을 달성할 수 있도록 그들의 노력과 능력을 연결하는 것"이라고 할 수 있다. 또한 체육조직은 "2인 이상의 체육관련인이 의식적으로 조정하는 활동 또는 힘의 체계" 내지는 "체육환경하에 서 체육의 목표를 추구하며 이를 위하여 일정한 구조를 지닌 사회단위"라고도 할 수 있다. 결국 체육조직의 개념에는 조직이 가지고 있는 개념이 모두 포함되어 있 으며 단지 체육의 목표를 달성한다는 것이 다를 뿐이다(이용식, 1997).

그리고 이병익과 김종필(1999)은 체육조직을 "체육의 공동 과업의 목표·목 적을 가지고서 이를 추구하기 위하여 만들어진 조직을 의미한다"고 간단하게 정 의하고 있다.

이러한 모든 이론을 정리하여 체육조직을 정의한다면 **"체육조직이란 체육 또 는 스포츠와 관련된 공동목표를 달성하거나 이를 지원하기 위해 의도적으로 조직 을 결성하여 책임과 권한을 명백히 한 집단이다"**라고 할 수 있다.

## 2. 체육조직의 유형

체육조직의 유형을 설명하기 전에 먼저 체육조직을 분류해 볼 필요가 있다. 즉 체육조직은 조직화의 정도나 안정도에 따라 동호회, 클럽, 서클 및 단체로 나누기 도 하고 또는 그 조직규모에 따라 군·시·도의 체육조직에서부터 크게는 국제적 인 조직까지도 나눌 수 있다. 또 조직의 성격으로 보아 종목별 조직과 통할조직으 로 구분할 수 있다. 그리고 체육활동의 성격으로 볼 때 아마추어 체육조직과 프로 페셔널 체육(스포츠)조직으로 나누며 구성원의 분류에 따라 학교 체육조직, 직장 체육조직, 여성 체육조직, 또는 장애자 체육조직 등으로 나눌 수 있다(강복창, 1999). <표 4-1>에는 다양한 기준에 따라 구분한 체육조직들이 제시되어 있다.

체육조직의 유형에 대하여 살펴보면, 그 동안 많은 조직론 학자들은 조직유형을 명확하게 구분하려고 노력하였지만, 연구결과는 아직까지 명쾌한 결론을 내리지 못하고 있다. 특히 체육조직의 유형에 대한 연구결과는 전무한 상태이다. 하지만 일반 조직론 분야의 학자들인 블라우와 스코트(Blau & Scott, 1962)가 제시한 조

**〈표 4-1〉 체육조직의 분류**

| 분류 기준 | 종 류 |
|---|---|
| 조직화 또는 안정화 | · 동호회<br>· 동아리<br>· 클럽 |
| 조직의 규모 | · 군·시·도의 체육조직<br>· 국제적 조직 |
| 조직의 성격 | · 종목별 조직<br>· 통할 조직 |
| 체육활동의 성격 | · 아마추어 스포츠 조직<br>· 프로페셔널 스포츠 조직 |
| 구성원의 분류 | · 학교 체육조직<br>· 직장 체육조직<br>· 여성 체육조직<br>· 장애자 체육조직 |

직유형을 체육학 분야의 조직유형에 아래와 같이 접목할 수 있다.

즉 조직활동의 결과로 인한 산출(output)은 조직, 성원 중 누군가에 의해 소비되고 사회의 특정 부문에 이용되며 그 혜택을 받는 사람이 존재하기 마련이다. 그 중에서도 누가 조직의 산출을 통해 가장 많이 혜택을 받느냐 즉 누가 조직의 수혜자(Who benefits?)인가 하는 점은 조직의 성격을 결정짓는데 있어서 가장 중요한 요소 중의 하나라고 할 수 있다. 왜냐하면 조직으로부터 가장 혜택을 많이 받는 성원이 조직에 대해 가장 큰 관심과 높은 참여도를 보이게 되며, 조직 내의 문제해결에도 가장 적극적인 자세를 보이기 때문이다. 이러한 점을 분류 변수(分類 變數)로 하여 블라우와 스코트는 조직의 유형을 호혜조직, 사업조직, 봉사조직 그리고 공익조직 등으로 분류하였다.

### 1) 호혜조직(互惠組織, mutual benefit association)

호혜조직은 네 가지 조직유형 중 가장 대표적인 자발적 조직으로 공동목적이나 이해관계를 갖고 있는 한 무리의 사람들 혹은 소수집단이 단합해서 그들의 목적이나 이익을 실현하기 위해 함께 행동하는 과정에서 형성된다.

호혜조직에서는 조직의 성원이 주 수혜자가 된다. 따라서 조직에 가입되어 있는 모든 성원이 그 조직의 수혜자가 되는 것이다. 이 조직에서는 누가 혜택을 많이 받고 적게 받는 것이 처음부터 결정되어 있지 않고 조직성원 누구에게나 그 혜택이 공평하게 돌아가게 된다. 스포츠 동호회, 조기축구회, 운동클럽, 또는 자생적 스포츠집단 등이 여기에 속한다고 할 수 있다.

### 2) 사업조직(事業組織, business concerns)

사업조직에서는 조직의 소유주나 경영자가 주 수혜자이다. 특정한 조직을 처음 만들어 조직의 소유권자가 된 사람이라든지 혹은 뛰어난 경영 수완이나 탁월한 관리 능력에 의해 그 조직의 경영권을 위임받는 사람이 조직의 주 수혜자가 된다는 것이다. 예를 들면 스포츠센타나 프로스포츠팀이 대표적인 경우라고 할 수 있다.

### 3) 봉사조직(奉仕組織, service organization)

봉사조직에서는 조직의 이용자가 주 수혜자이다. 이용자는 조직과 직접 접촉하는 대중으로서 대개는 조직 밖에서 정기적 또는 직접적으로 조직과 접촉해서 조직을 이용하고 있는 사람들이다. 그들은 특정 기간 해당조직 내에서 조직의 기존 성원과는 다른 차원에서 조직 성원을 구성할 수 있으며, 반대로 전혀 조직 성원을 구성할 수 없는 경우도 있다. 각 종목별 스포츠 연맹이나 협회, YMCA, 사회체육센터 등과 같이 이용자에게 스포츠 프로그램 및 관련 용품을 저렴하게 제공해 주는 공공 스포츠 단체나 기관이 이에 속한다.

### 4) 공익조직(公益組織, commonweal organization)

공익조직에서는 일반 대중이 주 수혜자이다. 일반 대중은 일반 국민을 포함하여 사회 성원 전체를 의미한다. 이들은 해당 조직에 직접 접촉을 하거나 하지 않거나에 관계없이 조직의 혜택을 직·간접적으로 모두 독점하는 경우이다. 공익조직은 조직의 목적 자체가 사회전체를 수혜 대상으로 하여 성립되었고 이들 조직의 구조 역시 전체 성원의 수혜를 목표로 하여 편성된 것이며 그 구조의 편성 또한 일반 사회 성원에 의하여 이루어진 것이다.

따라서 이들 조직의 존립 이유는 특정 국가조직의 존재 이유와 같은 것이다. 스포츠 체계에서는 문화관광부, 대한체육회(KSC), 대한올림픽위원회(KOC), 서울올림픽기념국민체육진흥공단, 국민생활체육협의회 등을 들 수 있다.

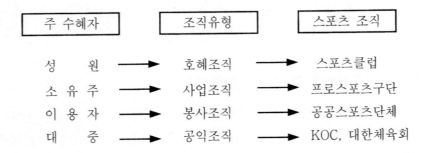

**〈그림 4-2〉 주 수혜자별 조직유형**(박진경, 1986)

자료 : 강복창(1999). **스포츠 사회학.** 서울: 도서출판 홍경. p. 86.

**〈표 4-2〉 사회조직 분류에 따른 체육조직의 수준**

| 체육조직의 수준 | 내 용 | 예 시 |
|---|---|---|
| 기본적 수준<br>(primary level) | · 참가자 사이에 직접적인 일대일 대면(face-to-face)이 가능하다.<br>· 이 수준에서는 명백한 위계적 서열이 정해져 있지 않으므로 공식적인 대표가 없다. | 비공식으로 조직된 조기축구팀, 자생적 운동팀 등 |
| 전문적 수준<br>(technical level) | · 행정적 지위 능력하에서 수행할 권리를 특정인에게 부여하고 있는 수준의 조직.<br>· 구성원 상호간의 일대일 동시대면은 힘들 정도로 크지만, 구성원 상호간에 서로 잘 알 정도로 작은 규모이다. | 학교의 운동부 |
| 관리적 수준<br>(managerial level) | 구성원 모두를 알기에는 그 규모가 너무 크지만 조직의 모든 성원은 그 조직의 행정적 지도자 한 두명 정도는 알고 있는 수준의 조직을 의미한다. | 프로스포츠팀 |
| 법인적 수준<br>(corporate level) | 관료주의적 구조의 일반적 특성에 의해 특징 지워지는 수준의 조직을 말한다.<br>즉, 전문화, 위계질서, 규약과 절차, 비인격적 관계 등의 특성에 의해 업무가 진행된다. | 전국적인 체육조직 대한체육회 국민생활체육협의회 축구협회 등 |

## 3. 체육 조직의 수준

체육조직은 사회조직 분류에 따라 기본적 수준, 전문적 수준, 관리적 수준, 법인적 수준으로 구분할 수 있다(Caplow, 1964). <표 4-2>에는 이러한 체육조직의 수준을 제시하고 있다.

## 4. 체육조직의 목표

체육조직은 일반 조직이나 다른 형태의 공식조직과 동등한 구조적 측면을 가지고 있지만 독특한 구조적 특성을 지니고 있다. 이러한 체육조직의 독특한 구조적 특성은 다른 조직과의 차이를 명확히 해주며 다른 조직과의 비교연구도 가능하게 해 준다.

또한 모든 조직에는 일정한 목표가 있듯이 체육조직에도 목표가 있다. 이러한 목표는 체육조직이 앞으로 수행해야 할 방향을 설정하는 것이기 때문에 매우 중요하다. 체육조직의 목표는 그 조직을 평가하는 기준이 된다고 할 수 있다.

일반적으로 우리 나라를 기준으로 체육조직의 목표를 구분한다면 중앙정부단위의 체육조직 목표, 지방정부단위의 체육조직 목표, 특수 법인 또는 일반 법인의 형태로 설립된 체육조직의 목표로 나눌 수 있다.

중앙정부단위는 문화관광부를 들 수 있으며, 여기에서의 목표는 전문스포츠와 생활체육 육성을 위한 종합적인 정책 및 지침의 설정으로서 스포츠를 통하여 국위를 선양하고 모든 국민에 대한 스포츠 권리의 보장이 될 것이다.

지방정부단위에서는 중앙정부의 정책이나 지침을 위임받아 지방체육 활성화를 통한 전문체육의 육성과 지역의 특수성과 여러 조건을 고려한 생활체육의 활동지원이 목표가 된다.

또한 특수 법인으로 설립된 대한체육회는 우수선수의 발굴과 아마추어 경기단체의 지도·관리를 담당하고 있으며, 국민생활체육협의회는 범 국민의 생활체육 저변확대와 활성화를 위한 구체적이고 세부적인 사업전개가 목표가 된다.

그 밖에도 체육조직의 범주에 속하는 여러 조직들은 그 나름대로의 다양한 목표를 설정하고 국민의 건전한 여가활동 지원을 통한 삶의 질 향상에 기여하고 있다.

# 제3절 한국의 체육행정 조직

## 1. 정부의 체육행정 기구의 변천

일제(日帝)시대로부터 8·15 해방 전까지는 정부의 체육행정 전담 부서는 없었다. 8·15 해방과 더불어 문교부의 기구가 개편되면서 학무국의 기구는 비서실 외에 학무과, 청소년수련과, 사회실업과, 사학과, 종교과, 기상과 등 6과로 편성되어 있었다. 학무과 내에 학교체육계, 청소년수련과에 일반체육계들 두었는데 이것이 우리 나라의 정부 차원의 체육행정 전담 부서의 효시(嚆矢)가 된다.

미군정(美軍政)하, 1946년 3월 29일 문교부 기구 개편 시 체육행정부서가 계(係)에서 과(課)로 승격되었다. 즉 교화국 내에 체육과를 두어 일반체육계와 단체체육계를 두게 되었다.

1961년 5·16 군사혁명 이후 정부의 체육행정 강화방안으로 1962년 10월 2일 기구를 개편하여 종전 문화국에 예속되었던 체육과를 체육국(體育局)으로 승격, 독립시키기에 이르렀다. 체육국 내에는 사회체육을 담당하는 국민체육과와 학원체육을 관장하는 학교체육과를 두었다.

1962년에는 국민체육진흥법이 제정 공포되어 학교체육, 국민체육, 직장체육을 비롯한 체육·스포츠 전반에 걸친 각종 강화방안이 제도화됨으로써 체육·스포츠 진흥에 획기적인 전환점이 되었다.

그후 급격한 경제성장과 국력의 신장으로 86아시안게임과 88올림픽 유치에 성공하기에 이르렀다. 86아시안게임과 88올림픽대회 유치를 전환점으로 하여 1982년 3월 20일 정부조직법이 개정됨에 따라 우리 나라 체육행정 역사에 처음으로 정부의 체육행정 전담 부서로서 체육부(體育部)가 탄생하였다.

과거 문교행정의 시각에서 부분적으로 다루어져 왔던 체육행정을 보다 차원 높게 종합적으로 추진함으로써 국민체육을 획기적으로 진흥시키고 체육을 생활화하여 체육을 통한 국민화합과 복지증진 및 국위선양을 도모하는 한편 86·88 양 대회의 성공적인 개최를 위한 준비 업무를 효율적으로 추진하기 위하여 체육부의 태동은 필연적인 것이다.

출범당시의 체육부의 기구조직은 <그림 4-3>과 같으며 편제는 장, 차관, 1실, 3국, 10과, 6담당관으로 편성되었다. 이로써 정부의 체육행정 업무 전담기구는 해방후 37년만에 비로소 독립적 행정체계를 갖추게 되었다.

1988년 7월 1일에는 청소년 업무를 담당하는 청소년국이 체육부에 신설되었다.

88서울 올림픽을 성공적으로 마친 후인 1990년 12월 27일에는 늘어나는 청소년 행정업무의 수요를 충족시키기 위해 체육부를 체육청소년부로 개칭하게 되었다.

그후 정부의 중앙행정부서 통폐합을 통한 행정의 효율화를 기하기 위해 1994년 12월 23일 체육청소년부와 문화부를 통합하여 문화체육부로 개칭하고 1차관보, 3실, 6국, 30과, 10담당관 13소속관으로 조직이 개편되었다.

1998년 2월 25일 새 정부가 출범하면서 정부조직이 다시 개편(1998. 3. 3)되어 체육행정 업무는 문화관광부에서 관장하게 됨으로써 정부의 체육행정 업무 전담 부서는 다시 1982년 3월 20일 이전의 부분적 행정체제로 돌아가는 형국이 되었다. 이러한 우리 나라 중앙정부의 체육행정 담당 부서의 변천 과정을 표로 제시하면 <표 4-3>과 같다.

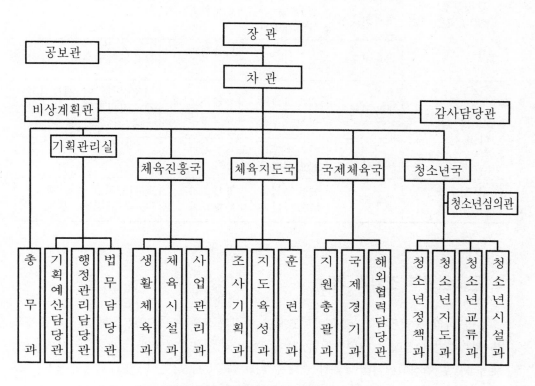

<그림 4-3> 체육부 기구(1988. 7. 1)

**〈표 4-3〉 중앙정부의 체육행정 담당 부서의 변천 과정**

| 담당부처 및 조직개편 일시 | 국(局) | 과(課) | 특이 사항 |
|---|---|---|---|
| 문교부 (1946. 3. 29) | 교화국 | 체육과 | |
| 문교부 (1961. 10. 2) | 체육국 | 국민체육과, 학교체육과 | |
| 체육부 (1982. 3. 20) | 체육진흥국 | 체육정책과, 사회체육과, 학교체육과, 체육시설과 | 1988년 7월 1일 기구개편으로 청소년국 신설 〈그림 4-3〉참조 |
| | 체육과학국 | 기획과, 지도훈련과, 조사연구과 | |
| | 국제체육국 | 지원총괄과, 국제경기과 | |
| 체육청소년부 (1990. 12. 27) | 청소년정책 조정실 | 청소년기획과, 청소년지도과, 시설기금과, 청소년육성과, 청소년교류과, 홍보협력과 | |
| | 체육진흥국 | 생활체육과, 체육시설과, 사업관리과 | |
| | 체육지도국 | 조사기획과, 지도육성과, 훈련과 | 체육과학국에서 명칭변경 |
| 문화체육부 (1993. 3. 6) | 체육정책국 | 체육기획과, 생활체육과 지원육성과, 체육시설과 | 체육지원국이 폐지되고 체육지원업무가 체육정책국내 지원육성과로 이관 |
| | 국제체육국 | 협력총괄과, 국제경기과, 해외협력과 | |
| 문화관광부 (1998. 3. 3) | 체육국 | 체육정책과, 생활체육과, 체육지원과, 체육교류과 | 2001년 6월 현재: 체육정책과, 체육진흥과, 체육교류과 |

## 2. 문화관광부 조직과 기능

우리 나라 중앙정부의 체육행정조직인 문화관광부는 1998년 3월 3일 문화체육부에서 명칭과 조직이 개편되었다. 문화체육부의 체육정책국과 국제체육국이 합하여 체육국으로 변경되어 1국 4과의 형태를 취하였다. 그러나 그후 또다시 1국 3과로 축소·조정되어 현재에 이르게 되었다. 〈표 4-4〉에 조정된 기구표가 제시되어 있다.

또한, 이렇게 새롭게 개편된 3개과의 업무분장표가 <표 4-5>에 있으며, 문화관광부의 조직도는 <그림 4-4>에 제시되어 있다.

**<표 4-4> 개정된 기구표**

| 2국 7과(문화체육부) | | 1국 4과(문화관광부) | | 1국 3과(문화관광부) | |
|---|---|---|---|---|---|
| 체육정책국 | 체육기획과 | 체육국 | 체육정책과 | 체육국 | 체육정책과 |
| | 생활체육과 | | 생활체육과 | | 체육진흥과 |
| | 지원육성과 → | | 체육지원과 | → | |
| | 체육시설과 | | | | |
| 국제체육국 | 협력총괄과 | | 체육교류과 | | 체육교류과 |
| | 국제경기과 | | | | |
| | 체육교류과 | | | | |

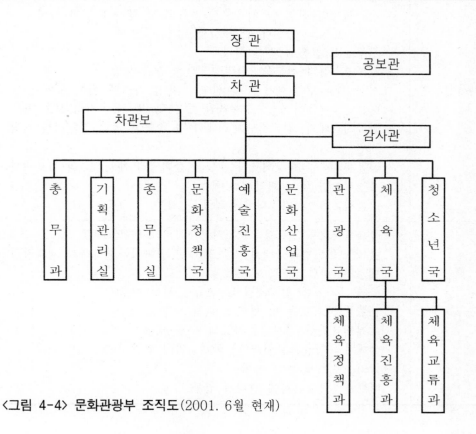

**<그림 4-4> 문화관광부 조직도**(2001. 6월 현재)

〈표 4-5〉 문화관광부 체육국 부서별 업무내용 (2001. 6월 현재)

| 과 명 | 업 무 내 용 |
|---|---|
| 체육정책과 | · 체육정책에 관한 장·단기 계획의 수립 및 조정<br>· 체육종합계획의 추진상황 분석 및 평가<br>· 체육관련 통계자료의 수집·분석 및 체육지표 개발<br>· 체육정보화에 관한 사항<br>· 체육진흥기금의 조성 및 운용에 관한 사항<br>· 경륜·경정사업에 관한 사항<br>· 체육과학의 진흥 및 체육과학연구기관의 육성·지원<br>· 체육산업진흥에 관한 사항<br>· 서울올림픽기념국민체육진흥공단에 관련된 업무 |
| 체육진흥과 | · 생활체육 및 전문체육진흥을 위한 계획의 수립 및 시행<br>· 체육시설의 확충 및 관리에 관한 사항<br>· 지역체육의 진흥 및 체육주간·체육의 날 행사에 관한 사항<br>· 체육지도자의 양성에 관한 사항<br>· 프로경기 진흥에 관한 사항<br>· 전통민속경기 진흥 및 한민족축전에 관한 사항<br>· 직장·학교 운동경기부 및 선수의 육성·지원에 관한 사항<br>· 대한민국체육상 등 우수체육인 포상 및 체육유공자의 보호·육성<br>· 전국체육대회, 전국소년체육대회 및 종목별 국내 경기대회 개최<br>　지원<br>· 공공체육시설·직장체육시설 및 민간비영리 체육시설의 확보지원<br>· 체육시설업 및 관련단체의 육성<br>· 대한체육회 및 경기단체에 관련된 업무 |
| 체육교류과 | · 국제체육교류 진흥을 위한 기본계획의 수립 및 시행<br>· 2002년월드컵축구대회 및 2002년부산아시아경기대회 개최지원<br>　에 관한 사항<br>· 국제 체육교류 협정체결 및 교류에 관한 사항<br>· 남북한 체육교류 및 협력에 관한 사항<br>· 국제체육관련 정보 및 자료의 수집·보급<br>· 국제체육기구와의 협력 및 국제회의에 관한 사항<br>· 국외스포츠에 관한 사항<br>· 대한올림픽위원회에 관련된 업무 |

## 3. 지방체육행정 조직

지방의 체육행정조직은 당해 자치단체장의 체육에 대한 이해와 관심 정도 그리고 지역의 특수성에 따라 매우 다르다. 예를 들면 지방자치법 제102조 내지 104조 및 『지방자치단체의 행정기구와 정원기준 등에 관한 규정』을 모법으로 조례에 의하여 추진 부서를 변경하거나 통합할 수 있다<제7장 재정과 예산 부분 참조>.

2001년 현재 서울특별시청은 문화관광국의 체육청소년과에서 체육업무를 담당하고 있으며, 부산광역시에서는 행정관리국의 체육민방위과에서 체육행정을 추진하고 있다. <표 4-6>에 전국의 주요 시·도의 체육행정 담당 부서가 제시되어 있다.

**〈표 4-6〉 지방자치단체의 체육행정 담당 부서(2001. 7월 현재)**

| 지      역 | 국(局) | 과(課) |
|---|---|---|
| 서울특별시 | 문화관광국 | 체육청소년과 |
| 부산광역시 | 행정관리국 | 체육민방위과 |
| 대구광역시 | 문화체육국 | 체육진흥과 |
| 인천광역시 | 문화관광국 | 체육청소년과 |
| 대전광역시 | 문화체육국 | 체육청소년과 |
| 광주광역시 | 문화관광국 | 체육청소년과 |
| 경 기 도 | 문화관광국 | 체육진흥과 |
| 강 원 도 | 문화관광국 | 체육청소년과 |
| 충청북도 | 문화진흥국 | 체육청소년과 |
| 충청남도 | 자치문화국 | 체육청소년과 |
| 전라북도 | 문화관광국 | 체육청소년과 |
| 전라남도 | 자치행정국 | 체육청소년과 |
| 경상북도 | 문화관광국 | 체육청소년과 |
| 경상남도 | 문화관광국 | 체육청소년과 |
| 제 주 도 | 관광문화국 | 문화예술과 |

## 4. 민간 체육단체의 조직과 기능

우리 나라에서 민간 체육조직은 분야별로 여러 종류가 있다. 그러나 이러한 단체들이 민간조직이라고 해서 공익성이 없다는 것은 아니다. 다만, 업무추진의 효율성을 고려하여 특수 법인 또는 일반 법인의 자격을 얻고 국민의 체육진흥을 위하여 운영되고 있는 조직들이다. 이러한 조직들은 국가 또는 지방자치단체의 재투자기관으로서 국고의 지원을 받고 있지만, 분명한 것은 여기에서 근무하는 직원들은 공무원 신분이 아니라는 점이다.

민간 체육조직을 대표하는 단체에는 대한체육회, 서울올림픽기념국민체육진흥공단, 국민생활체육협회 등이 있으며, 그 밖에 비영리 체육법인으로 존재하는 단체들이 많다. <표 4-7>에는 법인형태로 구성되어 있는 체육단체들이 제시되어 있다.

**<표 4-7> 민간체육 법인단체 현황**

| 법인 형태 | 법인체 명 | 설립 년도 |
|---|---|---|
| 특수법인 | 대한체육회 | 54. 3. 16 : 사단법인<br>83. 1. 1 : 특수법인 |
| | 서울올림픽기념국민체육진흥공단 | 89. 4. 20 |
| | 한국마사회 | 42. 3. 1 |
| 재단법인 | 한국체육과학연구원 | 89. 7. 8 |
| | 서울평화상문화재단 | 92. 6. 3 |
| | 2002년 월드컵축구대회조직위원회 | 96. 12. 30 |
| | 제14회 부산아시아경기대회조직위원회 | 95. 12. 1 |
| | 제4회 강원동계아시아경기대회조직위원회 | 95. 11. 23 |
| | 서울마주협회 | 94. 8. 31 |
| | 서울경마장조기협회 | 95. 2. 6 |
| | 태릉푸른동산 | 79. 5. 18 |
| | 한국유도원 | 18. 9. 30 |
| | 한국마라톤후원회 | 78. 6. 29 |
| | 한국육상진흥회 | 88. 12. 30 |
| | 한국럭비풋볼진흥회 | 87. 12. 13 |
| | 고우체육진흥재단 | 93. 4. 21 |
| | 광신여성체육진흥재단 | 93. 7. 6 |
| | 한국에어로빅협회 | 90. 11. 9 |
| | 한국사회체육센타 | 82. 1. 4 |
| | 한국동계스포츠센타 | 90. 1. 19 |
| | 성동체육진흥센타 | 85. 7. 6 |

〈표 4-7〉 계속

| 법인 형태 | 법인체 명 | 설립 년도 |
|---|---|---|
| 재단법인 | 경성체육구락부 | 14. 12.  4 |
|  | 국기원 | 74.  8.  7 |
|  | 부산사회체육센타 | 89.  9.  9 |
|  | 목표체육진흥회 | 78. 10. 20 |
| 사단법인 | 국민생활체육협의회 | 91.  2.  6 |
|  | 한국야구위원회 | 82.  3. 19 |
|  | 한국씨름연맹 | 90.  9. 29 |
|  | 한국권투위원회 | 62. 12. 14 |
|  | 한국프로골프협회 | 68. 12. 12 |
|  | 한국여자프로골프협회 | 91. 12. 14 |
|  | 한국프로볼링협회 | 95.  8. 25 |
|  | 한국농구연맹 | 96. 12. 22 |
|  | 한국여가레크리에이션협회 | 60. 12. 10 |
|  | 한국체육지도자총연합회 | 97.  7.  9 |
|  | 한국프로축구연맹 | 94.  7. 30 |
|  | 한국체육진흥회 | 84. 12. 12 |
|  | 한국게이트볼협회 | 84.  5. 18 |
|  | 한국체력향상협회 | 92.  3. 30 |
|  | 한국에어로빅스건강과학협회 | 89. 11.  3 |
|  | 한국궁중무술협회 | 90.  6. 20 |
|  | 한국잠수협회 | 79.  1. 31 |
|  | 한국오리엔티어링협회 | 80.  4. 15 |
|  | 한국건강체조협회 | 89.  3.  7 |
|  | 대한산악연맹 | 62.  4. 21 |
|  | 한국골프협회 | 66.  6. 30 |
|  | 대한검도회 | 94.  4. 30 |
|  | 대한사격연맹 | 97.  5. 21 |
|  | 대한테니스협회 | 94. 11.  8 |
|  | 대한체조협회 | 95.  4. 11 |
|  | 대한당구협회 | 66.  4. 19 |
|  | 대한스키협회 | 95.  9. 26 |
|  | 대한볼링협회 | 96. 10. 16 |
|  | 대한수중협회 | 97.  4.  7 |
|  | 대한유도회 | 97. 10. 24 |
|  | 세계태권도연맹 | 73.  5. 23 |
|  | 2002년 월드컵축구대회문화시민운동추진협의회 | 97.  6. 21 |
|  | 한국체력단련장경영자협회 | 95.  9.  1 |
|  | 한국볼링장경영자협회 | 90.  9. 10 |
|  | 한국수영장경영자협회 | 85.  8. 10 |

## 1) 대한체육회

대한체육회는 1920년 7월 13일에 창립되었다. 건강한 육체에 건전한 정신을 함양하여 민족정기를 살리자는 취지로 창설된 대한체육회는 일제시대 때 해산되는 아픔을 겪기도 하였으나 해방과 더불어 부활해 오늘에 이른다.

80여년의 역사를 갖고 있는 대한체육회는 매년 전국소년체육대회와 전국체육대회를 개최하여 국민의 스포츠에 대한 관심과 인식을 높여 우수 선수발굴과 스포츠 인구 저변 확대에 앞장섰다. 또한 대한체육회는 국가대표선수와 청소년대표팀의 강화훈련을 실시하여 경기력 향상을 도모, 스포츠를 통한 국위선양에 크게 기여하였다.

대한체육회는 한국스포츠의 총 본산으로 오랜 역사 속에 가꾸어온 대회운영 능력을 바탕으로 86아시안게임과 88서울올림픽을 국내에 유치하여 성공적으로 치루는 발판을 마련하였다.

현재 50개 가맹경기단체, 16개의 시도지부와 13개 해외지부와 함께 대한체육회는 국민에게 스포츠를 통한 밝고 명랑한 21세기를 열어 주며, 아울러 한국 스포츠의 세계화에 주력하고 있다(대한체육회, www.sports.or.kr., 2001).

또한 시·도를 비롯한 기초자치단체 수준에서 체육회는 단체장이 당연직 회장으로 취임하고 있다. 예를 들면 경기도 체육회장은 경기도 도지사가, 서울특별시 체육회장은 서울시장이 취임하고 있다. 사무직원은 시·도 단위에서는 체육회의 상근직원이 근무하고 있으며, 기초자치단체에서는 체육행정 전담 부서의 공무원들이 체육회의 행정업무를 담당하기도 한다.

### (1) 연 혁

1920년 7월 13일에 창립된 조선체육회는 우리 나라에서 최초로 민간 체육조직으로 탄생되었다. 그 당시 정치인을 주축으로 하여 창립위원회가 구성되었다. 이후 꾸준히 조직이 확장되었으나 1925년 조선체육회 지방조직 확장계획이 일본의 방해로 무산됨으로서 한국 체육사에 있어서 체육단체가 최초로 정치적 압력을 받는 시련을 겪었다. 또한 조선체육회는 1938년 7월 7일 일본체육단체인 조선체육협회의 압력으로 긴급 이사회를 소집하여 강제해산 된 후 일본인 단체로 합류되었다. 즉, 조선총독부가 조선체육회를 강제 해산시키고 일본단체인 조선체육협회가 우리 나라의 모든 체육행정과 체육활동을 관장하게 된 것이다(대한체육회, 1968).

이와 같은 암울한 시기를 거쳐 1945년 광복과 더불어 체육계 인사들은 1945년 11월 26일 조선체육회 재건 총회를 개최하게 되었다. 1946년 7월 우리 나라는 스포츠단체를 대외적으로 인정받고 올림픽대회에 참가하기 위해 IOC에 가입을 위한 '올림픽대책위원회'를 설치하게 되었으며, 그 결과 1947년 6월 19일 IOC총회에서는 우리 나라의 조선올림픽위원회(KOC: Korea Olympic Committee)가 정식으로 가입되어 국제 체육계의 일원이 되었다(대한체육회, 1990).

한편 1948년 9월 3~4일에 개최된 조선체육회 임시 평의원회에서는 정관 개정을 통해 기존의 조선체육회를 현재의 대한체육회로 조직 명칭을 변경하였다. 이는 당시 조선으로 불리던 우리 나라의 국호가 대한민국으로 변경된 결과라고 할 수 있다(김철주, 2001).

1953년 한국전쟁의 중반까지는 재건임의단체로 활동하고 있었고 6·25전쟁 속에서 조선체육회와 대한체육회의 문헌기록을 소실하기도 하였다. 하지만, 서울 수복 후인 1953년 4월 25일 대한체육회는 재건임의단체에서 사단법인체로의 조직 형태변화를 추구하고자 법인화 작업에 착수하였으며, 1954년 3월 16일 사단법인으로 인가를 받았다.

그후 1968년 정부의 주도로 대한체육회 내에 대한올림픽위원회와 학교체육위원회가 흡수·통합되었고 1983년 국민체육진흥법 개정으로 특수법인체가 되었다.

**〈표 4-8〉 대한체육회 연혁**

| 일 시 | 내 용 |
|---|---|
| 1920. 7. 13 | 조선체육회 창립 |
| 1938. 7. 7 | 조선체육협회(일본인단체)로 흡수 |
| 1945. 11. 26 | 조선체육회 부활 |
| 1947. 6. 19 | IOC총회 가입(조선올림픽 위원회) |
| 1948. 9. 3 | 대한체육회로 명칭 변경 |
| 1954. 3. 16 | 사단법인 인가 |
| 1966. 6. 30 | 대한체육회 회관 개관(무교동) |
| 1968. 3. 1 | 대한체육회, KOC 및 대한학교체육회를 흡수 통합 (정부의 체육단체 일원화 방침에 의거) |
| 1982. 12. 31 | 국민체육진흥법 개정으로 특수법인화(사단법인→특수법인) |
| 1989. 7. 14 | 스포츠과학 연구소 분리 |
| 1989. 12. 4 | 대한체육회 및 가맹경기단체 올림픽회관으로 이전 |

이러한 대한체육의 연혁을 <표 4-8>과 같이 정리할 수 있다.

### (2) 설립근거

대한체육회는 1982년 12월 31일 국민체육진흥법의 개정에 따라 동법 제23조에 의한 특수법인체가 되었다. <표 4-8> 참조.

대한체육회는 우선적으로 국민체육진흥법의 적용을 받으며, 기타 사항에 관하여는 일반법인 민법의 규정에 따르도록 되어 있다.

### (3) 목 적

정관 제2조에 의하면, "체육운동을 범국민화하여 학교체육 및 생활체육의 진흥으로 국민의 체력향상과 건전하고 명랑한 기풍을 진작시킴과 아울러 본회에 가맹한 경기단체를 통할 지도하고 우수한 경기자를 양성하여 국위선양을 도모함으로써 민족문화발전에 이바지하고 나아가 스포츠를 통한 국제친선과 세계평화에 기여함을 목적으로 한다"고 규정되어 있다(개정 1994. 3. 16).

그러나 지방자치단체의 체육회 정관(규약)은 대한체육회의 정관을 토대로 하고 있지만, 대부분 지방의 특수성을 고려하여 정관상의 목적에 있어서 약간의 차이가 있다.

### (4) 사 업

대한체육의 사업은 정관 제4조에 명시되어 있다.
- 전반적 체육운동에 관한 기본방침의 심의결정
- 체육운동의 아마추어 정신 확립
- 각 가맹경기단체와 지부의 육성·지도·감독
- 전반적 체육운동에 관한 정부 자문에 응하고 정부 기타 연계 기관에 대한 건의
- 올림픽경기, 아시아경기, 국제대학생경기 및 이에 준하는 국제적 종합경기에 관한 사업
- 스포츠의 국제교류
- 전국체육대회 및 전국소년체육대회 등 각종 종합체육대회의 개최
- 학생의 보건 및 체력향상에 관한 조사연구와 체육의 육성
- 국민체력향상에 관한 조사연구 및 국민체육의 육성보급
- 과학적 방법에 의한 경기자 및 경기지도자의 양성
- 체육 및 경기시설의 설치관리와 용기구에 관한 연구개발

- 체육운동에 관한 자료수집과 조사
- 체육운동에 관한 선전계몽
- 체육운동에 관한 각종 간행물의 발간
- 본회의 목적달성에 필요한 경비를 조달하기 위하여 본회 회관의 대출사업, 수영장, 스케이트장 및 훈련시설의 일반공개 사업
- 기타 본회의 목적달성에 필요한 사업

## (5) 기 구

대한체육회는 최고 의결기구인 대의원 총회와 최고 집행기구로서 이사회를 두고 있다. 또한 정관 제7장에 의거 각종 위원회를 두고 있는데, 학교체육위원회, 생활

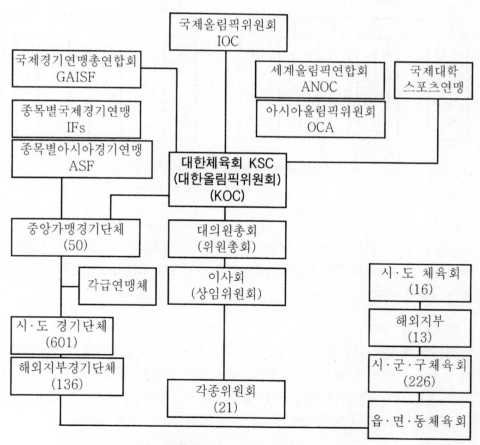

〈그림 4-5〉 대한체육회 기구(2001. 11월 현재)

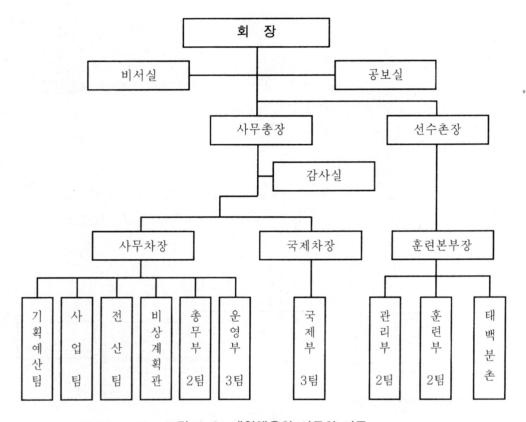

〈그림 4-6〉 대한체육회 사무처 기구

체육위원회, 여성체육위원회 그리고 경기력향상위원회를 두고 있으며 그밖에 특별위원회를 두고 있다. 대한체육회의 조직도와 사무처의 조직도가 〈그림 4-5〉와 〈그림 4-6〉에 제시되어 있다.

① 대의원 총회

대의원 총회는 대한체육회의 최고 의결기관으로서 대한체육회 가맹경기단체에서 추천된 각 1명씩 대의원(경기단체 회장 또는 부회장 중 1명)으로 구성되며 총회 의장은 대한체육회 회장이 된다. 정기총회(1-2월중)와 임시총회(필요시 소집)로 구분한다. 대의원 총회에서 심의하는 주요사항은 다음과 같다.

• 임원선출에 관한 사항

- 정관변경에 관한 사항
- 예산 및 결산의 승인
- 사업계획 및 사업보고의 승인
- 정관규정에 의해 대의원 총회 권한에 속하는 사항

② 이사회

대한체육회의 최고 집행기관인 이사회는 총회에서 선출된 20인 이상 47인 이내의 이사(회장, 부회장, 사무총장 포함)으로 구성된다. 이사의 임기는 4년이며 감사의 임기는 2년으로 규정되어 있다. 이사회의 주요 임무는 아래와 같다.

- 업무집행에 관한 사항
- 사업계획의 운영에 관한 사항
- 예산결산서 작성에 관한 사항
- 총회에서 위임받은 사항
- 가맹경기단체의 조정 및 통할
- 사무처 및 선수촌의 지휘 감독
- 제규정의 제정

### (6) 가맹경기단체

대한체육회는 대한민국을 대표하는 종목별 아마추어 경기단체로서 조직한다고 정관 제6조에서 규정하고 있다. 경기단체가 대한체육회에 가맹하기 위해서는 경기단체 가맹, 탈퇴에 관한 규정에 의거한 요건을 구비하여 신청할 경우 대의원 총회의 의결을 거쳐 가맹이 확정된다. 그러나 요건이 미비한 경우는 잠정적으로 준가맹(準加盟)되는 수가 있다. 가맹경기단체는 대한체육회에 대하여 권리(정관 제7조)와 의무(정관 제8조)를 가지게 된다. 정관 제7조에 규정된 가맹경기단체의 권리는 아래와 같다.

- 총회에 대의원을 파견하여 발언권 및 의결권을 가진다.
- 본회에 대하여 건의 및 소청할 수 있다.
- 본회가 주최, 주관 및 승인하는 사업에 참가할 수 있다.
- 본회가 승인하는 사업을 주최, 주관, 후원할 수 있다.
- 가맹경기단체의 목적사업 수행을 위하여 필요한 경우 본회에 국고보조금 또는 서울올림픽기념국민체육진흥공단 지원금을 요청할 수 있다.

각 가맹경기단체는 대의원총회와 이사회를 두고 있으며 각 시·도에 예하 경기단체를 두고 있다. 또한 각 가맹경기단체는 경기 단체별로 각급 연맹체를 두고 있다. 대한체육회의 가맹경기단체는 명칭이 **"대한○○협회(또는 연맹)"** 이라 칭하며, 가맹경기단체 예하의 각급 연맹체는 **"한국○○○○연맹"** 이라고 칭함으로서 호칭상의 혼동을 피하고 있다. 실예로, 대한 테니스협회의 경우를 보면 그 예하에 다음의 연맹체를 두고 있다.

- 초등학교 테니스연맹
- 중·고등학교 테니스연맹
- 대학 테니스연맹
- 실업 테니스연맹

한편 〈표 4-9〉에는 1990년부터 1999년까지의 대한체육회 산하 경기단체 등록종목 및 선수현황이 제시되어 있고, 〈표 4-10〉에는 1998년 현재 가맹경기단체와 영문표기법이 제시되어 있다.

**〈표 4-9〉 대한체육회 산하 경기단체 등록종목 및 선수현황**     (단위: 종목, 인원수)

| 연도 / 종목, 선수 | 1990 | 1991 | 1992 | 1993 | 1994 | 1995 | 1996 | 1997 | 1998 | 1999 |
|---|---|---|---|---|---|---|---|---|---|---|
| 등록 종목수 | 44 | 44 | 44 | 45 | 45 | 45 | 46 | 47 | 48 | 48 |
| 등록 선수수 | 83,744 | 92,505 | 97,564 | 97,602 | 100,068 | 106,488 | 110,188 | 117,438 | 127,571 | 124,572 |

자료 : 체육청소년부(1992). **체육청소년통계연보**.
　　　 한국체육과학연구원(1997, 1999). **한국의 체육지표**. pp. 148-155.

### (7) 예산 및 재정

대한체육회의 예산은 88~90%가 주무부처(문화관광부)의 국고보조금이다. 그 외의 수익은 서울올림픽기념국민체육진흥공단에서 받는다. 하지만 근래에 들어서는 IOC의 TOP 프로그램으로 인한 수익금의 일부를 배정 받아 지출하고 있다. TOP 프로그램이란 올림픽 파트너(The Olympic Partner)의 영문 첫 자를 딴 IOC에서 개발한 스폰서십 프로그램을 의미한다. 〈표 4-11〉에는 대한체육회의 국고보조금 현황이 제시되어 있다.

### 〈표 4-10〉 대한체육회 가맹경기단체(2000)

| 연번 | 단 체 명 | 영문표기 | 연번 | 단 체 명 | 영문표기 |
|---|---|---|---|---|---|
| 1 | 육상 | Athletic | 25 | 궁도 | National Archery |
| 2 | 축구 | Foot ball | 26 | 사격 | Shooting |
| 3 | 테니스 | Tennis | 27 | 펜싱 | Fencing |
| 4 | 정구 | Soft tennis | 28 | 태권도 | Tae kwon do |
| 5 | 탁구 | Table tennis | 29 | 배드민턴 | Badminton |
| 6 | 핸드볼 | Hand ball | 30 | 조정 | Rowing |
| 7 | 역도 | Weight lifting | 31 | 로울러 | Roller skating |
| 8 | 복싱 | Boxing | 32 | 요트 | Yacht |
| 9 | 빙상 | Skating | 33 | 볼링 | Bowling |
| 10 | 유도 | Judo | 34 | 양궁 | Archery |
| 11 | 체조 | Gymnastic | 35 | 카누 | Canoe |
| 12 | 사이클 | Cycling | 36 | 골프 | Golf |
| 13 | 배구 | Basket ball | 37 | 근대5종 | Modern pentathlon |
| 14 | 농구 | Volley ball | 38 | 수상스키 | Water ski |
| 15 | 씨름 | Ssireum | 39 | 산악 | Alpine |
| 16 | 럭비풋볼 | Rugby football | 40 | 보디빌딩 | Body building |
| 17 | 레스링 | Wrestling | 41 | 세팍타크로 | Sepakta kraw |
| 18 | 수영 | Swimming | 42 | 수중 | Under water |
| 19 | 야구 | Baseball | 43 | 우슈 | Wushu |
| 20 | 스키 | Ski | 44 | 소프트볼 | Soft ball |
| 21 | 승마 | Equestrian | 45 | 루지 | Luge |
| 22 | 아이스하키 | Ice hockey | 46 | 컬링 | Curling |
| 23 | 하키 | Hockey | 47 | 트라잉이슬론 | Triathlon |
| 24 | 검도 | Gum-do | 48 | 당구 | Billiard |

### 〈표 4-11〉 대한체육회 국고보조금현황(1990~1999)

(단위: 억원)

| 연 도 | 1990 | 1991 | 1992 | 1993 | 1994 | 1995 | 1996 | 1997 | 1998 | 1999 |
|---|---|---|---|---|---|---|---|---|---|---|
| 국 고 | 149 | 154 | 187 | 203 | 240 | 240 | 251 | 320 | 262 | 257 |

자료 : 김철주(2001). 사회변동과 스포츠조직 구조변화의 관계. 한국체육대학교 대학원 박사학위 논문. p. 45.
　　　체육청소년부(1992). 체육청소년통계연보.
　　　한국체육과학연구원(1997, 1999). 한국의 체육지표.

## 2) 서울올림픽기념 국민체육진흥공단

### (1) 연 혁

1971년부터의 국민체육진흥기금 조성은 한국 스포츠 발전사에 있어 자립의 기반을 마련하는 계기가 되었다. 이에 대한 뒷받침으로 정부는 특별법인 국민체육진흥법 제16조를 제정하였다. 이는 당시 문교부장관이 지정하는 법인으로 하여금 체육진흥재단(현: 서울올림픽기념국민체육진흥공단)을 설립한 것으로, 이 재단은 3년 후인 1974년에 대한체육회로 이관되어 본격적인 운영체제를 갖추게 된다.

〈표 4-12〉 서울올림픽기념 국민체육진흥공단 연혁

| 일     시 | 내               용 |
|---|---|
| 1989. 4. | 국민체육진흥공단 설립 |
| 1990. 7. | 한국체육산업개발(주) 설립 |
| 1990. 9. | 서울올림픽파크텔, 서울올림픽기념관 개관 |
| 1993. 2. | 경륜사업본부 발족 |
| 1993. 12. | (주)한국스포츠 TV설립 |
| 1994. 10. | 잠실경륜장 개장 |
| 1995. 5. | 올림픽 공원, 미사리조정경기장 일반인 무료개방 |
| 1995. 6. | (주)한국스포츠 TV개국 |
| 1995. 8. | 평촌올림픽스포츠센타 개관 |
| 1995. 10. | 서울올림픽기념관 건립계획 확정 |
| 1997. 3. | 경륜수원사업소 개장 |
| 1998. 4. | 경륜상봉사업소 개장 |
| 1998. 7. | 경륜일산사업소 개장 |
| 1998. 9. | 일산올림픽스포츠센타 개관 |
| 1999. 1. | 체육과학연구원 공단부설기관화 |
| 2000. 1. | (주)한국스포츠 TV 매각 |
| 2000. 3. | 성북구길음사업소 개장 |
| 2000. 12 | 올림픽파크텔 민간위탁 |

그후 88서울올림픽 잉여금(약 3,300억원)을 효율적으로 관리·운영하기 위하여 1989년 4월 20일에 국민체육진흥법 제24조에 의거 특수법인체로 창설되었다.

### (2) 설립목적

국민체육진흥, 체육과학연구, 청소년 육성과 관련된 사업을 지원하고, 서울올림픽대회를 기념하는 사업을 수행하기 위하여 국민체육진흥기금을 조성, 운용 및 관리하는 것을 목적으로 공익법인으로 설립되었다.

### (3) 사 업

서울올림픽기념국민체육진흥공단의 주요사업은 기금지원, 올림픽시설 관리·활용, 기금조성, 체육과학 등의 네 가지로 크게 구분할 수 있다. <표 4-13>에 주요사업과 세부사업이 소개되어 있다.

### (4) 기 구

서울올림픽기념국민체육진흥공단 이사회는 이사장 1인과 상임이사 2인을 포함한 15인 이내의 이사와 감사 2인이 있다. 상임이사 2인 중 1인은 부이사장, 1인은 상무이사로 한다. 감사 2인중 1인은 상임, 1인은 비상임으로 한다. 또한 이사회는 다음의 기능을 한다.

- 공단의 경영목표·사업계획 및 기금운용관리계획
- 예산의 이월
- 매 회계년도의 예산·결산
- 기본재산의 취득, 처분, 양여, 교환 및 지상권설정 또는 담보의 제공과 관리에 관한 사항
- 자금의 차입·상환 및 출자에 관한 사항
- 정관의 변경, 구성, 정원의 조정 및 제규정의 제정과 개정에 관한 사항
- 공단의 지부설치에 관한 사항
- 기타 이사장이 공단운영상 특히 필요하다고 인정하는 사항과 재적이사 3분의 1이상이 부의하는 사항

### (5) 예산 및 재정

자산의 규모는 원년인 1989년 말에 6,010억원에서 1992년 말에는 7,417억원

**〈표 4-13〉 서울올림픽기념국민체육진흥공단의 사업**

| 주요사업 | 세부사업 | 내 용 |
|---|---|---|
| 기금지원 | 사회·학교체육진흥 | 학교운동장 잔디·우레탄트랙설치, 동네체육시설확충, 지방스포츠센타 건립, 사회체육시설 설치 및 확충, 사회체육 프로그램 개발·보급, 장애인·노인 및 소외계층 체육활동지원, 국민생활체육협의회 지원 |
| | 전문체육육성 | 대한체육회 및 경기단체지원, 시·도체육회 지원, 체육인 복지지원, 체육연금지급, 학교운동부육성·지원, 장애인 체육사업 지원, 체육관련단체 지원 |
| | 체육산업융자 | 체육시설업체 기금융자, 우수 체육용구생산업체 기금융자 |
| | 청소년육성기금 | 청소년 육성기금 출연 |
| 올림픽시설·관리활용 | 올림픽시설관리·운영 | 올림픽공원 및 6개 경기장, 미사리조정경기장 관리·운영, 공원스포츠교실 운영 및 선수촌·분당·평촌·일산·올림픽스포츠센타 시설관리 |
| | 올림픽공원 관광 자원화 | 관광상품 및 관광코스개발, 올림픽 조각공원 조성 및 기념조형물 관광 자원화, 몽촌토성 및 역사성 개발 |
| | 올림픽 기념사업 | 서울올림픽기념행사, 올림픽 조각공원 조성 및 기념조형물 보존관리, 서울올림픽 기념전시관 운영, 세계한민족체전 지원, 서울평화상 지원, 문화·예술 행사 유치 및 후원 |
| 기금조성 | 기금증식사업 | 국민체육진흥기금 적립금의 효율적 관리·운영 |
| | 체육복권,부가금 | 체육복권·월드컵복권 발행, 회원제 골프장 이용에 대한 부가금 사업 |
| | 경륜·경정·파크텔 | 경륜사업, 경정사업, 올림픽 파크텔 운영, 한국체육산업개발(주) |
| 체육과학진흥 | 체육과학연구원운영 | 체육정책 개발·평가, 국민건강체력증진 지원 및 관리, 경기력향상 연구지원 시스템개발·스포츠마케팅, 체육정보개발·지도자 양성 |

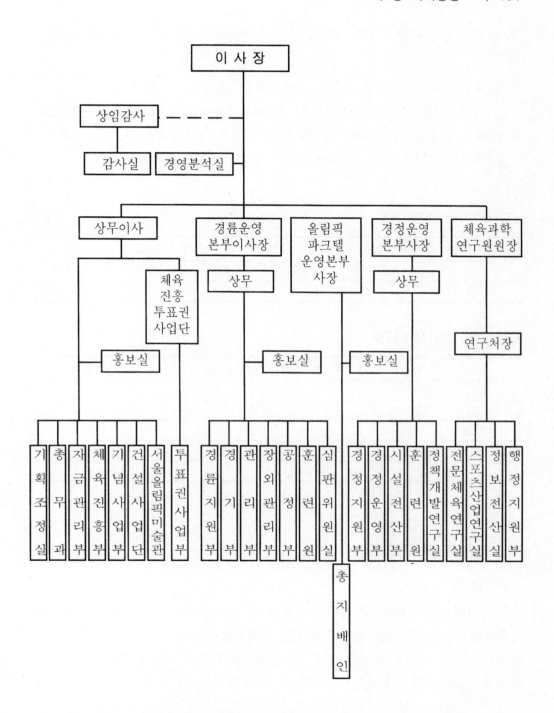

〈그림 4-7〉 서울올림픽기념 국민체육공단 기구 (2001. 11월 현재)

의 규모로 성장하였다. 또한 2000년말 현재 약 6,246억원의 기초기금을 보유하고 있다.

① 주요재원 : 기금운용 이자수입금, 부가금, 경륜사업 수익금 등
② 기금조성현황 : 올림픽잉여금과 국민체육진흥재단 이월금을 합하여 3,521억 원을 인수한 후 2000년 말까지 5,136억원을 조성하였다. 기금조성현황과 기 금지원 내역이 각각 <표 4-14>와 <표 4-15>에 제시되어 있다.

**<표 4-14> 기금조성현황** (단위: 억원)

| 구    분 | 발족기금 | '89~'97 | '98 | '99 | 2000 |
|---|---|---|---|---|---|
| 조성액 누계 | 3,521 | 5,256 | 6,246 | 6,246 | 5,136 |
| 당기조성액 | – | 1,731 | 990 | 0 | −1,110 |

**<표 4-15> 기금지원 내역**

| 구    분 | '89~2000년 기금지원실적 | 2001년 계획 |
|---|---|---|
| 국민체육진흥분야 | 6,611억 | 1,110억 |
| 청소년육성분야 | 774억 | – |
| 올림픽기념 사업분야 | 271억 | – |
| 예비비 | – | 20억 |
| 총계 | 7,656억 | 1,130억 |

## 3) 국민생활체육협의회

### (1) 연 혁

86아시안게임과 88서울올림픽을 성공적으로 개최한 후, 우리 나라의 경제는 급 성장하면서 스포츠조직도 새로운 변화를 가져오게 되었다. 국민의 경제소득 증가 와 여가시간의 증가로 체육관련 조직들이 확대되면서, 국민생활체육 운동을 보다 조직적으로 추진하기 위한 전담기구로서 1991년 2월 6일에 사단법인(민법 제32 조에 의한 비영리 사단법인)으로 국민생활체육협의회가 설립되었다. 이러한 국민 생활체육협의회의 연혁은 <표 4-16>과 같이 정리할 수 있다.

〈표 4-16〉 국민생활체육협의회 연혁

| 일   시 | 내   용 |
|---|---|
| 1989. 11. | 국민생활체육진흥종합계획 "호돌이 계획" 수립 |
| 1990. 11. 30. | 15개 시·도 생활체육협의회 결성 |
| 1991. 1. 8. | 국민생활체육협의회 창립 |
| 1991. 2. 6. | 사단법인 국민생활체육협의회 설립 허가(체육청소년부) |
| 1994. 7. 31. | 재단법인 세계한민족체전위원회와 통합 |
| 2000. 2. 17. | 협력단체 사단법인 한국여성스포츠회 가입 |

## (2) 설립목적

국민생활체육협의회의 설립목적은 아래와 같이 축약할 수 있다.

• 생활체육진흥을 통한 국민건강과 체력증진
• 국민의 건전한 여가선용과 선진 체육문화의 창달
• 세계한민족의 동질성과 조국애 함양을 통한 통일기반 조성

## (3) 사 업

① 목 표

• 누구나 손쉽게 참여 가능한 생활체육 환경 조성
• 국민복지차원의 다양한 생활체육서비스 제공확대
• 세계한민족축전의 성공적 개최

② 기본방향

• 동호인활동의 체계화 및 평생체육 지원을 통한 국민화합 구현
• 생활체육 능력개발을 위한 평생체육활동 지원
• 소외계층 체육활동 참여기회 확대로 삶의 질 개선
• 체육지도자의 효율적 활용을 통한 생산적 복지사업 지원
• 다양한 생활체육 정보서비스 및 홍보기능 확보
• 세계한민족축전의 성공적 개최를 통한 동질성 회복

## (4) 기 구

국민생활체육협의회는 최고 의결기관으로서 대의원총회와 최고 집행기관인 이

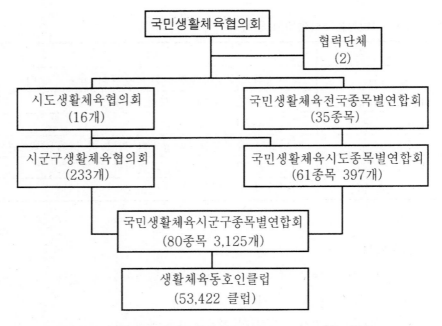

<그림 4-8> 국민생활체육협의회 조직도(2001. 3월 현재)

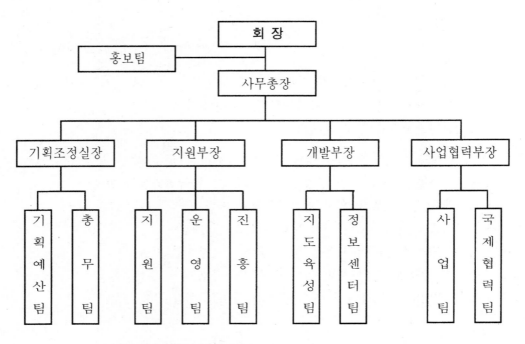

<그림 4-9> 국민생활체육협의회 기구(2001. 11월 현재)

사회를 가지고 있으며 사무처는 1실 3부 10팀으로 조직되어 있다. 직원은 총 38명(임원 1, 일반직 32, 기능직 5명)으로 되어 있다. 2001년 현재 협의회의 기구도와 조직도가 각각 <그림 4-8>과 <그림 4-9>에 있다.

### (5) 예산 및 재정

국민생활체육협의회의 예산 규모는 설립연도인 1991년도에는 17억 1,182만원으로 기금 14억 1,438만원과 자체예산 2억 9,744만원으로 편성되었다. 이때에는 국고지원이 없었다. 1992년도의 예산 규모는 15억 5,582만원으로 오히려 전년도보다 감소되었다. 더구나 6억 9,252만원의 국고지원이 있었음에도 총 예산이 감소된 것은 기금 6억 400만원, 자체 예산 2억 5,929만원 등의 예산을 줄인 대신 국고에 의존하였음을 알 수 있다. 1993년도 예산 규모는 총 15억 9,659만원으로 전년도와 비슷한 수준이나, 국고가 8억 1,933만원으로 크게 늘어난 반면, 기금 5억 3,886만원, 자체 2억 3,839만원으로 기금과 자체 예산은 더욱 줄어들었다(박정근, 1996).

한편, <표 4-17>에는 2000년도와 2001년도의 예산 내역이 제시되어 있는데, 2000년도의 예산 규모는 185억 4,364만원으로서 국고보조금보다는 국민체육진흥기금에서 많은 예산을 지원받고 있음을 알 수 있다. 또한 2001년도의 예산 규모는 170억 4,595만원으로서 국고보조금 40억 5,584만원, 국민체육진흥기금 83억 3,703만원 그리고 자체 46억 5,311만원으로 편성되어 있다.

이와 같이 볼 때 국민생활체육협의회의 예산 규모는 설립년도인 1991년보다 무려 10배 이상 증가되었음을 알 수 있다.

<표 4-17> 국민생활체육협의회 예산내역 (단위: 천원)

| 구분 \ 년도 | 2001년 | 2000년 | 2000년 대비 | |
|---|---|---|---|---|
| | | | 증감 | 비율(%) |
| 계 | 17,045,955 | 18,543,645 | △1,497,690 | △8 |
| 국고보조금 | 4,055,845 | 3,783,644 | 272,201 | 7 |
| 국민체육진흥기금 | 8,337,031 | 11,091,399 | △2,754,368 | △25 |
| 자 체 | 4,653,119 | 3,668,602 | 984,517 | 27 |

# 참고문헌

강복창(1999). 스포츠 사회학. 서울: 도서출판 홍경.

김철주(2001). 사회변동과 스포츠조직 구조변화의 관계. 한국체육대학교 대학원 박사학위 논문.

대한체육회(1968). 대한체육회사. 대한체육회.

대한체육회(1990). 대한체육회 70년사. 대한체육회.

대한체육회(2001). KSC창립취지 및 활동. www.sports.or.kr.

박정근(1996). 스포츠행정 및 관리. 서울: 21세기교육사.

박진경(1986). 스포츠 조직내의 사회적 차별에 관한 DAVIS-MOORE 이론의 검증. 서울대학교 교육대학원 석사학위 논문.

반병길(1984). 경영학 원론. 서울: 박영사.

이범제(1999). 체육행정의 이론과 실제. 서울대학교 출판부.

이병익, 김종필(1999). 체육행정학. 서울: 도서출판 홍경.

이용식(1997). 체육행정 조직구성원의 직무스트레스가 조직유효성에 미치는 영향. 서울대학교 대학원 박사학위 논문.

임번장(1994). 스포츠 사회학 개론. 서울: 동화문화사.

체육청소년부(1992). 체육청소년통계연보. 제4호.

추헌(1995). 경영조직론. 서울: 박영사.

한국체육과학연구원(1997). 한국의 체육지표. 한국체육과학연구원.

한국체육과학연구원(1999). 한국의 체육지표. 한국체육과학연구원.

Barnard, C. I.(1938). *Function of the executive*. Cambridge: Harvard University Press.

Blau, P. M., & Scott, W. R.(1962). *Formal organization: A comparative approach*. San Francisco: Chandler Publishing Co.

Caplow, T.(1964). *Principle of organization*. New York: Harcourt, Brace World.

Fayol, H.(1949). *General and industrial management*. London, England: Sir Issac Pitman and Sons.

Graicunas, V. A.(1937). Relationship in organization. In Gulick, L., & Urwick, L. (Ed.), *Papers on the Science of Administration*. New York: Institute of Public Administration.

Hall, R.(1972). *Organization: Structure and process*. Englewood Cliffs, N. J.: Prentice-Hall.

Parsons, T.(1960). *Structure and process in modern societies*. Glencoe, Ill.: Free Press.

Urwick, L. F.(1944). *The elements of administration*. New York: Harper and Row.

Weber, M.(1947). *The theory of social economic organization*. translated by Henderson, A. M., & Parsons, T. New York: Free Press.

# 제5장 체육시설관리

　국민의 건강과 삶의 질 향상을 위해서는 전 국민의 체육에 대한 열정과 중앙정부의 바람직하고 건전한 체육정책이 선행되어야겠지만, 일반적으로 체육진흥에 필요한 세가지 요소는 시설, 지도자, 프로그램을 든다. 그리고 여기에 충분한 재정의 확보를 추가하기도 한다.

　그러나 무엇보다도 체육 선진국과 후진국을 비교하는 데 있어서 판단의 척도가 되는 체육시설문제가 제일 먼저 거론된다. 많은 학문적 연구들이 지적하듯이 국가의 체육진흥의 투자 1순위를 체육시설로 선정한 것은 좋은 예가 된다.

　그러나 우리 나라 사람들의 정기적인 체육활동 참여가 근래에 뚜렷하게 증가하는 추세에 있지만, 이를 뒷받침하는 체육시설은 체육선진국과 비교하여 볼 때 아직도 매우 낮은 수준이다.

　따라서 이번 장에서는 국민의 건강 증진과 체육발전의 최우선 순위인 체육시설의 의의와 현황,그리고 체육시설의 법적설치기준과 규격에 대하여 기술하고자 한다.

# 제1절  체육시설의 개념 및 분류

## 1. 체육시설의 개념

체육시설은 운동의 목적 성취 및 이를 위한 기능을 정상적으로 수행하는데 필요한 공간의 물리적, 형태적 환경인 동시에 체육활동의 질적 향상을 도모하는 중요한 요소이다. 이를테면, 체육시설은 운동학습의 기초조건을 제공하고 신체활동을 통한 여가선용의 장으로서의 의의를 동시에 포함하고 있다.

## 2. 체육시설의 정의

체육활동의 주체를 인간이라고 한다면, 시설은 인간으로 하여금 체육활동을 즐길 수 있게 하는 터전을 마련해 주는 객체라고 할 수 있다. 일반적으로 체육·스포츠시설이라고 하면 각종 경기장, 체육관 등 대규모의 구조물만을 생각하기 쉬우나, 이와 같은 개념은 체육시설에 대한 좁은 의미의 개념이다. 넓은 의미의 개념은 단순한 구조물뿐만 아니라 각종 체육활동에 필요한 용기구까지도 포함한다(강복창, 2001).

그러므로 시설과 용기구는 확연히 구분된 별개의 개념을 갖고 있되, 체육활동의 객체라는 면에서 하나로 묶을 수가 있다. 즉 체육시설의 협의(狹義)의 개념은 체육관, 경기장, 수영장 등 부동산적(不動産的)인 의미를 말하며, 광의(廣義)의 개념으로는 체육용기구 및 용품 등 동산적(動産的)인 의미까지 포함한다.

따라서 체육시설이란 '운동에 필요한 물적인 여러 가지 조건을 인공적으로 정비한 시설과 용기구 및 용품을 포함한 조형물'이라고 정의할 수 있다. 또한 이를 도식화하면 <그림 5-1>에서 보는 바와 같이 체육시설이란 "운동의 성립에 필요한 지리적, 물리적 조건의 모든 것을 포함한 운동의 장으로서의 스포츠시설과 구분하여 취급되는 '용구'와 '설비'도 포함되는 개념"으로 정의할 수 있다(김사엽, 1997).

그리고 이상적인 체육시설에 따른 부대시설과 부속설비, 관계적 체육시설도 시설의 개념에 포함시킬 수 있다.

• 부속시설 : 락커, 샤워장 등은 한 가지 목적만을 가진 시설로서 그 자체는 운

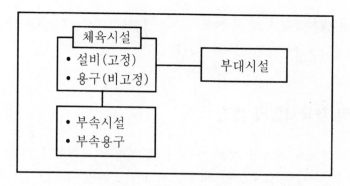

<그림 5-1> 체육시설의 개념

동의 성립, 유지와는 관계가 없다. 그러나 체육시설과 관련적으로 설립되어 체육활동의 의미를 높여 주는 역할을 하는 시설이다.
- 부대시설 : 수영장의 정화장치와 같이 그것만으로는 체육시설의 의미를 갖지 못하나 체육시설의 기초가 되어 기능을 유지하고 높여 주는 역할을 한다.
- 관계적 체육시설 : 원래는 운동 이외의 사용목적을 가지고 만들어진 시설이지만, 운동목적에도 사용될 수 있는 시설이다. 하천부지, 공지, 인근공원 등의 관계적 시설이 그 예가 된다.


## 3. 체육시설의 분류 기준

체육시설은 5가지 기준으로 분류할 수 있다(김달우, 1990).

① 체육영역에 의한 분류 : 체육의 영역은 학교체육과 생활체육으로 구별된다. 따라서 시설도 학교체육시설과 생활체육시설로 구별한다. 체육의 영역이 점점 세분화되어 가는 현재 두 가지 분류로는 현실적인 의미가 적다고 할 수 있다.

② 운동을 행하는 장소에 의한 분류 : 운동이 행하여지는 장소를 옥내와 옥외로 구별하여 옥내 운동시설과 옥외 운동시설로 구별할 수 있다.

③ 관리자에 의한 분류 : 관리자가 정부인가, 시·도·군인가 혹은 사업소인가, 공공적인 영리단체인가, 복리후생단체인가에 따라 분류할 수 있다.

④ 이용자의 연령에 의한 분류 : 어린이용, 청소년용, 일반성인용 등으로 분류한다.

⑤ 이용자의 생활영역에 의한 분류 : 일상생활권의 시설인가, 광범위한 생활권의 시설인가에 따라 분류할 수 있다.

## 4. 우리 나라 체육시설의 변천

우리 나라에 있어서 체육의 개화는 19세기말부터 시작되었다고 볼 수 있다. 즉 1894년에 학교설치령과 함께 체조과목을 실시키로 하였으니 당시로 보아서는 획기적인 사건이라고 하지 않을 수 없다. 그후 20세기 초반에 접어들면서 황성중앙기독교 청년회의 간사로 있던 미국인 질레트가 야구와 농구를 전하였고 마르텔이 축구를 전하였다. 그러므로 근대 체육의 시발은 1904년경에 YMCA를 중심으로 토착화하기 시작하였다고 할 수 있다. 물론 그 당시의 체육시설의 대부분을 차지하는 것은 학교시설. 그것도 운동장 정도였다.

1925년 5월 26일에 착공하여 1926년 3월 13일에 준공된 서울운동장은 한국 초유의 종합경기장이었을 뿐만 아니라 1960년대까지 거의 유일한 종합경기장이었다. 해방 이후부터 6·25 동란을 겪는 동안 체육시설 면에서는 별다른 진전이 없었으나 1960년대에 들어와서 정부의 적극적인 지원을 얻어 중앙과 지방을 막론하고 체육시설은 괄목할 만큼 확장되었다. 즉 우리 나라 최초의 국제 규격 잔디밭 경기장인 효창구장의 개장을 비롯하여, 선수 훈련을 위한 종합시설인 태릉선수촌, 전국체전의 개최가 계기가 되어 1도(道) 1개의 원칙에 의하여 건립된 8개 종합경기장과 10개의 실내체육관 등이 그것이다. 그러나 체육시설 수의 증가는 역시 대도시 중심이 되어 있으며, 중소도시나 농촌에서는 여전히 학교시설에 의존하고 있는 형편이다. 이것은 체육시설이 경기인구나 필요에 따라 만들어지는 것이 아니라 건립자의 재정에 따라 만들어지기 때문이다(육조영, 최재용, 2000).

# 제 2 절  체육시설의 구분 및 현황

체육시설은 그 시설을 설치한 주체별 또는 설치 목적에 따라 공공체육시설, 민간체육시설, 직장체육시설, 그리고 학교체육시설로 구분할 수 있다.

## 1. 공공체육시설

### 1) 공공체육시설의 정의

공공체육시설은 국가·지방단체 또는 공공단체(대한체육회·서울올림픽기념국민체육진흥공단·한국마사회 등 공공법인체)가 국민의 체육활동에 제공하기 위하여 설치·관리·운영하는 시설을 말하는데 동네체육시설과 시·도 교육청 및 시·군 교육청 소관 학생체육관·학생수영장 등이 포함된다(문화관광부, 2000).

이 시설은 여타의 시설보다도 국민의 요구에 부응하는 시설이 되어야 하며, 국민 체육활동의 장으로 중추적인 역할을 담당하여야 한다. 또한 공공성을 최대한 보장한다는 의미에서 일반대중에게 지역적, 시간적으로 균등한 혜택을 부여하여야 한다.

이러한 공공체육시설은 다음과 같은 기능을 갖게 된다(위성식, 1991).
① 국민의 체육·스포츠활동을 위한 공간으로서의 기능
② 국민의 건강 및 체력유지, 증대의 장으로서의 기능
③ 체육지도의 기능과 자생 체육단체의 육성을 위한 장으로서의 기능
④ 지역주민 상호교류의 장으로서의 기능

그러나 공공체육시설은 특정집단이 아닌 전 국민을 대상으로 건설되어야 함에도 불구하고 이제까지 우리 나라에서 공공체육시설의 건설은 경기 위주의 시설, 즉 대규모 경기시설의 건설에 집중되어온 실정이다. 물론 경기를 주목적으로 하는 경기시설의 설치를 부정적인 관점에서 볼 수는 없다. 경기시설은 선수들의 경기력 향상에 기여하는 바가 클 뿐만 아니라 경기대회 개최를 통하여 일반국민에게 체육활동에 대한 이해와 체육활동 참여의 욕구를 유발시킴으로써 그 나름대로 국민생활체육의 진흥에 커다란 공헌을 하였기 때문이다.

하지만 현재 국민들의 체육활동 참여 욕구에 부응할 수 있는 생활체육시설이 크게 부족한 실정임을 감안할 때, 앞으로는 이에 대한 시설의 확충이 계획적·단계적으로 시급히 이루어져야 하겠다(양재용, 김홍수, 변영신, 1998).

## 2) 공공체육시설 현황

<표 5-1>에는 전국과 서울시의 공공체육시설의 수 및 면적을 단편적으로 나타

**<표 5-1> 공공체육시설의 수 및 면적[2001. 1. 1 현재]**　　　　(단위: 개소, ㎡)

| 경기장별 | 전 국 | | 서 울 | |
|---|---|---|---|---|
|  | 개 소 | 면 적 | 개 소 | 면 적 |
| 전 체 | 5,375 | 39,388,794 | 899 | 3,636,544 |
| 육상경기장 | 138 | 8,517,909 | 5 | 232,886 |
| 축구장 | 66 | 1,433,658 | 17 | 295,289 |
| 하키장 | 4 | 78,038 | 1 | 17,000 |
| 야구장 | 19 | 545,132 | 3 | 69,372 |
| 싸이클경기장 | 9 | 316,564 | 1 | 50,000 |
| 테니스장 | 150 | 1,112,145 | 27 | 216,137 |
| 씨름장 | 13 | 11,503 | 4 | 643 |
| 간이운동장 | 4,384 | 16,837,052 | 750 | 2,146,051 |
| 체육관 | 285 | 3,378,930 | 38 | 234,641 |
| 수영장 | 90 | 791,561 | 30 | 238,371 |
| 로울러스케이트장 | 34 | 183,957 | 10 | 3,834 |
| 사격장 | 15 | 529,023 | — | — |
| 국궁장 | 108 | 1,010,778 | 3 | 10,216 |
| 양궁장 | 10 | 358,448 | 1 | 4,950 |
| 승마장 | 11 | 249,315 | 1 | 19,450 |
| 골프장 | 1 | 60,491 | 1 | 60,419 |
| 골프연습장 | 6 | 180,313 | — | — |
| 조정, 카누장 | 5 | 1,350,781 | — | — |
| 요트장 | 6 | 180,313 | — | — |
| 빙상장 | 17 | 198,748 | 7 | 37,213 |
| － 숏트랙빙상장 | 15 | 151,111 | 6 | 17,378 |
| － 400m 트랙경기장 | 2 | 47,637 | 1 | 19,835 |
| 스키장 | 2 | 249,746 | — | — |
| 경마장 | 2 | 1,859,566 | — | — |

자료 : 문화관광부(2001). **전국 공공·등록·신고 체육시설현황**. pp. 21-22.

내고 있는데 전국의 총 체육시설의 수는 5,375개소로서 간이운동장(동네체육시설)의 수와 면적이 가장 많은 부분을 차지하고 있다. 또한 체육관은 총 285개소로서 구기체육관, 투기체육관, 생활체육관으로 구분할 수 있다. 공공체육시설 중 가장 빈약한 시설은 골프장(1개소), 400m트랙 빙상장(2개소), 스키장(2개소), 필드하키장(4개소) 등을 꼽을 수 있다.

〈표 5-2〉 서울시 각 구청별 구민체육관 현황[2001. 7. 1 현재]

| 구 별 | 위 치 | 규 모 | | 주요 시설 | 개관일 |
|---|---|---|---|---|---|
| | | 부지(㎡) | 건물(㎡) | | |
| 종로구 | 혜화동 1-21 | 6,351 | 6,756 | 수영장, 체육관, 소극장, 체력단련장 등 | '92.2.15 |
| 성동구 | 성수동1가685 | 6,281 | 5,930 | 수영장, 대·소체육관, 문화강좌실 등 | '95.3.1 |
| 동대문 | 장안3동 356 | 3,429 | 5,157 | 수영장, 체육관, 소강당, 교육실 등 | '92.12.28 |
| 성북구 | 하월곡동 산2-1 | 3,985 | 2,041 | 체육관, 스포츠교실, 탁구장, 체력단련장 | '93.12.23 |
| | 석관동 382 | 2,973 | 8,438 | 수영장, 스쿼시장, 체육실, 골프연습장, 체력단련장 | 2001.6.26 |
| 노원구 | 중계1동 3360-18 | 4,777 | 5,856 | 수영장, 체육관, 전시실, 조깅트랙 등 | '98.11.18 |
| 서대문구 | 홍은동 산26-155 | 11,240 | 4,514 | 수영장, 체육관,체력단련장 | '93.6.5 |
| 양천구 | 신정동 322-10 | 6,877 | 7,982 | 수영장, 대·소체육관, 탁구장, 체력단련장 | '95.6.1 |
| 구로구 | 고척동 산9-14 | 4,174 | 5,147 | 수영장, 체육관, 회의실, 소극장, 체력단련장 | '93.2.26 |
| 서초구 | 반포동 114-3 | 26,092 | 7,315 | 수영장, 체육관, 체력단련장 | '94.10.27 |
| 강남구 | 포이동 271 | 50,362 | 2,494 | 체육관, 체력단련장, 탁구장 | '94.4.1 |
| 강서구 | 둔촌동 707-3 | 3,011 | 11,357 | 수영장, 체육관, 체력단련장 | 2000.10.6 |
| 관악구 | 봉천7동 223-9 | 10,357 | 6,985 | 수영장, 체육관, 체력단련장 | 2001.1.15 |

자료: 서울특별시(2001). **시정현황**. 서울특별시기획담당관. p. 201.
※ 공사중(4개구): 금천구, 은평구, 동작구, 강동구
　발주 및 부재매입중(4개구): 중구, 영등포구, 송파구, 강북구
　계획추진(2개구): 광진구, 마포구

　한편, <표 5-2>에는 지방자치시대에 도래하여 지역주민의 이용률이 가장 높기 때문에 최우선적으로 확충하여야 할 공공체육시설 중의 하나인 서울시 기초자치단체(구청)별 구민체육관이 제시되어 있다.

### 3) 공공체육시설 운영의 개선 방안

#### (1) 경영측면

##### ① 운동자에서 스포츠 소비자로 개념적 변화의 수용

　이제까지 공공체육시설이 운영하는 사업의 대상이 되는 사람을 가리켜서 '운동자'라고 하였다. 하지만 근래 스포츠와 fitness 관련의 뉴 비즈니스가 급성장을 이루고, 이에 따라 스포츠경영학의 이론체계의 정비가 서둘러지고 있는 상황에서는 운동자의 개념은 경영적인 측면에서 불합리함으로 앞으로는 '소비자' 혹은 '고객'이라는 말로 표현하여 이용자의 서비스를 최대한 증가시켜야 한다.

##### ② 공공체육시설의 효율적 경영진단 및 평가실시

　공공체육시설의 경영실태를 효과적으로 진단하기 위해서는 우수한 경영평가 기법을 전제로 해야겠지만, 체육의 경영평가는 보통 경영성적의 평가와 경영활동·조건의 평가 두 가지로 나누어 생각할 수 있다. 또한, 공공체육시설의 경영진단이란, 돈을 중심으로 한 수익성만의 문제가 아니고 시설을 둘러싼 동원효과와 효율의 문제(이용율, 만족도, 프로그램 실시)를 말한다.

##### ③ 체육시설의 홍보행정 강화

　체육활동에 있어서 홍보의 의의는 참여자뿐만 아니라 비참여자의 참가를 촉진하는 중요한 요인이다. 체육활동에 있어서 홍보의 중요성은 일반대중의 체육활동에 대한 선택 가능성을 잠재적으로 확대시켜 준다는 점에서 그 의의가 크다. 체육시설의 홍보행정이란 어떠한 체육시설이 지닌 의의와 목표를 달성하기 위한 협동적, 조직적 단체활동을 조성하는 것이라고 정의할 수 있다. 그러므로 공공 체육시설을 효과적으로 활용하고 주민의 이용을 극대화하기 위하여 합리적인 정책결정과 계획수립 및 집행, 그리고 평가 등을 수행하기 위하여 체육시설 주관기관은 홍보행정을 크게 강화해야 한다.

##### ④ 민간 위탁 방안의 활용

　최근 사회적으로 민영화 추세가 확대됨에 따라 각종 공공시설에 대한 민간의 효율적 관리방식을 도입하고, 정부의 시장경제에의 개입을 축소하고자 하는 논의가 활발히 진행되고 있다. 공공체육시설도 민영화를 통한 서비스의 질적 측면을 개선할 수 있다. 이러한 이유는 민간은 시장을 통해 최대한의 효율을 유지하려고 하는 반면, 공공의 경우는 경쟁이라는 기능을 가지고 있지 않기 때문에 효율을 추구하지 않는다. 공공조직은 스스로 안고 있는 관료성과 이윤추구의 배제라는 점 때문에 효율성 추구보다는 업무의 존속이나 확장을 원하고(신용학, 1992) 있기 때문에 위탁운영이 효율적일 수 있다.

공공체육시설의 위탁시 주의할 사항은 다음과 같다.

- 행정기관이 부담하는 범위와 주민단체가 부담하는 범위를 되도록 명확하게 구분해 둔다.
- 주민의 자주적인 관리에 어울리는 규모의 시설과 사업내용의 위탁일 것.
- 시설이용의 자주성, 공평성을 확보하기 위해서 이용조건 등의 명확화, 정기 이용이나 연속사용의 제한 등을 사전에 충분히 검토한다.
- 필요에 따라서 정규직원(파견직원을 포함), 촉탁직원 등의 배치도 고려한다.
- 주민의 의사를 충분히 반영한 적정한 관리운영이 확보되도록 수탁측의 집행체제의 정비를 도모할 수 있는 배려와 조언을 한다(이제홍, 정상원, 1997).

## (2) 시설면

공공체육시설 중 주민과 청소년을 위한 생활체육시설의 환경적인 요인의 증가와 질적인 개선은 각종 생활체육 프로그램의 효율적인 운영과 시민들이 자연스럽게 참여할 수 있는 기회를 제공하기 때문에 시설과정에서 각별한 주의와 고찰이 필요하다. 그 중에서도 일상 생활권에서 접근이 용이하고 지속적인 체육활동을 실천할 수 있도록 체육시설을 설치하는 것은 생활체육 진흥에 있어서 무엇보다도 최우선으로 추진되어야 하는 과제임과 동시에 모든 주민에게 균등한 혜택이 주어지도록 여러 상황을 고려하여 확충·운영되어야 한다.

이렇듯 생활체육시설의 중요성에 대하여 국내·외적으로 많은 연구들이 이루어졌다(김민수, 1999; 이제홍, 정상원, 1997; 송창훈, 1999; 허현미, 1997; Flynn, 1985; Greendorfer, 1974; Hasbrook, 1984; McCarthy, 1975). 특히 생활체육시설 정책에 있어서 여러 가지 폐단을 사전에 예방하기 위하여 초기 계획단계에서 체육 전문가의 참여를 보장하기 위한 제도적 장치 내지는 정책적 방안이 강구되어야 한다(Flynn, 1985). 또한, 맥카시(McCarthy, 1975)가 생활체육시설 참가자 중 90% 이상이 20분 이내의 위치에 거주한다고 보고하였듯이 체육시설은 주민의 접근성이 우선적으로 고려되어야 한다.


## 2. 민간체육시설

### 1) 민간체육시설의 정의

민간체육시설이란 체육단체·사회복지단체·종교단체·민간단체 또는 개인이 영리목적이 아닌 일반인의 체육활동 또는 그 기관의 고유목적을 위하여 설치·운영하는 모든 비영리 체육시설과 개인·영리단체 또는 기업에서 영리목적으로 설치·운영하는 모든 상업용 체육시설을 말한다(문화관광부, 2001a).

이러한 민간체육시설의 기능은 다음과 같다.
① 일반인의 다양한 체육활동 욕구 충족
② 일반인의 체육활동 참여기회 확대
③ 체육활동을 통한 여가선용 기회 증대


### 2) 민간체육시설 현황

우리 나라의 영리 및 비영리 민간체육시설은 다양한 생활체육 프로그램을 수용하고 있으며, 생활체육의 장으로 가장 중요한 역할을 담당하고 있다. 문화관광부(2001)에서 파악한 전국 등록·신고 체육시설업 현황에 의하면, 2001년 1월 현재 44,349개소로서 전체 체육시설업 중 당구장이 54.2%를 차지하고 있다. 그 외의 민간체육시설로서는 운영규모가 영세한 체육도장(19.1%), 체력단련장(8.9%), 에어로빅장(5.4%), 골프연습장(4.0%), 그리고 무도학원(3.0%)이 있다.

가장 적은 숫자로서는 요트장과 자동차 경주장이 각각 1개소만 있을 뿐이다. 그리고 종합체육시설업이란 수영장을 포함한 2개 종목 이상을 갖춘 시설을 말하며, 신고체육시설업이란 단일 종목 또는 수영장이 포함되지 않은 복합체육시설을 말한다(자세한 내용은 제2장, 제5절의 독자적 소유권을 참고바람).

또한 체육시설업의 업종별 면적분포를 보면 <그림 5-2>와 같다.

우리 나라 체육시설업의 총 면적은 195,105,911㎡으로서 골프장이 163,566,351㎡으로서 가장 큰 면적을 차지하고 있다. 그 다음은 스키장으로서 15,397,265㎡를 차지하고 수영장은 1,392,205㎡의 면적을 차지하고 있음을 알 수 있다.

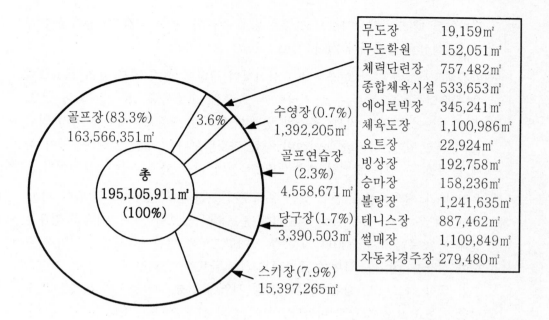

<그림 5-2> 체육시설업별 면적분포(2001년 1. 1 현재)

자료: 문화관광부(2001a). 전국 공공·등록·신고 체육시설현황. p. 218.

## 3) 민간체육시설 운영의 개선 방안

민간체육시설은 공공체육시설과 학교체육시설의 절대적 부족과 프로그램 빈곤에서 오는 결점을 보완해 주는 시설이다. 하지만 요즘은 오히려 민간체육시설은 우리 나라 체육시설의 80%이상을 차지하고 있고, 오히려 체육시설의 본래적 기능을 공공체육시설보다 충실히 이행하고 있다. 따라서 더욱 더 모든 국민의 충실한 운동생활 공간으로 활용되기 위해서는 다각적인 개선 방안의 검토가 이루어져야 한다.

이와 관련하여 이병익과 김종필(1999)은 다음과 같은 방안을 제시하고 있다.

① 민간체육시설은 대규모 투자가 필요하지만 그 시설에 대한 상업성이 불확실하기 때문에 민간인에 의한 투자는 극히 미약하며 체육시설의 영세성이 민간 체육시설의 문제였다. 그러나 스포츠 시설도 하나의 상품으로서 충분한 가치를 갖게 되었다. 세제의 혜택, 육성사업의 선정 등과 같은 적극적인 육성책이

뒷받침될 때 민간체육시설의 전망은 밝을 것이다. 또한 국산체육용기구의 개발 및 생산을 장려해야 한다.

② 민간체육시설에 대한 민간투자가 사치성이 강하여 현재 일부 호화 헬스클럽을 이용하는 고객들은 주로 저명인사, 특수층, 고소득층으로 제한되어 있고, 또 회원권이 턱없이 비싸, 과소비 병폐가 우리의 생활체육시설에 까지 영향을 미치고 있다. 이러한 사치성이 강한 과소비보다는 모든 일반대중들이 함께 참여할 수 있는 평범한 대중스포츠시설이 대폭 확충되어야 할 것이다.

③ 우리 나라 체육시설이 안고 있는 문제로서 민간체육시설의 약 절반이 서울, 부산, 대구, 인천, 광주 등의 대도시에 분포되어 있으며, 특히, 서울의 경우는 전체 시설 중 23%(2000년 기준)를 차지함으로써 민간체육시설의 지역적 편중이 심각한 편이다. 반면에 종합체육시설, 골프장, 스키장 등과 같은 시설은 수가 극히 적고, 고급화된 시설로 특정 지역에 편중되어 있으며 회원권을 포함한 이용료 또한 상당히 비싸다. 국민들간의 위화감 혹은 소외감 조성 등 문제점도 동시에 지니고 있으므로 특정한 지역이 아닌 평범한 지역에 호화롭지 않은 수준의 시설과 적당한 이용료를 갖춘 민간종합체육시설의 설치가 절실히 요구된다.

④ 여가시간과 체육에 대한 국민의 관심이 증가함에 따라 국민의 체육활동을 조장하고 지도할 생활체육지도자의 역할과 필요성이 더욱 강조되고 있다. 생활체육지도자를 각 체육시설에 배치하여 그들이 다양한 프로그램을 소비자들에게 제공하고, 전문적으로 체육을 지도하고, 시설을 관리하고 운영함으로써 일익을 담당해야 할 것이다.

이외에도 현재 정부에서 추진하고 있는 신고체육시설업의 폐지제도 또는 자유업화 추진은 국민의 바람직한 건강증진에 심각한 손실을 초래할 것이다. 또한 그 동안 열과 성의를 다하여 온 생활체육지도자 자격제도에 심각한 문제를 발생시킬 뿐만 아니라 체육을 전공하는 체육관련 학생들의 사기를 저하시키고 더 나아가 국민체육정책의 빈곤을 단편적으로 표출시킬 수 있다는 사실을 중앙정부의 체육관련 공무원들과 이에 관계하는 인사들은 명심해야 할 것이다.

## 3. 직장체육시설

### 1) 직장체육시설의 정의

직장체육시설이란 국가 및 지방자치단체의 기관, 국·공영 또는 투자관리 기업체, 공공단체, 민간기업체 등 각급 직장에서 해당 직장인의 건강증진 및 여가선용을 위한 체육활동에 이용할 수 있도록 설치·운영하는 시설을 말한다.

한편 국민체육진흥법에는 항시 근무하는 직원 및 기타 종원업이 1,000인 이상인 국가 및 공공단체의 기관·기업체 또는 단체에는 1개소 이상의 체육시설을 설치하도록 규정하고 있다. 이러한 직장체육시설의 기능은 다음과 같다.

① 직장인의 체육활동에 대한 욕구 충족
② 직장인의 건강 및 체력증진을 위한 기회 확대
③ 노사간의 인간관계 개선 기회 제공
④ 직장인의 건전한 여가활동 기회 제공

### 2) 직장체육시설 현황

'97년을 기준으로 볼 때 우리 나라의 직장체육시설은 <표 5-3>과 같다. <표>에서 보듯이 직장체육시설의 전체 숫자는 12,861개소로서 운동장이 662개소, 체육관과 수영장은 각각 171개소와 79개소로 나타나 있다.

**<표 5-3> 직장체육시설 현황(1997년 기준)**

| 체육시설별 | 시설 수 |
|---|---|
| 합 계 | 12,861 개소 |
| 운동장 | 662 개소 |
| 체육관 | 171 개소 |
| 수영장 | 79 개소 |
| 기 타 | 11,949 개소 |

자료: 문화관광부(1999). **생활체육업무편람**. p. 7. 수정·보완

### 3) 직장체육시설 운영의 개선 방안

직장체육시설은 생산성 향상의 측면에서 보더라도 확충, 개선될 전망임에 틀림없다. 그러나 현재의 부족한 체육시설을 최대한 활용하기 위해서는 여러 가지 방안을 강구해야 한다. 먼저, 시설의 활용도를 높이고 직장인의 운동을 지도하고, 유인할 수 있는 전문적인 체육지도자를 반드시 배치하여야 한다. 영세한 기업에서는 2~3개 기업이 공동으로 지도자를 확보하는 방법도 바람직할 것이다. 또한 직장에 인접하고 있는 공공시설, 민간시설 또는 타 직장체육시설을 이용하고, 토지가 부족할 경우 건물 사이의 공간이나 옥상 등을 적절히 이용하고, 정부는 체육시설관리에 소요되는 제세공과금을 감면하도록 해야 한다. 즉, 시설의 사용에 소요되는 상·하수도와 전기료에 특별 혜택을 주어야 한다.

## 4. 학교체육시설

### 1) 학교체육시설의 정의

학교체육시설이란 각급 학교에서 정과체육이나 과외자율체육활동 등 체육 프로그램을 효율적으로 운영하기 위하여 설치되는 시설을 말한다(체육청소년부, 1990). 타 교과와는 달리 체육은 시설의 존재여부가 수업의 성패를 결정짓는 주요 조건이 된다. 이러한 학교체육시설은 첫째, 정과체육의 장으로서 체육수업을 효과적으로 운영하기 위해 사용된다. 둘째, 과외자율활동의 장으로서 학생들이 체육수업 이외에 신체활동을 할 수 있는 공간으로 사용된다. 셋째, 교내·대교 경기 활동의 장으로 이용된다. 넷째, 지역주민이나 직장체육활동의 장으로서 지역주민이나 직장인의 건강증진, 화합을 위한 공간으로 이용된다. 이것은 학교와 지역사회, 학교와 직장을 조화롭게 연결하는 데 도움을 줄 수 있다. 특히 날로 악화되고 있는 생활공간의 협소화 추세로 볼 때 학교체육시설이 지역주민이나 직장인을 위한 체육활동의 장으로서 갖는 의미는 크다고 할 수 있다(이범제, 1999).

### 2) 학교체육시설 현황

학교체육시설은 우리 나라 공공체육시설의 대부분을 이루고 있다. <표 5-4>에는 1998년 현재 우리 나라 학교체육시설 현황이 제시되어 있다. 이 <표>에 의하

**〈표 5-4〉 학교체육시설 현황** (단위: 개소)

| 체육시설별 | | 개 소 수 | | | | | |
|---|---|---|---|---|---|---|---|
| | | '97 | | | '98 | | |
| | | 초 | 중 | 고 | 초 | 중 | 고 |
| 운동장 | 소 계 | 5,678 | 2,609 | 2,258 | 5,933 | 2,637 | 2,098 |
| | 대형운동장 | 172 | 155 | 226 | 160 | 121 | 230 |
| | 중형운동장 | 2,005 | 1,360 | 1,144 | 1,744 | 1,205 | 1,058 |
| | 간이운동장 | 3,501 | 1,091 | 886 | 4,029 | 1,708 | 801 |
| 테니스장 | | 1,324 | 1,686 | 1,606 | 1,341 | 1,311 | 1,575 |
| 농구장 | | 1,948 | 1,853 | 257 | 2,482 | 2,289 | 2,110 |
| 배구장 | | 2,989 | 1,733 | 337 | 3,427 | 1,765 | 1,459 |
| 핸드볼장 | | 239 | 263 | 16 | 410 | 542 | 424 |
| 사격장 | | 0 | 22 | 32 | 2 | 20 | 23 |
| 양궁장 | | 41 | 34 | 8 | 39 | 35 | 20 |
| 씨름장 | | 614 | 339 | 108 | 1,048 | 427 | 302 |
| 배드민턴장 | | 150 | 126 | 5 | 146 | 154 | 154 |
| 롤러스케이트장 | | 16 | 1 | 0 | 24 | 0 | 17 |
| 실내체육관 | 소 계 | 1,440 | 1,503 | 1,227 | 2,244 | 2,086 | 2,795 |
| | 정규체육관 | 195 | 178 | 319 | 154 | 148 | 337 |
| | 강 당 | 382 | 263 | 412 | 563 | 346 | 484 |
| | 간이체육시설 | 863 | 1,062 | 496 | 1,527 | 1,592 | 1,974 |
| 수영장 | 소 계 | 83 | 18 | 29 | 80 | 22 | 29 |
| | 실외수영장 | 26 | 6 | 16 | 41 | 3 | 8 |
| | 실내수영장 | 42 | 10 | 9 | 27 | 12 | 17 |
| | 실외풀장 | 43 | 2 | 3 | 9 | 4 | 2 |
| | 실내풀장 | 2 | 0 | 1 | 3 | 3 | 2 |
| 기 타 | | 1,146 | 408 | 138 | 3,926 | 2,091 | 2,078 |
| 계 | | 15,668 | 10,599 | 6,019 | 20,730 | 13,375 | 12,606 |

자료: 김병익, 김종필(1999). **체육행정학**. 서울: 도서출판 홍경. p. 427. 수정.
※ '98자료에는 실외체육시설에서 종목별 시설 기타에 야구장, 게이트볼장, 레스링장, 족구장, 하키장, 멀리뛰기장, 철봉 및 평행봉, 정구장, 럭비장, 소프트볼장이 포함되었음.

면 학교체육시설의 총계는 46,711개소로 집계되고 있다.

### 3) 학교체육시설 운영의 개선 방안

학교체육시설의 효율적인 운영을 위한 개선 방안은 다음과 같이 제시할 수 있다.

현재 학교운동장 개방 및 이용에 관한 규칙에는 지역주민에게 시설을 개방하도록 되어 있으나, 학교측은 시설 훼손에 따른 관리 운영비 등을 이유로 개방을 기피하고 있으므로, 운동장 외 수영장, 체육관도 지역주민에게 적극 개방·이용되도록 제도적인 보완책이 필요하다. 그러므로 학생들의 정과체육수업에 지장이 없는 범위 내에서 관리 책임을 명확하게 보완하여 개방하는 정책으로 전환하여야 할 것이다.

또한, 현재 학교체육시설과 용구에 관한 설치 기준은 학교시설 설치기준령에 따르고 있으나, 설치기준령은 시설의 개념 및 분류 기준이 명확치 않으며, 기준령이 제반 여건을 고려하지 못한 상태에서 전국 각급 학교에 일률적으로 적용되고 있다. 이러한 일률적인 시설 기준은 교육과정의 개편에 따라 시설기준령의 재조정이 불가피하다. 각 사회의 특수적 여건을 고려한 각급 학교별로 대도시, 중소도시, 농어촌을 광역으로 하는 적정한 시설기준이 필요하다. 그리고 체육시설 기준은 체육시간수, 학급의 학생 규모, 운동기능 수준, 그리고 성과 연령에 따른 기준령이 되도록 체육전문가들이 적극 조언·장려하여야 할 것이다.

# 제 3 절  체육시설의 설치 기준

## 1. 공공체육시설

공공체육시설은 공공경기시설과 생활체육시설로 구분되는데 경기위주의 시설인 공공경기시설의 경우는 특별시·광역시·도·시·군으로 구분하여 법적 설립기준을 정하고 있으며 생활체육시설의 경우는 주어진 공간과 환경 및 인근 주민의 요구를 반영하여 설립되는 것으로 특별히 정해진 법규정은 없다.

<표 5-5>와 <표 5-6>에는 각각 운동장, 체육관의 표준모형과 특별시·광역시·도의 체육시설 설치기준이 제시되어 있다.

〈표 5-5〉 운동장, 체육관 표준모형

○ 운동장 표준모형

(단위: ㎡)

| 구분 | | | 혼합형 | 소도시형 | 중도시형 |
|---|---|---|---|---|---|
| 적용지역 | | | 군 및 인구 10만미만의 시 | 인구10~15만 미만의 시 | 인구 15만이상의 시 |
| 경기장 | | | 공인 제2종 | 공인 제2종 | 공인 제2종 |
| 시설규모 | | 수용인원(관람석수) | 5,000명 | 10,000명 | 15,000명 |
| | | 부지면적 | 63,336(19,159평) | 67,071(20,289평) | 72,371(21,829평) |
| | | 경기장 면적 | 20,640(6,244평) | 20,640(6,244평) | 20,640(6,244평) |
| | 스탠드면적 | 계 | 2,095(634평) | 3,981(1,204평) | 6,633(2,066평) |
| | | 일반 | 1,821.7 | 3,526 | 6,178 |
| | | 본부석 | 273.3 | 455 | 455 |
| | 출입구 | | 4개소 | 8개소 | 14개소 |
| | 내부면적 | 계 | 599.61 | 864.75 | 1,194.35 |
| | | 홀 | 84.64 | 104.73 | 104.73 |
| | | 귀빈 및 임원실 | 42.75 | 89.96 | 89.96 |
| | | 관리및운영본부 | 42.75 | 61.50 | 89.96 |
| | | 운동기구 창고 | 28.46 | 28.46 | 28.46 |
| | | 선수 대기실 | 178.78 | 178.78 | 178.78 |
| | | 화장실 | 201.81(4개소) | 329.86(4개소) | 557.86(6개소) |
| | | 기계 전기실 | 28.46 | 28.46 | 28.46 |
| | | 스넥 코너 | | 45.00 | 124.20 |
| 주요시설구조 | 스탠드 | 본부석 및 양익 | 철근콘크리트라멘조 | 철근콘크리트라멘조 | 철근콘크리트라멘조 |
| | | 본부석 맞은편 | 토성축조(잔디스탠드) | 철근콘크리트라멘조 | 철근콘크리트라멘조 |
| | | 좌우 곡선부 | 토성축조(잔디스탠드) | 토성축조(잔디스탠드) | 철근콘크리트라멘조 |
| | 트랙 | | 토사트랙 | 토사트랙 | 토사트랙 |
| | 필드 | | 토사 | 토사 | 토사 |
| | 출입구 | | 개방형 | 개방형 | 박스형 |

자료: 문화관광부(2001b). 2001년도 지방체육관리지침. p. 19.

**〈표 5-5〉 계속**

○ 체육관 표준모형 (단위: ㎡)

| 구분 | | | 혼합형 | 소도시형 | 중도시형 |
|---|---|---|---|---|---|
| 적용지역 | | | 군 및 인구 10만미만 시 | 인구10~15만 미만 시 | 인구 15만이상 시 |
| 경기장 | | | W24m×L46m×H12.4m | W24m×L46m×H12.8m | W24m×L46m×H13.5m |
| 시설규모 | | 부지면적 | 6,109㎡(1,848평) | 7,124㎡(2,155평) | 8,236㎡(2,491평) |
| | | 건축면적 | 1,864(564평) | 2,196(660.5평) | 2,472(740평) |
| | 연면적 | 계 | 2,541(769평) | 3,011(911평) | 3,743(1,132평) |
| | | 지하층 | 367 | 393 | 467 |
| | | 1 층 | 1,811 | 1,926 | 2,213 |
| | | 2 층 | 363 | 692 | 1,063 |
| | | 관람석 수 | 500석 | 1,000석 | 1,420석 |
| | | 최대수용인원 | 2,390인 | 2,980인 | 3,410인 |
| | 주요부분면적 | 경기장 | 1,133 | 1,189 | 1,198 |
| | | 관람석 | 278 | 551 | 782 |
| | | 무대 | 106 | 100 | 144 |
| | | 기구고 | 49 | 84 | 96 |
| | | 샤워 · 탈의실 | 76 | 84 | 96 |
| | | 임대사무실 | 49 | 84 | 96 |
| | | 화장실 | 60 | 65 | 100 |
| | 기타부속시설 | | 기계실, 전기실, 창고, 무대준비실, 관리사무실, 영사 및 방송실 | 좌 동 | 좌동 + 의무실 |
| 주요시설구조 | 경기장 바닥 | | 케미칼 코트 | 좌 동 | 좌 동 |
| | 스탠드 | | 시멘트몰탈위칼라하드너 | 좌 동 | 좌 동 |
| | 천정 | | 노출 철골트러스 | 좌 동 | 노출 파이프트러스 |
| | 경기장 내벽 | | 슈퍼 판넬 | 좌 동 | 좌 동 |
| | 난방 | | 스팀 보일러 | 좌 동 | 좌 동 |

자료: 문화관광부(2001b). **2001년도 지방체육관리지침**. p. 20.

**〈표 5-6〉 특별시·광역시·도의 체육시설 설치 기준**

| 시설종류 | 설 치 기 준 |
|---|---|
| 종합운동장 | 대한육상경기연맹의 시설관계 공인 규정에 의한 1종 공인경기장 |
| 체 육 관 | 바닥면적이 1,056㎡(길이 44m 폭 24m)이상이고, 바닥에서 천장까지의 높이가 12.5m 이상의 관람석을 갖춘 체육관 |
| 수 영 장 | 대한수영연맹의 시설관계 공인 규정에 의한 1급 공인 수영장 |

## 2. 민간체육시설

민간체육시설은 영리를 목적으로 설치된 시설물이 아니라면 체육관련 법령(예, 체육시설의 설치·이용에 관한 법률, 동법 시행령 등)에 설치기준이 특별히 규정된 것은 없다. 물론 이 뜻은 마구잡이로 건축되거나 설비되어도 가능하다는 의미는 아니다. 즉, 체육관련 법령이외에 건축법이나 소방법에 규정된 내용은 충실히 이행하여야 한다.

그러나 민간체육시설이 영리를 목적으로 설치될 경우는 문제가 달라진다. 즉 관련 법령에 규정된 내용에 따라 설치될 경우에만 해당 관청에서 신고나 허가를 받은 후 영리활동이 가능하다. 또한 민간체육시설 중 영리체육시설업은 서로 종류가 다양하고 이질적이기 때문에 「체육시설의 설치·이용에 관한 법률시행규칙」에 세부내용이 명시되어 있다. 이 법규정에 대한 상세한 내용은 제8장의 체육관련법에 설명되어 있으므로 참고하기 바란다.

또한, 제8장에서 설명되는 기준 외에도 주목할 만한 사항들에는 아래와 같은 것들이 있다.

첫째, 등록체육시설업(제8장에 종류 설명)에 대한 것으로서 이 등록체육시설업을 하고자 할 경우에는 사업계획서를 해당 지방자치단체에 제출하여 승인을 받은 후 본격적으로 시설물을 설치하여야 한다. 또, 사업계획을 승인 받은 날부터 6년 이내에 체육시설의 설치공사를 착수·준공하도록 노력하여야 한다. 여기에 회원의 모집방법과 회원수에 관한 회원모집 계획서를 제출하여야 하며 시설이 완공된 후는 등록절차를 마쳐야 한다. 그러나 신고체육시설업은 시설물 설치 전 사업계획을 승인받거나 회원모집 계획서를 제출할 필요는 없다.

둘째, 무도장(舞蹈場)과 무도학원(舞蹈學院)에 관한 사항으로서 이 체육시설업들은 신고체육시설업이지만, 시설물 설치를 위하여 주의해야 할 사항이 많다. 예를

들면, 시설물을 설치하고자하는 장소가 「도시계획법」에 의한 '상업지역' 이어
야 하며 건축물관리대장(해당 자치단체에서 발급)에 건축물의 용도가 '위락시설'
로 표시되어 있어야 한다. 또, 미성년자들이 출입하는 음악, 미술, 무용 등의 학원
이 동일한 건축물 안에 있어서는 안 된다.

　셋째, 당구장으로서 당구장은 무도장이나 무도학원처럼 인근에 초·중·고등학
교가 있어서는 안 된다. 이것은 「학교보건법」에서 규정한 '학교환경위생정화구
역' 내에서는 영리활동이 불가능하다는 의미이다. '학교환경위생정화구역' 은 절
대정화구역(학교출입문으로부터 직선거리로 50m까지)과 상대정화구역(학교경계
선으로부터 직선거리로 200m까지)으로 구분으로 된다. 따라서 이 업종의 개업을
위해 시설을 설치할 경우에는 사전에 해당 교육구청에서 자문을 얻거나 심의를 신
청한 후 행하는 것이 바람직하다.

　<표 5-7>에는 민간체육시설업의 개설이 가능한 지역 및 건물용도가 제시되어
있는데, 건물용도가 개설하고자 하는 체육시설과 일치하지 않을 경우에는 건물주
가 해당 지방자치단체의 건축과에 건물용도 변경을 신청하면 된다.

<표 5-7> 민간체육시설업의 신고·등록 가능 지역 및 건물용도

| 구　분 | 가능 지역 | 건물용도 |
|---|---|---|
| 종합체육시설<br>신고체육시설 | 주거지역<br>준 주거지역<br>상업지역 | 근린생활시설<br>운동시설 |
| 무도장, 무도학원 | 상업지역 | 위락시설 |

## 3. 직장체육시설

　직장체육시설은 직장인의 체육 및 스포츠활동 욕구를 충족시켜 줄뿐만 아니라
일반인의 체육활동 참여의 기회를 확대한다는 차원에서 중요하다. 그러나 체육시
설이 미비된 기업이 대부분이며 설치되어 있어도 탁구장이나 간이 배구장 정도가
대부분이다. 그리고 현재의 직장체육시설은 선수를 위한 연습장으로 사용하는 경
우가 많기 때문에 일반 직장인의 활용이 어려운 실정이다. 소수의 운동 경기자를

위한 형식적인 시설보다는 직장인을 대상으로 하는 실제적인 체육시설의 건립이 절실히 필요하며 시설설치의 주체적인 역할을 담당하는 경영주의 인식개선이 무엇보다 중요하다.

직장체육시설의 법적 기준에는 직장운동부를 설치한 직장과 설치하지 않은 직장에 관한 2가지가 있다. 직장운동부를 설치한 직장의 설치기준은 <표 5-8>에, 운동경기부를 설치하지 않은 직장의 시설설치기준은 <표 5-9>에 제시되어 있다.

<표 5-8> 직장운동경기부를 설치한 직장의 체육시설 설치 기준

| 구 분 | 종 류 | 설치 기준 |
|---|---|---|
| 실내체육시설 | 체육관 | 바닥면적이 450㎡ 이상의 것으로 배드민턴 코트나 탁구대 2면 이상을 둘 수 있는 것이어야 한다. |
| | 체력단련장 | 바닥면적이 100㎡ 이상의 것으로 체력단련에 필요한 기구를 갖추어야 한다. |
| 실외체육시설 | 운동장 | 5,400㎡ 이상의 것으로 축구경기가 가능한 시설이어야 한다. |
| | 코 드 | 1,600㎡ 이상의 것으로 테니스·배구 등이 가능한 시설이어야 한다. |

<표 5-9> 직장운동경기부를 설치하지 않은 직장의 체육시설 설치 기준

| 구 분 | 설치 기준 |
|---|---|
| 운동장 | 4,500㎡ 이상의 것으로 축구경기가 가능한 시설이어야 한다. |
| 코 트 | 920㎡ 이상의 것으로 테니스, 배구경기 등이 가능한 시설이어야 한다. |
| 실내체육시설 | 바닥면적이 150㎡ 이상의 것으로 탁구대 2면 이상을 설치할 수 있는 것이어야 한다. |

## 4. 학교체육시설

학교체육시설의 현대적 의미는 학생들의 체육수업과 방과 후 체육활동의 장으로만 인식되어서는 안된다. 앞에서 언급한 것처럼 학교체육시설은 학생을 포함한 지역주민의 체육공간으로 적극 활용되어야 한다. 그 동안 많은 학교에서 운동장은 관리가 비교적 쉽기 때문에 개방하여 왔지만, 지역주민이 학교 소유의 체육관을 이용한다는 것은 매우 힘들었다. 그러나 요즘은 지역주민들이 솔선하여 학교체육시설 설치에 참여하고 있고 시설물 유지·관리에 소요되는 경비를 공식적으로 산출하여 공동으로 부담하는 등 학교측과 지역주민의 관계가 원만해지고 있다. 학교를 관리·감독하는 교육청에서도 일정한 사용료를 징수하여 체육시설의 소모경비로 지출할 수 있도록 규정하고 있다. 따라서 학교체육시설을 설치할 때는 학교행정가, 학교체육시설 전문가, 건축설계사와 시공자는 물론 일선교사들과 학부모, 지역주민이 참여하여 심도 깊은 토론과 합의를 통해 시설물의 형태와 기능을 최종적

**〈표 5-10〉 학교운동장 설치 기준**

| 학교 구분 | 학급 규모 | 운동장 면적 |
|---|---|---|
| 초등학교 | 1 - 12학급<br>13 - 36학급<br>37학급 이상 | 학급당 290㎡=3,480㎡<br>3,480㎡+105㎡×학급수<br>6,000㎡+ 85㎡×학급수 |
| 중 학 교 | 1 - 13학급<br>13 - 36학급<br>37학급 이상 | 학급당 350㎡=4,200㎡<br>4,200㎡+115㎡×학급수<br>6,960㎡+ 95㎡×학급수 |
| 고등학교 | 1 - 13학급<br>13 - 36학급<br>37학급 이상 | 4,900㎡<br>4,900㎡+125㎡×학급수<br>7,900㎡+105㎡×학급수 |

**〈표 5-11〉 학교체육관 및 수영장 설치 기준**

| 학교 구분 | 학급 규모 | 체육관 면적 | 수영장 면적 |
|---|---|---|---|
| 초등학교 | 1 - 18학급<br>19 - 36학급<br>37학급 이상 | 400㎡<br>720㎡<br>1,008㎡ | 180㎡<br>250㎡<br>400㎡ |
| 중 학 교 | 1 - 18학급<br>19 - 36학급<br>37학급 이상 | 720㎡<br>1,008㎡<br>1,303㎡ | 250㎡<br>400㎡<br>800㎡ |
| 고등학교 | 1 - 18학급<br>19 - 36학급<br>37학급 이상 | 720㎡<br>1,008㎡<br>1,420㎡ | 400㎡<br>500㎡<br>800㎡ |

으로 결정하는 것이 바람직하다.

또한 교육관련법령과 지방자치법에도 지방자치단체와 학교 당국이 공동으로 투자(예: 학교는 부지, 지방자치단체는 시설비)하여 체육시설을 건립하고 정과수업과 지역주민의 생활체육 공간으로 활용할 수 있도록 규정하고 있다.

이러한 학교체육시설은 학교설비기준령 제3조에 따라 교육인적자원부령으로 정하는 체육시설을 갖추도록 되어 있다. <표 5-10>과 <표 5-11>에는 각각 학교의 운동장 설치 기준과 체육관 및 수영장 설치 기준이 제시되어 있다.

# 제4절 경기장 규격

## 1. 체육관

### 1) 규 모

체육관의 규모는 설치목적과 관리자에 의하여 큰 차이가 있어서, 일률적으로 말할 수는 없으나 각종 체육활동에 적합한 최소한의 넓이가 있어야 한다. 체육관 안에서 주로 행하여지는 농구, 배구, 핸드볼, 배드민턴, 탁구 등의 종목을 실시할 경우, 실제로 사용되는 플로어의 면적은 적어도 다음과 같은 넓이가 되는 것이 좋다. ① 초등학교, 중학교(400~500㎡), ② 고등학교(550~650㎡), ③ 대학 및 일반(650~750㎡) 이것은 관람석을 포함하지 않은 숫자이다.

### 2) 방 위

체육관의 창은 될 수 있는 한 남북으로 만드는 것이 바람직하다. 운동에 사용될 경우 창이 동서로 열려 있으면 일광이 직접 실내로 들어와서 체육활동에 지장을 가져올 경우가 있기 때문이다.

### 3) 구 조

체육관은 약간 장방형으로 잡고 장변과 단변의 비율이 5대4정도가 되면 이상적이다. 넓이는 사용되는 운동종목 이외에 다른 기계장치와 이동식 기계를 반입할 수 있는 여유가 있도록 잡는 것이 좋다. 또한 천장의 높이는 사용목적에 따라 다르지만 최고로 배구와 테니스는 12m 이상, 농구와 배드민턴 등의 구기는 8m 이상의 높이가 필요하며 체조용으로는 7m 정도가 적당하다. 체육관의 주체로는 대스팬 기법의 요구와 함께 경량(輕量), 내화(耐火), 내구(耐久), 안전성 등을 겸비한 각종 특수 기법이 최근에 잇따라 등장하였다. 시각적으로도 체육이라는 동적인 특성을 생각하여 단순 명쾌한 것으로 발전되어 가고 있다. 천장은 방습, 흡음을 위하여 판자 같은 것을 붙이는 것이 좋다. 그밖에 체육관의 구조상 가장 유의하여야 할 조건으로서는 환기, 조명, 출입구, 기구창구, 바닥, 방음, 완충벽 등이 있다. <그림 5-3>에 경기종목별 천장의 높이가 제시되어 있고 <그림 5-4>에는 운동종목별 경기장라인이 나타나 있다.

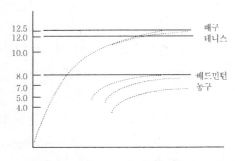

<그림 5-3> 경기종목별 천장 높이

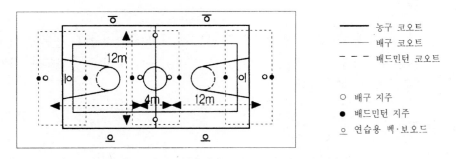

<그림 5-4> 체육관의 운동종목별 라인 설치

## 4) 조 명

체육관의 조명에 있어서 전문적인 것을 제외하고 기본적으로 다음과 같은 것을 유의하지 않으면 안 된다.

① 경기 또는 심판을 하기 쉽도록 하지 않으면 안 된다.
② 용도와 필요에 맞는 조도가 필요하다.
③ 조도 분포가 최고, 최저 비율이 3대1을 넘지 않도록 하며 볼의 음영 때문에 경기자나 관객이 보기 힘들지 않도록 한다.
④ 눈이 부시지 않도록 하고 유지관리에 편리하도록 설치한다.

**〈표 5-11〉 실내체육관의 조도 기준**

| 조명단계 | 탁 구 | 농 구 | 배드민턴 | 유도·검도 | 체 조 |
|---|---|---|---|---|---|
| 1,500-700LX | 공식경기 | - | - | - | - |
| 700-300LX | 일반경기 | 공식경기 | - | 공식경기 | 공식경기 |
| 300-150LX | 레크리에이션 | 일반경기 | 공식경기 | - | 일반경기 |
| 150-77LX | - | 레크리에이션 | 레크리에이션 | 레크리에이션 | 레크리에이션 |
| 70-30LX | 관객석 | - | - | 관객석 | - |
| 30-15LX | - | 관객석 | 관객석 | - | 관객석 |

## 2. 수영장

### 1) 규 모

수영장에는 레크리에이션용의 것으로부터 경영용의 것까지 있으나 여기서는 경영용의 풀을 중심으로 설명한다. 풀에는 50m 풀과 25m 풀의 2종류가 있으나 50m 풀의 기록이 한국기록 및 세계기록의 대상이 된다. 그리고 공인풀의 거리측정은 25℃에서의 환산치이다. 또한 수영장은 다음의 조건들을 충족시켜야 한다. 첫째, 담수(淡水)로 경기 중에는 흐르지 않아야 한다. 둘째, 조정이 가능한 24℃~27℃ 범위 내에서 수온이 유지되어야 한다. 셋째, 수위는 만수(滿水)로 일정한 높이를 유지해야 한다.

## 2) 수 심

공인된 50m 풀에서는 수심은 1.2m 이상으로 하고 수구경기를 행하는 풀에서는 수심이 1.8m 이상으로 수위가 조절되도록 한다. 25m 풀에서는 1.15m 이상으로 한다. 수심표시 타일을 풀사이드의 표면에 붙이는 것이 좋다. 또한 사용목적에 따라 다음과 같은 적당하다고 생각되는 수심도 고려할 필요가 있다.

① 유아용 풀 0.3~0.8m
② 초등학교용 풀 0.8~1.1m
③ 중학교용 풀 0.8~1.8m
④ 고교용 풀 1.2~1.8m
⑤ 다이빙 풀 3.0~4.5m이상

## 3) 배수구 및 기타

배수구는 풀의 네 벽에 만들며 수위를 일정하게 유지하고 반사파를 막고 수면에 뜨는 오물을 배출하는 역할을 한다. 스타트쪽 벽의 배수구는 수면위 30cm에 전기 계시용 배전판을 달 것도 고려하여 만드는 것이 좋다. 그리고 배수구에는 적절한 배수용 쇠붙이나 수위조절용 밸브를 붙인다. 또한 풀사이드의 배수구는 수영하는 사람에게 압박감을 주지 않도록 만드는 것이 바람직하다. 또한 환기장치와 정화장치에 특히 유의해야 하며, 물의 정화는 감소제를 사용하며 이것을 계속적으로 주입하는 것이 효과적이다.

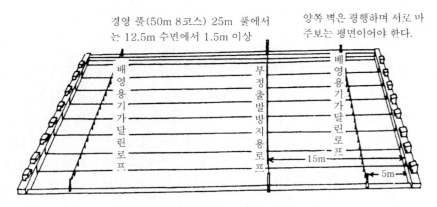

〈그림 5-5〉 수영장의 일반적 시설

## 3. 각종 경기장

### 1) 배구 경기장 규격

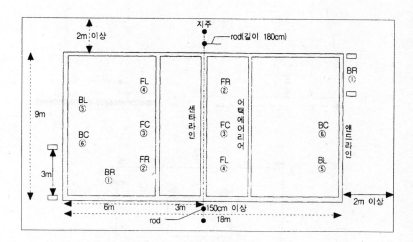

〈그림 5-6〉 배구 경기장 규격

### 2) 농구 경기장

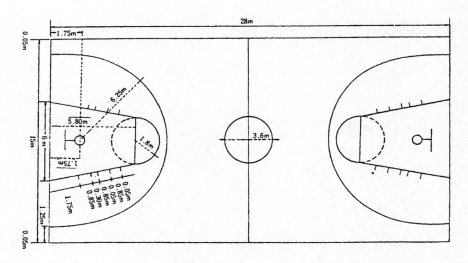

〈그림 5-7〉 농구 경기장 규격

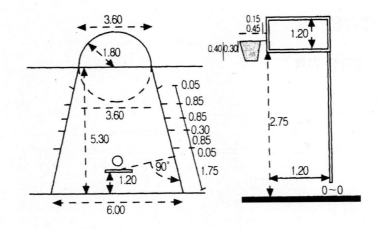

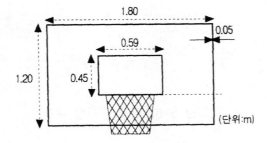

<그림 5-7> 농구 경기장 규격

## 3) 축구 경기장

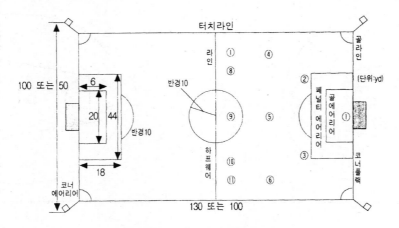

<그림 5-8> 축구 경기장 규격

## 4) 배드민턴경기장

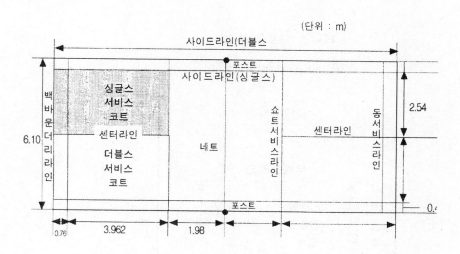

<그림 5-9> 배드민턴 경기장 규격

## 5) 스쿼시 경기장

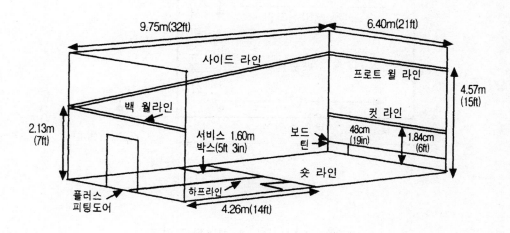

<그림 5-10> 스쿼시 경기장 규격

## 6) 테니스 경기장

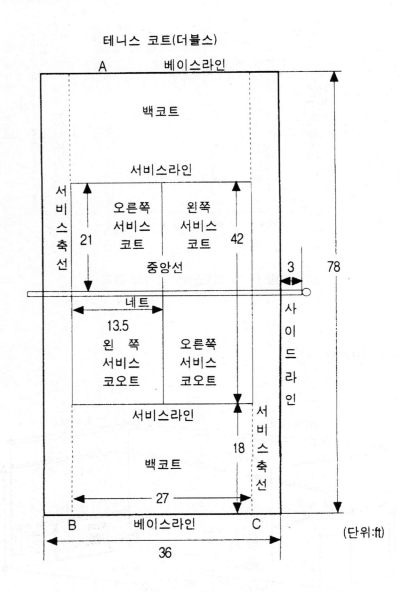

<그림 5-11> 테니스 경기장 규격

## 7) 야구 경기장

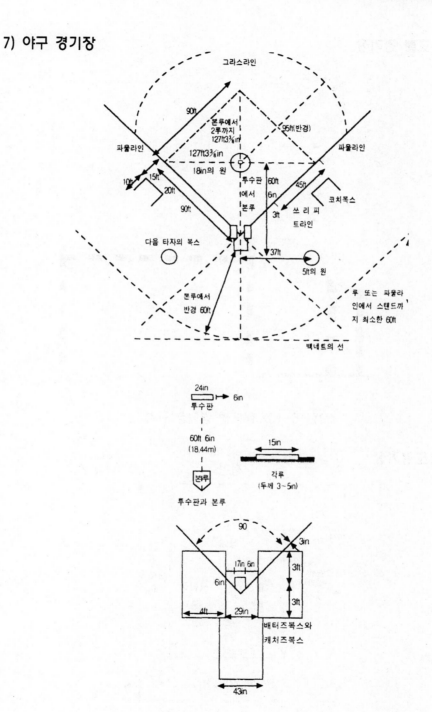

<그림 5-12> 야구 경기장 규격

## 8) 핸드볼 경기장

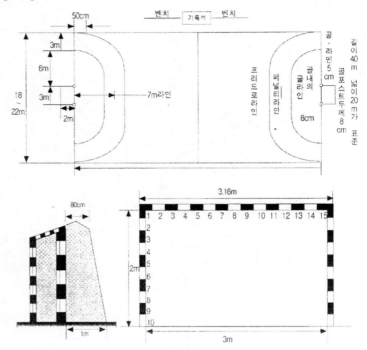

<그림 5-13> 핸드볼 경기장 규격

## 9) 유도경기장

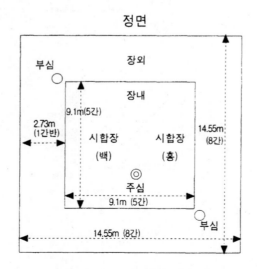

<그림 5-14> 유도 경기장 규격

## 10) 태권도 경기장

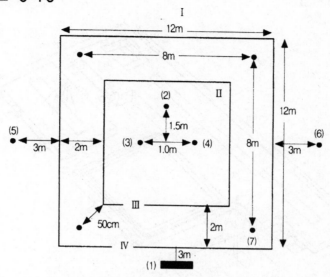

〈그림 5-15〉 태권도 경기장 규격

## 11) 씨름 경기장

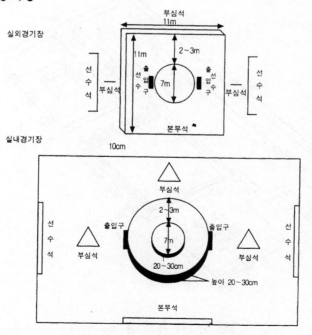

〈그림 5-16〉 씨름경기장 규격

## 12) 체조 경기장

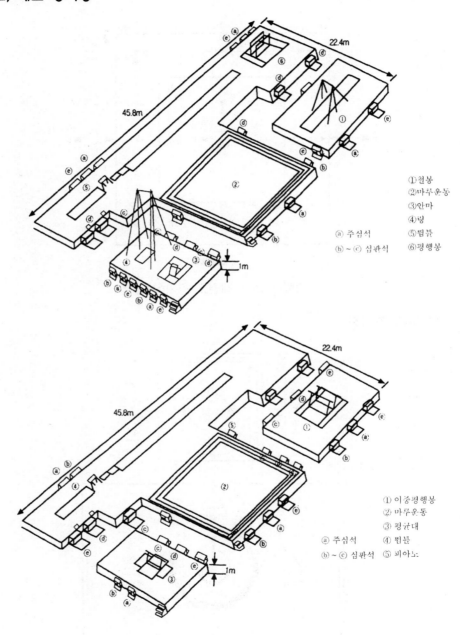

① 철봉
② 마루운동
③ 안마
④ 링
⑤ 뜀틀
⑥ 평행봉

ⓐ 주심석
ⓑ ~ ⓒ 심판석

① 이중평행봉
② 마루운동
③ 평균대
④ 뜀틀
⑤ 피아노

ⓐ 주심석
ⓑ ~ ⓒ 심판석

〈그림 5-17〉 체조 경기장 규격
(상: 남자일반경기장, 하: 여자일반경기장)

# 참고문헌

강복창(2001). **체육행정학**. 서울: 도서출판 태근.

김달우(1990). 체육시설관리체계 확립에 관한 고찰, **서울대학교 체육연구소 논집, 11**(1).

김민수(1999). **주민복지향상을 위한 비영리 민간 사회체육센타 모형개발**. 한국체육대학교 대학원 박사학위 논문.

김사엽(1997). **체육시설관리학**. 서울: 21세기 교육사.

문화관광부(1999). **생활체육업무편람**.

문화관광부(2000). **전국 공공·등록·신고체육시설 현황**.

문화관광부(2001a). **전국 공공·등록·신고체육시설 현황**.

문화관광부(2001b). **2001년도 지방체육관리지침**.

문화체육부(1997). **지방체육관리지침**.

서울특별시(2001). **시정현황**. 서울특별시 기획담당관.

송창훈(1999). 공공체육시설이 지역생활체육발전에 미치는 영향. **'99 한국사회체육학회 학술대회**, 332-342.

신용학(1992). **경제학 원론**. 서울: 교문사.

양재용, 김흥수, 변영신(1998). **사회체육개론**. 서울: 형설출판사.

위성식(1991). **사회체육활동의 구성방법론**. 한국학술자료사.

육조영, 최재용(2000). **스포츠 시설론**. 서울: 도서출판 홍경.

이범제(1999). **체육행정의 이론과 실제**. 서울대학교 출판부.

이병익, 김종필(1999). **체육행정학**. 서울: 도서출판 홍경.

이제홍, 정상원(1997). 공공체육·스포츠시설의 효율적 경영방안 모색을 위한 기술적 연구. **한국사회체육학회지**, 8, 211-230.

체육청소년부(1990). **직장체육시설 활성화 방안**.

허현미(1997). **공공스포츠시설의 서비스 질 척도개발과 측정치 특성분석**. 이화여자대학교 대학원 박사학위 논문.

Flynn, R. B.(1985). *Planning facilities for recreation*. Reston: AAPHERD.

Greendorfer, S.(1974). *The nature of female socialization into sport: A study of selected college women's sport participation*. Unpublished doctoral dissertation, University of Wisconsin.

Hasbrook, C. A.(1984). *The influence of social class background on childhood sport involvement*. Unpublished doctoral dissertation, University of Illinois, Urbana-Champaign.

McCarthy, J.(1975). *Basic marketing*. Homewood: Irwin.

# 제6장 직장체육관리

　현대인들은 자동화된 작업환경과 사무조건으로 인하여 체력저하가 발생하고 있다는 많은 연구와 보고서들이 있지만, 많은 사람들이 단축된 작업시간에 의하여 발생하는 여가를 효율적인 시간관리로 체력을 증진하고 적극적인 사회참여로 대인관계를 원만히 하고 있다. 예를 들면 국내에서 손꼽히는 S기업은 본사 전 직원의 아침 출근시간을 9시에서 7시로 단축한 대신 오후에는 조기 퇴근토록 하여 종업원들의 자기계발 기회로 활용하도록 권장하고 있다. 이러한 자기계발의 활동을 살펴보면 대부분의 종업원들이 평소 시간이 없어 참여하지 못했던 체육활동에 시간과 노력을 투자하고 있는 것으로 나타났다.

　직장에서 종업원들의 체육활동에 대한 적극적인 참여는 종업원 자신의 신체적·정신적 건강증진, 스트레스 해소는 물론, 작업의욕의 고취, 노사관계의 개선, 생산성 향상에 기여한다.

　본 장에서는 지역사회의 체육활동과 함께 생활체육의 근간이 되는 직장체육이 활성화되어야 하는 이유와 그 과정을 알아보고 체육행정·경영자로서 체육행사를 기획하고 집행하는 현장 실무를 터득하고자 한다.

# 제1절 직장의 개념과 구조

## 1. 직장의 개념과 의미

직장은 특정의 목표를 달성하기 위해서 일과 사람으로 구성된 전형적인 목적집단이다. 여기서 일이란 공장이나 사무실에서 기술, 제조, 영업, 사무 등을 말하여 그것을 담당하는 사람인 기술자, 기능공, 판매원, 사무원 등의 집단이 일하고 있는 곳을 일반적으로 직장이라고 한다. 저자의 견해는 요즘에 있어서 직장의 의미는 장소의 유·무를 막론하고 금전적 소득 또는 봉사적 목적으로 개인과 집단이 노력과 시간을 투자하는 모든 활동을 직장으로 해석한다.

하지만, 일반적인 직장의 의미는 다음과 같은 몇 가지 측면에서 의미를 지니고 있다.

첫째, 경영적인 측면에서 직장이란 제품을 개발하고 제조하는 곳이며 생산된 제품을 판매하는 곳이다. 또한 각종 서비스나 사무를 처리하는 곳이기도 하다. 즉 직장이란 재화 또는 서비스라는 특정한 사회적 효용을 만들어 내는 장소라고 말할 수 있다.

둘째, 경제적인 측면에서 직장이란 경영목적 달성을 위한 작업집단으로서 인위적으로 구성된 사회조직이다. 따라서 직장에는 가장 능률적으로 목적이 달성되도록 각자의 임무가 결정되어 있다. 또한 직장은 조직과 개인이 직무라는 범주 안에서 결합되어 있는 곳이다. 즉 직장은 일과 인간이 만나는 접합점으로서 일의 조직과 인간의 조직이 교우하는 '일과 인간'의 관계에 의해서 성립되는 곳이며 높은 성취도라는 조직의 요구와 충족이라는 개인의 요구가 통합되는 장소이기도 하다.

셋째, 체계적인 면에서 직장은 특정한 성과를 달성하기 위한 모든 활동이 이루어지는 장소이며 사람, 물자, 에너지, 기술, 정보 등의 요소에 의해서 구성되고 그것들이 목표에 따라 적절하게 결합되어 있는 장소이다. 따라서 직장은 노동의 질과 양을 현실적으로 결정하고 직장인의 생활 조건의 기초적 요소를 결정하는 곳이라고 할 수 있다.

넷째, 개인적인 측면에서 직장은 우선 일터가 되며 이를 통해 자신의 생활과 활동에 필요한 여러 가지 자원을 획득하는 곳이다. 때로는 자신의 능력을 과시할 수 있는 곳이며 대인관계를 증진할 수 있는 곳이기도 하다. 즉 개인은 소속되어 있는 직장 내에서 경제적·사회적 성취 욕구를 충족시킬 수 있다.

## 2. 직무의 유형 및 근무자의 특성

한국표준직업분류에 따른 직장의 유형을 살펴보면 ① 전문, 기술 및 관련직, ② 행정 및 관리직, ③ 사무 및 관리직, ④ 판매직, ⑤ 서비스직, ⑥ 농업, 축산업, 임업, 수산업 및 수렵업직, ⑦ 생산 및 관련 종사직, 운수장비 및 단순 노무직으로 분류할 수 있는데, 크게 생산직 근로자와 사무직 근로자로 구분할 수 있다(국민생활체육협의회, 1994).

위와 같은 직장인의 직무 유형에 따른 생리적, 심리적, 사회적 특성은 <표 6-1>과 같이 정리할 수 있다.

**〈표 6-1〉 직무유형별(생산직, 사무직) 신체적 특징**

| 특성 \ 유형 | | 생 산 직 | 사 무 직 |
|---|---|---|---|
| 신체활동 여부 | | 활동적(육체 활동) | 비활동적(정신 활동) |
| 생리적 특 징 | 질 병 | ·안전사고 및 작업공해로 인한 직업병 ·단조롭고 편협된 기계적 활동으로 신체적 불균형 및 상해 | 각종 성인병 (관상동맥질환이 대표적) |
| | 피 로 | 근육 피로 | 정신적 피로 |
| | 비 만 | 신체적 활동이 많기 때문에 체지방량(비만척도)이 적음 | 좌업생활 습관으로 인한 비만 |
| 심리적 특 징 | 스트레스 | 작업자체의 스트레스 | 결정권에 의한 스트레스 |
| | 긴 장 | 작업안전에 대한 긴장 | 직무상 상사나 동료와의 긴장 |
| | 불 안 | 생계유지의 불안 | 사회적 지위 상승에 대한 불안 |
| 사회적 특 징 | 동료애 | 인간적인 유대감 | 합의, 경쟁 속에서 유대감 |
| | 성취감 | 적음(창조적 활동 결여) | 많음 |
| | 만족감 | 작업환경에 의한 만족 | 사회적 지위관계 속에서 만족 |

자료 : 국민생활체육협의회(1994). **직장인을 위한 생활체육 총괄편**. p. 16.

## 3. 직장의 구조

기업조직 또는 직장은 공식적으로는 직무와 권한을 부여한 직위의 배열이며 물리적으로 보면 일정한 공간 내에 배열된 작업시설의 집합이라고 할 수 있다. 그러나 경영조직의 하위조직으로서 직장집단은 일반적으로 성원수(成員數)도 적고 성원 상호간 대면적 관계(對面的 關係)를 유지하기 때문에 동일한 직장집단에 속한 사람들 사이에는 단순한 직무상의 부분적 접촉을 넘어서 대면적인 친밀한 관계가 성립되어 일정한 집단규범이 형성되는데, 이에는 다음과 같은 직장내 하위집단이 있다.

### 1) 공식 집단

공식집단은 경영목적을 달성하기 위하여 경영관리자에 의하여 직무 상호간의 관계가 제도화·규정화된 복합적인 인간활동의 체계로서 정연하게 부(部), 과(課), 계(係) 등의 하부조직으로 편성되어 있는 집단을 의미한다.

즉 공식집단에서는 각자의 지위가 분담하고 있는 직능, 책임사항, 권한, 명령, 보고의 체계 등이 조직계통, 업무분담 규정, 직무권한 규정 등에 의해 정해져 있다. 따라서 공식집단 내에서의 인간관계는 지극히 직무상의 관계에 얽매이게 되며 각 개인의 감정적·사회적 욕구의 충족은 쉽게 허용될 수 없다.

### 2) 비공식 집단

비공식 집단은 개인적인 접촉이나 상호작용의 종합으로 자연스럽게 형성된 집단을 말한다. 이와 같은 비공식 집단의 기능은 다음과 같다.

첫째, 공식집단에 대한 순기능(생산성이나 능률에의 기여)이나 역기능(생산의 제한이나 태업)

둘째, 친밀한 대인관계에서 얻어지는 욕구의 충족

셋째, 공식집단에서는 얻을 수 없는 대등하고 평등한 인간관계 유지

오늘날 대부분의 직장은 부, 과, 계 등의 공식조직 외에 탁구, 테니스, 볼링, 등산, 축구, 단전호흡 등의 스포츠집단과 바둑, 장기, 낚시, 꽃꽂이, 서예 등의 취미집단, 학교의 동창이라든가 입사동기 집단 등의 비공식 집단이 여러 형태로 구성되

어 있다.

이러한 비공식 집단은 직장이 같다는 이유 이외에도 출신지, 출신교, 성별, 스포츠, 취미, 사고방식, 주거지 등이 집단을 형성하는 요인이 될 수 있다(문화체육부, 1995).

# 제 2 절  직장체육의 개념 및 필요성

## 1. 직장체육의 의의 및 개념

직장인에게 있어서 체육의 가치와 그 활용의 중요성이 강조되기 시작한 것은 고도의 경제정책에 수반한 기술혁신이나 합리화의 진전, 도시인구의 집중 등의 여러 사회적 조건과 관련이 깊다.

작업이나 직무의 획일화, 단순화로 인해 노동에 있어서 인간소외 현상이 한층 심화되어 직장인들은 인간성 회복을 위한 노력으로서 여가에 대한 광범위한 활동욕구를 지니게 됨과 동시에 체육에 대하여 관심과 흥미를 지니게 되었다. 즉 여가활동의 과정 가운데 체육활동을 통해서 정신과 육체의 통합, 건전함, 신체적 건강 및 자아실현에 의한 즐거움, 그리고 독자적인 만족과 가치의 깨달음 등을 얻게 되고, 주체적 인간으로서 자신의 정체감을 인지하게 된다는 것이다.

이러한 의미에서 직장인의 체육은 복잡한 업무와 일상의 테두리 속에서 스스로 탈피하여 주체적 존재의 의미를 만끽할 수 있는 기회를 제공해 주고, 이에 따라 한층 더 즐겁고 의욕적으로 스스로 업무에 집중함으로써 직장인 자신의 자아계발뿐만 아니라 기업전체의 이윤 추구에도 크게 영향을 미치고 있다.

또한, 현대인은 생활의 대부분을 직장에서 보내고 있고, 직장생활에 대한 성패여부가 그 개인의 성공적인 삶의 여부를 좌우할 수 있을 만큼 중요 시 되고 있다. 따라서 직장생활에서의 적응성과 만족감을 높이기 위한 스포츠활동 참가는 꾸준히 늘어가고 있는 추세에 있으며, 이와 함께 스포츠 활동 참가가 직장에 대한 직무만족 등에 긍정적 요인으로 작용한다고 많은 국내의 연구들(김태운, 이승훈, 2000; 문용, 김태운, 이진, 2000; 임경호, 1994)이 학문적으로 증명하고 있다.

　　그러나 이러한 직장인의 체육활동에 대한 긍정적인 효과에도 불구하고 현실적으로는 아직도 우리 나라 직장인의 여가시간은 선진산업사회에 비하여 절대시간이 부족하고 기업주는 직장인에 대한 체육의 잠재 가능성을 충분히 인식하지 못하고 있는 실정이다.

　　그리고 직장체육에 대한 개념을 한 마디로 규정한다는 것은 무척 애매하다. 그 이유는 생활체육의 개념과 흡사하고 중복되기 때문이다. 하지만 이러한 직장체육을 정의한다면, "직장을 기반으로 직장인에 의해서 이루어지는 체육활동"이라고 정의할 수 있다. 여기서 '기반'이란 직장 내의 체육시설이나 체육활동조직 등에 한정한다. 그러나 직장 외부의 체육시설이나 조직도 그 직장의 의도로 제공되는 것일 경우에는 직장체육의 기반이라 간주할 수 있다. 또, '직장인'이란 의미는 그 직장에서 상시 근무하는 자들로 한정하며, 임시고용원과 가족들은 정식 직장인과 동반할 경우에만 인정한다(체육부, 1990a).

　　한편, '직장'이란 체육관련 법규정의 의미로 해석한다면, 국민체육진흥법 제10조(직장체육의 진흥)와 동법시행령 제17조(직장의 체육진흥 조치)의 "대통령령이 정하는 상시 종업원 1,000명 이상이 근무하는 국가기관·공공단체, 정부투자기관, 민간 기업체"라고 할 수 있다.

　　그러나 법률적으로 해석된 직장(1,000명 이상의 직장)은 다만 국가에서 직장체육을 위한 조치의 일환으로 법률적 효력이 미치는 범위를 최소화한 규정일 뿐이고, 우리가 말하는 직장체육(누구나 자율적으로 참여하는 체육활동)과는 거리가 멀다. 따라서 저자는 직장체육이란 "**2인 이상으로 구성된 직장에서 직장조직에 기반을 두고 인간관계를 토대로 이루어지는 체육활동의 총체이다**"라고 정의한다.


## 2. 직장체육의 필요성

　　정부나 학계에서 직장체육에 관심을 갖는 이유는 근본적으로 체육활동에의 투자는 이에 상응하는 이익을 기대할 수 있기 때문이다. 기업은 사업에 투자하는 경영체이기 때문에 투자나 노력을 지불하는 행위는 어떤 형태로든 이익의 추구와 직결되지 않을 수 없다.

　　기업의 측면에서 볼 때, 직장인의 건전한 여가활동인 체육은 직장인을 명랑하게 하고 일에 집중하게 하며, 또한 작업집단에서 한층 더 생산적인 성원이 되게 한다는 것이다. 모든 기업은 그들이 고용한 피고용자가 건강하거나 아니면 최소한 활기에 차 있기를 원하며 직장인의 생산성과 직무근무 유지에 대한 경제적인 측면을 중요하게 인식하고 있다(이병익, 김종필, 1999). 즉 기업주의 입장에서 보면 종업원의 건강과 화목한 직장 분위기는 생산성 향상에 직결되고 의료비의 절감을 가져오기 때문이다.

직장인의 측면에서는 우선 체육활동의 전개보다도 여가선용을 포함한 근로조건에 관심의 초점을 두고 있다. 즉 기계화와 자동화의 피해로부터 자신의 건강을 지키고 체육활동을 통하여 직장생활의 만족을 누릴 수 있는 복지조건과 직장인의 기본권리로서 체육활동을 요구하고 있다. 그리하여 직장인은 근로에서 오는 긴장, 피로, 고립감, 단조로움으로부터 벗어나 자기를 계발하고 구현하여 인간으로서 삶의 보람을 체육활동으로부터 창조해 내려는 것이다.

이와 같이 직장체육은 직장인 개개인과 기업 모두의 측면에서 중요한 가치를 지니고 있으며 그 효용성을 정리하면 다음과 같다.

## 1) 인간성 회복

과거 의식주 해결에 모든 시간과 노력을 허비했던 우리들은 고도의 산업발달로 절대 빈곤에서 벗어나게 되었고 이로 인한 가치관의 변화를 가져오게 되어 인간다운 삶을 추구하게 되었다.

그러나 산업화 이전의 사회에서는 생산의 전 과정에 많은 시간과 노력이 요구되었기 때문에 여가시간은 부족하였지만 일의 성취에 대한 보람과 긍지 등 심리적인 만족감은 컸다. 반면에 생산과정에서의 기계화는 일의 분업화를, 분업화는 전문화를 요구하고 있으며 이러한 분업화와 전문화는 그 성격상 통합적이라기 보다는 부분적, 분열적인 성격을 가지므로 직장인은 기계의 부품으로 전락하고 말았다.

기본적으로 산업화의 조직원리는 합리화, 표준화, 거대화, 집중화를 들 수 있다. 합리화는 조직의 운영을 개개인이나 사적으로부터 탈피하게 하여 단기적으로는 능률의 극대화를 가져올지는 모르지만 장기적으로는 인간성 상실을 초래함으로써 오히려 비능률적인 조직을 만드는 것이다. 또 모든 것이 표준화되는 경향이 있다. 예를 들면 작업시간, 작업공정, 제품, 설비, 부품 심지어는 인간의 사고방식과 생활방식까지도 표준화된 문화양식 속에서 생활함으로써 개성과 창의성 그리고 인간의 본질을 차츰 상실해 가고 있는 것이다. 거대화와 집중화도 관료제와 공식화를 가져오게 되어 인간소외를 더욱 촉진시켰다. 결과적으로 산업화는 인간의 절대 빈곤을 해결해 주었으나 산업화 과정의 부정적인 요인에 의해 인간은 삶의 의미를 찾지 못하고 심한 소외감 속에서 무력한 삶을 반복적으로 살고 있다고 볼 수 있다.

인간다운 삶이란 단순히 물리적 풍요만을 뜻하는 것이 아니며 정신적, 심리적, 사회적인 풍요로움을 구비한 삶을 뜻한다.

행복이란 보다 나은 의식주의 생활에서 명예나 지위의 향상 또는 자신이 추구하는 전문적 지식이나 기술 등에서도 느낄 수 있다. 그러나 무엇보다도 살아있다는 것과 건강하다는 것 이상의 더 큰 행복은 없는 것이다. 왜냐하면 살아서 존재한다는 것과 건강하다는 것은 인간에게는 가장 기본적인 요소가 되기 때문이다. 그러므로 신체활동의 제한은 큰 고통을 수반하나 신체의 자유로운 활동은 무한한 행복을 느끼게 하는 것이므로 신체활동을 대상으로 하는 체육활동은 인간에게 절대적으로 필요한 것이며 행복의 기본적인 요소가 되는 것이다.

현대사회에서 인간이 추구하는 행복이란 본질적으로 일과 휴식이 균형을 이룬 생활 속에서 가능하며, 체육활동은 이러한 균형 있는 삶을 영위하는 데 있어서 중요한 수단인 것이다. 체육활동은 정신적 또는 육체적으로 힘든 직장생활 속에서 건강증진은 물론 모험심을 기르고 생동감을 느끼도록 하며, 권태로운 직장생활의 관습이나 압박감에서 벗어나 신선한 경험을 맛볼 수 있는 기회를 제공한다. 즉, 직장인들은 체육활동을 통하여 자신의 진정한 삶의 의미를 느낄 수 있는 내면 세계를 창조한다고 볼 수 있다.

이러한 관점에서 직장체육은 직장인들에게 낭만, 모험심, 흥분 등과 같은 인간의 기본 욕구를 충족시킬 수 있는 기회를 제공할 뿐만 아니라 진정한 행복을 실현하고 지속시킬 수 있게 하는 등 인간성 회복과 삶의 질을 향상시키는 효과가 있는 것이다.

### 2) 생산성 향상

생산성이란 산출물을 생산요소(노동, 자본, 토지, 조직)의 하나로 나누어진 몫이다. 따라서 생산성은 생산요소와 이에 의하여 만들어지는 생산물과의 상대적인 비율로서 산출(output)/투입(input)의 식으로 나타낼 수 있다. 일반적으로 생산성이라 함은 노동생산성을 의미하는데 노동생산성의 향상은 기업가에게 이윤증대의 효과를 가져다주고 노동조건과 기업복지를 증대시킴으로써 직장인의 사기를 제고시켜 결과적으로 더 큰 노동생산성을 창출할 수 있게 하여준다.

노동생산성에 영향을 미치는 요인에는 여러 가지가 있는데 체육활동의 경우도 현대산업사회에서 생산성 향상과 밀접한 관계를 지님과 동시에 큰 영향을 미친다. 왜냐하면 직장체육은 여러 가지 측면에서 직장인의 사기를 진작시켜 줄 뿐만 아니라 생산성을 유지하고 향상시키는 중요한 요소로 평가받기 때문이다. 이러한 측면에서 노동생산성 향상에 대한 직장체육의 역할은 다음과 같다.

첫째, 산업화의 진전으로 대량생산이 가능해진 현대사회에서 여가시간이 증가하고 소비생활 수준이 향상됨에 따라 직장체육은 보다 다양해진 직장인의 요구를 충족시켜 줄 수 있고 건전한 여가활동의 기회를 제공해 준다는 점에서 그 역할 및 가치가 크다. 여가시간의 건전한 활용은 그 사회의 발전 가능성을 결정한다고 할 수 있기 때문에 직장체육을 통한 여가의 활용은 노동의 재생산뿐만 아니라 사회질서와 구조를 유지하는데 중요한 역할을 수행한다.

둘째, 기계화와 자동화는 신체활동의 기회를 제한하여 건강과 체력의 감소를 가져왔다. 신체적으로 건강하지 못한 직장인은 자신에게 주어진 과업을 제대로 수행할 수 없을 뿐만 아니라 항상 소극적인 태도로 노동생활에 임하게 된다. 직장체육은 직장인들에게 신체활동의 기회를 제공하여 건강 및 체력의 증진을 가져올 뿐만 아니라 질병으로 인한 결근과 휴직률을 감소시켜 보다 적극적인 직장생활을 영위하게 함으로써 생산성 향상에 큰 기여를 한다.

셋째, 노동형태의 분업화와 전문화로 인하여 작업이 단순화됨에 따라 현대인들은 정신적 스트레스와 긴장에 시달릴 뿐만 아니라 노동에 있어서 인간소외 현상을 경험하게 되었다. 직장인의 정신적 피로와 긴장, 고립감은 생산성 저하의 주된 요인으로 작용하게 때문에 노동으로 인한 정신적 갈등을 순화할 수 있는 기회가 제공되어야 한다. 직장체육은 직장인의 긴장과 갈등을 순화시키는데 긍정적인 영향을 미침으로써 심리적 안정과 내적 성취동기를 부여하며 그 결과 의욕적으로 직무를 수행하게 하여 생산성을 향상시킨다고 할 수 있다.

넷째, 현대산업사회의 합리성과 전문성에 대한 지나친 강조로 인하여 현대인은 정서적 기아에 시달리고 있으며 보다 인간적인 관계를 갈구하고 있다. 또한 직장의 규모가 비대해지고 직종이 분업화됨에 따라 동일한 직장에서 근무함에도 불구하고 심각한 노동 소외 현상을 겪게 되어 인간관계의 개선이 요구되기에 이르렀다. 직장체육은 현대사회의 특징인 자기 중심적이고 이해 타산적인 속박에서 벗어날 수 있는 기회를 제공하여 주며 직장체육 참가를 통하여 자연적인 인간관계를 창출시킴으로써 직장인들간의 인간적 유대를 강화시켜 줄 뿐만 아니라 노동에 있어서는 화합된 단결을 유도하여 생산성 향상에 긍정적인 영향을 미친다.

한편 직장인의 생산성향상에 기여하는 요인으로는 개인의 직무의욕과 직무만족을 들 수 있는데, 스포츠 활동은 이 요인들과 밀접한 관계가 있으며 긍정적으로 영향을 미친다는 연구결과들(성영호, 2000; 최재성, 1998; Iso-Ahola, 1980; Kando, 1980)이 체육학 분야에서 종종 나타나고 있다.

결론적으로 위의 내용을 함축해 보면 직장체육은 노동시간의 축소로 인한 여가시간의 활용, 운동부족으로 인한 체력의 저하, 인간 소외 및 노동 소외의 현상, 그리고 인간관계 개선 등의 측면에서 긍정적인 영향을 미침으로서 노동에의 집중력을 강화시켜 결과적으로 생산성을 향상시킨다고 볼 수 있다. 그리고 직장체육은 보다 윤택한 삶의 질을 높이기 위한 노력의 과정이라고 볼 수 있기 때문에 기업은 단지 생산성 향상에만 집착할 것이 아니라 기업복지 및 사회윤리 차원에서 직장인

〈그림 6-1〉 직장체육활동과 생산성의 역동적 관계

으로 하여금 직장체육 활동에 자발적·적극적으로 참여할 수 있도록 다양한 대책을 강구할 당위성을 지닌다고 할 수 있다. 〈그림 6-1〉에는 직장체육 활동과 생산성의 역동적 관계가 나타나 있다.

### 3) 노사화합

#### (1) 직장체육과 노사관계

우리 나라는 지난 1987년이래 전국적인 노사분규를 통하여 큰 시련을 겪었고, 1998년 IMF 구제금융 기간에 이를 해결하는 제1차적 방법으로서 기업의 구조조

정을 실시하였다. 일시적인 대량해고의 불안은 기업주와 근로자와의 관계를 악화시켰으며, 기업의 생존에 노사안정의 중요성이 재차 인식되고 있다. 이렇듯 노사관계의 안정은 곧바로 생산성, 품질, 수익과 연결되거나 기업의 경쟁력과도 직결되는 것이다.

노사관계는 흔히 경영자와 경영자가 고용한 노동자와의 관계로 이분된 개념으로서 인식되어 왔으나 근래에 들어서는 기업에 근무하는 모든 사람이 회사의 주인이라는 측면에서 노동자와 경영자는 대립관계가 아닌 "우리"라는 내부 집단의 공동체 의식으로 인식되고 있다. 따라서 기업에 있어서 경영자와 근로자는 한 가족으로서 협력관계를 유지해야 할 당위성을 지니고 있다고 하겠다.

그러나 노사관계는 때로 투쟁하는 측면도 있고, 또한 서로가 화합하는 측면도 있다. 노사관계에서 "우리"라는 공동체를 유지하기 위해서는 인간과 인간 사이를 연계시키는 연결고리가 있어야 하는데 직장체육은 함께 같이 뛰면서 땀을 흘리고 기쁨이나 즐거움을 만끽하는 가운데 우애로운 노사관계를 유지할 수 있다는 점에서 그 가치가 크다고 하겠다. 더욱 구체적으로 말하면 직장체육은 노사관계 안정을 위한 매개체로서 그 역할을 충분히 수행해 낼 수 있는 잠재력을 지니고 있다. 즉 직장 내에서의 산악회, 낚시회, 볼링회, 테니스회 등 각종 직장체육동호인 조직은 집단활동을 통하여 서로를 이해하고 존중하는 가운데 경영자와 근로자 사이의 벽을 허물고 한 가족과 같은 동료애를 심어 줌으로써 가족적인 분위기를 유도해 낸다.

직장체육이 각기 다른 개성과 이해를 지닌 이질적인 직장 구성원을 공동체로 융화하여 화합시키는 기능은 다음과 같은 측면에서 가능하다고 하겠다. 우선 직장체육 참가자를 한 팀의 구성원이 되거나 자생동호인 단체의 성원이 되도록 하는 것은, 직장체육에는 참가자 개인을 그 팀이나 클럽으로 융화시키기에 충분한 상호 인간관계의 결속이 개재되어 있기 때문이다. 즉 직장체육은 체육활동 및 레크리에이션이라는 테두리 내에서 상호 신체적 접촉을 강조하기 때문에 서로 다른 가치관과 의식을 지니고 있는 노사의 관계를 가장 효과적으로 연결하여 주고 있을 뿐만 아니라 격렬한 신체적 접촉과 경기 규칙의 준수, 그리고 상대방 인격의 존중을 통하여 대인관계의 지식과 방법을 터득할 수 있도록 도와준다.

이에 더하여, 직장의 공동체 의식은 직장내의 동호인 조직과 같은 소규모 형태뿐만 아니라 직장을 대표하는 직장 대표팀과 같은 대규모 형태로 나타나기도 한다. 그리하여 직장을 대표하는 경기자는 그가 대표하는 공동체와 동일화가 이루어지며 경기자가 속한 공동체는 경기자와 동일화가 이루어진다. 따라서 이렇게 이루어지는 동일화는 더 큰 규모의 공동체를 포함하는 융화의 확산을 가져옴으로써 애사심을 고취시킨다. 이와 같이 직장체육은 직위, 근무부서, 성, 교육의 정도 및 종교상 서로 상이한 이질적인 직장인을 한 마음 한 뜻으로 결속시킴으로써 노사화합을 창출하는 기능을 담당한다.

결국 직장체육은 직장인 개인에 대하여 생활의 질을 높이고 생활의 기회를 확대하여 줌으로써 삶의 결을 부드럽게 하여 줌과 동시에 직장에 대하여는 공동체 의식을 고양하여 구성원의 결속을 공고히 다지며 이해와 상호신뢰의 토대를 마련하여 준다.

### (2) 직장체육과 노동조합 활동

우리나라의 노동조합법 제3조를 보면 노동조합은 근로자가 주체가 되어 자주적으로 단결하여 근로조건의 유지·개선 그리고 기타 경제적, 사회적 지위의 향상을 목적으로 조직하는 단체 또는 그 연합체를 말한다고 규정되어 있다. 또한 노동조합 활동은 근로자들이 자신들의 권리를 보호하고, 결과적으로 생활수준 및 작업환경을 스스로 결정하기 위하여 경영주와 교섭하는 단체 활동을 의미한다(문화체육부, 1995).

직장체육은 건전한 노동조합 활동의 한 측면으로 간주될 수 있다. 집단으로 이루어지는 체육활동은 다른 성원과 협력하고 협동하는 가운데 이루어지며, 이때 친화적인 관계를 밀착하게 함으로써 노동조합원간의 단결과 유대를 강화한다. 직장체육 활동은 강한 연대의식, 우애, 소속감, 친밀감 및 친교의 감정을 유발시키는 잠재력을 지니고 있으며, 또한 상당히 강한 정의적 유대가 참가집단 사이에 형성된다. 직장대표팀, 후원회, 팬, 응원단 그리고 심지어는 관람자와 같은 비경기자에게서도 이와 유사한 우애와 연대감이 형성된다. 이러한 직장체육의 구조는 참가자나 집단에게 감정적 유대를 강화하고 증진하도록 촉진한다. 그리고 체육활동 후나 경기 후의 직장체육과 연계된 사교활동, 연회, 여흥 등과 같은 부수적 활동은 친밀한 유대감을 한층 더 제고시키는 환경을 마련하여 준다.

고도의 산업사회에서 흔히 나타나는 사람들 사이에 존재하는 고립은 각 개인이 상호간에 지니는 사회적 거리인데 직장체육은 우애감을 형성하고 연대의식을 조성함으로써 이러한 사회적 거리감의 간격을 없애 주는 촉매작용을 한다. 직장체육에 참가하는 같은 편 사이에서 사회적 거리감을 줄이는 것은 매우 쉽다. 또한 체육활동에 직접 참가하지 않은 여타 직장인에게도 관람자로서 대리 경험을 할 수 있는 기회를 제공함으로써 상호 유대감을 갖게 할 수 있다.

이렇게 직장체육 활동을 통하여 분위기를 조성한 노동조합은 효과적으로 본래의 기능을 발휘할 경우 기업이나 지역사회에 이바지하는 공헌은 상당히 크다고 할 수 있다. 즉 노동조합이 직장체육을 통하여 잘 조직화되어 있고 합리적으로 운영될 경우 노사문제를 원만히 해결할 수 있을 뿐만 아니라 나아가 주택, 보건, 교육 등 공익사업에 관심을 기울이게 됨으로써 지역사회의 발전까지도 유도해 낼 수 있다는 것이다.

한편 근로자 개개인의 인격, 여가활동, 문화 및 생활수준의 향상에 중점을 둔 복지 지향적 노조활동은 직장체육 활동의 전개를 통하여 한층 강화될 수 있다. 예컨대 개별 근로자들의 노조 참여는 직장체육 동호인 조직을 연결고리로 하여 확대될 수 있으며 궁극적으로는 직장체육 활동과정을 통하여 직장 복지에 관한 공동의 관심사를 공유함으로써 직장 복지 개선에 대한 근로자의 기대와 욕구에 부응할 수 있다. 따라서 노동조합은 사내 체육대회, 체육동호회 활동, 스포츠 교실 등과 같은 건전 여가활동을 조직·전개함으로써 근로자 모두의 요구에 부응하는 노조활동을 추진할 수 있으며 그 활동을 통하여 노·사간의 화합 및 직장복지 개선에 크게 기여할 수 있다.

### (3) 직장체육과 애사심 고취

직장체육은 긴장에서 이완으로, 구속감이나 피로에서부터 자유롭고 상쾌한 기분으로 전환하는 자기 표현적 활동으로서 스트레스를 해소하게 할 뿐만 아니라 소속의식을 고양함으로써 직장에 대한 강한 신뢰감과 만족감을 줄 수 있다.

또한 직장체육은 직장인의 고용과 모집에 매력을 주는 유인조건을 제공해 준다. 직장인이 한 직장에 정착하는 것은 반드시 임금에 의해서라기보다는 근로복지 조건이라든가 직장의 분위기 등과 같은 부수적인 요인에 의해서도 크게 좌우된다. 직장에서의 활발한 체육 프로그램이나 직장체육시설은 직장인들의 애사심이나 소속감을 향상시킴으로써 이직률이 감소된다. 미국 IBM사의 경우, 직장인의 위락을 위하여 다양한 복지 및 서비스 프로그램에 연간 23억불(1976년 총 수입의 14%)로 추정되는 금액을 투자하였는데 이는 곧 직장인의 생활만족도를 향상시킴으로서 고용의 안정화를 꾀한 좋은 예이다.

## 3. 직장체육 활성화의 기본 방향

직장체육 활동은 체육활동 범위가 광범위하므로 각 직장별 특성과 여건에 따라 매우 다양하게 구현될 수 있기 때문에 직장체육 활성화의 구체적 시책 마련은 직장체육 활성화를 위한 기본방향에 입각하여 고안되어야 한다. 직장체육 활성화의 기본방향은 첫째, 직장체육 환경의 복지화, 둘째, 직장체육 활동의 조직화, 셋째, 직장체육내용의 다양화, 넷째, 직장체육지원의 극대화 등으로 구성된다.

### 1) 직장체육 환경의 복지화

직장체육의 활성화는 근본적으로 기업복지의 차원에서 출발하여 직장인 대다수의 욕구에 부응하는 체육환경을 조성하는 것이 일차적 과제이다.

직장체육환경의 복지화를 위해서는 무엇보다도 먼저 직장체육활동의 성과에 지대한 영향을 미치는 물리적 환경으로서 체육시설을 확충하는 일이 선결되어야 한다. 즉 향후 지속적인 경제성장에 의한 여가활동의 욕구 증가 및 레크리에이션에 대한 관심 고조 등의 분위기를 토대로 하여 직장체육의 투자 배분을 확대하고 현실적으로 부족하고 낙후된 직장체육시설을 다양화하고 쾌적하게 확충·개선함으로써 급증하는 여가활동 수요에 효율적으로 대처해야 할 것이다.

또한 직장체육시설은 직장 내의 시설에만 국한되는 것이 아니라 휴일이나 휴가철을 이용해 직장인들이 가족과 함께 건전한 여가 생활을 즐길 수 있도록 지역사회나 관광지 및 휴양지에도 다양한 시설을 확충하여 운영할 필요가 있다. 이는 범사회적 차원에서 볼 때 여가 및 직장체육 자원의 개발이라는 측면에서도 중요한 의의를 지닌다.

그 밖에도 쾌적한 체육환경에서 자유스러운 체육활동이 이루어지기 위해서는 여러 가지 체육프로그램을 개발·보급하는 동시에 근원적인 해결을 위하여 1인당 체육면적의 확대 및 체육시설의 현대화가 이루어져야 할 것이다. 또한 선수중심의 직장체육시설을 직원 전체에게 개방하여 직원간, 노사간 인간적 연대를 유도하고 노사화합을 위한 만남의 장이 될 수 있어야 할 것이다. 특히 청소년 근로자가 체육시설을 통하여 심신을 단련하고 건전한 체육문화를 형성할 수 있도록 체육환경을 지속적으로 정비하여야 한다.

## 2) 직장체육 활동의 조직화

직장체육 활동을 활성화시키기 위한 전제조건의 하나로 조직 운영의 체계화를 들 수 있다. 직장체육 활동의 조직화는 첫째, 시설 이용단위로서의 역할을 수행함으로써 시설관리 체계의 효율성을 높인다는 점, 둘째, 집단화에 의해 체육활동의 효과를 극대화시킨다는 점, 셋째, 직장체육 인구의 저변을 확대시킨다는 점, 넷째, 직장 고유의 생활 유형을 유지시켜 준다는 점, 다섯째, 내실 있는 생활과 환경 개선을 통해 집단 목표의 달성을 용이하게 해준다는 점, 여섯째, 복지사회를 지향한 기업복지의 활동을 전개할 수 있다는 점에서 중요한 의미를 갖는다.

이러한 직장체육활동의 조직화를 위해서는 직장체육 동호인 조직에 대한 체육활동을 적극 지원해야 한다. 한편으로는 직장단위 체육대회를 활성화하여 지속적인 참여 기회를 유발시킴으로써 직장인간의 유대감을 결성해 가는 것도 중요하다. 직장체육 활동의 조직화 과정은 각 기업체의 특수상황에 적합한 관리유형(management pattern)을 토대로 이루어지는데 일반적으로 세 가지 형태의 관리유형을 취한다.

첫째, 순수 체육활동을 추구하는 입장이다. 이는 종업원의 풍요롭고 윤택한 생활, 인간다운 삶을 충족시키는 여가활동으로서 딱딱한 직무, 선전의 수단, 또는 조합의 구속을 떠나서 각자 자기가 좋아하는 활동을 즐길 수 있도록 행하여지는 형태인 것이다. 따라서 이런 경우에는 직장체육 활동의 조직이 기업내의 관리조직, 조합조직과는 별도로 자생적으로 구성되고 종업원 자신에 의해서 관리되고 운영된다. 이로 인하여 종업원은 기업 내에서 소외감정이 사라지고 경영의 민주화를 체험하게 된다.

둘째, 노동조합 입장에서의 체육활동이다. 이는 노동조합의 사업활동으로 행하여지는 것으로서 조합이 노동자의 체육활동을 주도적으로 추진하기 때문에 근로자의 기본적 체육활동 욕구를 만족시키기보다는 조합활동의 수단으로 장려된다.

셋째, 경영관리 입장에서의 체육활동이다. 기업이 합리화되면서 경영에 있어 노무관리상의 작업조건, 인사, 감독, 생산성, 사기 등의 문제가 대두되기 때문에 종업원의 기업복지를 위한 접근 대책으로 체육활동이 고려되게 되었다. 기업이 체육활동 프로그램의 구성, 시설 및 지도자의 제공, 그리고 운영의 통제를 유지하며 경비를 지출하기 때문에 개인의 욕구충족보다는 강제가 따르기 쉽고 경영자 측으로부터 구속을 받을 우려가 있다.

이와 같은 세 가지 기본유형의 변형으로서 직장인은 프로그램을 전담하는 한편 기업은 시설을 제공하는 유형과 계약적 합의하에 기업체와 주변 지역사회간의 협동적 프로그램을 수립함으로써 직장체육활동에 공공시설을 이용하는 유형도 고려할 필요가 있다.

### 3) 직장체육 내용의 다양화

장래의 직장체육활동은 직장인들의 개인적 요구와 각 직장의 특성에 따라 체육활동의 프로그램이 다양화되어야 하며, 이를 위한 구체적 방안의 수립 및 단계적 추진이 실행되어야 한다.

직장체육 프로그램은 체육활동을 실천할 수 있는 동기와 방법을 제시해주는 내용으로서 일반 직장인들의 효과적·합리적 체육활동을 보장하기 위한 구체적 수단이며 직장체육 활동의 참여확대를 위한 필수적인 요소이다.

따라서 체육활동에 대한 직장인들의 요구를 다양하게 수용함으로써 직장인들로 하여금 흥미를 가지고 지속적으로 체육활동에 참여케 하고 체육활동의 장(場)인 시설의 활용 가치를 제고하기 위해서는 변화하는 직장사회의 요구에 적합한 새로운 형태의 다양한 프로그램을 개발하고 보급하여야 한다. 프로그램의 다양화는 다음과 같은 원칙에 의하여 이루어져야 한다.

첫째, 모든 직장인들에게 체육활동 참여의 기회를 균등하게 제공해야 한다. 둘째, 시간의 제약에서 자유로워야 한다. 셋째, 기존 직장체육시설의 활용도를 극대화시켜야 한다. 넷째, 운동량이 많은 고난이도 프로그램에서 운동량이 적은 저난이도의 프로그램에 이르기까지 다양한 활동내용도 포함하여야 한다. 다섯째, 직장인들의 복지를 위한 여타 프로그램과의 연계성도 고려해야 한다. 여섯째, 참여자의 경제적 부담을 최소로 줄여야 한다. 일곱째, 기술수준이나 운동능력 등의 개인차를 고려해야 한다. 여덟째, 직장체육 활동 프로그램 속에는 창조의 기쁨과 공동체 의식, 모험심 등을 느끼게 해주고 성취감 및 정서적 만족, 봉사의식 등을 갖도록 해주며 긴장을 해소시켜 줄 수 있는 내용이 포함되어야 한다.

### 4) 직장체육 지원의 극대화

직장체육의 활성화를 위해서는 성, 연령, 신체조건, 지위 등에 구애받지 않고 직장 구성원 모두가 복지화된 환경 속에서 합리적인 체육활동을 보장받음으로써 주기적이고 자발적인 참여가 이루어지도록 추진해야 한다.

직장체육지원의 극대화는 기본적으로 직장인의 체육활동 참여기회 확대 및 기업 복지의 구현이라는 측면에서 접근하여야 한다. 이를 위해서는 시설의 확충, 조직의 강화, 프로그램의 개발 및 보급 등의 측면에서 지원이 이루어져야 할 뿐만 아니라 법적·제도적 지원 또한 강화되어야 한다.

직장체육시설은 직장인 모두가 적극적이고 건전한 체육활동을 유도할 수 있는 필수적인 환경요인으로서 부족한 직장체육시설을 효과적으로 확충하기 위해서는 기존 체육시설 및 한계자원의 효율적 활용 등의 측면에서 지원이 이루어져야 한다. 직장체육 조직의 정비 및 강화는 직장체육의 효과적 발전 위한 기틀이 된다는 점에서 자생 스포츠, 레크리에이션 조직을 중심으로 한 기존 동호인 조직의 활성화 및 신규 동호인 조직의 육성·지원이 선행되어야 한다.

마지막으로 직장체육의 활성화를 위하여 설정된 여러 정책과제를 수행하기 위해서 적정규모의 체육재정이 확보되어야 함은 부언의 여지가 없다. 그러나 앞으로는 경영주를 포함한 모든 직장인이 직장체육에 대한 중요성을 인식하고 적극적으로 참여할 것이라고 전망할 때, 직장체육진흥은 일차적으로 각 직장 자체에서 주도하여야 할 것이다. 직장체육 활동은 직장 구성원의 복지증진에 직접적으로 기여할 뿐만 아니라 해당 기업의 이윤 추구에도 기여할 수 있으므로 각 직장에서는 보다 적극적인 지원체제하에 재정을 단계적으로 확보해 나가야 할 것이다(체육부, 1990b).

위의 모든 내용을 종합하여 직장체육 활성화를 위한 종합적 모델을 제시하면 <그림 6-2>와 같다.

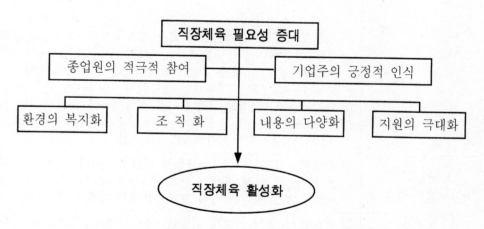

〈그림 6-2〉 직장체육 활성화를 위한 모델 지원의 극대화

# 제 3 절   직장체육의 법적 기반

## 1. 국민체육진흥법 및 시행령

직장체육활동의 여러 가지 긍정적인 효과 때문에 정부의 관심은 국민체육진흥법에 잘 나타나 있다. 국민의 체육활동에 대한 욕구를 충족시켜 주기 위하여 정부는 1982년 12월31일 국민체육진흥법 개정을 통하여 직장체육 실천사항을 강화하고, 각 직장의 실질적인 직장인의 복지 실현을 위한 차원에서 직장체육을 적극 권장하고 있다.

현행 국민체육진흥법을 비롯한 관계법령에는 이에 대한 조치사항들이 명시되어 있고 이행하지 않을 경우는 실정법 위반으로 처리하여 과태료 등의 벌칙사항을 규정하고 있다. 이러한 직장체육진흥을 위한 법규정의 내용을 살펴보면 〈표 6-2〉와 같다.

〈표 6-2〉 국민체육진흥법 중 직장체육진흥을 위한 조항

| 조(條) | 항(項) |
|---|---|
| 제10조<br>(직장체육의 진흥) | ① 국가 및 지방자치단체는 직장체육의 진흥에 필요한 시책을 강구하여야·한다.<br>② 직장의 장은 대통령이 정하는 바에 따라 체육동호인조직과 체육진흥관리위원회를 설치하는 등 직장인의 체력증진과 체육활동의 육성에 필요한 조치를 강구하여야 한다.<br>③ 대통령령이 정하는 직장에서는 직장인의 체력증진과 체육활동의 지도·육성을 위하여 생활체육지도자를 두어야 한다.<br>④ 정부투자기관관리기본법에 의한 정부투자기관(이하 "정부투자기관"이라 한다)과 대통령령이 정하는 직장에는 1종목이상의 운동경기부를 설치·운영하고 경기지도자를 두어야 한다. 다만, 대통령령이 정하는 경우에는 그러하지 아니하다.<br>⑤ 제2항 내지 제4항의 규정에 의한 직장체육에 관한 업무는 특별시장·광역시장 또는 도지사(이하 "시·도지사"라한다)가 이를 지도·감독한다.〈개정 97·12·13〉 |
| 제12조<br>(체육시설의 설치 등) | ② 직장에는 종업원의 체육활동에 필요한 시설을 설치·운영하여야 하며, 학교 및 직장의 체육시설은 학교체육 및 직장운영에 지장이 없는 범위 안에서 지역주민에게 개방·이용되어야 한다. |
| 제39조<br>(과태료) | ② 제10조제3항의 규정에 위반한 자에 대하여는 200만원 이하의 과태료에 처한다.〈개정99·8·31〉 |

하지만, 위의 직장체육진흥을 위한 관련 법규에는 이를 면제하는 특례조항이 있어 진정한 직장체육활성화에 다소의 방해요소로 작용하고 있으며, 강제적 법조항보다는 권장적인 법조항의 의미가 있다. <표 6-3>에 이를 면제하는 법조항이 제시되어 있다.

## 2. 직장체육 관련업무의 지방자치단체 이양

### 1) 직장체육업무에 대한 지방이양 대상사무 의견서 제출 요구

대통령 직속기관인 지방이양추진위원회는 불필요한 행정력 낭비와 국민의 불편을 감소하기 위하여 중앙정부의 위임사무로 규정되어 2000년 현재 시·도에서 지

<표 6-3> 국민체육진흥법시행령 중 직장체육진흥을 위한 조치의 면제사항

| 조(條) | 항(項) |
|---|---|
| 제17조<br>(직장체육진흥을<br>위한 조치) | ① 법 제10조 제2항 및 제3항의 규정에 의하여 체육동호인조직과 체육진흥관리위원회를 설치하고 생활체육지도자를 두어야 할 직장은 상시 근무하는 직장인이 1천인 이상인 국가기관·공공단체로 한다. <개정 99·2·5><br>② 법 제10조 제4항의 규정에 의하여 정부투자기관외에 1종목 이상의 운동경기부를 설치하고 경기지도자를 두어야 할 직장은 상시 근무하는 직장인이 1천인 이상인 공공단체로 한다. <개정 99·2·5><br>④ 시·도지사는 제1항 내지 제3항의 규정에 해당하는 직장과 법 제10조 제4항의 규정에 의한 정부투자기관이 다음 각호의 1에 해당하는 경우에는 생활체육지도자의 배치·운동경기부의 설치 및 경기지도자의 배치를 면제할 수 있다.<개정 99·2·5><br>1. 삭제<99·2·5><br>2. 민법 또는 특별법에 의하여 설립된 비영리법인으로서 사회 일반의 공익에 기여하는 사업을 주된 목적사업으로 하는 단체<br>3. 관계중앙행정기관의 장이 문화관광부장관과 협의하여 인정하는 정부투자기관<br>4. 기타 직장여건상 부득이한 사정이 있다고 시·도지사가 인정하는 직장 |

도·감독하고 있는 직장체육에 관한 업무를 시·군·구로 이양하고자 각 중앙부처 및 지방자치단체에 의견서 제출을 요구하였다-지방이양추진위원회(2000. 12. 7).

### 2) 중앙부처 및 자치단체 의견 제출(지방이양에 동의 38, 반대10)

#### (1) 동 의

부산 등 14개 시도, 서울 성북구 등 24개 시·군·구는 직장체육 발전을 위하고 효율적인 관리, 민원인의 편의제공, 현지성을 고려할 때 직장이 소재한 시·군·구에서 직접 직장체육에 관한 지도·감독을 하는 것이 바람직한 것으로 의견서를 제출하였다.

#### (2) 반 대

대전 등 2개 시도, 서울 강북구 등 8개 시·군·구는 직장체육업무는 지방체육진흥과도 밀접한 연관성이 있는 업무로 경기종목간의 균형발전과 전국 규모대회 및 지역 내 각종 체육대회 개최지원 등 지방체육의 활성화를 위해서는 시·도 단위에서 종합적으로 지도·감독하는 것이 타당하기 때문에 반대한다는 의견을 제출하였다. 또한 주무부처인 문화관광부의 의견은 직장체육시설의 설치·운영은 근로자의 체력증진, 생활체육 활성화, 국민의 삶의 질 향상을 위한 체육시설의 설치·이용 장려정책을 수립·추진하고 있는 국가정책과 밀접한 관련이 있기 때문에 직장체육업무는 국가 또는 시·도 단위에서 관리, 육성되는 것이 바람직하다고 의견서를 제출하였다.

### 3) 제15차 지방이양추진실무분과위원회 개최(2001. 1. 17)

본 저자는 2001년 1월 17일 세종로 정부종합청사에서 개최된 위의 제15차 분과위원회(관계부처의 공무원, 학계의 인사로 구성)와 제9차 지방이양추진실무위원회(2001. 3. 16)에 참석하였는데, 저자가 위원회에 참가하여 발표한 내용을 발췌하면 아래 <표 6-4>와 같다.

또한 이 위원회에서는 직장체육업무의 지방이양에 대한 찬성과 반대를 하는 각 지방자치단체의 대표자(찬성 2개 자치단체, 반대 2개 자치단체와 문화관광부 담당과장)로 하여금 각자의 의견을 발표할 수 있는 기회를 주었고 최종결정은 하지 않았다.

이러한 지방이양업무는 다음과 같은 절차에 따라 최종 확정된다.

① 분과위원회 심의 → ② 실무위원회 심의 → ③ 본위원회 의결 → ④ 국무위원회 심의 → ⑤ 대통령 보고 → ⑥ 관련부처에 통보→ ⑦ 이행계획서 제출 → ⑧ 이행계획 통보

### 4) 제9차 지방이양추진실무위원회 회의(2001. 3. 16) : 저자 참석 발표

### 5) 제9차 지방이양추진위원회 회의(2001. 4. 12) : 직장체육업무 지방이양 확정

① 추진위원회에서 심의·의결 → ② 국무회의 의결 → ③ 대통령 보고

### 6) 직장체육업무 지방이양 확정 통보(2001. 6. 8) → 각 자치단체

〈표 6-4〉 직장체육업무의 지방이양을 위한 설명문

**직장체육 지도·감독업무의 시·군·구 이양에 대한 의견**

□ **직장체육업무의 주요 내용 :** 상시 종업원 1,000명 이상의 직장을 기준으로
- 체육의 날(매년 10월 15일), 체육주간(매년 4월 마지막 주)에 종업원 체육대회 실시 권장
- 직장 내 체육진흥심의위원회 설치 및 운영 규정
- 직장 내 생활체육 동호인 조직 구성 및 활동 지원 규정
- 직장 운동경기부(실업 팀) 설치 및 운영 규정

□ **관련법규(국민체육진흥법 및 동법시행령 이하 생략)**

□ **현 업무 실태**
- 중앙정부 및 시·도는 지방체육관리지침에 의거 연 1회 보고토록 되어 있을 뿐 지속적이고 내실있는 행정지침과 지도가 이루어지지 않고 있음.
- 관련법규에서 규정된 사항은 강제 규정보다는 권장 사항이므로 이를 준수하는 직장은 매우 드물고, 기업 또는 공공단체에서는 과다한 예산소요를 이유로 기피하고 있음.
- 직장체육진흥을 위한 적극적인 행정적, 재정적 지원체계 미확립 및 직장체육 담당요원의 업무중복과 전문요원의 미확보로 관리기능이 극히 미약함. 현실적으로 직장체육 활성화를 위한 법적·제도적인 장치에 면제사항이 많아 과태료 부과등의 행정 조치는 불가하며, 아직까지 직장체육에 대한 법규의 불이행으로 과태료를 부과한 지방자치단체는 없음.
- 직장의 경영자와 구성원들의 인식부족과 재원부족은 행정기관의 지도에 한계점으로 작용하고 있음.

**〈표 6-4〉 계속**

- 더구나 이를 지도하는 지방자치단체나 정부투자기관이 앞장서야 하지만 지역을 대표하는 심의기관(지방의회)과 주민들의 부정적인 인식 그리고 자치단체의 한정된 재정은 직장체육 활성화의 장애요인이 되고 있음.

□ **직장체육 활성화 방안**

직장체육활동은 직무만족과 생산성 향상, 체력향상, 애사심 고취에 영향을 미친다는 이론적, 경험적 연구 결과들이 지지하고 있듯이 적극적인 투자와 새로운 시각으로 직장체육 진흥을 위한 각별한 관심과 노력이 뒤따라야 한다.

1. 관련업무의 기초자치단체 이양 : 현행 형식적 보고로 이루어진 중앙정부 또는 광역자치단체의 업무를 기초자치단체에 이양하여 지역 실정에 맞는 행정지도 또는 지원이 되도록 전환.
2. 기초자치단체에서 업무는 수행하되 중앙정부, 광역자치단체, 기초자치단체의 일관성있는 협조체제 구축 : 강제이행 규정 강화, 법적용 대상의 기준 등
3. 기초자치단체를 비롯한 공공투자기관의 직장체육 활성화 업무 솔선 시행
4. 직장체육활동에 대한 행·재정적 지원 강화 : 직장체육시설을 확충할 경우에는 정부나 관련기관에서 지원체제를 확립하여 적극적으로 지원할 수 있어야 한다. 일례로 직장체육시설 부지확보가 불가피한 해당기업에 토지를 양도할 경우 이에 따른 양도소득세나 특별부가세를 조세감면규정에 포함시켜 감면 또는 면제토록 해야 할 것이다. 또한 기업이 직장체육시설 설비를 위하여 불가피하게 외국으로부터 각종 자재 및 용품을 도입할 경우 문화관광부장관이 인정하는 품목에 대해서는 특별소비세를 면제토록 조치하여야 한다. 그리고 기초자치단체의 직장운동경기부육성시 특별교부금 형태의 보조금을 지원토록 하여 비인기 전문체육종목양성에 기여해야 한다(현 서울시 기초자치단체 시행 중).
5. 시범직장 운영 : 직장체육 활성화를 위하여 구단위로 1-2개소 정도 시범직장을 선정, 중점 지도하여 타직장으로 보급·확산해 나가는 방안도 필요하다고 생각됨.
6. 기 타
- 직장체육은 무엇보다도 경영주 또는 단체장의 의식 전환이 중요함으로 중앙정부차원의 홍보교육, 지속적인 책자 발행, 학계의 용역을 통한 경험적 연구 또는 사례연구의 배포가 매우 필요함.
- 현행 법·제도를 보완하여 직장체육 활성화 직장에 대하여 incentive를 부여하는 것도 좋다고 생각함(세제감면, 공공체육시설 사용우대 등).
- 자치단체 주관 직장인 종목별 체육대회의 개최를 검토하고, 구민체육대회 등의 대단위 구 단위 행사시 직장인 및 동호인 참여 유도 및 지원.
- 특히, 생활체육과 전문체육의 분리는 한국체육발전에 저해요인으로 작용함으로 자치단체의 체육관련 부서에서는 현실적이고 지역의 특수성에 기초한 체육행정이 이루어져야 함. 〈이하 생략〉

# 제4절 직장체육진흥을 위한 중앙정부의 지침

　직장체육진흥을 위한 국가적 차원의 노력은 국민체육진흥법을 비롯한 관계법령에 명시되어있고, 체육업무를 추진하는 중앙부처에서는 이와 같은 법령을 근거로 매년 『지방체육관리지침』을 제작하여 각 지방자치단체에 배포하고 성실한 추진을 지도·감독하고 있다.

　본 절에서는 문화체육부(1997)에서 제작하여 각급 자치단체에 배부한 『지방체육관리지침』의 내용 중 직장체육진흥에 관계되는 사항을 요약하였다.

## 1. 직장체육진흥관리위원회 설치 권장

### 1) 구 성

- 위원장, 부위원장 포함 7인 이상
- 위원장은 직장의 장이 되고 부위원장은 위원장이 임명
- 위원은 당해 직장의 임직원, 종업원 또는 체육계 인사 중에서 위원장이 임명 또는 위촉

### 2) 운 영

- 종업원의 체력향상을 위한 체육활동 지도관리
- 체육시설의 설치, 유지, 보수 및 관리
- 체육동호인 조직 활동의 지원
- 체육행사 기타 직장체육진흥에 필요한 사항 관리
- 매년 6월 및 12월에 회의개최 및 회의록 작성, 비치

### 3) 시·도별 조치사항

- 각 시·도는 관할지역 직장에서 직장체육진흥관리위원회를 최대한 설치하도록 적극 권장
- 직장체육활동에 대한 순회지도 실시 등 적극적인 행정지도

## 2. 직장체육행사의 실시

### 1) 체육주간, 체육의 날

- 모든 직장 내에서 실정에 맞는 체육행사 실시
- 각 직장은 체육진흥관리위원회를 개최하여 사전 철저한 자체 체육행사 계획을 수립, 시행토록 함
- 오락, 자연보호 등 형식적인 행사를 지양하고 가급적 전직원 및 가족이 참여할 수 있는 종합체육대회를 개최토록 함

### 2) 직장체육대회 개최

- 직장체육활성화를 위하여 각 직장 실정에 맞는 체육행사 실시 권장
- 특히 종업원 500인 이상(2001년 현재는 종업원 1,000인 이상)의 직장인 국가, 공공단체, 기관, 기업체, 단체는 반드시 개최토록 권장

## 3. 지방자치단체 주최 직장대항 체육대회 개최

- 지방자치단체는 그 행정구역단위로 년 1회 이상 직장체육대회를 직접 개최
  - 시·도지사배 체육대회 창설 검토
- 대상은 상시 종업원 500인 이상(2001년 현재는 종업원 1,000인 이상)의 국가, 지방자치단체, 기업체, 단체 등
  - 단, 상시종업원 수는 시·도 실정에 따라 신축적 적용
- 종목은 축구, 테니스, 배드민턴, 탁구, 배구 등 채택
- 체육주간, 체육의 날, 병행 실시

## 4. 직장체육 동호인 조직 결성

### 1) 기본 방향

- 각 시·도는 직장체육의 활성화를 위해 동호인 활동을 적극 권장 및 지원

- 특히 국민체육진흥법에 의해 상시 근무하는 직원 500인 이상(2001년 현재는 종업원 1,000인 이상)인 국가, 공공단체의 기관, 기업체 또는 단체는 다음과 같이 체육동호인조직을 결성하여야 한다.

### 2) 체육동호인 조직의 결성 대상

- 권장직장 : 전 직장
- 의무적 결성직장 : 500인 이상 직장(2001년 현재는 종업원 1,000인 이상)

### 3) 동호인 조직 운영지원·지도

- 일반직장 : 직장의 장에게 운영지도 협조
- 500이상(2001년 현재는 종업원 1,000인 이상)직장의 장은 동호인조직 활동을 위한 시설제공 등 필요한 경비를 지원하여야 하고 년 2회 이상의 직장 대항 경기대회를 주선하여야함.
- 500인 이상(2001년 현재는 종업원 1,000인 이상)직장의 체육동호인 조직에는 생활체육지도자를 두어야 함.

## 5. 직장체육지도자 강습회 개최

### 1) 목 적

- 직장의 체육담당자에게 직장체육 운영 및 지도방법 등을 전문적으로 교육, 직장체육의 활성화 도모

### 2) 세부추진 계획

### (1) 연수방법

- 합숙교육을 원칙으로 하되, 시·도별로 실정과 여건에 따라 실시
- 연수 대상
- 각 시·도의 관내 상시 종업원 500인 이상(2001년 현재는 종업원 1,000인 이상) 기업체 등 직장을 대상으로 시·도의 실정과 여건에 따라 자율적으로

실시

● 연수교재 제작

- 교재를 충분히 제작하여 연수대상자 및 각 지역 직장·기업체 및 단체 등에 배포하여 직장체육 활동지침서로 활용

- 시·도에서 체육대학(교) 및 체육관련단체 전문가로부터 지역실정에 맞는 원고를 수집하여 배부

### (2) 관계자 회의

● 각 시·도별 관계자 회의 개최를 통하여 참여도 및 연구교육 효과 증진

● 대상 : 각 시·도 생활체육과 및 시·도 생활체육협의회, 대학(교), 기업체 노조대표 및 체육담당 간부, 각 단체대표 등

● 내용 : 연수내용 및 방법 등

● 주최 및 주관 : 시·도(시·도 생활체육 담당부서, 시·도 생활체육협의회)

<표 6-5> 직장체육활성화를 위한 시·도별 예산지원 현황　　　(단위 : 천원)

| 시 도 별 | 사업량(회) | '96예산 | | |
|---|---|---|---|---|
| | | 계 | 국민체육진흥기금 | 지방비 |
| 계 | 28 | 26,040 | 13,020 | 13,020 |
| 서 울 | 2 | 1,860 | 930 | 930 |
| 부 산 | 2 | 1,860 | 930 | 930 |
| 대 구 | 2 | 1,860 | 930 | 930 |
| 인 천 | 2 | 1,860 | 930 | 930 |
| 광 주 | 2 | 1,860 | 930 | 930 |
| 대 전 | 2 | 1,860 | 930 | 930 |
| 경 기 | 2 | 1,860 | 930 | 930 |
| 강 원 | 2 | 1,860 | 930 | 930 |
| 충 북 | 2 | 1,860 | 930 | 930 |
| 충 남 | 2 | 1,860 | 930 | 930 |
| 전 북 | 2 | 1,860 | 930 | 930 |
| 전 남 | 2 | 1,860 | 930 | 930 |
| 경 북 | 2 | 1,860 | 930 | 930 |
| 경 남 | 2 | 1,860 | 930 | 930 |

※ 대전광역시에 대한 예산은 별도 조치

**(3) 예산 지원**

- '97년도 예산 : 13,020천원(국민체육진흥기금)
- 시·도별 배정계획<표 6-5>
- 1개소당 기준사업비 : 1,860천원(기금 930천원, 지방비 930천원)
- 강사수당 : 560,000원(35,000명×2명×4시간×2회)
- 운동용품비 지원 : 800,000원
- 홍보물 제작비 : 200,000원
- 회의비 등 운영비 : 300,000원

※ 보통 국고보조금 집행은 국고 50%, 지방비 50%로 구성된다.

# 제5절 직장체육 프로그램

## 1. 직장체육 프로그램의 필요성

직장 프로그램에 대한 직장 근로자의 관심과 욕구는 날로 증가하는 추세에 있지만, 그 욕구가 충족되지 못하고 있는 실정이며, 각 개인의 건강한 생활 및 체력의 유지와 증진에 대한 이해나 실천적 생활도 소극적이며, 피동적인 모습이다.

따라서 직장의 환경과 여건을 바탕으로 직장인의 다양한 욕구를 충족시킬 수 있는 직장 프로그램을 개발하고 활동의 주체인 직장인들로 하여금 자신의 활동목적, 활동목표, 활동에 대한 흥미, 활동수준 등에 따라 다양하게 체육활동에 참여할 수 있도록 보급하는 일은 직장체육을 활성화시키는데 필수적 조건이다.

특히 현대인의 생활이 직장을 중심으로 이루어지고 있다는 점과 직장체육이 국민의 생활체육에서 차지하는 높은 비중을 고려해 볼 때 직장체육 프로그램은 더욱 중요한 의의를 지닌다.

## 2. 프로그램 개발의 기본 방향

직장체육 프로그램은 문화, 오락, 흥미 등과 같은 분야뿐만 아니라 생활체육의 한 영역으로서, 지역사회의 체육과 학교체육과의 연계성을 가지고 행하여 질 수 있다는 측면에서 그 범위가 매우 넓다고 할 수 있다.

직장체육 프로그램의 개발 및 보급에 있어서 그 기본 방향은 다음과 같다.

첫째, 직장 프로그램은 직장인 누구나 쉽게 참여할 수 있도록 한다. 이를 위해서는 흥미 있고 배우기 쉬운 체육프로그램을 개발, 보급하도록 해야 한다.

둘째, 직장체육 프로그램은 직장인의 욕구 변화를 수용하고 시대의 추세에 적합한 새로운 프로그램을 도입함과 동시에 인격 형성이나 현대적 산업인력 양성에 필요한 요소들을 포함해야 한다.

셋째, 직장체육 프로그램은 직장에 종사하는 모든 직장인을 주 대상으로 하지만 필요에 따라서는 가족이나 지역사회의 주민도 함께 참여할 수 있도록 해야 한다. 즉 직장 프로그램을 통하여 직장인의 건강증진이나 인간성 회복, 그리고 나아가 직장인 상호간의 친목과 화합을 도모하는 것도 중요하지만, 직장인의 정신상태가 가정의 분위기나 이웃과의 교류에도 크게 영향을 미친다는 사실을 인식하여 체육 프로그램을 개발, 보급해야 한다.

직장체육 프로그램과 지역사회에 있어서의 체육프로그램은 이와 같은 사회적 변화와 직장인의 생활영역의 확대에 수반되어 점점 더 밀접한 관계를 맺고 있다. 특히 최근 기업의 사회성이 점차 중시되고 있는 점을 감안하면 기업에 의한 지역사회에의 기여 측면에서도 상호협력이 필요하다.

넷째, 직장체육 프로그램은 사회 교육적인 차원에서 평생체육을 목표로 해야 한다. 따라서 직장체육 프로그램은 직장인들의 여가시간을 활용해 자유롭게 이루어지는 단순한 레져 활동 정도로만 이해되어서는 안 된다. 즉 직장체육 프로그램을 통해 자기의 주체성을 실현시켜 나가며 다른 사람과의 원만한 인간관계를 형성하고 민주시민으로서의 책임을 다하는 등 사회교육적인 목적을 달성하는 맥락에서 계획되고 운영되어야 한다.

## 3. 프로그램의 개발 전략

### 1) 목적적 간섭 접근 방법(intervention approach)

프로그래머(제작자)의 지식과 경험의 응용에 기초한 목적에 맞추려는 간섭적 접근방법이다.

간섭적 접근방법은 전문가가 개인이나 그룹 내에서 선택된 행동변화를 위해 시도하는 것을 암시한다. 잠재적인 행동변화는 참가자보다 오히려 전문가에 의해 결정되며, 특수하고 특정목표에 대한 성취를 목적으로 한다. 때문에 전문가는 개인고객이나 기업편에 서서 행동반응의 특수한 형태를 유도해내기 위해 활동계획이나 다른 서비스를 주의 깊게 만들어내는 것이다.

따라서 이 접근방법은 프로그램에 대한 확고한 계획하에 기초해야 한다. 이런 원칙에는 다음과 같은 것들이 포함되어 있다.

① 프로그램은 참가자들이 열망하는 욕구를 충족시켜 주도록 구성되어야 한다.
② 프로그램은 교육적이고 삶의 질을 풍요롭게 하는 것이어야 한다.
③ 프로그램은 계획된 목적에 맞추어 공식적이고 정규적으로 평가되어야 한다.
④ 프로그램은 참가자들의 마음가짐과 능력에 부합되어야 한다.

다만, 이 접근방법은 프로그램 참가자의 욕구나 선호에 맞추어 구성되기보다는 고용주나 사용자의 의도나 목적에 따라 만들어진다는 약점이 있다.

### 2) 인간적 접근 방법(humanistic approach)

프로그램 참가자의 특성 및 선호도를 추정하여 선정하는 접근방법이다.

이 접근방법은 하나의 프로그램이 개인적인 본능과 자아 방향을 고무시키는 쪽으로 방향이 지워져야 한다. 목적적 간섭 접근방법과 비교해서 이 접근방법은 당장의 직장체육활동에 대한 욕구가 아닌, 개인 전체에 초점을 맞춘 것이다.

비록 참가자들의 욕구가 무엇이고, 그 활동 내에서 어떤 경험이 참가자들에게 의미를 부여하는지 전체적으로 명확하게 할 수는 없더라도 프로그램에 참여하는 사람들은 그 프로그램에서 자기의 어떤 욕구가 충족될 것이라는 기대를 갖는 것이다.

이 접근방법을 사용함에 있어서 프로그래머는 금언적 원리나 원칙을 기꺼이 버리고 프로그램의 전체적인 기획 내에서 체육활동을 통하여 충족될 수 있는 욕구가 무엇인가를 찾아내야 할 것이다.

이와 같은 프로그램 개발방법은 오랜 기간이 요구되고, 또 전문가에 의해 참가자들에게 부여되는 활동 가치의 끊임없는 평가를 통해 그 일에 종사하고 수행하는 기술의 증대를 꾀하게 되는 것이다.

따라서 이 접근방법은 다음과 같은 원칙하에 기초하여야 한다.

① 프로그램은 참가자들의 욕구와 흥미를 만족시킬 수 있도록 고안되어야 한다.

② 프로그램은 실질적인 면과 조직적인 모형 내에서 다양성과 균형을 유지해야 한다. 여기에서 다양성이란 숙련도에 따른 기술의 단계를, 비경쟁활동에서 고도의 경쟁활동을, 여러 가지 재정적 고려, 즉 무료에서 특별비용 까지를 고려해야 하고, 시간의 허용도, 활동 그룹의 규모, 참가의 형태 등을 고려해야 한다.

### 3) 뷔페식 접근 방법(buffet approach)

끊임없이 변하는 참가자의 관심과 욕구를 충족시켜줄 수 있도록 풍부하고 다양한 운동 프로그램을 제공해주자는 접근방법이다.

이 방법은 높은 성공률이라는 가능성과 함께 무엇보다 안전한 방법으로서 잘 짜여진 교습 또는 강습회식 교육활동에 활용되었을 때 가장 성공적인 방법이 될 것이다.

이 방법이 갖고 있는 전제는 다음과 같다.

① 참가자들의 관심사는 끊임없이 변하고 있다. 이렇게 급변하는 관심사를 만족시켜주는 가장 손쉬운 방법은 다양한 프로그램을 제공하여 참가자 개개인들이 스스로 좋아하는 프로그램을 선택하게 되는 것이다.

② 지향원칙이 어떤 참가자든지 최소한 자기의 마음에 끌리는 한 가지 활동을 찾을 수 있도록 다양한 프로그램을 제공함으로써 충족될 수 있다.

③ 사람들은 자기가 원하는 것이 무엇인지 정확히 알지 못하며, 프로그래머도 모두 알고 있다고 확신하지 않으므로 이 접근방법은 기분 좋은 타협점을 가져다 준다. 대규모 투자가 요구되는 활동의 경우, 프로그램 운영관리자는 철저한 타당성 조사에 입각하여 결정해야 하며 어림짐작은 절대금물이다. 물론 이 방법에도 결함이 없는 것은 아니지만, 시행과 경험을 통해 이런 부분은 무시해도 좋을 만큼 줄일 수 있다. 이 방법은 제공자들의 필요에 의한 간섭적 접근방법과 참가자들의 욕구에 의한 인간적 접근방법의 절충안이다.

## 4. 프로그램 선택의 구조 모형

국민생활체육협의회(1994)에서 개발한 프로그램 선택의 구조 모형을 소개하면 <그림 6-3>, <그림 6-4>, <그림 6-5>, <그림 6-6>, <그림 6-7>과 같다.

### 1) 직장인 특성에 따른 구조 모형(1단계)

이 모형은 직장인의 생리적, 심리적, 사회적 특성을 기초로 개발된 모형이다(<그림 6-3>).

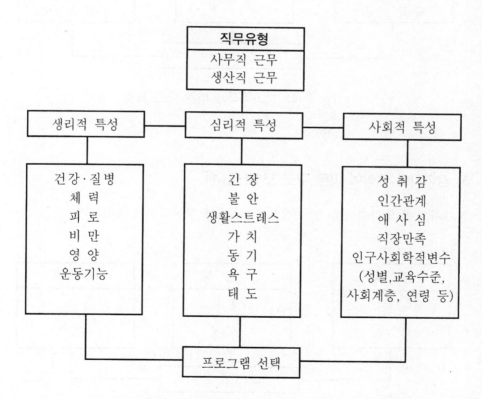

<그림 6-3> 직장인의 특성에 따른 프로그램 구조 모형

## 2) 참가목적에 따른 구조 모형(2단계)

이 모형은 참가목적에 따라 건강 및 체력증진, 운동욕구 및 사회성 함양, 여가선용 및 스트레스 해소 등으로 구분한 구조 모형이다(<그림 6-4>).

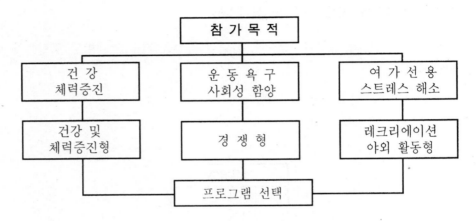

<그림 6-4> 참가목적에 따른 구조 모형

## 3) 참가자의 대상에 따른 구조 모형(3단계)

참가자의 인구사회학적 변수에 따른 구조 모형이다(<그림 6-5>).

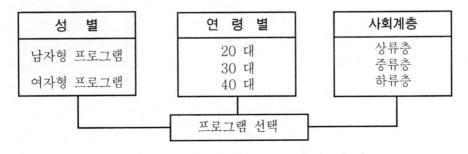

<그림 6-5> 참가자의 대상에 따른 프로그램 구조 모형

### 4) 참가형태 및 수준에 따른 구조 모형(4단계)

이 모형은 참가하는 형태와 수준 그리고 외적요소에 따른 구조 모형이다(<그림 6-6>).

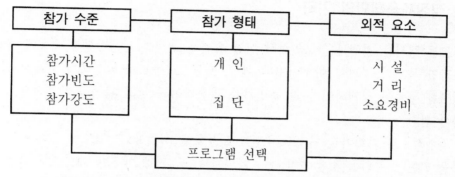

<그림 6-6> 참가형태와 수준에 따른 프로그램 구조 모형

### 5) 프로그램 선택 과정의 모형도

이 모형은 1단계에서 4단계까지의 구조 모형을 종합하여 가상적으로 설계한 모형이다(<그림 6-7>).

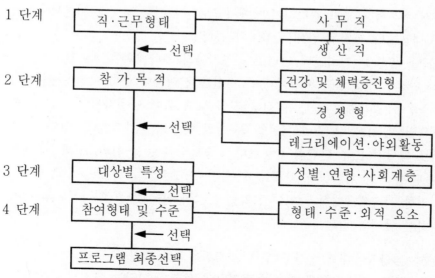

<그림 6-7> 프로그램의 선택 과정의 모형도

# 제 6 절  직장체육대회의 운영

## 1. 직장체육대회의 기획

모든 행사를 진행하는데 있어서 선결 요건은 행사의 진행방향과 내용에 대한 기본적인 목표의 설정이 이루어져야 한다. 또한 그 목표를 달성하기 위해서 앞으로 어떠한 활동이 전개되어야 할 것인가를 결정하여 각각의 활동을 체계적으로 계획해야 한다.

일반적으로 기획이란 최적의 수단으로 목표를 성취할 수 있도록 장래에 취할 행동을 위한 일련의 결정을 준비하는 과정이다. 즉 과제 해결에 대한 임시적이고 단편적인 태도를 피하고, 장래에 진행될 과업에 대해 짜임새 있는 계획을 하고 그에 대한 대비책을 강구해 둠으로써 제반의 사태에 대응하는 작업이다.

직장구성원 모두가 한 마음 한 뜻으로 되어 우의를 다지고자 하던 행사가 기획 단계에서 준비부족으로 임시방편적인 행사가 된다면 시간적, 경제적인 손실로 인해 무의미한 행사가 되기 쉽다. 이와 같은 형식적인 행사가 되지 않기 위해서는 기획 단계에서 세심한 준비와 노력이 요구된다.

체육대회의 절차와 과정을 어떻게 기획하여 준비해야 하는가는 체육대회 예산에 따라서 행사의 규모가 결정되지만 행사규모가 크거나 작아도 기본적으로 준비해야 하는 내용이나 과정들 간에는 차이가 없다.

직장을 포함한 사회단체 그리고 공공기관의 체육대회를 기획할 때는 여러 가지 방안 중에서 가장 좋고 짜임새 있는 방안을 선택하여 경비를 절약하고 비능률적인 업무활동을 억제해야 한다. 이런 기획의 토대 위에 가용자원의 효율을 최대한 높임으로써 체육대회를 준비하는 업무수행의 역량을 증가시킬 수 있다. 또한 기획은 대체로 개별적 또는 단편적 활동보다는 종합적 활동을 지휘, 통제하여야만 즉흥적인 판단에 의한 위험성을 배제할 수 있다.

이러한 직장체육대회 기획의 절차를 도식화하면 <그림 6-8>과 같으며, 내용을 정리하면 아래와 같다.

첫째, 직장체육대회 행사를 위한 조직위원회의 결성이다.

체육대회의 행사내용에 맞추어 적절한 인원을 배치하는 조직의 형태를 수립하여

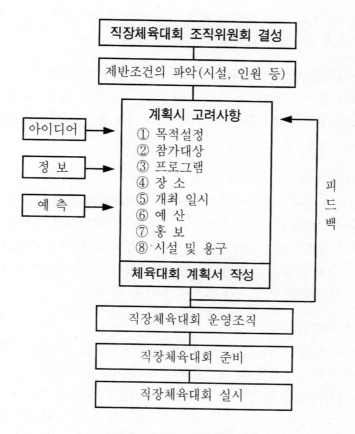

<그림 6-8> 직장체육대회 기획 절차

야 한다. 조직위원회가 결성되면 우선 활동전개 방향에 대해서 각 부서의 담당자와 준비요원들은 충분히 숙지해야 한다. 즉 조직위원회가 검토해야 할 범위나 임무, 조직위원회 위원들간의 회합방법, 위원의 역할 등이 그 내용으로서 체육대회는 조직위원회 담당자들의 활동여부에 따라서 체육대회의 성패여부가 결정된다고 할 만큼 중요하다.

둘째, 제반조건의 파악이다.

직장체육대회의 기획을 실제로 진행시키기 위해서는 체육대회에 관련된 여러 가지 조건들을 미리 알아두어야 한다. 실제로 준비하는 동안에 직장상황이나 물적, 인적, 사회적 조건 때문에 변동사항이 발생할 수 있으므로 제반조건에 대한 세심한 파악이 필요하다. 그리고 전년도의 체육대회에 대한 결과보고서나 참가자들의 설문조사 결과 등을 참고하여 내용에 반영할 수 있도록 해야 한다. 다음과 같은 사항을 참고함으로써 대략적인 내용을 파악할 수 있다.

① 체육대회와 관련된 직장상황 ---------- 여건, 시기 등
② 체육대회와 물적인 조건 ------------ 장소, 시설, 용구 등
③ 체육대회를 위한 인적 조건 --------- 준비위원, 진행요원 등
④ 체육대회를 위한 사회적인 조건

셋째, 계획시의 고려사항이다

체육대회 행사의 실제적인 부분으로서 우선 체육대회의 목표를 설정한다. 직장 구성원들의 욕구가 무엇인지를 설문조사를 통해 미리 파악하여 알아두어야 한다. 구체적인 목표나 참가대상이 확정되면 그 구성원의 특성에 맞는 프로그램을 계획한다. 전체 프로그램 내용은 경기형, 축제형, 오락형 등을 적절히 배합하여 임원진이나 직원 모두가 참여하는 행사가 되도록 노력한다.

넷째, 준비의 확인과 대안이다.

철저하게 기획을 세우더라도 준비순서에 따라 구체적인 계획을 진행해 나가지 않으면 많은 문제점이 발생한다. 이러한 경우를 대비하여 대안을 만드는 일도 중요하다. 특히 체육대회는 야외에서 거행되는 행사이기 때문에 기온이나 기후 등 외부환경으로부터 영향을 받기 쉽다. 비가 올 경우 개최 연기나 중지하는 방법을 생각할 수 있으나 모처럼 계획한 행사이므로 장소를 실내로 옮겨서라도 강행하는 것이 전체 직장 구성원의 사기를 위해서라도 바람직하다. 또한 우천시 경기를 진행할 때는 응급의료진을 반드시 배치시켜야 하며, 저렴한 가격으로 1회용 비닐로 된 비옷을 준비하는 것도 고려해야 한다.

위와 같이 전체 계획의 흐름이 파악되면 그 다음은 구체적으로 어떻게 진행할 것인가를 결정한다. 체육대회 실시계획을 그림으로 나타내면 <그림 6-9>와 같다.

이상과 같은 여러 가지 기획을 효과적으로 하기 위해서는 회사의 특성이나 여건 등을 고려해야 하고 프로그램상의 새로운 내용이나 독창성이 발휘되어야 한다. 전년도의 행사에 대한 결과를 참고로 하는 것도 좋은 방법이 될 수 있고, 예산이 충분하다면 이벤트 전문 기획업체의 자문을 받아 종목과 진행방식을 선정하는 것이 바람직하다.

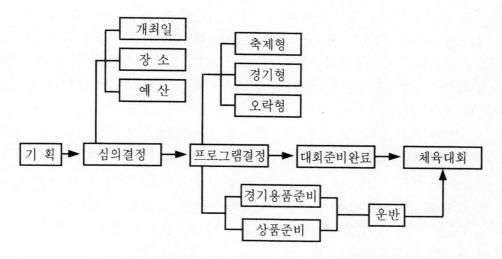

<그림 6-9> 체육대회 실시 과정

## 2. 체육대회의 예산 관리

　예산은 재정적인 계획을 세우는 것이며 그 계획에 의해 일이 성취되어지고 서비스가 수행되어 진다. 한편 모든 지출은 조직이 성취하려고 하는 목적과 밀접하게 관련되어야 한다. 이런 점에서 체육대회의 예산이란 체육대회의 준비, 운영 등 체육대회를 거행하는데 소요되는 제반 경비를 뽑은 견적이라고 할 수 있다.

　직장체육대회는 대회목적, 기본방침에 따른 다양한 프로그램을 계획할 수 있지만 행사를 성공적으로 치르기 위해서는 적절한 예산의 뒷받침 없이는 불가능하다. 체육대회에 필요한 충분한 자금이 확보되어 효율적으로 집행될 때 행사의 질적, 양적 측면에서 보다 성공적인 대회가 될 수 있다.

### 1) 예산 책정

　체육대회의 예산책정은 책정방법이나 확보방법, 지출항목에 준하여 결정되어야 하지만 기업의 예산편성상 어려움이 많기 때문에 가장 합리적이고 효율적인 방법을 찾아서 체육대회의 예산을 책정하도록 한다.

### (1) 예산 책정 방법

　예산이 일정한 형식을 갖추고 실제로 집행되기까지는 그 과정이 다분히 유동적이다. 예산이 지니고 있는 분배기능은 여러 집단의 이익과 밀접한 관계를 가지고 있기 때문에 체육대회의 예산을 편성, 집행하는데 각 부서들은 공식, 비공식적으로 그들의 이익을 위하여 예산과정에 관여하게 된다. 그렇기 때문에 각 기업들은 체육대회뿐만 아니라 직장체육에 대한 관심 부족으로 인해 체육대회 예산을 책정하는데 어려움이 있다.

직장체육대회의 예산을 책정하는데에는 예산의 확보방법에 따라 두 가지 방법으로 나눌 수 있다.

첫번째, 방법은 직장체육대회를 개최함에 있어 체육대회 기획, 준비, 운영, 평가의 제반 경비에 대한 소요 경비를 책정하여 예산을 편성하는 방법이다.

이러한 방법은 기업의 회계연도 예산편성 시 체육대회에 대한 예산확보가 가능할 때 적합한 방법이다.

즉 ① 예산 → ② 체육대회 계획 → ③ 체육대회 예산 책정의 순서이다.

두 번째 방법은 기업의 예산편성 시 직장체육대회에 대한 예산을 미리 확보하여 그 예산에 맞는 체육대회를 거행하는 방법이다. 이 방법은 예산이 제한되어 있어서 각 분야별에 대한 적절한 분배가 이루어져야 한다. 어느 한 분야에 예산이 집중되지 않도록 분야별 담당자들의 회의를 거쳐서 우선 순위와 효율성에 따라 예산을 집행하여야 한다.

즉 ① 예산 → ② 체육대회 계획 → ③ 경비산출의 순서이다.

## (2) 예산 확보

직장체육대회의 예산은 기업의 예산에서만 책정되어 개최하는 것보다는 직장 내의 수익사업이나 계열회사, 후원회를 통해 예산을 확보하는 것이 바람직하며 그 방법이나 내용은 다음과 같다.

첫째, 회사측의 체육대회 지원기금으로서 회사의 예산편성 시 체육활동 지원금으로 책정된 예산을 말하며, 이러한 형태의 예산편성이 체육대회 예산의 대부분을 차지하고 있다. 이러한 예산은 회사의 자금 사정상 유동적이며 경영주의 체육에 대한 관심도에 따라 결정된다.

둘째, 수익사업으로 얻어지는 자금이다. 회사 내에 설치된 자판기와 매점, 식당의 운영에서 얻어지는 수익금의 일부를 체육대회 예산으로 사용하는 것이다. 이는 회사측이나 직원들에게 큰 부담이 없어 체육대회의 경비를 마련하는데 좋은 방법이라고 할 수 있다.

셋째, 후원회 수입으로서 자회사와 관계하고 있는 다른 회사들로부터 체육대회 보조금을 지원 받거나 안내 책자에 회사의 홍보 명목으로 얻어지는 수익이다. 이는 조직위원회의 구성원들이 적극적으로 활동해야만 좋은 성과를 얻을 수 있다. **그러나 지방자치단체나 공공단체가 타 기업으로부터의 후원을 받을 때는 신중하게 생각하지 않으면 추후 곤란한 사태가 발생할 수 있다는 점도 잊어서는 안 된다.**

넷째, 직장인의 체육활동 기금으로서 직장인이 직장 내의 체육시설을 이용할 때 얻어지는 수익이다. 이 수익금으로 직장체육시설의 보수 및 적은 비용이 드는 용구 등을 구입하기도 하며, 그 일부분을 체육대회 지원금으로 사용할 수 있다.

## 2) 예산 관리

예산관리의 과정은 예산이 편성되면 그것에 따라서 사업이 실행됨으로써 예산이 집행되고 최종적으로 결산을 하여 그것을 다음 년도의 예산편성 자료로 활용하는 일련의 과정을 말한다.

### (1) 예산의 편성

직장체육대회를 개최하는데 소요되는 재원은 한정되어 있으므로 각 부서에서의 요구를 그대로 실현시키고 집행해 나간다는 것은 현실적으로 불가능하다. 따라서 조직위원장은 각 분야에서의 요구를 체육대회에서 필요한 정도를 판단하여 우선 순위가 높은 것부터 예산을 확정지어 나가게 된다. 이 확정된 예산을 조직위원회 회의에 상정하여 추인을 받게된다.

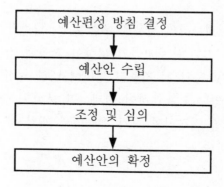

〈그림 6-10〉 체육대회의 예산편성

예산편성은 <그림 6-10>과 같이 진행된다.
각각의 단계에서는 다음과 같은 사항을 고려해야 한다.

첫째, 예산편성 방침을 설정할 때는 이전 자료를 토대로 계획한다.
둘째, 집행가능한 범위 내에서 예산을 책정한다.
셋째, 체육대회 구성요소별로 적절히 안배하여 책정한다.

### (2) 예산의 집행

예산이 심의·확정되면 예산의 집행이 있게 된다. 예산의 집행이란 체육대회를 개최하기 위한 수입, 지출을 실행·관리하는 모든 행위를 의미하며 단순히 예산에 정하여진 금액을 지출하는 행위만을 의미하는 것은 아니다. 이 부분이 전 예산과정을 통하여 가장 중요한 예산절차라고도 할 수 있다. 왜냐하면 직장체육대회 예산의 집행에 앞서 예산의 편성이나 심의절차가 아무리 훌륭한 것이라 할지라도 예산의 집행이 잘못되면 행사의 성과나 소기의 목적을 달성할 수 없기 때문이다.

예산이 심의·확정되더라도 예산의 집행은 그 후에 발생하는 제반 여건의 변화를 고려하여 여건 변화에 적응할 수 있도록 신축성 있게 집행하여야 한다. 가능하면 청구된 금액의 범위 내에서 예산을 집행함으로써 금액을 초과하는 예산 지출은 가능한 한 억제하도록 한다.

집행을 할 때에는 회계법상의 정식절차를 거쳐야 하지만 될 수 있는 한 간소화하는 것이 바람직하며, 집행 후 정산에 필요한 자료도 반드시 준비하여야 한다.

특히 물품을 구입하거나 집행 시에는 신용카드를 사용하고 온라인계좌 입금을 통하여 지출의 투명성을 확보해야 한다.

### (3) 예산의 결산

결산이란 직장체육대회조직의 활용을 통한 수입, 지출의 사항에 대하여 확인, 검토하고 나아가서는 그 결과를 보고하기 위하여 작성된 장부를 말한다. 다시 말하면, 체육대회의 준비 및 운영 시 지출된 경비에 대한 정산을 의미한다. 이것은 예산이 적절하게 집행되었는가에 대하여 체계적인 분석을 함으로써 예산책정 및 집행과정에서 생긴 오류를 지적하여 차기 체육대회 개최 시 자료로 활용할 수 있도록 정리하는 것을 말한다.

## 3. 대진표 작성

체육대회의 경기를 어떤 방식으로 진행하느냐 하는 문제 중 가장 중요한 부분이 대진 방법의 결정이다. 대진 방법의 결정은 체육대회의 목적, 시간, 장소, 경기종목 수, 참여인원 등을 고려하여 대회 취지에 맞게 이루어져야 한다. 대진 방법이 결정된 후에는 그에 적합한 대진표를 작성하여야 한다.

### 1) 라운드 로빈 토너먼트(Round Robin Tournament)

라운드 로빈 토너먼트는 일명 리그(league)전이라고도 한다. 라운드 로빈 토너먼트는 한 선수(팀)가 다른 모든 참가선수(팀)와 같은 횟수의 경기를 갖게 됨을 의미한다.

만약 한 선수가 기타 참가선수와 한 번씩 모두 싸우게 되면 단일 라운드(single round)가 되며 두 번씩 싸우게 되면 2중 라운드(double round) 그리고 최소한 한 번씩 모두 못 싸우게 될 경우에는 부분 라운드(partial round)라고 한다.

라운드 로빈 방법은 특히 경기에 최대한 참여기회를 제공하고 아울러 가장 타당성있게 우승자를 가려낼 수 있다는 장점이 있다.

이 대진 방법의 단점으로는 많은 선수(팀)가 참여하게 될 경우 한 라운드를 끝내기까지의 시간이 많이 소요된다는 것이다.

이 단점을 보완하기 위해서는 부분 라운드 로빈(partial round robin)방법을 채택하는 방법도 가능하다. 물론 부분 라운드 로빈 방법에 의거하여 결정되는 우승자는 엄격히 말해서 진정한 챔피언이라고 할 수 없다.

### (1) 승률(%)

리그의 현황을 승률(%)로 나타내기 위한 공식은 다음과 같다.

$$승률(\%) = 게임에서 이긴 수 / 총 게임 수$$

예를 들면 9게임 중 7게임을 이겼을 경우 승률은 0.778(7/9)이 된다. 무승부일 경우에는 그 무승부 게임을 계산에 넣지 않거나 또는 승점으로 0.5를 가산해 줄수가 있다. 예를 들면 7승 2패 1무일 경우 승률은 0.750(7.5/10)이 된다. 위에서 승률 0.778이나 0.750은 원칙적으로 정확하게 표기된 것이 아니다. 이 숫자에 100을 곱한 수, 즉 77.8과 75.0이 진정한 승률(%)이라고 할 수 있다. 그러나 100을 곱하기 전의 수치를 흔히 그대로 쓰고 있다.

점수제(point systems)는 리그전에서 팀 간의 상대적 등급을 확인하기 위하여 활용되기도 한다.

이긴 팀에게 2점, 무승부 팀에 각각 1점, 진 팀에 0점을 가산하여 계산하게 된다. 어느 참가팀이 7승 2패 1무승부일 경우에 그 팀은 15점을 받게 된다. 여러 참가팀 중에서 가장 많은 점수를 획득한 팀이 우승으로 확정되는 것이다.

## (2) 게임차(Number of Games Behind)

어느 두 팀간의 승패에 대한 게임차를 구하고 싶을 때는 다음 공식을 이용하면 간편하게 구할 수 있다.

$$게임차 = (W1 - W2) + L2 - L1 / 2$$

※ W1 : 제 1 팀의 이긴 게임 수 W2 : 제 2 팀의 이긴 게임 수
　 L2 : 제 2 팀의 진 게임 수　　 L1 : 제 1 팀의 진 게임 수

## (3) 승점이 동점일 경우의 해결 방안

라운드 로빈 토너먼트의 단점 중의 하나는 승패 기록이 똑같이 나올 수 있다는 점이다. 이러한 경우 우승팀을 판가름하는 방법 몇 가지를 제시하면 다음과 같다.

- 시간이 허락한다면 동률인 상위 두 팀간의 결승시합을 갖는다.
- 승률이 같은 상위 두 팀 또는 그 이상의 팀을 공동우승으로 인정한다.
- 승자승 원칙에 따른다.
- 동전이나 주사위를 던져 판가름한다.
- 점수제를 활용하여 판가름한다.
- 득실점차로 승부를 가린다.

## (4) 라운드 수

라운드 로빈 토너먼트에서 라운드의 수는 참가선수(팀)가 홀수일 경우에는 참가수 그 자체가 라운드 수이며, 참가수가 짝수일 경우에는 참가 수에서 1을 뺀 수가 라운드 수가 된다. 예를 들면 참가팀 수가 9일 경우에는 라운드 수는 9이며 참가

팀 수가 10개팀일 경우의 라운드 수는 9이다.

### (5) 게임 수

라운드 로빈 토너먼트에서 총 게임 수를 계산하는 공식은 다음과 같다.

$$게임수 = n ( n - 1 ) / 2$$

※ n = 참가선수(팀)

### (6) 대진표 작성방법

라운드 로빈 토너먼트 대진표 작성법은 크게 회전 방법(rotation methods)과 그래프 방법(graph methods) 두 가지가 있다. 회전 방법은 한 팀을 고정시키고 시계의 정방향 또는 반대방향으로 나머지 팀들을 하나씩 회전시키며 대진을 결정하는 방법이다. 예를 들어 6개팀이 참가하는 라운드 로빈 토너먼트의 대진표는 다음과 같이 하나의 팀을 고정시키고 나머지 팀들을 시계의 정(正)방향으로 회전시켜 작성한다.

① 회전방법(rotation methods)

| 1 라운드 | 2 라운드 | 3 라운드 | 4 라운드 | 5 라운드 |
|---|---|---|---|---|
| ① ↔ 2<br>6 ↔ 3<br>5 ↔ 4 | ① ↔ 6<br>5 ↔ 2<br>4 ↔ 3 | ① ↔ 5<br>4 ↔ 6<br>3 ↔ 2 | ① ↔ 4<br>3 ↔ 5<br>2 ↔ 6 | ① ↔ 3<br>2 ↔ 4<br>6 ↔ 5 |

② 그래프 방법(graph methods)

| 팀 | A | B | C | D | E | F |
|---|---|---|---|---|---|---|
| A |  |  |  |  | 46-41 |  |
| B |  |  |  |  |  |  |
| C |  |  |  |  |  |  |
| D |  |  |  |  |  | 29-38 |
| E | 41-46 |  |  |  |  |  |
| F |  |  |  | 38-29 |  |  |

## 2) 엘리미네이션 토너먼트(Elimination Tournament)

엘리미네이션 토너먼트는 일명 맞붙기라고도 하며 토너먼트가 진행됨에 따라 패한 팀(선수)이 제외되는 것으로서 결국 마지막에는 우승팀(선수)이 하나만 남는 것을 의미한다. 엘리미네이션 토너먼트는 단일 엘리미네이션과 부활 엘리미네이션으로 크게 양분할 수 있다.

### (1) 단일 엘리미네이션 토너멘트

단일 엘리미네이션은 우승자를 결정짓는 데 가장 간단하며 편리한 방법이라고 할 수 있다. 매 게임마다 패한 팀은 떨어져나가게 되어 최후에는 우승팀만 남게 된다. 이 토너먼트는 엔트리(entry)수가 많거나, 시간과 시설상의 제한점이 많을 경우 적용하면 편리한 방법이다. 그러나 이 방법은 능력이 우수한 팀(선수)이 초반전에 강한 팀과 짝지어지게 되거나 기타 여러 불운으로 인하여 탈락하게 되는 경우가 있다.

① "2의 자승(自乘)" 개념

엘리미네이션 토너먼트에서는 대진표를 작성하는데 있어서 그 구조상 대칭형이 되어야 한다. 따라서 각 조(부전승 포함)의 수가 2의 배수이어야 한다. 이를 "2의 자승" 개념이라고 하며 다음과 같이 계산될 수 있다. 도표에서의 2의 자승값인 4, 8, 16, 32, 64, 128을 "매직 넘버(magic number)"라고 한다.

$$2^2 = 2 \times 2 \ --------------- = 4$$
$$2^3 = 2 \times 2 \times 2 \ ----------- = 8$$
$$2^1 = 2 \times 2 \times 2 \times 2 \ --------- = 16$$

② 라운드 수

라운드의 수는 "2의 자승"과 엔트리(entry)수를 관련시켜 생각하여야 한다. 만약 엔트리 수와 매직 넘버가 서로 똑같을 경우에는 해당 매직 넘버의 2의 자승수와 같게 된다. 예를 들면 엔트리 수가 16일 경우엔 $2^4 = 16$이므로 라운드 수는 4가 된다.

엔트리 수가 매직 넘버와 서로 다를 경우에는 다음 단계로 높은 매직 넘버에 해당하는 2의 자승수를 라운드 수로 정하게 된다. 예를 들면 14개 엔트리가 참가하게 될 경우의 라운드 수는 4라운드가 된다.

③ 게임 수

단일 엘리미네이션 토너먼트의 게임 수를 산출하는 공식은 엔트리 수에서 1을 뺀 값과 같다. 이것을 공식으로 나타내면 아래와 같다.

$$\text{게임수} = n - 1 \quad (n : \text{엔트리 수})$$

④ 부전승 팀 배치방법

단일 엘리미네이션 토너먼트의 부전승팀 수 계산방법은 엔트리의 다음 단계 높은 매직 넘버에서 엔트리 수를 빼면 된다. 이를테면 엔트리가 11인 경우 11의 다음 단계 높은 매직 넘버는 16 이다.

그러므로 16 - 11 = 5가 부전승팀 수가 된다. 부전승팀 배치 원칙 3 가지는 다음과 같다.

  ○ 모든 부전승팀은 제 1 라운드에 배치시켜야 한다.
  ○ 부전승팀 수가 홀수일 경우에는 나머지 한 개의 부전승팀을 토너먼트의 중앙 아래쪽에 배치시킨다.
  ○ 부전승팀은 도표상으로 대칭형을 이루도록 배치시켜야 한다.

## (2) 부활 엘리미네이션 토너먼트

이 방식은 단일 엘리미네이션 토너먼트의 단점을 보완하기 위하여 고안된 것으로서 게임에서 탈락한 팀에게 한 번의 기회가 더 부여되는 방식이다. 물론 한 번의 기회를 더 얻어 승리하면 패할 때까지 계속 시합을 할 수 있다.

이 방식의 특징은 승자는 승자끼리 대전하고 패자는 패자끼리 짝을 지어 경기를 한다는 점이다. 결국 마지막 우승팀은 승자군과 패자군의 우승자끼리 대전하여 이긴 팀이 되는데, 승자군이 이기면 모든 시합은 종료되며 패자군이 이긴 경우에는 한 번 더 시합을 하여 이겨야 우승을 하게 된다. 라운드 수의 계산은 단일 엘리미네이션과 같으나 부활 엘리미네이션의 라운드 수는 단일 엘리미네이션의 두 배가 된다. 결승의 경우에는 패자군이 이길 경우만 한 라운드를 추가한다.

게임 수는 최소한의 게임 수의 경우 $2(n-1)$이며 최대한의 게임 수의 경우에는 $2(n-1)+1$이다. 부활 엘리미네이션의 부전승팀 배치 방법은 단일 엘리미네이션의 방식과 같다.

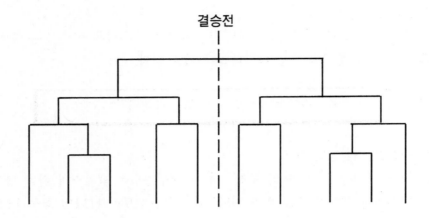

**〈그림 6-11〉 단일 엘리미네이션 토너먼트**(참가팀 10개팀, 부전승 6팀)

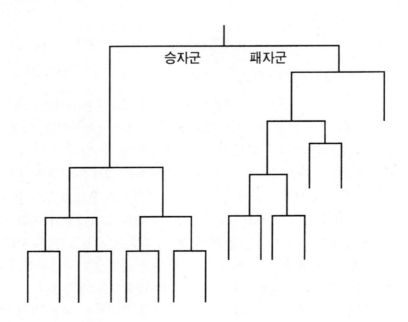

**〈그림 6-12〉 부활 엘리미네이션 토너먼트**(참가팀 8팀, 전체 게임수는 14 또는 15게임)

## 4. 체육대회 문안

### 1) 개회 선언문

> ## 개 회 선 언
>
> 지금부터 ○ ○ 직원들의 체력증진을 위하고
> 친목과 화합을 도모하기 위한
> 제 ○회 ○ ○ 정보산업 직원체육대회의 개회를 선언합니다.

### 2) 선수 선서문

> ## 선      서
>
> 제 ○ 회 ○ ○ 정보산업 직원체육대회에 참가한
> 우리 선수일동은
> 대회 규정을 준수하고 심판의 판정을 존중하며,
> 정정당당하게 경기에 임할
> 것을 엄숙히 선서합니다.
>
> 200 년      월      일
>
> 선수대표 김 도 전 (인)
>              이 보 람 (인)

### 3) 상장 문안

상　　　장

우 승　　　　　　　.....................팀

위 팀은 제 ○ 회 ○ ○ 정보산업 직원체육대회에서
우수한 성적을 거두었으므로, 이에 상장을 수여합니다.

200 년 월 일

○ ○ 정보산업 주 식 회 사

대표이사　홍 길 동(직인)

### 4) 트로피 문안

종 합 우 승

제 ○ 회 ○ ○ 정보산업 체육대회

200 년 월 일

대표이사 홍 길 동(직인)

# 참고문헌

국민생활체육협의회(1994). **직장인을 위한 생활체육 총괄편**. 서울: 도서출판 대경.

김태운, 이승훈(2000). 직장인의 여가활동 유형에 따른 자아정체감과 직장만족 및 가정 만족의 관계. **한국사회체육학회지**, 13, 237-247.

문용, 김태운, 이진(2000). 직장인의 여가 제약과 생활체육 참가 및 삶의 만족도간의 인 과모델. **한국사회체육학회지**, 13, 263-275.

문화체육부(1995). **건강한 일터 만들기: 직장의 체육활동**.

문화체육부(1997). **지방체육관리지침**.

성영호(2000). 직장인의 생활체육 참가와 조직헌신도의 관계. **한국사회체육학회지**, 13, 287-301.

이병익, 김종필(1999). **체육행정학**. 서울: 도서출판 홍경.

임경호(1994). **공무원의 여가활동 참여유형과 직무만족도의 관계**. 충남대학교 대학원 석사학위 논문.

지방이양추진위원회(2000). **2001년 지방이양대상사무 발굴을 위한 자치단체 이양 담당 회의**. 회의자료(2001. 12. 7).

체육부(1990a). **직장체육활성화 방안**.

체육부(1990b). **직장체육대회모형**. 체육부 체육진흥국.

최재성(1998). **공무원의 스포츠활동 참가에 따른 역할 지각과 직무태도의 관계**. 한국체 육대학교 사회체육대학원 석사학위 논문.

Iso-Ahola, S. E.(1980). *The social psychology of leisure and recreation*. Dubuque, Iowa: Wm. C. Brown Company Publishes.

Kando, T. M.(1980). *Leisure and popular in transition*. Philadelphia: C. V. Mosby Company.

Trueman, A. L.(1995). *Socialization and workaholism: A lifestyle perspective*. Thesis(MA) Desertation Dalhousie University.

# 제 7 장  체육 재정과 예산관리

　체육행정가는 재정 또는 예산의 개념과 그 흐름에 대한 인식을 분명히 하고 그 능력을 충분히 발휘하여야 한다. 또한 예산계획, 지출관리를 체계적이며 합리적으로 수행하여야 함은 필수적이다.

　본 장에서는 국가와 지방자치단체의 체육예산이 어떠한 기본 원리에 의하여 편성되고 집행되고 있는지를 살펴보고 특히 지방자치단체의 체육예산편성과정에 대하여 상세히 기술하고자 한다. 그러나 이러한 지방정부의 체육예산을 이해하기 위해서는 전반적인 재정의 개념과 예산편성과정에 대한 고찰이 필요하기 때문에 상당한 부분을 재정의 전반적인 흐름에 관한 내용을 기술하였다. 이와 같이 재정의 기초와 지방자치단체의 예산에 많은 부분을 할애한 이유는 많은 체육행정가들이 예산에 대한 기초가 부족하여 체육예산을 연구하거나, 현장에서 근무할 때 애로사항을 겪고 있다는 판단 때문이다.

# 제 1 절  지방재정과 예산의 개념

## 1. 지방재정의 개념

지방재정(local finance)이란 지방자치단체의 존립목적을 달성하기 위하여 재화를 강제적 또는 비강제적으로 획득하고, 이를 관리·사용하는 일련의 연속적·질서적 활동으로서 지방자치단체가 행하는 예산, 결산, 회계 및 기타 재화에 관한 활동을 의미한다. 지방재정의 범위는 재원배분과 연계된 지방자치단체의 활동범위와 관계를 가지며, 국가와 지방자치단체는 그 활동범위에 따라 경비를 각각 분담하여 협조 처리하게 된다. 지방예산의 편성과 운영은 지방자치단체 재정활동의 구체적인 표현이며, 그 내용과 절차는 바로 지방자치단체의 수준과 국가발전에의 기여도를 평가할 수 있는 기준이 되는 것이다. 이러한 지방재정의 목표는 지역주민의 복리증진과 지역경제 활성화라는 과제에 대한 해결책을 모색하는데 있다(박응격, 1997).

또한 지방재정은 중앙재정과 함께 정부부문을 형성하는 재정주체의 하나로서 각급 지방정부가 관할구역 내에서 공공 욕구를 충족시키는 데 필요한 재화·서비스를 공급하기 위하여 행하는 재원의 확보, 관리, 사용 등 일련의 공경제적 작용을 의미한다(오천연, 1993). 지방재정은 중앙재정과 유기적 연계를 통해 공공적 목표 실현을 위한 노력을 경주하는 한편, 지역주민의 후생 제고, 주민 생활환경 개선, 지역경제 활성화 등 중앙재정과 구분되는 고유의 업무를 독자적으로 수행하는 독립성을 갖고 있다. 지방재정의 건전한 성장과 발전은 국가 전체의 조화와 균형을 위한 전제요건이 아닐 수 없으며 풀뿌리 민주정치 실현을 위한 토대라고 하겠다. 그러나 현재 지방정부의 재정은 중앙정부의 교부금의 의존도 심화에 따른 자율적인 정책집행의 한계와 지방세 비중의 낮음으로 인해 많은 서비스를 기대하는 지역주민들의 욕구를 충족시키기에는 너무도 부족한 실정이다.

현실적으로 우리 나라 지방자치단체들의 경우 자립재원만으로는 재정활동에 소요되는 재원을 100% 확보하기가 어려운 실정이며 이에 따라 중앙정부에 의한 다양한 지원과 보완 조치 등을 통해 지방정부와 중앙정부간의 협조관계가 형성되고 있다(유태현, 1996). 이러한 지방정부의 빈곤한 재정상태는 지방자치단체가 자유롭게 지역발전과 지역주민 복리증진을 위한 사업이나 주민의 체육활동 보장 등의 복지정책을 수행하는데 재정상 장애요인이 되고 있다.

## 2. 지방자치단체의 재원

지방자치단체의 경비는 원칙적으로 지방세, 세외수입, 지방교부세, 지방양여금, 보조금 등에 의하여 충당되어야 한다(유훈, 1998). 그러나 본격적인 지방자치시대를 맞이하여 주민의 복지증진과 지역개발 욕구가 폭증함에 따라 지방자치단체마다 이를 충족시킬 수 있는 재원마련이 최대의 현안 과제가 되고 있다. 지방자치의 성숙을 위해 각 자치단체가 여러 가지 노력을 기울여야 하겠지만 아직도 자체수입으로 인건비조차 감당하지 못하고 중앙정부의 보조금 등에 의존하는 단체가 많다. 지방정부의 재정수입은 일반적으로 중앙정부나 다른 지방정부로부터 이전되는 의존수입(이전수입, grants-in-aid)과 지방정부 내부에서 조달되는 자체수입으로 대별되고, 의존수입은 다시 지방교부금(general grants)과 국고보조금(specific grants), 지방양여금(tax transfer, general grants + specific grants)으로 구분되며 자체수입은 다시 지방세수입과 지방세외수입으로 구별된다(유태현, 1996).

### 1) 지방자치단체의 자체수입

각급 지방자치단체는 원활한 경비지출 활동을 위하여 지속적으로 필요한 재원확보에 노력하게 되는데, 이때 그들의 제반수요를 충족시키기 위해 마련하는 지급재원이 지방수입이다. 지방세입이란 이러한 지방수입을 회계연도별로 구분하여 1회계연도에 소요되는 모든 재원이라고 할 수 있다.

① 지방세 : 지방자치단체의 운영에 소요되는 필요경비는 가능한 한 지방재원으로 조달하는 것이 바람직한 바 그 주종을 이루는 것이 바로 지방세이다. 지방세란 지방자치단체가 그 기능을 수행하는데 소요되는 일반적 경비를 조달하기 위하여 당해 지역의 주민 또는 그 구역 안에서 일정한 행위를 하는 자로부터 직접적·개별적인 보상없이 강제적으로 징수하는 재화를 말한다(최창호, 1995). 또한 지방세에 요구되는 원칙은 재정수입, 주민부담 및 세무행정의 측면에서 여러 가지가 제시되고 있다(신해룡, 1995).

② 세외수입 : 세외수입은 일반적으로 지방자치단체의 자체세입원 중에서 지방세수입을 제외한 나머지 수입을 지칭하는 것으로서 지방세수입에 대응되는 의미로 사용된다. 최근에 와서 대부분의 국가는 주민들의 조세저항이 강하여 징세에 어려움이 뒤따름에 따라 주민들의 큰 저항 없이 징수할 수 있는 세외

수입에 눈을 돌리고 있다. 우리 나라의 경우도 동일세목에 동일세율의 적용이 갖는 한계점으로 인하여 지방자치단체들이 그들의 수입을 실질적으로 늘릴 수 있는 세외수입에 크게 의존함으로써 그 중요성이 인정되고 있다.

③ 지방채 : 지방채란 지방자치단체가 재정수입의 부족을 보충하기 위하여 외부로부터 자금조달을 함으로써 부담하는 채무로서 그 이행이 복수 회계연도에 걸쳐서 이루어지며 증서차입 또는 증권발행의 형식을 취하는 것이라 할 수 있다. 이러한 지방채는 지방세입원의 하나로서 필요에 따라서는 비교적 탄력적·기동적으로 재원을 조달할 수 있는 반면에 거치 기간 이후에는 "공채비"라고 하는 경직성 채무로서 경비를 지출해야만 하는 양면성을 지니고 있다.

## 2) 이전재원(移轉財源) : 지방재정조정제도

지방재정조정제도라 함은 일반적으로 중앙정부가 지방자치단체에 이전재원을 교부하여 지방재정력을 강화하고, 지역간 재정력 격차를 완화하는 것을 말한다(김종순, 1997). 즉, 지방자치단체는 중앙정부에서 비해 재정규모가 영세하고 재정력이 빈약할 뿐만 아니라 지방자치단체간에도 경제력 및 재정력의 불균형이 존재함으로 중앙정부가 개별 지방자치단체의 재원을 일정한 범위 내에서 보장해 주면서 지방자치단체간의 불균형 완화 및 공공서비스의 질과 양을 적정 수준으로 유지시켜 주려는 노력이 지방재정조정제도라 할 수 있다(Break, 1980; Fisher, 1987; King, 1984; Mikesell, 1987). 또한 이 제도는 중앙정부가 국민의 응집성(national cohesion)을 위해 다양한 지방정부로 하여금 지방공공재를 공급할 수 있도록 조건을 동등하게 해주거나 모든 지역에 특정한 공급수준을 보장해 주는 제도라고 할 수 있다(Musgrave & Peggy, 1984).

이러한 중앙정부의 지방자치단체에 대한 이전재원에는 지방교부세, 국고보조금, 지방양여금 등의 세 가지 형태가 있고 특별시·광역시세 중 일정세목을 자치구 상호간의 재정조정재원으로 확보하여 주는 자치구 재정조정교부금이 있다.

① 지방교부세 : 지방교부세는 지방자치단체간의 재정적 불균형을 시정하고 전국적인 최저생활수준을 확보하기 위하여 지방자치단체의 재정수요에 필요한 부족재원을 보전할 목적으로 국가가 지방자치단체에 교부하는 재원이다. 또한, 지방교부세는 내국세 총액의 일정비율을 법정재원으로 하고 있어서 중앙정부의 자의적 배분이 거의 불가능하므로 자치단체 본래의 공유적 독립재원

이라 할 수 있다. 즉 중앙정부가 국세로 징수하기는 하지만 사실상 지방자치단체의 세입이나 마찬가지의 자율성을 갖는다.

② **국고보조금** : 국가가 시책상 또는 자치단체의 재정 사정상 필요하다고 인정될 때 그 자치단체의 행정수행에 소요되는 경비의 일부 또는 전부를 충당하기 위하여 비도(사용용도를 정함)를 지정하여 교부하는 자금이다. 국고보조금은 용도가 정해져 있는 특정재원으로서 사용목적이 개별적 사무에 한정되어 있는 바 용도의 제한이 없는 지방세, 지방교부세 등의 일반재원과 구별된다.

③ **지방양여금** : 국가가 부과·징수하는 국세 중 특정세목수입의 전부 또는 일부를 지방재정의 부담이 많은 특정사업에 충당할 수 있도록 일정한 기준에 따라 지방자치단체에 양여하는 제도이다. 이러한 지방양여금의 목적은 지방자치단체의 재정기반을 확충하고 자치단체간의 균형있는 개발 및 발전을 도모하는데 있다. 지방양여금의 대상이 되는 지방자치단체는 광역시, 도 및 시, 군, 광역시의 자치구만이 해당되며 서울특별시와 그 자치구는 포함되지 않는다.

④ **자치구 재정조정교부금** : 이 제도는 특별시·광역시의 특정한 세수입의 일정비율에 해당하는 금액을 재정조정교부금 재원으로 확보하는 제도로서 자치구 재원의 안정된 보장과 재정기능을 확충함으로써 자치구의 재정자주권을 강화하려는 제도적 장치이다. 일반적으로 2000년 1월 현재 서울시 자치구 재원은 주로 지방세, 세외수입, 서울시 조정교부금(보통교부금, 특별교부금), 국고보조금(국·시비 보조금)으로 확충되고 있다.

## 3. 지방재정자립도(地方財政自立度)

지방재정자립도란 지방자치단체의 재정력을 표시하는 지표로서 지방자치단체의 세입구조를 지방세수입, 세외수입, 지방교부세, 국고보조금, 지방양여금의 다섯 가지로 구분하여 그 중 지방세수입과 세외수입의 합계액이 세입총액에서 점하는 비율을 말한다. 이러한 지방재정자립도는 자치권의 본질적 요소의 하나이며, 성공적인 지방자치를 위한 전제조건이다.

$$지방재정자립도(\%) = \frac{지방세수입 + 세외수입}{세입총액} \times 100$$

## 4. 지방자치단체의 예산

### 1) 예산의 개념

지방자치단체의 예산을 살펴보기 전에 먼저 일반적인 예산의 개념을 정확하게 정의하는 것은 상당히 중요하고 기초적인 부분이라고 생각한다. 개념을 정의하는 것으로부터 현상을 볼 수 있으며 그 현상으로부터 문제점과 그에 대한 바람직한 방향을 도출해 낼 수 있기 때문이다.

예산이란 국가의 금전활동을 규제하기 위한 국가 경제의 예정 계획이다. 예산제도는 국가·공공단체가 고유활동을 일정한 기간에 수행하기 위하여 일정한 회계연도 동안 정부의 현실적인 경제능력을 감안한 수입과 지출의 예정계획표·견적표를 작성·실시하는 제도이다. 즉 이러한 정의는 정부가 회계연도 동안 자원배분을 어떻게 할 것인가에 관한 계획이라고 할 수 있다. 그러나 예산에 대한 개념정의는 상당한 다양성을 띠고 있으며 학자들의 견해도 각기 다르다.

지방자치단체의 예산이란 지방자치단체가 국가의 예산과 마찬가지로 1회계연도 내에 그 목표와 사업계획을 성취하기 위한 자원의 효과적인 활동에 관한 계획으로서 지방자치법 및 지방재정법 등이 정하는 바에 따라 소정의 양식과 요건을 갖추어 의회의 의결을 거친 것이라고 할 수 있다. 예산에 의해 비로소 행정활동이 구체적인 내용을 갖추게 되기 때문에 지방예산은 지방자치단체의 행정활동의 실시 근거인 동시에 그 범위를 규제하는 것이 된다. 이러한 지방자치단체 예산은 자원의 효과적인 배분과 지방주민 또는 지방의회의 참여 및 통제를 용이하게 하는 수단이 되므로 그 동태적인 과정이 점차 중요시되고 있다(박응격, 1997).

이러한 지방예산제도를 살펴보면 국가와 지방 그리고 계획과 재정을 연계시키고 합리적인 재원조달 및 배분계획을 수립함으로써 재정운영의 계획성을 제고시키는 「중기지방재정계획」, 지역특성과 형평성, 민주성, 효율성 등을 고려하여 투자의 우선 순위를 선정하는 「투·융자심사제도」, 당해 연도 예산을 편성하는 기본틀이 되는 「지방자치단체 예산편성 기본지침」 그리고 지방재정의 건전성과 안정성을 측정하기 위한 「지방재정진단제도」 등이 있다. 이러한 제도들이 상호 연계되어 운영될 때 지방예산이 중·장기적인 안목에서 자원을 계획적이고 합리적이며 효율적으로 운영될 수 있다(권형신, 1996).

## 2) 예산의 기능

예산의 기능은 학자에 따라 여러 가지로 설명된다. 예컨대 스킥(Schick, 1966)과 같은 학자는 통제(control)·관리(management) 및 계획(planning)으로 분류해서 설명하고 있다. 그는 예산제도가 통제·관리·계획의 단계를 밟아 발달하여 왔지만, 어느 예산이나 정도의 차이만 있지 위에서 든 세 가지 기능을 다 수행한다는 것이다. 즉 품목별예산(line-item budget)도 기획기능을 수행하고, 기획예산(program budget)도 통제기능을 수행한다는 것이다. 이와 비슷한 입장으로 스쿨츠(Schultze, 1968)도 예산의 기능을 재정적 통제·관리적 통제 및 전략적 기획으로 나누어 설명하고 있다. 또한 유훈(1998)은 예산의 기능을 좀더 포괄적인 입장에서 정치·경제·법률·관리 등의 측면에서 나누어 설명하고 있다. 유훈의 입장에 따라 예산의 기능을 살펴보면 아래와 같다.

① 정치적 기능

예산의 정치적 기능은 두 가지로 나눌 수 있다. 하나는 의회가 행정부를 통제하는 수단이고, 다른 하나는 정치적 단체들간의 이익과 주장을 통합·조절하는 기능이다.

② 법적 기능

예산의 법적 기능은 주로 세출예산(歲出豫算)에 관계되는 기능으로서 지출의 구속성을 의미한다. 지방자치단체는 예산을 집행할 때에 원칙적으로 이미 정해진 항·목에 따라 집행하고, 예외적인 경우에는 법의 절차에 따르도록 되어 있다. 따라서 원칙적으로 예산에 정해진 액수 이상으로 지출할 수 없고, 항목간에 유용이 안 되며, 회계연도를 경과해서 지출할 수도 없다.

③ 관리적 기능

지방자치단체의 각 부서의 모든 사업계획과 행정활동 및 관리방법이 예산기관의 사정을 받게 된다. 예산기관은 이러한 사정과정을 통해서 각 부서의 사업계획을 승인하기도 하고, 삭감하기도 하고, 부인하기도 한다. 그리고 승인하는 경우에도 최소의 경비로 최대의 효과를 올리도록 요구한다.

④ 경제적 기능

예산의 기능 중 가장 중요한 기능이라고 할 수 있다. 예산이 경제정책의 도구로 사용되면서 이러한 기능은 강화되었다. 경제적 기능은 경제안정기능·경제성장기능·소득 재분배기능으로 나누어진다.

### 3) 예산의 원칙

예산원칙이란 예산의 편성·집행에 있어서 준수되어야할 원칙을 말한다. 이러한 원칙에는 두 가지가 있는데 전통적 예산원칙(입법부 중심의 예산원칙)과 현대적 예산원칙(행정부 중심의 예산원칙)이 있다. 그러나 여기에서는 전통적 예산원칙만을 설명하고자 한다.

전통적 예산원칙은 예산의 편성·집행에 있어서 국민의 감독권을 의회가 충분히 발휘함으로써 행정부 독주(獨走)의 여지를 제거하는 것을 목적으로 하는 것이다. 즉, 입법부 중심의 고전적 민주주의에 입각하고 의회의 행정부 통제에 역점을 둔 원칙이다.

① 예산공개(publicity)의 원칙 : 행정부가 제출한 예산안이 심의·의결 및 결산 등의 재정상태를 국민에게 공개하여야 한다는 원칙을 말하며, 이는 예산공개에 의하여 부정·낭비를 막고 책임소재를 밝힐 수 있다.

② 예산명료(clarity)의 원칙 : 공개의 원칙에서 파생한 것으로서 예산은 모든 국민이 이해할 수 있도록 편성되어야 한다. 따라서 예산의 수지(收支)는 일목요연하게 파악하여야 하며, 수입의 원천과 지출의 용도를 합리적인 기준에 의해서 내용이 명백해야 한다.

③ 예산사전의결(prior authorization)의 원칙 : 예산은 집행되는 회계연도의 개시 이전에 의회에 의해 심의·의결을 받음으로써 성립된다. 따라서 예산의 집행은 의회가 의결한 범위 내에서 행해져야 함은 당연하다.

④ 예산엄밀(accuracy)의 원칙 : 예산과 결산은 일치하여야 한다는 원칙이다. 물론 예산은 어디까지나 예측에 불과하기 때문에 결산과 완전히 일치할 수는 없지만 지나치게 불일치할 경우는 예산의 의의를 상실하게 된다.

⑤ 예산한정성(periodicity)의 원칙 : 세출예산의 각 항목은 서로 명확한 한계가 있어야 하며 일정한 기간에 한정시켜 의결되어야 한다.

⑥ 예산단일성(unity)의 원칙 : 예산은 구조면에 있어서 될 수 있는 대로 단일한 것이어야 하며 추가경정예산 또는 특별예산은 가급적 편성하지 않도록 하여야 한다. 독립된 복수 예산의 존재는 전체의 관련을 불분명하게 할 뿐만 아니

라 정치적으로도 입법부의 통제를 약화시키고 국민이 예산을 이해하기 어렵다.

⑦ 예산통일성(non-affection)의 원칙 : 특정한 세입과 세출을 연관시켜서는 안
되며, 모든 세입은 국고금으로 수납되고 모든 세출은 국고금에서 지출되도록
하는 것이다.

⑧ 예산완전성(comprehensiveness)의 원칙 : 모든 세입·세출이 완전히 예산
에 계상(計上)되어야 한다는 원칙이다. 이 원칙을 총계예산주의(總計豫算主
義)라고도 하며 우리 나라의 세입·세출은 모두 예산에 편입되고 있다.

## 4) 예산의 종류

① 회계를 기준으로 한 분류

  **가) 일반회계 예산 :** 일반회계예산(general account budget)은 국가재정의 중
  심적인 예산으로 조세수입을 주재원으로 하여 일반적인 국가활동에 사용
  되는 예산을 말한다. 흔히 예산하면 일반회계 예산을 말한다. 또한 지방자
  치단체에서의 일반회계예산은 자치단체의 본래적인 제 기능을 수행하기 위
  하여 발생하는 세입·세출을 처리하는 회계로서 지방세와 세외수입, 지방
  교부세, 국고보조금, 지방양여금을 주요 재원으로 하여 일반적인 행정활동
  을 지원하는 예산을 말한다.

  **나) 특별회계 예산 :** 국가나 지방자치단체가 (가) 공영기업 기타 특정한 사업
  을 운영할 때, (나) 특정한 자금을 보유하여 운영할 때, (다) 기타 특정한
  세입으로 특정한 세출에 충당함으로써 일반회계와 구분하여 경리할 필요
  가 있을 때 법률 또는 조례로 설치하는 예산으로서 공기업특별회계, 교육
  비특별회계, 기타 특별회계로 구분된다. 이러한 특별회계는 원칙적으로 비
  권력적인 수입을 재원으로 하며 독립 채산원칙이 적용된다.

② 예산성립 과정을 기준으로 한 분류

  **가) 본예산 :** 당초에 지방의회 의결을 거쳐 확정된 당해 연도의 기본이 되는
  예산으로서 당해 연도의 전반적인 경비가 계상(計上)된다.

  **나) 수정예산 :** 지방자치단체의 장이 예산안을 제출한 후 부득이한 사유로 인
  하여 그 내용의 일부를 수정하고자 할 때 예산이 의결되기 이전에 예산안
  을 수정하여 지방의회에 다시 제출하는 예산을 말한다.

**다) 추가경정예산 :** 이미 성립한 예산에 추가 또는 변경을 가할 필요가 있을 경우 새로 추가경정(追加更正)한 예산안을 편성하여 제출하는 예산을 말한다. 이러한 추가경정예산의 편성제출시기 및 편성회수에는 제한이 없다 (박응격, 1997). 또한, 예산과 회계의 의미는 다르다. 예산은 조직의 수입과 지출의 예정적 수치를 표시한 것이며, 회계는 조직의 경제적 사건을 기록, 분석, 평가, 해석하고 그 결과를 이용자에게 보고하는 기술 또는 정보를 지칭한다. 그렇지만 예산은 미래에 대한 계획이고 회계는 예산집행에 대한 기록을 기초로 하기 때문에 예산과 회계는 상호 연계되어야 한다. 회계가 잘 구축되어 있을 때 예산운영의 효율성과 투명성은 높아진다(윤영진, 1999).

## 5) 지방자치단체의 예산편성 과정

지방자치단체의 예산편성 과정은 지방자치단체가 예산안을 편성하여, 지방의회가 이를 심의·결의하는 과정으로서, 예산안이 예산으로 확정되기까지의 과정을 의미한다. 이를 예산편성순기라고도 한다.

또한, 예산편성 과정은 일종의 정치적 과정(political process)이기도 하다. 정부예산 속에는 정치사회의 다양한 행위자들(actors)이 원하는 사업과 계획들이 금전적인 계수로 표현되어 있고 이를 작성하는 제1차적 단계가 바로 예산편성이다. 그러므로 예산을 편성하는 과정은 정치사회의 여러 개인이나 집단들의 요구가 투입되고 그것이 반영 혹은 거부되는 역동적인 정치적 절차가 전개된다. 지방자치를 실시하는 지방정부의 예산편성 과정에는 지역주민의 요구가 여러 가지 방법과 절차를 통하여 예산편성 과정에 투입된다.

예산은 주민의 부담에 의해서 이루어지기 때문에 주민은 예산이 주민의 복지향상에 효율적이며 낭비 없이 생산적으로 투입·집행되어지기를 바라지만 여러 가지 배경으로 인하여 주민의 요구나 담당 공무원들의 요청이 변형되거나 반영되지 않는다.

특히 지방자치단체에 있어서 체육예산은 타 분야의 예산보다 정치적 요인과 관료들의 체육정책의 필요성에 대한 인지도에 따라 쉽게 영향을 받고 있으며, 재정자립도가 충족되지 못한 상태의 지방자치단체에서는 긴급 현안 사업의 투자 우선순위에 뒤쳐져 예산확보에 어려움을 겪고 있다(이상효, 2000).

① 예산편성

지방자치단체의 예산편성(budget preparation 또는 formulation)이란 방대한 절충(bargain) 작업이라고 설명된다. 예산의 틀(shape)을 어떻게 잡느냐, 또는 지방자치단체의 정책, 지방의회의 의도 등과 같은 제반 요청과 상이한 각 집단의 정책을 고려해 넣으면서 부서의 예산을 어떻게 조화시키느냐 하는 과정은 결코 이론적인 기준에 따라 이루어지는 것이 아니라 다분히 정치적으로 결정된다.

이러한 예산편성은 중앙정부, 지방자치단체 예산편성 및 정부투자기관의 예산편성 등으로 나눌 수 있는데, 이 가운데 지방자치단체는 일정한 지역과 주민을 대상으로 하는 사업계획을 수립, 분석한 다음 선정된 사업계획과 지방정부의 활동에 자원을 배분하는 것이다(황선욱, 1990). 따라서 지방자치단체의 예산편성은 국가적 사업의 지방적 수행을 통하여 국가정책이 지방정책으로 연계되고 지역의 개발욕구와 주민복지 욕구가 반영된 가운데 지역 자율성이 보장되고 중앙정부와 지방자치단체가 조화를 이루는 가운데 편성되는 예산이어야 한다.

한편, 예산편성 과정은 가장 전형적으로 정치적 성격을 띠고 있음을 특징으로 하고 있다. 조직 내부에서만 보더라도 산하기관들은 각 주관 실·국을 상대로 본청 실·국은 예산주무 부서를 상대로 보다 많은 예산을 확보하려는 복잡한 정치적 압력, 교섭, 경쟁과정 등이 전개된다(김규정, 1997). 또한, 예산확보 전략의 한 방법으로 과다요구를 통하여 일정액 이하의 예산삭감을 보호하는 방법을 사용하기도 한다(Leloup, 1978).

따라서 지방자치단체 정책목표와 관련하여 그 합리적 배분이 요청되지만 실제로는 예산편성에 참여하는 사람간의 학연, 지연, 혈연 등이 동원된 영향력에 의하여 크게 좌우되기도 한다. 이와 관련하여 헤디(Heady, 1966)는 일반적으로 관료들은 그들 고유의 가치관과 전통적인 사회규범을 관료조직에서도 발휘하고자 하기 때문에 행정개혁과 바람직한 예산편성에 장애가 되고, 밴디밴과 델베크(Van de Van & Delbecq, 1974)는 담당 직원들의 직무특성에 따라 예산을 편성하는데 있어서 많은 영향이 발휘된다고 지적하였다.

예산안의 편성은 지방자치단체장(長)만이 할 수 있다. 지방자치단체의 장이 매 전년도 9월 10일까지 산하기관에 예산편성지침을 시달하면, 산하기관은 9월 30일까지 예산편성요구를 하고, 지방자치단체의 장은 이러한 요구서를 통합·조정하여 예산안을 편성한다. 강인재(1995)는 지방자치단체의 예산편성 절차를 <그림 7-1>과 같이 설명하고 있다.

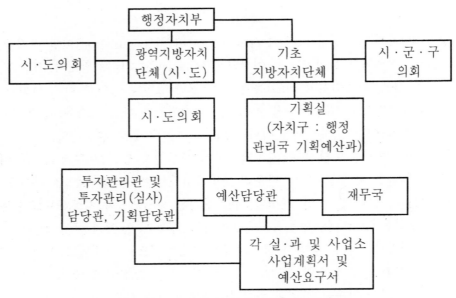

<그림 7-1> 지방자치단체의 예산편성 절차

<그림 7-2> 지방자치단체의 예산편성과정(순기)

② 예산의 심의·의결

예산의 심의·의결은 지방의회에서 이루어지는 것으로서 이때에는 지방자치단체가 법령 및 조례가 정하는 범위 안에서 합리적 기준에 의하여 세출예산을 편성하였는가 하는 것과 모든 자료에 의하여 엄정하게 그 재원을 포착하고 경제의 현실에 적응하도록 그 수입을 산정하여 이를 세입예산에 계상 하였는가를 검토하고 있다. 그리고 이러한 예산안의 심의는 상임위원회 및 예산결산특별위원회의 심의와 본회의 의결을 통하여 예산으로 확정시킴으로써 법률에 준하는 효력을 부여하는 기능을 가지고 있다. 예산안이 행정자치부의 예산편성지침 시달부터 지방의회에서 예산으로 확정되는 과정을 그림으로 설명하면 <그림 7-2>와 같다.

## 5. 지방자치단체의 예산과 기업예산 비교

### 1) 지방자치단체의 예산과 기업예산의 공통점

정부예산 또는 지방자치단체의 예산은 기업예산과는 공통점과 차이점의 양면이 있는데, 양자의 기본적 의의는 희소자원의 배분수단이라는 점이다. 경제이론에 있어서는 기업은 이윤 최대화의 목적을 달성하기 위하여 시장가격을 신호로서 이용하고, '어떻게'의 문제와 '무엇을 얼마만큼'의 문제를 최적의 형태로 해결한다는 것을 가정하고 있다.

민간기업은 엄한 경쟁상태에서 파산을 방지하기 위하여 목숨을 건 노력을 통해 효율성을 높임으로써 살아남으려고 한다. 현대의 개방경제하에서는 국내에서 대기업이라고 하여도 안일한 꿈을 탐하는 것은 허용되지 않는다. 대기업도 실제로 파산한 모습을 자주 볼 수 있다. 경제주체인 기업이 경쟁에서 살아남기 위한 노력을 계속하고 있다는 것만으로도 기업도 예산제도에 충분히 유의해야 할 이유가 있는 것이다. 실제로 예산제도의 개혁이론으로 알려진 기획예산제도(Planing Program Budgeting System)나 영기준예산제도(Zero Base Budgeting System)는 정부와 마찬가지로 기업에도 적용되고 있다.

- 기획예산제도(PPBS) : 기획예산제도란 장기적인 기본계획수립(planning)과 단기적인 예산편성(budgeting)을 프로그램 작성(programming)을 통하여 유기적으로 연결시킴으로써 자원배분에 관한 의사결정을 일관성 있게 합리적

으로 하려는 예산제도를 말한다. PPBS는 케네디 대통령 때의 맥나마라(Robert S. McNamara) 국방장관에 의해 1963년도의 국방예산에 처음으로 도입되었으며, 존슨 대통령에 의해 1968년도 이후 연방정부예산에 적용할 것을 결정하였다. 그러나 이 예산기법도 1971년을 기하여 사용이 중지되고 새로운 예산제도(ZBBS 등)에 계승되어 상호보완적인 형태로 발전하고 있다.

• 영기준예산제도(ZBBS) : 영기준예산제도란 예산편성에 있어 전년도 예산을 기준으로 하여 점진적으로 예산액을 책정하는 종래의 증분주의(增分主義)로서가 아니라 근본적으로 사업을 재평가하고 영(zero)에서 출발하여 합리적인 예산결정기법을 활용하려는 예산제도이다. ZBBS는 무전제예산(無前提豫算), 백지상태예산(白紙狀態豫算)이라고도 하는데, 미국 텍사스주 델라스시에 있는 텍사스기계주식회사(Texas Instrument Co.)에 근무하는 피터 피어(Peter, A. Pyhrr)에 의해 창안·육성되었다. 1973년 미국의 조지아 주지사였던 지미 카터(Jimmy Carter)는 이 제도를 주예산편성(州豫算編成)에 도입하여 큰 성공을 거두기도 하였다(이종익, 1995).

## 2) 지방자치단체의 예산과 기업예산의 차이점

지방자치단체의 예산과 기업예산에는 큰 차이점도 있다. 지방자치단체의 예산제도에는 예산액과 결산액과의 괴리에서 알 수 있는 것과 같이 어느 정도의 불확실성은 피하기 어렵지만, 예산액과 실적액은 기본적으로 일치한다고 하여도 된다. 그런데 기업예산의 경우에는 다분히 목표 내지 예정의 성격을 갖는 것이고, 예산액과 실적액과의 사이에 차이가 생기는 것이 일반적이다. 기업의 예산제도에서는 차이 분석이 중요한 역할을 하고 있고, 기업은 이 분석에 의하여 예산과 실적 사이에 생긴 차이의 원인을 밝히고 시정조치를 강구하여야만 살아 남는다.

지방자치단체의 예산과 중요한 차이점은 기업예산이 목적도 단순하고, 정량화가 용이하다는 것이다. 기업의 궁극적인 목적은 이윤액이나 이윤율 또는 그 변형이라는 형태로 명시적으로 규정되고, 목표−실적으로서도 명확히 파악할 수 있다. 그런데 정부예산은 목적을 사회복지라든가 효용이라는 개념으로 규정할 수 있어도, 정량화가 극히 곤란한 형태로 표현된다. 또 하나의 큰 차이는 기업의 경우에 명령계통이 일원화되어 있는데 비해, 정부나 지방자치단체의 경우에는 행정부와 의회와의 관계 그리고 주민참가와 같은 복잡한 문제가 존재한다는 점이다. 기업의 예산편성은 정부에 있어서 행정부예산의 예산편성에 해당한다(일본도시센터, 1995).

# 제 2 절   체육예산

## 1. 체육재정·예산의 개념

　체육예산이란 체육활동을 지원하는 정부의 체육예산이나 자치단체 및 체육조직이 그들의 체육적 목적을 달성하기 위하여 구체적으로 문서화된 예산이다. 물론 체육활동을 위한 장비를 구입하거나 체육활동에 참가하는 비용을 지출하려는 국민 개개인의 체육에 대한 가계예산도 포함된다. 그러므로 체육예산은 체육행정부서인 문화관광부가 체육활동을 지원하기 위한 다양한 정책을 계획하고 시행하기 위하여 그 전제가 되는 재정을 확보하고 지출하는 과정과 자치단체 및 체육조직이 설정한 목적을 효율적으로 달성하는데 필요한 재원을 마련하고 적정하게 지출하는 과정으로 이해될 수 있다(이범제, 1999).

　다른 모든 경제활동과 마찬가지로 체육활동을 효과적으로 지원하기 위해서는 소위 "3M"으로 알려진 사람(man), 돈(money), 물자(material)를 효율적으로 관리해야 한다는 사실은 절대적 명제에 속한다. 따라서 이들을 효율적으로 관리하기 위해 제 자원을 적절하게 조달하는 일은 체육재정활동을 하기 위한 선결과제이며 동시에 필수조건을 이루고 있다고 할 수 있다. 체육활동이 효율적으로 이루어지기 위해서는 그를 위한 경제적인 뒷받침이 있어야 한다. 체육시설, 체육 용기구의 마련, 체육지도자의 육성 등 체육부분의 거의 모든 활동들은 이 체육활동비 즉 체육재원의 조달 가능성에 크게 의존하기 때문이다. 앞서 밝힌 바와 같이 체육활동을 위한 자원의 조달원이 체육재정이다.

　체육재원은 여러 가지의 체육활동에 필요한 자금의 출처로서 체육활동을 영위하기 위해 필요한 물자와 서비스를 구입하는데 소요되는 금전뿐만 아니라 체육활동을 하는 동안 사용하는 건물, 대지, 시설기구, 교재, 체육용품 등의 물자와 체육활동에 직·간접으로 관여하는 인적 요인 등 모든 체육자원을 화폐로 표시한 것을 의미한다. 이러한 체육재원은 체육활동에 소요되는 비용을 누가 부담하느냐에 따라 공공재원과 민간재원으로 구분된다. 그 주체가 국가(정부) 또는 지방공공단체, 기타 공공단체인 경우 그것을 공공재원이라고 하며 부담주체가 민간인 경우 민간재원이라고 한다(이현정, 1990).

　체육예산도 타 분야의 예산개념처럼 일정기간에 있어서 체육조직의 수입과 지출의 예정적 계산을 의미한다. 여기서 일정 기간이란 흔히 회계연도를 말하며, 1회계연도의 수입을 세입, 지출을 세출이라고 한다. 이러한 측면에서 체육예산은 1회계연도에 있어서 체육조직이 사전에 예상되는 체육부분의 세입과 세출의 수지균형을 고려하여 금전적 가치로 표시한 예정적 계획안(計劃案)이라고 할 수 있다(안해균, 1984).

## 2. 중앙정부의 체육예산

<표 7-1>에 국내 총생산 대비 체육예산 지출 규모를 설명하고 있는데 1998년도에는 국내 총생산 449조5천88억원 중 0.74%를 차지하고 1999년도에는 483조7천778억원 중 0.76%를 차지하고 있음을 알 수 있다. 여기에서 체육부문 가계 총지출이란 '(스포츠용품 + 스포츠서비스 월지출) × 12월 × 전국 가구 수'를 말한다.

<표 7-2>에서는 정부의 총예산 대비 체육예산의 비율을 나타내고 있는데 1998년도에는 정부예산 80조7천629억원 중 체육예산이 2,316억원으로 0.28%를 차지하고 1999년도에는 정부예산 88조4천850억원 중 체육예산이 1,571억원으로 0.17%

<표 7-1> GDP(국내 총생산) 대비 체육예산지출 규모 (단위 : 억원, %)

| | | | 1998 | 비율(%) | 1999 | 비율(%) |
|---|---|---|---|---|---|---|
| | | GDP | 4,495,088 | | 4,837,778 | |
| 지출 | 공공재원 | 국고 | 2,316 | | 1,571 | |
| | | 기금 | 516 | | 575 | |
| | | 지방비 | 3,904 | | 3,849 | |
| | | 소계 | 6,736 | 20.1 | 5,995 | 16.2 |
| | 체육부문 가계 총 지출 | | 26,746 | 79.9 | 30,944 | 83.8 |
| | 합계 | | 33,482 | 100 | 36,939 | 100 |
| | GDP 대비 비율 | | | 0.74 | | 0.76 |

자료 : 문화관광부(2000). **예산설명자료.**
통계청(2000). **한국통계월보.**
한국체육과학연구원(2000). **한국의 체육지표.** p. 285.

**〈표 7-2〉 정부예산 대비 체육예산 비율**　　　　　　　　　　　　　（단위 : 억원, %）

|  | 정부예산 | 체육예산 | 비율(%) |
|---|---|---|---|
| 1995 | 499,879 | 510.95 | 0.102 |
| 1996 | 629,626 | 637.13 | 0.101 |
| 1997 | 714,006 | 1,514.00 | 0.212 |
| 1998 | 807,629 | 2,316.00 | 0.280 |
| 1999 | 884,850 | 1,571.00 | 0.178 |

자료 : 문화관광부(2000). **예산설명자료.**
　　　한국체육과학연구원(2000). **한국의 체육지표.** p. 285.

를 차지하고 있다. 이와 관련하여 2000년도 중앙정부의 체육예산은 약 1,800억원으로 전체 예산 대비 0.19% 수준이다. 1996년 이전까지 0.1%대에 머물다가 갑작스레 증가했는데 이는 2002년 월드컵과 부산아시안게임을 위한 경기장 신축 때문에 비롯된 일시적 현상이다. 하지만 1998년 수준(2,316억원, 0.28%)에도 못미치며 앞으로도 계속 줄어들 전망이다. 1997년 일본 중앙정부의 체육재정은 5조원에 가까운 액수로 총예산 대비 0.6%였다. 금액으로나 비중으로 볼 때 우리 나라와 비교가 되지 않는 규모다(한국일보, 2000. 10. 5).

　한편, 〈표 7-3〉에서는 1999년도와 2000년도의 중앙 체육재정의 지출 내용을 설명하고 있는데 국제종합대회 지원, 종목별 국제대회 지원, 체육외교 활동 지원 등에 소요되는 국제체육분야에 가장 많은 예산을 지출하였음을 알 수 있다. 또한

**〈표 7-3〉 중앙 체육재정 지출**　　　　　　　　　　　　　　　　　（단위 : 백만원）

|  | 1999 예산 | | 2000 예산 | |
|---|---|---|---|---|
|  | 계 | 비율(%) | 계 | 비율(%) |
| 계 | 157,156 | 100 | 153,389 | 100 |
| 생활체육분야 | 12,090 | 7.7 | 16,069 | 10.4 |
| 전문체육분야 | 24,829 | 15.8 | 26,727 | 17.4 |
| 국제체육분야 | 114,738 | 73.0 | 105,974 | 69.0 |
| 체육단체지원 | 5,265 | 3.4 | 4,370 | 3.0 |
| 경 상 비 | 233 | 0.1 | 249 | 0.2 |

자료 : 문화관광부(2000). **예산설명자료.**
　　　한국체육과학연구원(2000). **한국의 체육지표.** p. 287.

지방체육시설 확충, 국민생활체육 진흥, 생활체육교실 운영 등에 소요되는 생활체육분야의 예산과 전문체육분야, 그리고 체육단체 지원을 위한 예산이 지출되었음을 알 수 있다.

또한, 2001년도의 중앙 체육재정은 1,639억원으로서 문화관광부 전체 예산의 16.9%를 차지하고 있다. 또, 정부는 2002년도에는 중앙 체육재정으로서 1,286억원을 확보할 것으로 예상되는데, <그림 7-3>에 2001년도와 2002년의 문화관광부 전체 예산 중 체육예산이 차지하는 비율과 금액이 제시되어 있다.

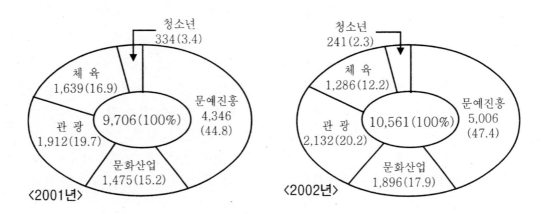

<그림 7-3> 문화관광부 예산 및 부분별 비율(단위 : 억원, %)

자료 : 이종수(2001. 9. 26). 문화예산 3년 연속 전체의 1% 확보. **대한매일**. 16면.

## 3. 지방자치단체의 체육예산

지방재정은 지방자치단체의 독자적인 재원에 의하여 처리되어야 하는 것이 지방자치의 기본적인 특징인 것이다. 따라서 주민의 참여, 민주주의의 구현, 지역간, 계층간의 불균형 극복, 사회적 능률 향상 및 인간화, 국민생활의 질적 향상 및 복지증진, 지역사회 개발과 발전 등에서 생활체육과 지방자치의 관련성을 비추어 볼 때 생활체육 진흥은 지방자치단체의 주요 행정기능이다. 지역사회의 특성에 따른 지방자치단체의 생활체육 진흥을 위하여 소비되는 경비는 지방자치단체가 자체적인 계획을 수립하여 확보하여야 한다. 앞으로 지역 주민의 생활체육에 대한 욕구에 부응하고 지역사회 개발을 위한 지방자치단체의 체육재정은 자주재원에 의하여 확보하는 것이 지방자치제의 이념과도 맥을 같이 하는 것이다(이현정, 1990).

오늘날 지방자치단체는 과거와는 달리 주민의 복지증진에 최대한 노력하고 있으며 그 중에서도 체육정책에 특별한 관심을 갖고 있는 것이 주지의 사실이다.

그러나 체육예산 부문은 여러 가지 요인 등에 의하여 예산확보에 어려움을 겪고 있다. 특히, 합리적 예산 분배라는 원칙과 소모성 경비라는 인식이 여러 예산담당 공무원들과 주변의 관계자들에게 팽배되어 있으며 정치적으로 가장 영향을 많이 받고 있다(이상효, 2000).

## 1) 지방체육예산의 편성과정

예산편성은 예산과정이란 틀 속에 하나의 과정을 의미하는데 다음 회계연도에 정부나 지방자치단체가 수행할 정책이나 사업계획을 재정적인 용어와 금액으로 표시하여 예산안을 작성하는 행위로서 예산안편성지침의 작성으로부터 예산안의 확정에 이르는 일련의 과정을 말한다.

예산과정이란 예산편성, 예산심의, 예산집행, 결산을 말하는데 체육예산과정의 제1단계인 체육예산편성의 책임은 체육행정조직에 있다. 그러나 대통령중심제인 우리 나라의 경우는 대통령과 집권당의 의지에 따라 체육행정의 중요성이 바뀔 수도 있고 체육정책의 우선 순위가 변경될 수도 있다(이범제, 1999).

지방자치단체의 경우도 중앙정부와 마찬가지로 단체장의 체육에 대한 이해와 관심 정도에 따라 체육행정의 목표와 추진 방법이 변경될 수 있다. 예를 들면 지방자치법 제102조 내지 104조 및 지방자치단체의행정기구와정원기준등에관한규정(주: 법률의 명칭은 띄어쓰기를 하지 않는다)을 모법(母法)으로 하는 기초자치단체의 행정기구설치조례에 의하여 체육업무 추진 부서가 변경·통합되기도 한다.

지방자치단체의 체육예산편성은 행정부의 예산안 편성 틀 내에서 이루어진다. 체육예산편성과정은 i)사업계획서 제출, ii)예산편성지침 시달, iii)예산요구서 작성 제출, iv)예산사정과 예산안 확정, v)예산안의 지방의회 제출 등 다섯 단계로 이루어진다. 이를 종합하면 <그림 7-4>와 같다.

① 사업계획서 제출

체육부서장은 사업계획서를 작성하여 예산부서장에게 제출한다. 사업계획서 작성에는 작성 년도의 사업을 참고하여 차기 년도의 사업을 구상하게 되며 체육관련 단체의 임원이나 지역주민의 의견을 청취하는 절차가 없다. 사업계획서가 제출되

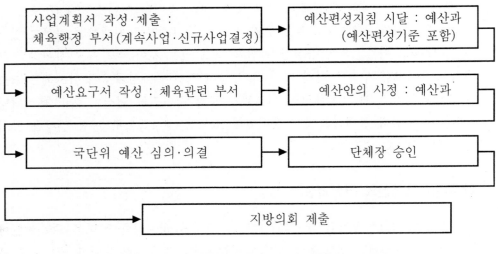

<그림 7-4> 지방자치단체의 체육예산편성과정

면 행정관리국장 산하에 있는 국단위예산심의위원회(局單位豫算審議委員會)에서 각 부서의 운영계획을 종합하고 심의하여 운영계획서를 작성한다.

② 예산편성지침 시달

자치단체의 예산편성지침은 행정자치부에서 시달하는 예산편성기본지침서를 토대로 예산업무 부서장이 기본방침을 결정하고 체육업무 부서장에게 시달한다. 이러한 예산편성 기본지침서와 기본방침에는 체육사업에 대한 예산기준선이 제시되어 있지 않다.

③ 예산요구서 작성 제출

체육업무 부서장은 예산요구서를 작성하여야 한다. 예산요구서를 작성할 때는 반드시 중앙정부에서 요구하는 지침에 따라 작성되어야 한다. 작성된 예산요구서는 예산업무 부서장에게 제출하게 되고, 예산업무 부서장은 행정관리국 산하 부서의 예산요구서를 총괄하여 세입·세출 예산요구안을 작성하게 되는 것이다. 그 후 행정관리국장 주재하에 각 부서장 등이 연석하여 최종적인 결정을 위한 논의를 한 후 체육예산 요구안을 완성한다.

④ 예산사정(査定)과 예산안 확정

체육부서의 예산요구서가 예산부서에 제출되면 예산안의 사정이 시작된다. 첫 번째 단계는 예산부서가 체육부서와 협의하여 신년도의 예산규모를 잠정적으로 추정하는 단계이다. 두 번째 단계는 예산부서에 제출된 예산요구서를 항목별로 분류하여 분석하는 것이다. 세 번째 단계는 체육부서의 예산요구서를 분석한 예산부서가 예산실시안을 결정하는 단계이다. 네 번째 단계는 예산부서 시안이 작성된 후 체육부서장의 조정을 받아 예산부서안을 작성하는 단계이다(이범제, 1999).

종합적인 검토·조정을 거친 자치단체예산안 시안은 주요업무계획과 함께 국단위심의의결(局單位審議議決)을 거쳐 단체장의 승인을 받으면 예산안으로 확정되고 체육부서에 통지된다.

⑤ 예산안의 지방의회 제출

확정된 자치단체의 예산안은 지방자치법 118조(예산의 편성 및 의결)에 의하여 회계연도 개시 40일 전까지 지방의회에 제출하여야 한다.

## 2) 체육예산의 심의

지방의회는 주민의 대표기관으로서 의결권, 행정사무감사 및 조사권, 선거권, 청원수리권, 자율권 등의 권한을 갖는다. 이러한 지방의회의 권한 중 체육예산의 심의와 관련된 권한은 지방자치법 제35조에 "지방의회는 다음 사항을 의결한다"라고 규정되어 있는 "예산의 심의·확정"의 권한에 속한다.

체육예산의 심의란 이미 편성된 체육예산안을 검토하여 확정하는 것을 말한다. '심의'라는 용어 자체는 '검토하고 협의하는 것'이지만 예산제도상의 '체육예산심의'는 체육예산을 '확정하는 것'까지 포함한다. 우리 나라는 행정부 제출 예산제도(executive budget system)를 채택하고 있는데, 체육예산이 행정부의 예산안 속에 포함되어 지방의회에 제출되면 주민의 대표기관인 입법부가 심의하여 확정하는 것을 '체육예산의 심의'라고 부르는 것이다. 즉 체육예산은 전체 지방자치단체의 예산 틀 내에서 주민의 요구와 필요에 부응하여 집행되어야 한다. 주민이 자치단체의 책임성을 제고해야 하지만 그것을 직접 수행하기가 어렵기 때문에 대표기관인 입법부(지방의회)를 통하여 정치적 책임, 행정적 책임 및 회계책임을 확보하게 되는 것이다. 결국 입법부에 의한 체육예산 심의는 행정부 제출 예산제도하에서 체육예산에 대한 정치와 행정의 책임성을 확보하는 중요한 과정이라고 할 수 있다(이범제, 1999).

<그림 7-5>에서 지방자치단체의 체육예산심의과정을 나타내고 있는데 그 과정을 설명하면 다음과 같다.

### ① 구정연설

지방자치법 118조(예산의 편성 및 의결)에 의하여 지방자치단체는 회계연도 개시 40일 전까지 예산안을 지방의회에 제출하며 예산안이 지방의회에 제출되면 본회의에서 단체장이 구정연설을 하게 된다.

### ② 예비심사

예비심사는 각 상임위원회에서 하게 되는데 체육예산은 행정기획위원회에서 심사를 하게 된다. 먼저 행정관리국장은 신년도 구정방침과 이를 실천하기 위한 예산의 대략적인 내용을 위원회에서 설명한다. 이것이 끝나면 행정관리국장이 설명한 신년도 구정방침과 예산(안) 내용에 대하여 각 의원이 이의를 제기하기도 하고 과거의 실적, 앞으로의 전망 등 다방면에 걸쳐 정책질의를 하게 되며 이에 대하여 부서장은 이해할 수 있도록 답변을 하여야 한다. 체육예산(안)이 각 의원들의 수정동의를 거쳐서 확정되면 심사보고서와 함께 예산결산특별위원회로 회부된다.

### ③ 종합심사

각 상임위원회의 예비심사를 거친 예산(안)은 예산결산특별위원회에 회부되어 종합심사를 받게 된다.

예산결산특별위원회는 행정관리국장의 예산(안) 설명을 들은 다음 예산에 관계되는 사항뿐만 아니라 구정 전반에 걸친 종합적인 정책질의를 한다. 체육예산의 심의는 행정기획위원장으로부터 예비심사의 결과를 보고 받은 다음 질의응답을 하는 것으로 회의가 진행된다. 다음으로 소위원회가 구성되어 계수정리를 하는 것이 보통이다. 이렇게 하여 예산결산위원회의 예산심의가 끝나게 되면 심의경과·심의보고서가 본회의에 제출된다.

### ④ 본회의 의결

예산결산특별위원회의 종합심사가 끝나면 체육행정부서의 예산(안)은 본회의에 상정되어 그 의결을 얻어야 한다. 본회의에서 의결되어야 할 기일은 회계연도 개시 10일 전까지이다(지방자치법 제118조 ②항).

본회의에서는 체육예산에 관한 행정부 측의 설명과 예산결산특별위원회의 예산안심사보고가 실시되며 이어서 행정부에 대한 정책질의가 있는 다음 예산결산특별위원회의 수정안과 행정부의 원안이 각 부문별로 토론·표결된 후 체육예산 총액에 대하여 확정·의결한다.

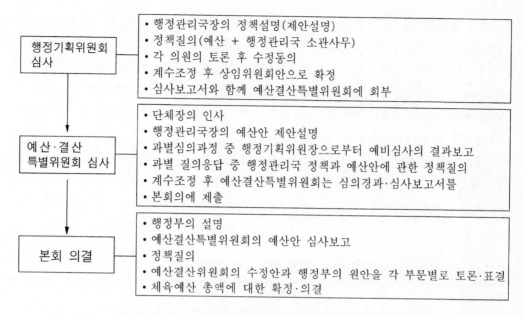

| 행정기획위원회 심사 | • 행정관리국장의 정책설명(제안설명)<br>• 정책질의(예산 + 행정관리국 소관사무)<br>• 각 의원의 토론 후 수정동의<br>• 계수조정 후 상임위원회안으로 확정<br>• 심사보고서와 함께 예산결산특별위원회에 회부 |
| --- | --- |
| 예산·결산 특별위원회 심사 | • 단체장의 인사<br>• 행정관리국장의 예산안 제안설명<br>• 과별심의과정 중 행정기획위원장으로부터 예비심사의 결과보고<br>• 과별 질의응답 중 행정관리국 정책과 예산안에 관한 정책질의<br>• 계수조정 후 예산결산특별위원회는 심의경과·심사보고서를<br>• 본회의에 제출 |
| 본회 의결 | • 행정부의 설명<br>• 예산결산특별위원회의 예산안 심사보고<br>• 정책질의<br>• 예산결산위원회의 수정안과 행정부의 원안을 각 부문별로 토론·표결<br>• 체육예산 총액에 대한 확정·의결 |

〈그림 7-5〉 지방자치단체의 체육예산 심의과정

### 3) 체육예산의 재원과 예산과목

지방자치단체의 재정은 자치단체 내에서 조달되는 자체수입과 중앙정부나 다른 지방정부로부터 이전되는 의존수입으로 구성된다. 지방예산은 예산편성과 집행에 있어서 특별한 경우를 제외하고는 이러한 재원을 통합하여 운용되고 있다. 따라서 체육예산도 일반 세입(歲入)으로 편성되어 세출(歲出)하도록 되어있다.

예산과목(분류)란 예산결정에 적합한 기준과 형식에 따라서 세입·세출이라는 예산내용을 분류하는 것을 말한다(강신택, 1993). 예산과목 구분과 설정은 지방자치단체가 예산을 편성함에 있어 「국가와 지방간 그리고 지방자치단체간의 연계」와 「회계책임 명확」 및 「재정정책 수립」에 중요한 기능을 하고 있기 때문에 지방재정법에 행정자치부 장관이 정하도록 하여 전국적으로 통일을 유지하고 있다.

따라서, 지방자치단체가 예산을 편성할 때는 행정자치부장관이 정하여 시달하는 「예산과목 구분과 설정」에 의하여 편성하여야 하며, 이를 준수하지 않을 경우는 법령에 위배된다(행정자치부, 1999). 2001년도를 기준으로 지방자치단체의 세출 예산과목은 장, 관, 항, 세항, 세세항, 목, 세목 등으로 구분된다.

　지방재정법 제32조 및 동법시행령 제31조(예산의 과목구분)를 살펴보면 세입
과 세출예산의 장(章)·관(款)·항(項)·세항(細項)·목(目)의 구분과 설정은 행
정자치부장관이 정하도록 되어 있으나, 항·세항은 지방자치단체 예산편성의 자율
성을 보장하기 위하여 지방자치단체가 자율적으로 선정할 수 있다(행정자치부, 2000).
지방자치단체의 체육예산이 어느 과목에 속하는가는 동일한 사업을 추진할지라도
사업시행 부서에 따라 차이가 있다.
　서울특별시(이하 '서울시')와 각 자치단체의 체육예산과목이 <표 7-4>와 같
이 예시되어 있다. 항, 세항에 있어서 자치단체간에 차이가 있는 것은 자치단체장
이 자율적으로 설정할 수 있기 때문이다. 또한, 목에 있어서는 유사함을 발견할 수

**<표 7-4> 서울시 및 자치단체의 체육예산 과목 예시**

| 단체/과목 | 장 | 관 | 항 | 세항 | 목 |
|---|---|---|---|---|---|
| 서울시 | 사회<br>개발비 | 교육및<br>문화비 | 체육진흥<br>관리 | 체육진흥 | 업무추진비, 일반운영비,<br>일반보상금, 민간이전, 자치<br>단체이전, 시설 및 부대비 등 |
| 중 구 | 일반<br>행정비 | 일반<br>행정비 | 행정관리 | 문화체육<br>운영 | 일반운영비, 업무추진비,<br>일반보상금, 민간이전,<br>시설 및 부대비 등 |
| 성북구 | 사회<br>개발비 | 교육및<br>문화비 | 체육진흥 | 생활체육 | 일반운영비, 여비, 업무추진비,<br>일반보상금, 일반운영금,<br>시설 및 부대비 등 |
| 도봉구 | 일반<br>행정비 | 일반<br>행정비 | 행정관리 | 문화체육 | 일반운영비, 업무추진비<br>재료비, 민간이전, 일반보상금,<br>시설 및 부대비, 자산취득비 등 |
| 강남구 | 일반행정 | 일반<br>행정비 | 내무행정 | 사회진흥 | 일반운영비, 업무추진비,<br>일반보상금, 민간이전,<br>시설 및 부대비, 자산취득비 등 |
| 동작구 | 일반<br>행정비 | 일반<br>행정비 | 공보관리 | 공보관리 | 일반운영비, 업무추진비,<br>일반보상금, 민간이전,<br>자산취득비 등 |
| 관악구 | 일반행정 | 일반<br>행정비 | 사회진흥 | 사회진흥 | 일반운영비, 업무추진비,<br>일반보상금, 민간이전, 여비,<br>시설 및 부대비, 자산취득비 등 |

자료: 서울특별시(2000). 중구, 성북구, 도봉구, 강남구, 동작구, 관악구의 2000년도 세입·세출
　　예산서를 기초로 작성.

있는데 이를 간단히 설명하면 아래와 같다.

① 업무추진비 및 여비 : 기관운영과 행정활동에 필요한 공적인 용도로 사용되는 업무추진비는 대단위사업, 주요투자사업, 주요행사 등의 원활한 사업 추진을 위한 경비와 제 잡비를 말하며, 여비는 일반적으로 기본업무수행을 위한 관할 구역 내 교통비를 말한다. 특히, 업무추진비의 지출은 투명성과 적법성을 확보하기 위하여 신용카드 사용을 의무화하고 있다.

② 일반운영비 : 체육업무 추진 부서의 운영에 소요되는 사무 용품비, 신문구독료, 책자, 필름구입, 소모성 물품구입비 등을 말한다.

③ 일반보상금 : 체육업무 추진 부서에서 일반보상금은 생활체육교실 강사료, 동호인단체 육성·지원금, 시상금이 주종을 이루고 있다.

④ 민간이전비 : 체육관련단체의 운영비 지원 금액으로서 자치단체(구청)의 경우 구체육회 운영보조금이 여기에 속한다.

⑤ 시설 및 부대비 : 체육시설 확충과 유지에 사용되는 금액이다.

⑥ 자산취득비 : 업무추진에 필요한 장비구입을 위하여 소요되는 금액을 말한다.

## 4) 체육예산 편성금액

전국의 지방자치단체의 체육예산 편성금액을 살펴본다는 것은 의미가 없으므로 여기에서는 서울시청을 비롯한 서울시 기초자치단체(구청)의 체육예산을 살펴보기로 한다. 먼저 자치단체(자치구)의 체육예산을 살펴보기에 앞서 서울시(시청)의 2000년도 체육예산 현황은 <표 7-5>와 같으며, 산하기관인 체육시설관리사업소와 직장 운동경기부 예산은 제외된 예산현황이다. <표>와 같이 서울시의 2000년도 일반회계 예산 중 체육예산이 차지하는 비율은 0.24%로서, 자치단체의 운동장과 구민체육센타 건립비 지원을 위한 체육시설비가 가장 많은 금액을 차지하고 있다.

또한 이 예산에는 서울시의 재투자 기관인 서울특별시 체육회의 운영비 지원금액이 포함되어 있다. 행사·업무추진비에는 공휴일 체육행사 지도를 위한 관계 공무원의 여비, 전국체전 및 국제경기대회에 참가하는 선수단의 격려금이 포함되어 있다. 그리고 민간보상금에는 중, 고, 대학생의 해외 교류전 경비와 서울시 씨름왕 선발대회의 시상금이 계상되어 있다.

한편, <표 7-6>에는 서울시 25개 기초자치단체의 2000년도 세입·세출 예산서를 기초로 작성한 총 예산(일반회계 세출예산) 대비(對比) 체육예산 현황이 제시되어 있다. 서울시 25개 자치단체의 2000년도 총 세출예산 대비 체육예산의 평균은 1.03%로서 11억200만원으로 나타나 있다. 은평구는 총 예산 대비 4.91%를 차지하여 가장 높은 수치를 나타내고 있으며, 강동구가 2.57%로 두 번째를 차지하고 있다. 한편, 동대문구는 0.14%로 최하위를 나타내고 있다. 체육예산 총액으로 살펴보면 은평구가 51억5,400만원으로 가장 높고, 그 다음은 관악구가 20억9,500만원을 나타내고 있다. 체육예산이 가장 낮은 자치단체는 동대문구로서 1억6,300만원을 나타내고 있다. 그런데 여기에서 은평구가 체육예산 총액이 높은 이유는 구민체육관 건립을 위한 토지매입비와 건축비가 포함되어 있기 때문이다.

**〈표 7-5〉 2000년도 서울시 체육예산 현황[일반회계]**  (단위: 천원)

| 총 세출예산(A) | 체육예산(B) | 예산구분 | 금 액 | 내 용 | B/A (%) |
|---|---|---|---|---|---|
| 6,335,954,000 | 15,503,932 | 행사·업무추진비 | 111,974 | 여비, 격려금, 부상품 등 | 0.24 |
| | | 민간보상금 | 403,898 | 대회파견비 | |
| | | 사회단체보상금 | 5,049,420 | 체육회, 생활체육협의회 보조 | |
| | | 자치단체 경상보조 | 236,215 | 자치구 생활체육 교실지원 | |
| | | 민간위탁금 | 121,400 | 생활체육 대회지원 | |
| | | 시설비 | 68,000 | 운동장시설 | |
| | | 자치단체 체육시설 보조 | 7,995,000 | 자치구체육 시설 지원 | |
| | | 보조금반환 | 1,518,025 | 국고보조금 반환 | |

자료 : 서울시, 2000년도 예산서에 의하여 작성

**〈표 7-6〉 서울시 자치단체별 2000년도 체육예산 현황[일반회계]**　　　(단위 : 천원)

| 자 치 단 체 별 | 총 예산 및 재정자립도 | | 총 예산에 대한 체육예산의 비율 | |
| --- | --- | --- | --- | --- |
| | 총 예산(A) | 재정자립도(%) | 체육예산(B) | B/A(%) |
| 종 로 구 | 111,421 | 66.3 | 427 | 0.38 |
| 중 구 | 117,419 | 95.3 | 482 | 0.41 |
| 용 산 구 | 98,583 | 51.9 | 445 | 0.45 |
| 성 동 구 | 108,959 | 44.7 | 256 | 0.23 |
| 광 진 구 | 96,121 | 45.6 | 383 | 0.40 |
| 동 대 문 구 | 117,761 | 33.4 | 163 | 0.14 |
| 중 랑 구 | 109,256 | 32.9 | 960 | 0.88 |
| 성 북 구 | 126,812 | 43.4 | 1,524 | 1.20 |
| 강 북 구 | 94,028 | 31.6 | 1,812 | 1.92 |
| 도 봉 구 | 85,133 | 36.1 | 440 | 0.52 |
| 노 원 구 | 135,167 | 36.7 | 334 | 0.25 |
| 은 평 구 | 105,000 | 34.3 | 5,154 | 4.91 |
| 서 대 문 구 | 102,755 | 39.6 | 244 | 0.24 |
| 마 포 구 | 119,516 | 48.7 | 282 | 0.24 |
| 양 천 구 | 107,046 | 51.3 | 1,487 | 1.39 |
| 강 서 구 | 121,672 | 42.4 | 772 | 0.64 |
| 구 로 구 | 103,889 | 47.6 | 452 | 0.44 |
| 금 천 구 | 79,356 | 36.8 | 1,979 | 2.50 |
| 영 등 포 | 113,036 | 74.1 | 560 | 0.50 |
| 동 작 구 | 101,373 | 42.2 | 2,070 | 2.04 |
| 관 악 구 | 111,546 | 35.0 | 2,095 | 1.88 |
| 서 초 구 | 106,015 | 91.3 | 427 | 0.40 |
| 강 남 구 | 204,071 | 91.2 | 1,359 | 0.67 |
| 송 파 구 | 134,213 | 71.8 | 774 | 0.58 |
| 강 동 구 | 103,745 | 42.7 | 2,664 | 2.57 |
| 자 치 구 평 균 | 112,181 | 52.4 | 1,102 | 1.03 |

자료 : 이상효(2001). 지방자치단체의 재정자립도가 체육예산편성에 미치는 영향. **한국체육과학
회지, 10**(1), pp. 325-334.

## 4. 체육예산의 집행

예산이 의회에서 심의·확정되면 예산의 집행이 있게 된다. 예산의 집행이란 국가나 지방자치단체의 수입·지출을 실행·관리하는 모든 행위를 의미하며, 단순히 예산에 정해진 금액을 금고에 수납하고 금고로부터 지출하는 행위만을 의미하는 것은 아니다. 그러므로 예산의 집행은 예산에 계상(計上)된 세입·세출을 실행 관리하는 것만이 아니라 지출원인행위 및 예산성립 이후 일어날 수 있는 세입·세출 전부를 포함한 정부나 지방자치단체 모든 수입·지출을 실행관리하는 행위를 의미한다(이종익, 1995). 어떻든 통제권을 주장하는 입법부와 재량권을 주장하는 행정부의 입장이 서로 교차되는 예산집행은 예산에 제시된 계획을 실천에 옮기는 예산의 행동단계(action phase of budgeting)라 할 수 있다(김규정, 1997).

특히 체육예산 중 장려금 또는 격려금 형태의 사업비는 타예산에 비하여 세부집행기준이 마련되어 있지 않아 전국적으로 통일성을 유지하기가 어렵다. 따라서 정치적 영향력과 단체장의 관심여부에 따라 집행방법과 금액의 과다에 차이가 있을 수 있다. 이러한 체육예산의 성격 때문에 예산집행을 통제하고자 하는 의회는 행정사무감사 또는 결산감사 과정에서 행정부의 체육예산에 대한 집행재량권을 감시하거나 조정하기도 한다.

### 1) 체육예산집행과정의 중요성

모든 예산과정을 통하여 예산의 집행이 가장 중요한 예산절차라고도 할 수 있다. 예산집행에 앞서 이루어지는 예산편성이나 심의절차 그리고 예산집행 후 일어나는 결산은 결국 예산집행을 위하여 이루어지는 하나의 순서일 뿐이다. 즉 아무리 예산편성이나 심의절차가 훌륭한 것이라 할지라도, 예산의 집행이 잘못되면 소기의 예산성과나 목적을 이룩할 수 없기 때문이다.

그리고 체육예산은 신축성의 유지가 필요하다. 이와 같이 신축성이 필요한 이유는 예산이 성립된 후에 급변하는 국내·외 체육상황에 적응하고 예측할 수 없는 주민을 위한 체육사업에 대응하기 위하여 기동성과 적응성을 지닌 합리적이고 효과적인 체육예산의 집행이 필요하기 때문이다.

이러한 체육예산의 신축성을 유지하기 위해서는 아래와 같은 것들이 필요하다.

• 의회에서는 명세예산보다는 총괄예산을 통과시켜야 한다.

- 일반예산의 이용과 전용이 허용되어야 한다.
- 체육예산지출의 특례가 인정되어야 한다.
- 체육예산의 예비비제도가 활용되어야 한다.
- 체육예산의 계속비가 인정되어야 한다.

## 2) 체육예산의 집행과정

의회에서 심의·확정된 예산이라 할지라도 체육부서에서 임의대로 지출할 수 있는 것은 아니며 소정의 절차를 밟아 지출하게 된다. <그림 7-6>에는 지방자치단체의 체육예산집행과정이 도식화되어 있는데 크게 다섯 단계로 나눌 수 있다.

① 소요예산 및 시기 파악 : 예산부서는 지방의회에서 확정된 예산을 책자(세입·세출예산서)로 발행하여 체육부서에 배부하고 소요예산 및 시기를 파악한다.

② 집행계획서 작성 : 예산부서는 체육부서가 제출한 사업계획을 토대로 지방자치단체의 세입징수계획서와 가급적 일치하도록 하여 집행계획서를 작성한 후 체육부서에 통보한다.

③ 예산배정요구 : 예산배정(apportionment)이란 예산부서가 체육부서의 장에

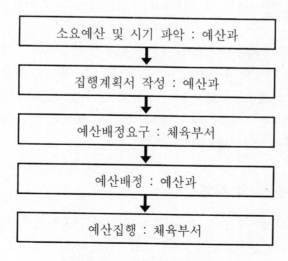

<그림 7-6> 체육예산의 집행과정

게 일정기간 동안 예산을 집행할 수 있는 금액과 책임의 소재를 명확히 하는
절차를 말한다. 예산배정요구는 체육부서의 장이 소속부서의 세부사업계획서
를 기초로 작성하여 예산부서의 장에게 요구한다.

④ 예산배정 : 예산배정의 유형으로는 ⅰ) 정기배정, ⅱ) 긴급배정, ⅲ) 조기배
정, ⅳ) 당기배정, ⅴ) 배정유보, ⅵ) 수시배정, ⅶ) 감액배정 등이 있다. 대
부분의 체육예산은 4분기별 정기배정을 원칙으로 하며 인건비, 경상적 경비,
여비, 공과금 등이 여기에 속한다. 그러나 대단위 사업비는 연초에 조기배정
을 하거나 사업진척도에 따라 수시배정을 하기도 한다.

⑤ 예산집행 : 예산부서로부터 예산이 배정되면 체육부서는 위임전결규정(委任
專決規定)에 따라 의사결정 행위인 결재를 행한 후 지출행위를 하면 된다

## 5. 체육예산의 결산

### 1) 결산의 의의

결산이란 1회계연도 내에 있어서 세입예산의 모든 수입과 세출예산의 모든 지
출을 계수로 표시하는 것이다. 결산은 행정부가 입법부의 의도대로 예산을 집행하
였는가를 사후적으로 감독하는 것이기 때문에 이것은 행정부의 책임을 해제시켜
주는 역할을 할뿐만 아니라 감사원의 감사권을 발동시켜 주는 역할을 한다(박영
희, 1983).

결산은 어디까지나 사후감독이기 때문에 위법적 지출이나 부당한 지출이라고 해
서 무효로 하거나 취소할 수 없다. 백완기(1997)는 결산을 법률적 의의보다는 역
사적이요 정치적 의의가 더 크다고 설명하고 있다. 그래서 그런지 결산은 의례적
이요 형식적인 성격을 다분히 띠고 있다. 결산은 예산집행의 실적이기 때문에 예
산과 일치하지 않은 것이 보통이다.

### 2) 세입 · 세출예산서의 작성

중앙정부단위에서는 체육예산의 집행이 끝나면 체육행정부서의 장은 그 소관에
속하는 세입 · 세출의 결산보고서, 계속비결산보고서 및 국가의 채무에 관한 계산
서를 작성하여 다음연도 3월 20일까지 재정경제부 장관에게 제출한다.

세입결산보고서는 ① 세입예산액, ② 미수결정액, ③ 수납액, ④ 불납결손액, ⑤ 미수납액을 포함한다.

세출결산보고서는 장·관·항·세항·목별로 ① 세출예산액, ② 전년도이월액, ③ 예비비사용액, ④ 전용(轉用) 등 증감액, ⑤ 수입대체경비의 초과지출액, ⑥ 예산현액, ⑦ 지출액, ⑧ 익년도이월액, ⑨ 불용액을 포함한다.

재정경제부 장관은 각 체육행정부서의 장이 제출한 보고서를 종합하여 세입·세출 전체의 보고서를 작성하여 국무회의의 심의를 거쳐 대통령의 승인을 받는다. 이어서 정부는 총 결산과 필요서류를 익년도 6월 10일까지 감사원에 송부하여야 한다(정부예산회계법, 제44조 제1항).

지방자치단체의 경우, 자치단체장은 출납폐쇄 후 3월 이내에 결산서 및 증빙서류를 작성하고 지방의회가 선임한 검사위원의 검사의견서를 첨부하여 다음연도에 지방의회의 승인을 얻어야 한다. 지방자치단체의 장은 승인을 얻은 때에는 이를 5일 이내에 시·도지사에게 각각 보고하고 그 내용을 고시하여야 한다. 세입결산보고서와 세출결산보고서에 포함될 내용은 중앙정부와 같다.

### 3) 결산검사위원의 선임

시·도의 경우 지방의회가 선임하는 결산검사위원의 수는 5인 이상 10인 이하, 시·군 및 자치구의 경우에는 3인 이상 5인 이하로 하되, 검사위원은 당해 지방의회의원이나 공인회계사 등 재무관리에 관한 전문지식과 경험을 가진 자 중에서 선임한다. 이 경우 지방의회의원은 검사위원 수의 3분의 1을 초과할 수 없으며, 지방자치단체의 상근 직원은 검사위원이 될 수 없다(박응격, 1997).

# 제 3 절   체육재정 확보 방안

본 장에서는 주로 중앙정부와 지방자치단체의 예산편성과정에 관하여 다루어 왔다. 그러나 앞에서 살펴보았듯이 국민(주민)의 체육활동 보장을 위하여 선행되어야 할 체육재정·예산확보의 과정은 아직도 선진국에 비하여 그 제도나 실행과정에 있어서 미흡하다고 할 수 있다.

따라서 본 절에서는 지역 특성에 맞고 주민들의 여건과 요구에 따른 지방체육 활성화를 위한 재정확보 방안에 관하여 포괄적으로 설명하고자 한다.

## 1. 체육예산 편성시 주민의 의견 수렴

지방자치단체의 체육예산편성에 참여하는 일선 공무원들은 주민의 예산편성 참여나 주민의 의견 수렴에 부정적인 인식을 갖고 있는 것으로 이상효(2000)는 지적하고 있다. 따라서 지방정부의 체육예산편성에 있어서 주민참여 욕구나 주민의식의 형성을 위해서는 지방자치단체의 체육예산편성에 관여하는 공무원들이 주민의 신뢰에 기초하여 주민을 고객으로 하는 주민복지증진을 위한 방편으로 체육예산을 편성해야 한다는 인식 제고가 요구된다. 이러한 주민들의 체육 욕구가 공무원들에게 전달되기 위해서는 체육예산편성에 대한 주민의 제안이 가능해야 한다. 즉 체육예산편성에 있어서 상위자의 일방적 지시에 의한 편성이 아니라 지역주민의 저변에서 필요에 의한 예산편성이 될 수 있어야 한다. 이를 실천하기 위해서는 먼저 체육예산편성에 있어서 공청회, 주민집회, 앙케이트 조사, 모니터 제도 등 각종 방법을 사용하여 주민의 의견을 수렴해야 한다. 이러한 모든 방법들이 주민요구의 청취수단에 불과하다는 비판이 없는 것은 아니지만 그 구체적인 방법에 대하여 충분한 연구가 요구된다.

## 2. 체육예산제도 개선

현행 지방자치시대에 있어서 세계화·지방화의 물결과 더불어 지방행정의 여러 분야에서 개혁과 변화의 바람이 불고 있다. 따라서 각 지방자치단체에서는 주민 중심의 행정운영, 정치·행정의 분권화를 통한 행정운영의 다양화, 경쟁원리의 도입 등 내·외부적인 대응책들을 모색하고 있다.

그러나 지방자치와 관련된 하드웨어적인 틀이 갖추어졌다고 하더라도 이를 효과적, 지속적으로 운영하기 위해서는 소프트웨어적인 성격을 갖는 법, 제도 등 관련 제도 역시 행정환경의 변화에 따라 개선되어야 한다. 그리고 이러한 변화의 필요성이 제기되고 있는 제도 중의 하나가 지방예산편성과 관련된 제도라고 할 수 있다.

특히 지방자치단체의 체육예산은 타 분야의 예산처럼 기본적으로 편성해야 하는 기준선 없이 예산편성의 자율성 제한, 실무자의 잦은 인사이동으로 인한 전문성 저하, 지방의회 의원들의 지역구 관리식 예산심의 등 많은 문제가 지적되고 있으므로 지역의 생활체육 활성화를 위하여 시급히 개선되어야 한다.

그리고 지방자치단체의 건전한 체육재정 확보를 위하여 중앙정부는 지방자치단체의 예산에 대한 지나친 간섭을 지양하고 지방자치단체가 주민 복지증진 차원에서 체육예산을 지역 특성에 맞게 편성할 수 있도록 자율권을 부여해야 할 뿐만 아니라 일반 법정예산처럼 최저 기준선을 제시하는 등 중앙정부 차원의 지방생활체육 활성화를 위한 노력이 요구된다. 특히 중앙정부의 지방정부에 대한 지나친 예산 관여는 중앙의 의존도를 심화하고 예산편성에 임하는 공무원의 무사안일, 획일적 전년도 예산의 연계 및 복지 지향적인 예산편성 연구의 미비 등을 낳아 고질적인 관료형 문제를 예산편성에 반영하게 된다.

## 3. 체육행정의 전문성 강화 및 확대

지방정부단위에서 체육행정 전개를 위한 체육전문직은 서울시 자치단체에만 한정되어 있을 뿐 전국적으로 임용이 확산되지 않고 있어 체육에 관한 정책수립부터 일선의 체육활동지도에 이르기까지 담당자들의 전문성이 충분치 못한 상태에 있다.

이는 우리 공무원 임용구조상 불가피하다고 할 수 있겠지만 지방체육 활성화를 위해서는 체육예산 확보의 중요성에 대하여 적극적이고 긍정적인 인식을 가지고 있는 체육전문직의 배치가 시급함을 시사하고 있다. 따라서 지금부터라도 체육행정을 전문적 직무분야로 인식하고 그 직능의 난이도와 경중에 따라 직급을 규정해야 할 뿐만 아니라 공채를 통하여 임용하고 승진과 재교육의 기회를 부여하여 사기진작에도 소홀함이 없어야 할 것이다(김사엽, 1993).

또한 전국적으로 체육관련 부서에 체육전문직을 채용하여 좀더 지속적이고 일관성있는 체육행정을 전개하고 체육예산편성이 조직의 논리나 희소 재원의 분배 차원에서 벗어나 체육전문가의 의견을 바탕으로 이루어져야 할 것이다.

## 4. 특별회계 설치, 기금 이양 및 민간투자 확대

지방체육 재정의 건전한 확보방안으로 체육예산의 특별회계 설치 운영이나 국민체육진흥기금의 지방정부 이양에 대한 필요성이 대두되고 있으며 비전문적이고 방만하게 운영되어 국민의 삶의 질 향상에 역행하고 있는 각종 기금을 국민 건강향상을 위한 체육재원으로 활용할 것이 요구된다.

지방자치단체의 체육예산은 국고, 지방비만으로는 충분한 재원을 확보하기가 어려운 실정이다. 그러므로 기업체로 하여금 생활체육 진흥사업에 적극 참여하도록 권장하는 방안도 강구되어야 할 것이다. 민간투자비용은 아직까지 정확한 개념적 영역의 한계가 불분명할 뿐만 아니라 정확한 투자현황이 파악되지 않고 있다. 그러나 민간투자는 국고, 지방비 그리고 국민체육진흥기금 만큼이나 중요한 생활체육 재원의 하나이다. 따라서 지방자치단체의 생활체육 활성화를 위하여 민간투자를 확대하는 방안을 강구하여야 한다.

## 5. 지방행정 지도자의 인식 전환

체육재정의 확보를 위해서 지방자치단체장이나 지방의회 의원 등과 같은 지방행정 지도자들의 체육예산에 대한 긍정적인 인식의 전환이 필요하다. 지방자치단체의 예산편성권은 단체장의 권한이며, 예산은 지방의회의 심의·의결에 의하여 확정되기 때문에 단체장과 지방의회 의원은 체육예산 편성에 있어서 많은 권한을 가지고 있다. 따라서 주민복지 차원에서 지방생활체육사업의 역할에 대한 이해와 생활체육에 대한 인식의 변화가 절실히 요구된다. 이를 위하여 대학교수 및 체육연구가들은 지역사회 지도자들의 인식 전환을 위해 그들을 각종 세미나와 토론회에 참여시켜 공동대처를 해야 한다(이상효, 2000).

## 6. 효과적인 투자 및 경영

지방자치제의 특징은 지역주민의 의사에 따라 자치행정을 수행하고 독립된 경제주체로서 필요한 경비를 확보하고 지출하는 것이다. 따라서 지역주민의 생활체육 진흥을 위한 체육재정도 자주재원에 의하여 확보되어 지역특성에 맞는 체육행정을 전개하여야 한다. 지방자치단체의 체육재정 확보를 위하여 다음과 같은 효과적인 투자와 경영 방법을 제시할 수 있다.

## 1) 투자 측면

지방자치단체의 효과적인 체육행정 수행을 위해서는 재정적인 뒷받침이 있어야
한다. 그러나 중앙정부나 지방자치단체 모두 재원은 한정되어 있기 때문에 한정된
재원을 효과적으로 사용하는 것이 강조된다. 실증자료의 연구 결과(이상효, 2001)
에서 나타났듯이 재정자립도는 체육예산편성과 관계가 있다. 즉 재정자립도를 바
탕으로 확보된 체육예산은 주민의 복지증진 차원에서 효율적으로 집행되어, 모든
주민이 만족하게 평가할 때 주민의 의사가 일정한 통로를 통하여 예산편성에 영향
을 미치는 여러 인적 요인들에게 전달되어 재반영된다.

따라서 재원의 확보만큼이나 중요한 것은 재원의 효과적인 투자와 효율적인 활
용이다. 정부나 지방자치단체가 생활체육 부문에 대한 과학적이고 체계적인 투자
기준을 수립하여 이에 준하는 효과적인 투자를 한다면 생활체육 활성화의 매우 중
요한 초석이 될 것이다. 즉, 지방자치단체의 생활체육 부문에 대한 합리적인 투자
기준을 수립하고, 이에 따른 투자비용을 효과적으로 집행하여 생활체육 활성화를
도모하는 일이 시급하다.

가장 합리적인 투자전략은 연도별 투자총액을 유지하면서 요소별 투자비용을 조
정하는 전략을 사용하는 것이다. 즉, 수치를 떠나서 생활체육 투자계획 수립자는
생활체육 진흥에 부정적인 효과를 주는 요소에 대한 투자비용을 시기적, 환경적
상황을 고려하여 점진적으로 감소시키는 방법으로 요소별 분배조정 전략을 탄력적
으로 적용해야 한다. 이러한 결과는 생활체육의 참여율을 제고하고 체육예산에 관
심있는 주변의 인적 요인들에게 긍정적인 영향을 미쳐 향후 체육정책 및 예산책정
에 있어서 도움이 될 수 있다.

## 2) 경영 측면

지역사회를 둘러싼 경제적, 사회적 제 조건이 크게 변모하고 행정서비스에 대한
지역주민의 요구도 다양화, 고도화하고 있다. 이와 같은 상황에서 매력있는 지역
사회의 건설을 위해서는 종합적 지역경영이 불가피하고, 지방자치단체는 모든 행
정 분야에 있어 지역의 실정에 맞는 주체적인 정책형성을 위해 노력해야 한다.

그러나 대부분의 지방자치단체는 세입 중에 국고보조금 등의 의존재원의 비율이
높기 때문에 국가의 정책변경이나 재정상황에 따라 체육재정은 일방적으로 축소되

고, 단절되기 쉽다. 따라서 독자적인 체육재정 확보를 위하여 기업경영 방식의 선택적 도입 및 행정서비스에 대한 고정관념의 틀을 전환하여야 한다.

### (1) 기업경영 방식의 선택적 도입

오늘날의 급격한 환경변화에 효과적으로 대응하기 위해서는 유연성과 수용성이 요구되기 때문에 전통적인 행정방식은 더 이상 효과적인 재정확보 수단이 될 수 없다. 따라서 지방자치단체에서 체육재정확보를 위해서는 새로운 패러다임의 변화가 필요하다. 이를 위한 기본전략으로 '선택과 경쟁의 원리'를 활용하는 것이다. 이러한 기업경영 원리의 도입은 지방자치단체의 체육경영에 일시적인 유행이 아닌 기업적 원리 또는 기업가적 정신을 도입하는 것이다. 기업가형 지방체육 경영은 기업적 체육경영원리의 도입을 통해 지역 주민들의 삶의 질 또는 주민 만족의 극대화를 도모하고자 하는 것이다.

기업가형 체육경영은 단순히 지방자치단체의 역할을 민간으로 이전하고, 서비스 제공에 있어서 시장 메카니즘을 도입하여 경비절감을 도모함으로써 '값싼 체육서비스'를 제공하고자 하는데 그 목적이 있는 것이 아니라 지역 주민들의 체육 수요에 대한 대응성을 높이고 체육행정 서비스의 질적 수준을 고도화하는 '효율적인 체육재정 확보'를 실현함으로써 궁극적으로는 지역 주민의 체육활동을 보장하는데 그 목적이 있다.

예를 들면, 현재 지방자치단체 또는 채투자 기관인 관리공단에서 운영하고 있는 구민체육관을 비롯한 체육시설(운동장, 골프장 등)과 체육 프로그램을 지방자치단체에 경쟁요소로 도입할 경우, 다음과 같은 다섯 가지 방식을 생각해 볼 수 있다.

① 체육관련 시설의 민영화를 들 수 있다. 체육서비스 생산도 민간이 더 효율적으로 할 수 있다면 과감히 민간이 계획, 출자, 운영하고 수익을 내도록 하여 잉여금을 체육재정으로 전환한다.

② 체육관련시설의 민간위탁 방식을 들 수 있다. 지방자치단체와 민간기업이 경쟁하는 형태로서 이것은 계약방식에 의한 경쟁체제 도입방식이다.

③ 외주화를 들 수 있다. 민간기업간에 경쟁을 유도하는 방식으로 자치단체가 민간기업으로 하여금 체육 프로그램을 생산함에 있어서 상호경쟁을 유도하여 양질의 체육서비스를 제공하는 것도 체육재정 확보 방안이 될 수 있다.

④ 체육시설 운영에 있어서 예산절감과 이익창출 부문에 기여한 공무원들에게

인센티브(incentive)를 부여하는 노력이 필요하다. 이렇게 함으로써 지출의 주체로만 인식되어 왔던 자치단체의 체육서비스가 수익성을 최대한 반영하여 이윤을 창출해 낼 수 있고 건전한 체육재정을 확보할 수 있다.

⑤ 과감한 스포츠 마케팅의 원리를 활용하는 것이다. 현재 지방자치단체의 체육프로그램 중 가장 큰 재원이 소비되는 구민체육대회를 비롯한 대규모 체육행사는 지방비에서 지출되고 있기 때문에 그 취지를 이해하지 못하는 지역주민과 체육예산편성에 관여하는 주변의 인적 요인(단체장, 지방의회의원, 공무원 등)들이 소모성 경비라는 인식을 갖고 있어 예산확보에 어려움이 있다. 따라서 지역 주민을 위한 체육행사를 개최함에 있어 자치단체의 예산을 절감하고 행사의 효과를 극대화하기 위한 대안이 요구되는데, 이러한 대안 중의 하나가 스포츠 마케팅의 원리를 활용하는 것이다. 그러나 현재 이를 실행하기 위해서는 많은 어려움이 있다. 그 이유는 자치단체의 체육행사에 스포츠 마케팅을 도입하기에는 아직 제도적 장치가 마련되어 있지 않고 사후 이에 대한 책임이 관련 공무원들에게는 부담이 되기 때문이다. 하지만 체육행사에 있어서 스포츠 마케팅 도입은 가능하다고 생각한다. 예를 들면, 행사장에서 기업의 제품 판매나 광고 대가로 체육용품을 공급받거나 행사경비의 일부분을 부담시켰을 경우 경비절감의 효과와 함께 체육재정 확보에도 기여할 것이다.

## (2) 체육행정 서비스의 인식 전환

자치단체 행정의 목적은 주민의 복지향상을 도모하는 데 있다. 이를 위하여 각 자치단체에서는 산업기반, 교육, 공중위생, 소방 등 여러 분야에 있어 다양한 행정 활동을 전개하고 있다. 그러나 이들 행정서비스를 부담하고 있는 공공부분은 그 활동자금을 스스로가 부담하는 것이 아니라 주민 또는 국민의 부담에 의존하지 않을 수 없다. 이것을 주민의 입장에서 보면 여러 가지 필요한 재화·서비스의 공급을 행정부문에서 받는데 대하여, 그 대가를 세금이나 기타 형식으로 부담하고 있다고 할 수 있을 것이다.

그러나 지방자치단체의 체육재정이 빈약할 뿐만 아니라 체육행정 서비스에 의한 수익의 분할이 가능하고 수익자가 확정된 상태에서는 체육재정 확보를 위하여, 원칙적으로 수익자 부담을 요구할 필요성이 대두되고 있다.

수익자부담원칙이란 행정서비스 중 특정한 자에게 특별한 이익을 주는 것에 대하여 모든 것을 세금으로 마련한다는 것이 아니고 수익자에게 적정한 부담을 요구하여야 한다는 원칙을 말한다.

예를 들면, 지금까지의 지방자치단체의 체육시설은 무료이거나 아주 저렴한 가격으로 이용할 수 있을 뿐만 아니라 체육교실 참가비도 무료 또는 민간 체육업자의 20%수준에도 미치지 못하는 경우도 있다. 또한 개인들이 사용하는 체육시설의 확충과 보수에 있어서도 자치단체의 재원만으로 충당되고 있으며, 각종 체육동호인 대회 개최시 장려금을 지원하는 등 일방적인 체육행정 서비스를 받고 있는 실정이다.

따라서 법적, 제도적 기준선이 충분하지 않은 상태에서 자치단체로부터 밀접한 체육행정 서비스를 받고 있는 지역주민들의 일방적인 체육서비스에 대한 기대 욕구가 전환되어야 한다. 이것은 주민간 공공서비스에 대한 부담의 공평을 도모한다는 견지에서나 지방자치단체의 체육재정 확보의 지름길이 될 수 있다.

그러나 주민에게 체육행정 서비스에 대하여 적정한 부담을 지울 때는 체육서비스의 수준과 주민부담이 어떠한 관계가 있는지를 지역주민에게 알기 쉬운 형식으로 정보를 제공하여 지역주민의 이해를 얻을 필요가 있다. 또한, 지역주민의 참가비나 체육시설 사용료의 부담을 요구할 경우에 체육서비스를 공공복리의 시각으로 해석한 다음 부담수준을 결정하는 것이 바람직한 순서라고 생각한다.

# 참고문헌

강남구(2000). **세입·세출예산서**.
강인재(1995). **지방재정론**. 서울: 대영문화사.
강신택(1993). **재무행정론**. 서울: 박영사.
관악구(2000). **세입·세출예산서**.
권형신(1996). 지방예산제도의 발전과정과 현황. **지방재정, 한국지방재정공제회**, 15(6), 15.
김규정(1997). **행정학원론**. 서울: 법문사.
김종순(1997). 지방재정지출 효율화를 위한 지방행정체계 개편 방안. **지방행정연구**, 10
    (3), 466.
김사엽(1993). **지방자치에 따른 체육행정의 발전방향에 관한 연구**. 건국대학교 대학원
    박사학위 논문.
도봉구(2000). **세입·세출예산서**.
동작구(2000). **세입·세출예산서**.
문화관광부(2000). **예산설명자료**.

박영희(1983). **재무행정론**. 서울: 다산출판사.

박응격(1997). **지방행정론**. 서울: 신조사.

백완기(1997). **행정학**. 서울: 박영사.

서울특별시(2000). **2000년도 예산서**.

성북구(2000). **세입·세출예산서**.

신해룡(1995). **지방재정학**. 서울: 세명서관.

안해균(1984). **정책학 원론**. 서울: 다산출판사.

오천연(1993). **한국지방행정론**. 서울: 박영사.

유태현(1996). **한국 지방재정조정제도 정책 방향 전환에 관한 연구**. 고려대학교 대학원 박사학위 논문.

유훈(1998). **재무행정론**. 서울: 법문사.

윤영진(1999). 지방예산회계제도의 개혁과 복식부기제도. **지방재정, 한국지방재정공제 회**, 18(1), 92-93.

이범제(1999). **체육행정의 이론과 실제**. 서울대학교 출판부.

이상효(2000). **지방자치단체 공무원의 체육예산인식과 재정자립도가 예산편성에 미치 는 영향**. 한국체육대학교 대학원 박사학위 논문.

이상효(2001). 지방자치단체의 재정자립도가 체육예산편성에 미치는 영향. **한국체육과 학회지**, 10(1), 325-334.

이종수(2001). 문화예산 3년 연속 전체의 1%확보. 대한매일. 16면

이종익(1995). **재무행정론**. 서울: 박영사

이현정(1990). **지방자치에 따른 체육재정에 관한 연구**. 건국대학교 대학원 박사학위 논문.

일본도시센터(1995). **도시정부의 예산정책형성: 예산편성과정을 중심으로**. 한국도시행 정학회.

중구(2000). **세입·세출예산서**.

최창호(1995). **지방자치학**. 서울: 삼영사.

통계청(2000). **한국통계월보**.

한국일보(2000. 10. 15). **기로에 선 한국 스포츠: 보는 체육에서 하는 체육으로**.

한국체육과학연구원(2000). **한국의 체육지표**. 국민체육진흥공단 한국체육과학연구원.

황선욱(1990). **지방정부의 세출예산 편성에 관한 연구**. 청주대학교 대학원 박사학위 논문.

행정자치부(1999). **지방자치단체예산 편성지침**.

행정자치부(2000). **지방자치단체예산 편성지침**.

Break, G. F.(1980). *Financing government in a federal system*. Washington, D. C.: The Brookings Institution.

Fisher, R. C.(1987). *State and local public finance*. Illinois: Scote, Foresman and Company.

Heady, F.(1966). *Public administration: A comparative perspective*. Englewood Cliffs: Prentice-Hall.

King, D. N.(1984). *The economics of multi-level government.* London: Georage Allen & Unwin.

Leloup, L. T.(1978). Agencies strategies and executive review. *Public Administration Review, 65, 71-85.*

Mikesell, J. H.(1987). *Fiscal administration: Analysis and application for the public sector.* Illinois: The Dorsey Press.

Musgrave, R. A., & Peggy, B. M.(1984). *Public finance in theory and practice.* St. Louis: McGraw-Hill Inc.

Schick, A.(1966). The road to PPB: The stages of budget reform. *Public Administration Review, 26,* 243-258.

Schultze, C.(1968). *The politics and economic of public spending.* Washington, D. C.: Brooking Institution.

Van de Van, A. H., & Delbecq, A. H.(1974). A task contingent model of work unit structure. *Administrative Science Quarterly, spring,* 183-197.

# 제8장 체육·스포츠와 법률

　　오늘날의 사회는 하루가 다르게 급변하면서 복잡한 구
조를 갖고 세분화되고 있다. 우리의 체육·스포츠 역시
자본주의 사회 속에서 스포츠를 상품화한 스포츠 산업
이 융성하고 프로 스포츠(professional sport)가 확대되
고 관람 스포츠에서 개인이 직접 스포츠 활동에 참여하
는 인구의 증가로 인하여 스포츠 활동 중 또는 스포츠
활동에 접근하는 과정에서 많은 법률적 문제를 야기하
고 있다. 또한 법조계에서는 스포츠의 특수성을 인정하
던 시각도 점차 변해 가는 경향에 있기 때문에 이에 적
절한 대안이 요구되고 학문적 정체성이 요구되고 있다.
이에 스포츠법의 개념과 국가에서 제정한 직·간접 관
련법을 살펴보고자 한다.

# 제1절  체육·스포츠법의 이해

## 1. 체육·스포츠법의 필요성

체육·스포츠가 개인적인 건강 증진이나 취미의 영역에만 머무르지 않고 국민적 그리고 더 나아가 국제적인 관심사로서 그 중요성이 날로 증가되고 있다. 그러나 활동의 영역이 넓어지고 그 중요성이 점점 커짐에 따라 스포츠에도 여러 가지 문제점이 사회의 표면위로 더욱 예민하게 나타나고 있다. 이러한 문제점들 중 하나가 스포츠에 기인하는 법률상의 문제들이다. 스포츠로 인한 법적문제(法的問題)는 물질에 대한 권리 침해보다도 활동 자체의 특성에서 오는 생명의 위험, 신체에 대한 부상의 위험, 부실한 시설 때문에 야기되는 각종 문제들을 포함하는 것은 물론 경기에 승리하기 위하여 발생하는 규칙위반, 경기를 빙자한 범행 등 강압적인 인체에 대한 부상의 형태까지도 포함할 수 있다. 법적으로 우리는 결과에 대해서 그 결과를 발생시킨 자에게 형사상의 책임을 물을 수 있지만, 대부분의 경우 사고의 결과는 거의 민사상의 책임으로 손해배상청구권의 기초가 되는 수가 많다. 그러나 사고사례의 해결에 당면해서는 다시 미묘한 문제가 있는 것을 부정할 수 없다(小倉 良弘, 1975).

현대의 복잡한 산업사회 속에서 인간이 삶을 영위할 때 상식(常識) 또는 도덕(道德)의 기준에 의거하여 생활한다는 것은 이미 그 한계가 넘어 서고 있다. 모든 인간 관계는 법적 관계로 변화하여 규칙화되고 성문화되어 있다. 물론 상식과 도덕이 통하는 사회가 이상적인 사회로서 모두가 그렇게 되기를 추구하고 있지만 한계가 있음은 분명한 사실이다.

마찬가지로 과거를 포함한 현대 스포츠의 세계 속에서도 규칙과 규정으로 통제하고 해결할 수 없는 많은 법적문제들이 상존하고 있으며, 이에 대한 적절한 대안점이 요구되고, 우리의 체육학문에서 관심있는 분야로 떠오르고 있다. 또한, 정부나 지방자치단체는 날로 증가하는 체육·스포츠 속에서 발생하는 문제점들을 원만하게 해결하게 위하여 이에 상응하는 관련법규의 제정에 관심을 보이고 있다.

본 절에서는 스포츠법의 기초개념과 그 적용 사례들을 개괄적으로 살펴보고 다가 오는 스포츠 법률시대의 이해에 한 걸음 다가서고자 한다.

## 2. 체육 · 스포츠법의 시각 변화

일반적으로 스포츠와 법은 별개의 학문 분야로서 인식되어 왔다. 스포츠는 종교법 또는 가정의 관습법처럼 법사회에서도 존중해 주는 고유의 문화적 가치가 있기 때문에 원칙적으로 스포츠에서의 법은 필요가 없다는 인식이 팽배하였고, 법관계자들도 대체로 스포츠에 대해서는 관대한 편이었다.

하지만 1978년 영국의 고등법원에서 경기장은 공공의 장소로 선언되어 경기장에서의 행동표준은 스포츠단체가 정한 규칙이 아니라 1936년에 제정된 공공질서법을 따르도록 한 것이나(Bennett, Howell, & Simri, 1983), Leroy가 "수십 년간 스포츠는 법률과 분리 발달되었으며 이 두 분야는 완전히 고립되었다. 그러나 이 침체시기는 다만 잠정적이며 환상이었다. 스포츠의 필요에 의한 형법의 면제의 면제는 이제 끝났다"라고 한 것처럼 법조계에서 스포츠의 특수성을 인정하던 시각도 점차 변해가는 추세이다(손석정, 1997).

## 3. 특수법과 체육 · 스포츠법

스포츠법은 스포츠에 관한 법인데, 스포츠에 특유한 법이론으로 독자적인 체계적 존재성을 가진 특수법의 하나이다. 여기에서 말하는 특수법이란 '특수사회관계에서의 특이한 법이론의 체계'로 정의되고 있으며, 공법과 사법의 일반법적 구분을 초월한다는 점이 그 특징이다. 특수법에는 노동법, 사회보장법, 경제법, 환경법, 의사법, 교통법 등이 있다(千葉, 濱野, 1995).

이와 같이 스포츠법이란, 스포츠에 관계하는 법규의 총칭을 말하고, 체육 및 스포츠를 국민들에게 권리로서 보장하고, 정책, 제도, 교육 등에 의해 보급·진흥에 효력이 있는 법규를 총칭하는 말이라고 할 수 있다(남청웅, 서상옥, 남승구, 1996).

## 4. 스포츠 규칙의 입장에서 체육 · 스포츠법

고전적인 입장에서 스포츠는 자발적인 신체활동으로서 스포츠자체의 독특한 고유문화가 존재하기 때문에 일반사회에 적용되는 각종 법은 스포츠와는 별개인 것

으로 간주되었다. 이와 함께 현대에 제정되어 있는 스포츠법규는 모두 스포츠를
향수하는 인간의 사회활동을 보호하기 위한 규제이므로 스포츠정신이나 스포츠규
칙 그 자체를 간섭하는 것은 아니다. 그러므로 千葉正士(1994)는 스포츠법이란
스포츠사회에 국한되는 경기규칙이나 각 경기연맹의 자체규정을 의미한다고 하였
다. 즉 체육·스포츠법이란 스포츠세계에 국한하는 것으로 스포츠사회를 구속하고
통제하는 경기규칙이나 각 경기연맹의 자체규정 더 나아가서는 스포츠인들의 윤리
규정인 스포츠맨십과 페어플레이 정신으로 한정된다고 할 수 있다(손석정, 1997).

## 5. 체육 · 스포츠법의 종류

스포츠법은 크게 스포츠자체법과 스포츠관계법으로 분류할 수 있다. 스포츠자체
법이란 스포츠가 가지고 있는 고유한 법 예를 들면 경기규칙, 선수자격, 대회규정
등으로서 스포츠자체를 규율하는 법이다. 스포츠관계법은 직접관계법과 간접관계
법으로 구분할 수 있다. 직접관계법이란 스포츠를 대상으로 하여 국회나 행정기관
에서 제정한 법적 효력을 가지고 있는 법령으로서 예를 들면 국민체육진흥법, 체
육시설의 설치·이용에 관한 법률, 서울 아시아 경기대회, 올림픽대회 조직위원회
지원법 등을 들 수 있다. 간접관계법이란 사회생활에 필요한 각종 법령 등으로 스
포츠 사고 발생 시 적용되는 국가배상법, 손해배상의 적용기준이 되는 민법, 각종
범죄에 관련된 형법 등을 예로 들 수 있다.

## 6. 체육 · 스포츠법의 역사

역사상으로 체육·스포츠가 법률의 대상으로 처음 취급되어진 것은 아마 금지령
(禁止令) 가운데서 찾아볼 수 있다. 1세기 경 로마에서 검투사의 경기 금지와 6세
기 경 프랑크왕국에서의 성직자의 매사냥 금지 등이 있었으며, 우리 나라에서도
고려사에서 볼 수 있듯이 격구와 그네타기, 투석 등의 놀이를 금지한 적이 있다(韓
國學文硏究所 編, 1990). 가까운 일본에서도 7세기 경 추고천황(推告天皇)이 수
렵을 금하는 칙령(勅令)을 발표한 적이 있다(スポーツ史大事典, 1987).
그 후 12, 13세기 경부터는 토너멘트(騎士), 풋볼(럭비), 포오무(테니스), 수영,

볼링, 석전(石戰), 댄스 등이 중·근세의 영국, 프랑스, 독일, 이탈리아 등 여러 나
라에서 금지령의 대상이 되었는데, 이러한 전형을 1365년「풋볼금지령」에서 볼
수가 있다. 이것은 에드워드3세가 런던시민에 대하여 발표한 것으로서, 특히 군사
적인 이유, 즉 구체적으로는 활을 쏘는 사람을 확보한다는 의미가 대단히 컸다. 따
라서 풋볼, 핸드볼과 유희 등을 금하는 반면, 궁시(弓矢), 石玉(비석치기), 견시(太
矢)를 이용하여 운동하는 것을 장려했다. 물론 지역과 시대에 따라 그것이 갖는 의
미가 다르기 때문에 각각의 금지령에 대해서는 보다 상세한 검토가 필요하다. 특
히 전근대의 법령이 근대사회의 법령에 비교하여 지역 한정적이며 신분제도 내의
것이라는 사실과 개개인의 생활에 미치는 종교의 영향력 등이 매우 지대했던 것을
고려해야 한다. 또 당시의 법령 가운데 금지령이 차지하는 비중도 주의 깊게 살펴
보아야 하지만, 일반적으로 이러한 금지령은 신분제도 혹은 치안의 유지를 목적으
로 하고 있고, 군사상 혹은 종교상의 요청으로부터 발생된 것이라고 할 수 있다.

1960년대부터는 경기스포츠와 대중스포츠 모두를 장려하여 새로운 스포츠진흥
법이 각국에서 제정되기에 이르렀는데, 이러한 배경에는 건강과 충실한 생활의 실
현이 민주정치의 중요한 과제가 되어 왔다고 할 수 있다. 그리고 국제적으로도 『sport
for all』을 목적으로 한 유럽회의의 『체육·스포츠 국제헌장(1978)』 등이 채택
되기에 이르렀다. 이러한 것에 덧붙여 간접적 진흥이 되는 많은 법률, 예를 들면
미국의 Title Ⅸ, P.L.94-142, Civil Rights Act 등 개별적인 법률과 법안, 미국의
스포츠방송법(1980) 등이 제정 혹은 제출되었다(Title Ⅸ). 일본에 있어서도 이상
과 같이 『금지령 - 교육법 - 국민체력 - 관리법 - 진흥법 + 개별법』이라고
하는 도식이 성립되는데, 이와 같은 흐름이 인정되는 가운데 최근에는 전술한 바
와 같이 스포츠에 관련된 새로운 법적 문제가 발생되었다. 특히 개인의 권리와 스
포츠조직의 규칙과 충돌이 가장 현대적인 문제중의 하나이며 앞으로 초점이 될 것
이라 생각된다(심재영, 1993).

우리 나라에서도 체육정책을 지속적이고 강도있게 전개하고 체육행정의 일관성
을 유지하기 위하여 국민체육진흥법을 개정(93.12.31 법률 제4689호)하여 생활
체육진흥을 위한 구체적인 용어와 지침을 설정하였다(이상효, 1994).

# 제2절  체육 · 스포츠법의 연구

## 1. 연구의 동향

체육·스포츠 활동 중에 발생하는 사고는 대부분이 그 스포츠의 본질적 위험에 의해 일어난 것이고, 또 스포츠에 참가한 사람으로부터 다른 사람에게 가해 행위가 있었다고 해도 그것은 각 스포츠 활동의 특성상 불가피한 것이다. 유도, 태권도, 검도 등은 그 활동 자체가 상대를 메치고, 누르고, 지르고, 차고, 때리는 방법을 합법화한 것이며, 축구, 럭비, 미식축구 등은 상대 경기자와 격렬한 신체적 접촉을 하지 않으면 안되기 때문에 타인으로부터 상해를 받았다고 할지라도 그것은 스포츠에 참가한 이상 피할 수 없는 것이다.

오늘날 우리가 즐기고 있는 스포츠의 대부분은 정도의 차이가 있겠지만 이러한 유형의 위험이 포함되어 있는 것이 사실이다. 그러므로 종전에는 체육·스포츠 사고에 대해 타인의 책임을 추구하는 것은 스포츠정신에 위배된다고 생각하여 법적 문제로 힐책하지 않았다. 그러나 최근에는 이러한 유형의 사고에 대하여 피해자로부터 손해배상이 청구되는 사례가 늘어나고 있다(고기환, 1997).

과거의 체육·스포츠법 관련에 관한 연구는 체육행정 또는 정책연구의 일부분으로서, 스포츠관련법규의 내용에 대한 비판적 분석이 대부분이었다. 그러나 최근에는 권리로서의 스포츠에 관한 내용분석, 스포츠관련 법규정에 관한 내용분석, 스포츠 사고와 법적 책임에 관한 연구 등이 전개되어지기 시작하고 있다. 하지만 스포츠에 관한 법관련의 연구는 아직도 일천한 상황이며 우리 나라의 체육·스포츠법 관련연구는 초보 단계에 머무르고 있는 실정이라고 할 수 있다(남청웅 외, 1996). <표 8-1>에는 스포츠법 관련 전문 간행지가 소개되어 있다.

**〈표 8-1〉 스포츠법 관련 간행지**

> · Marquette sports low journal : Milwaukee, Wis.
> · Journal of legal aspects of sport : Waco. Texs.
> · Sport and the law news : Sydney
> · Sport law bulletin : Boston
> · Seton-Hall Journal of sport law : Nuwark.N.J
> · Sport, parks & recreation law reporter : Canton, Ohio

자료 : 손석정(1997). 스포츠법에 관한 소고. **스포츠과학**, 61, pp. 15-26.

## 2. 연구영역

### 1) 스포츠 자체법

- 대회규정, 선수자격, 경기규칙의 법적효력
- 프로경기 단체규약, 규정(선수단 관리규칙, 구단인가 규정, 경기심판규정, 상벌규정 등)
- 프로와 아마츄어 자격심의
- 올림픽 헌장, IOC규정, 국제 경기연맹 규약 등

### 2) 스포츠 직접관계법

- 국민체육진흥법, 시행령, 시행규칙, 체육시설의 설치·이용에 관한 법률
- 한국 마사회법, 경정·경륜법 등

### 3) 스포츠 간접관계법

- 국민의 기본권으로서의 스포츠권
- 사기, 승부조작, 뇌물수수, 탈세, 폭력, 마약복용 등 각종 스포츠 범죄
- 불법행위, 명예훼손, 초상권 침해 등에 의한 손해보상
- 고용계약, 스포츠 단체 설립허가
- 독점, 스포츠 소비자 보호법 등
- 국가 배상법
- 특별 흥행권, 방영권, 방송법 등
- 상표도용, 저작권 문제
- 부정 특례입학, 회원권, 세금부과, 협정서, 시설 설립허가, 제명 무효 확인 소송, 가처분 신청, 행정처분 취소 등 각종 행정법 관련문제
- 스포츠시설 설비 또는 경기 개최에 따른 환경보호문제
- 노동조합 설립, 부당 노동행위, 단체협상권, 부당해고, 파업 등 각종 노동법 위반사례연구
- 각종 스포츠 분쟁, 운동선수의 망명 등 국제법상의 문제

### 4) 스포츠 사고

- 스포츠사고의 법률적 책임 근거 및 형사, 민사, 행정법상의 책임(채무 불이행, 불법행위, 사용자 책임, 공작물 하자, 공권력 행사, 영조물 하자 등)
- 스포츠사고의 보상 및 배상문제(용구에 의한 사고, 시설에 의한 사고 등)
- 피해 제구제 제도(학교 안전공제회, 보험 등)

### 5) 기타 스포츠법 현상

- 운동선수의 법의식, 법태도
- 스포츠와 사회규범
- 스포츠와 범죄 예방 등

이와 같이 스포츠법에 관한 연구는 단순히 스포츠 분쟁이나 사고 처리를 위한 해결수단 뿐만 아니라 스포츠계의 정당한 권익을 보호하고 나아가서 스포츠 정신에 벗어난 불법 행위 또는 스포츠 조직이나 단체의 구성과 운영, 스포츠시설·설비 및 용구제작, 스포츠의 시행과정에서 관련되는 법적 문제 그리고 타 사회제도와 관련되어 발생하거나 발생이 예상될 수 있는 법관련 사항의 해석, 적용 등 연구 범위의 폭은 넓다고 볼 수 있다(손석정, 1997).

## 3. 체육 · 스포츠 관련법의 유기적 연구와 보험 상품

서론에서 언급하였듯이 현대 사회는 복잡한 구조와 기능을 간직하고 있기 때문에 상식 또는 관습의 수준에서 인간관계를 해결한다는 것은 불가능한 일이다. 또한 다차원적이고 복잡하게 세분화되어 가는 스포츠 현상에서도 과거의 경기규칙에 준거한 묵인된 폭력, 공격, 상해, 권리 침해 등은 한계에 이르렀다고 할 수 있다. 그러므로 스포츠가 좀더 흥미롭고 경쟁과 스릴을 함유한 신체활동으로 보장받기 위해서는 이에 따르는 적절한 대안이 마련되고 스포츠관련 법적 연구들이 이루어져야 한다.

또한, 스포츠관련 법규정에 대한 연구는 그 나라 정부와 국민의 스포츠에 대한 올바른 권리 의식과 그 보장을 위한 기본적인 내용으로 이는 국민 개개인의 스포츠권 확보 정도를 파악할 수 있는 척도가 되기도 한다. 즉 체육·스포츠법에 관한 연구의 빈곤과 부재는 스포츠에 대한 국민의 올바른 권리보장에 부정적인 영향을 미치게 된다. 이제는 스포츠분야의 연구에서도 스포츠과학 그 자체만이 아닌 다가오는 미래 사회의 스포츠진흥과 국민의 기본권 보호차원에서 스포츠관련 법규를 심도 있게 연구함은 물론 일반법학, 철학, 사회학, 심리학, 의학, 교육학 등과의 긴밀한 협력이 요청되고 있다.

한편, 고기환(1997)은 『체육·스포츠 사고와 책임자의 행정처분에 대한 사례분석』의 연구에서 체육·스포츠 현장에서 발생할 수 있는 법적 문제들을 사전에 예방하고 처리하기 위하여 다음과 같은 점들을 제시하였다.

첫째, 여러 유형의 체육·스포츠 사고 문제에 대해 충실히 대처할 수 있는 조건을 정비하여 미연에 사고를 방지하고, 또 불가항력적 사고가 발생했을 때 충분한 보상이 이루어지도록 보상제도를 구현하는 노력이 요구되며,

둘째, 피해자 또는 지도자를 구제·보호한다는 의미에서 체육·스포츠 사고를 다룰 수 있는 특별법이 제정되기를 기대하며,

셋째로, 각종 단체 및 학교, 그리고 체육·스포츠 지도자, 참가자들은 생명보험, 상해보험, 학교안전공제회 등과 같은 보험상품에 가입하여 만일의 사고에 대비해야 하며,

넷째로, 현재 우리 나라에서 시판되고 있는 보험상품들이 체육·스포츠 사고 보상에 대해 충실히 대처하려고 하려는 움직임이 보이지만, 아직까지도 미흡한 실정이므로 현실적으로 합리적인 보험체계와 상품개발에 힘써야 한다고 강조하였다.

그러나 아쉬운 점이 있다면, 영리체육시설(사설체육업소)은 각 자치단체에 영업신고(등록)를 할 때 『체육시설의 설치·이용에 관한 법률』에 의하여 의무적으로 회원을 대상으로 한 단체 상해보험가입이 규정되어 위를 위반 시는 신고 및 등록이 취소하는 등의 행정규제가 있었으나, 2001년 현재 영세한 체육시설에 한하여 이 규정이 삭제되어 있다.

# 제 3 절   체육관련법

체육관련 법률체계는 성문법상 헌법의 관련조문을 비롯하여 법률, 대통령령, 문화관광부령, 교육부령, 조례, 법규, 훈령, 예규 등의 다양한 형태로 존재하고 있다. 여기에서는 미래의 체육행정·경영가로서 개업준비와 현장에서 근무할 때 숙지하여야 할 관계 법률과 실무에 필요한 행정 절차를 소개한다.

## 1. 국민체육진흥법 · 시행령 · 시행규칙

### 1) 국민체육진흥법

국민체육진흥법은 1982년 12월 31일에 전문개정되어 법률 제3612호로 제정되었으며, 이후 12차례의 개정을 통해 2000년 1월 12일 법률 제6131호로 개정되어 현재에 이르고 있다. 국민체육진흥법은 국민체육을 진흥함으로써 국민의 체력을 증진하고 건전한 정신을 함양하여 명랑한 국민생활을 영위하게 하며, 나아가 체육을 통하여 국위선양에 이바지함을 그 목적으로 하고 있다. 국민체육진흥법은 총 5장 39조로 구성되어 있다.

#### (1) 제 1 장 총칙(總則)

총 6조로 구성되어 있으며 이 법에 대한 목적(제1조), 용어의 정의(제2조), 체육진흥시책 및 권장(제3조), 기본시책의 수립 등(제4조), 지역체육진흥협의회(제5조), 정부나 지방자치단체의 협조요청시 관계기관 및 단체는 협조해야 된다는 협조사항(제6조) 등에 관한 내용을 명시하고 있다.

특히 총칙에 명시된 내용 중 주요용어의 정의를 보면 <표 8-2>와 같다.

#### (2) 제 2 장 체육진흥을 위한 조치

총 10조로 구성되어 있으며 체육의 날과 체육주간(제7조), 지방체육의 진흥(제8조), 학교체육의 진흥(제9조), 직장체육의 진흥(제10조), 체육지도자의 양성(제11조), 체육시설의 설치 등(제12조), 선수등의 보호·육성(제15조), 여가체육의 육성(제15조의2), 체육용구의 생산장려 등(제16조), 그리고 지방자치단체와 학교

〈표 8-2〉 국민체육진흥법의 주요 용어

| 용 어 | 정 의 |
|---|---|
| 체 육 | 운동경기·야외활동 등 신체활동을 통하여 건전한 신체와 정신을 기르고 여가를 선용하는 것을 말한다. |
| 전문체육 | 특정 경기 종목에 규정된 선수들이 행하는 운동경기활동을 말한다. |
| 생활체육 | 건강 및 체력증진을 위하여 행하는 자발적이고 일상적인 체육활동을 말한다. |
| 선 수 | 특정 경기종목에 관한 활동과 사업을 목적으로 설립되고 대한체육회에 가맹된 법인 또는 단체에 등록된 자를 말한다. |
| 학 교 | 초·중등 교육법 제2조 및 고등교육법 제2조의 규정에 의한 학교를 말한다. |
| 지도자 | 학교·직장·지역사회 또는 체육단체 등에서 체육을 지도하는 자로서 학교체육교사·생활체육지도자·경기지도자 등을 말한다. |
| 체육동호인조직 | 생활체육활동에 지속적으로 참여하는 자의 모임을 말한다. |
| 운동경기부 | 선수로 구성된 학교 또는 직장 등의 운동부를 말한다. |
| 체육단체 | 체육에 관한 활동 또는 사업을 목적으로 설립된 법인 또는 단체를 말한다. |
| 경기단체 | 특정경기종목에 관한 활동과 사업을 목적으로 설립되고 대한체육회에 가맹된 법인 또는 단체를 말한다. |
| 체육진흥투표권 | 운동경기의 결과를 적중시킨 자에게 환급금(還給金)을 교부하는 표권(票券)으로서 투표방법 및 금액 기타 대통령령이 정하는 사항이 기재되어 있는 표권을 말한다. |

등에 대한 보조(제17조) 등에 관한 내용을 명시하고 있다. 특히 제16조에는 국민체육진흥을 위하여 체육용구·기자재의 생산장려에 필요한 조치로서 우수 체육용품 업체를 선정하여 서울올림픽기념국민체육진흥공단으로 하여금 국민체육진흥기금에서 그 자금을 융자할 수 있도록 하였다.

### (3) 제3장 국민체육진흥기금

총 7조로 구성되어 있으며 기금의 설치 등(제18조), 기금의 조성(제19조), 체육복표의 발생(제19조의2), 올림픽 휘장사업(제19조의3), 기금의 사용 등(제20조), 광고의 제한 등(제21조), 그리고 부가금의 징수(제22조) 등에 관한 내용을

**〈표 8-3〉 국민체육진흥기금의 재원**

| 재원의 종류 | 내　　　　용 |
|---|---|
| 출연금 | · 정부 및 정부외의 자의 출연금<br>· 서울올림픽기념국민체육진흥공단의 체육진흥투표권 발생사업의 수익금 중에서 출연금 |
| 수입금 | · 담배갑 포장지를 이용한 광고 및 기타 문화관광부장관이 승인하는 광고사업의 수입금<br>· 기금의 운용으로 생기는 수익금<br>· 체육복표발생의 수익금<br>· 경륜·경정사업과 종합유선방송사업의 수익금<br>· 기타 대통령령이 정하는 수익금 |
| 부가금 | · 골프장(회원제로 운영하는 골프장) 시설의 입장료에 대한 부가금 |

명시하고 있다. 특히 제3장에는 국민체육진흥기금의 재원 조성에 관하여 명시하고 있는데, 〈표 8-3〉과 같은 재원으로 조성된다.

### (4) 제 3 장의 2 체육진흥투표권의 발행

총 8조로 구성(1999. 8. 31 신설)되어 있으며 체육진흥투표권의 발행사업 등(제22조의2), 체육진흥투표권 발행사업의 위탁 등(제22조의3), 유사행위의 금지(제22조의4), 환급금(제22조의5), 위탁운영비(제22조의6), 수익금의 사용(제22조의7), 체육진흥투표권의 구매 제한 등(제22조의8), 그리고 사업계획의 승인 및 감독 등(제22조의9)에 관한 내용을 명시하고 있다. 특히 제3장의2에서는 국민의 여가체육 육성 및 체육진흥 등에 필요한 재원조성을 위하여 서울올림픽기념국민체육진흥공단이 국민체육진흥투표권(복권) 발행사업을 하거나 동 사업의 효율적인 수행을 위하여 단체 또는 개인에게 위탁 운영하는 규정을 명시하고 있다.

### (5) 제 4 장 체육단체의 육성

총 9조로 구성되어 있으며 대한체육회(제23조), 서울올림픽기념국민체육진흥공단(제24조), 진흥공단의 임원(제24조의2), 임원의 결격사유(제24조의3), 회계감독 등(제24조의3), 자금의 차입 등(제25조), 조세면세 등(제26조), 유사명칭의 사용금지(제27조), 그리고 체육회 및 진흥공단의 감독(제28조) 등에 관한 내용을 명시하고 있다. 특히 제27조에는 체육회나 진흥공단이 아닌 자가 이와 유사한 명칭을 사용하지 못하도록 명시하고 있다.

### (6) 제5장 보칙(補則)

총 11조로 구성되어 있으며 보고·검사 등(제29조), 권한의 위임·위탁(제30조), 체육진흥투표권 발행대상 운동경기의 방해에 대한 벌칙(1999. 8. 31 신설; 제31조), 체육진흥투표권 발행대상 운동경기의 선수·감독·코치 및 경기단체 임원의 부정과 그에 관련되는 자의 벌칙 및 재산 몰수·추징 등(1999. 8. 31 신설; 제32조, 제33조, 제34조, 제35조, 제36조, 제37조, 제38조), 그리고 동법에서 규정한 내용을 이행하지 않거나 위반한 자에 대한 과태료 부과와 처분(제39조)에 관한 내용을 명시하고 있다.

## 2) 국민체육진흥법 시행령

국민체육진흥법에서 위임된 사항과 그 시행에 관하여 필요한 사항을 규정함을 목적으로 하는 국민체육진흥법 시행령은 1983년 8월 25일 전문개정되어 대통령령 제11212호로 공포되었으며, 19차례의 개정을 통해 2000년 7월 27일에 대통령령 제16918호로 개정되어 현재에 이르고 있다. 국민체육진흥법 시행령은 총 10장 46조로 구성되어 있다.

## 3) 국민체육진흥법 시행규칙

국민체육진흥법 시행규칙은 국민체육진흥법 및 동법시행령에서 위임된 사항과 그 시행에 관하여 필요한 사항을 규정함을 목적으로 하고 있다. 이 시행규칙은 1984년 2월 16일 체육부령 제52호로 제정된 이후 7차례의 개정을 통해 1999년 2월 5일 문화관광부령 제16호로 개정되어 현재에 이르고 있다. 총 21조로 구성되어 있으며 지방체육진흥계획(제2조), 1,000명 이상의 상시 종업원이 근무하는 직장의 경기지도자 또는 생활체육지도자의 배치면제에 관한 사항(제5조), 체육지도자의 연수 및 자격검정에 관한 사항(제9조), 대한민국체육상에 관한 내용(제11조, 제12조, 제13조), 우수체육용품 생산업체의 지정과 자금 융자에 관한 사항(제15조, 제16조, 제17조, 제19조), 그리고 과태료의 징수절차(제21조) 등을 명시하고 있다.

### 4) 체육지도자 연수 및 자격검정에 관한 규칙

이 규칙은 1984년 2월 16일 체육부령 제6호로 제정된 이후 6차례의 개정을 통해 1999년 2월 6일 문화관광부령 제17호로 개정되어 현재에 이르고 있다. 이 규칙은 국민체육진흥법 시행령 제22조 내지 제25조와 국민체육진흥법 시행규칙 제9조의 규정에 의하여 경기지도자와 생활체육지도자의 연수, 자격검정 및 자격부여에 관한 사항을 규정함을 목적으로 하고 있다.

특히 생활체육지도자 양성에 대하여 살펴보면 1급, 2급, 3급으로 나누어져 있으며, 1급은 단순한 체육활동이 아닌 체력진단 및 운동처방, 프로그램 구성, 카운셀링 등 예방의학적 차원의 역할을 수행한다. 2급은 지역, 직장 등에서 체육활동을 지도할 수 있도록 전공 1종목과 부전공 1종목의 지도가 가능한 지도자로 양성한다. 3급은 체육도장 및 체육시설업소에서 해당하는 실기지도를 전담하는 역할을 한다.

## 2. 체육시설의 설치 · 이용에 관한 법률

### 1) 체육시설의 설치·이용에 관한 법률

체육시설의 설치·이용에 관한 법률은 1989년 3월 31일 법률 제4016호로 제정되었으며, 1990년 12월 27일 법률 제4286호(정부조직법)에 의거 1차 개정된 후, 1999년 3월 31일 법률 제5942호로 개정되어 현재에 이르고 있다. 이 법은 체육시설의 설치·이용을 장려하고 체육시설업을 건전하게 발전시켜 국민의 건강증진과 여가선용에 이바지함을 그 목적으로 하고 있다.

### (1) 제 1 장 총칙

총칙은 체육시설의 설치·이용에 관한 법률의 목적(제1조), 용어의 정의(제2조), 체육시설의 종류(제3조), 그리고 국가와 지방자치단체의 의무(제4조) 등으로 구성되어 있다. 이 법률에서 사용하는 주요 용어의 정의는 <표 8-4>와 같다.

### (2) 제 2 장 공공체육시설

총 5조로 구성되어 있으며 전문체육시설(제5조), 생활체육시설(제6조), 직장체육시설(제7조), 체육시설의 개방 및 이용(제8조), 그리고 체육시설의 위탁운영(제

〈표 8-4〉 체육시설의 설치·이용에 관한 법률의 주요 용어

| 용 어 | 정      의 |
|---|---|
| 체육시설 | 체육활동에 지속적으로 이용되는 시설과 그 부대시설을 말한다. |
| 체육시설업 | 영리를 목적으로 체육시설을 설치·경영하는 업을 말한다. |
| 체육시설업자 | 체육시설업을 등록 또는 신고한 자를 말한다. |
| 회 원 | 체육시설업의 시설설치에 투자된 비용을 부담하고 그 시설을 우선적으로 이용하기로 체육시설업자와 약정한 자를 말한다. |

9조) 등에 관한 내용을 명시하고 있다.

### (3) 제3장 체육시설업

총 22조로 구성되어 있으며 체육시설의 구분·종류(제10조), 시설기준 등(제11조), 사업계획의 승인(제12조), 사업계획승인의 제한(제13조), 대중골프장의 병설(제14조), 대중골프장 조성비의 관리 및 사용(제15조), 등록체육시설업의 시설설치기간(제16조), 회원모집(제19조), 회원의 보호(제20조), 체육시설업의 등록(제21조), 체육시설업의 신고(제22조), 체육시설의 이용질서(제23조), 체육지도자의 배치(제26조), 안전·위생기준(제27조), 골프장의 농약사용 및 검사(제28조), 체육시설의 보험가입(제29조), 체육시설업등의 승계(제30조), 다른 법률과의 관계(제31조), 사업계획 승인의 취소 등(제34조), 등록취소 등(제35조), 등록취소를 하고자 할 때 청문(제36조), 그리고 체육시설업협회(제37조) 등의 내용을 명시하고 있다. 〈표 8-5〉에는 이 법률에서 명시한 등록체육시설업과 신고체육시설업의 종류가 제시되어 있다.

〈표 8-5〉 등록·신고체육시설업의 종류

| 종  류 | 시      설      업 |
|---|---|
| 등록체육시설업 | 골프장업, 스키장업, 요트장업, 조정장업, 카누장업, 빙상장업, 자동차경주장업, 승마장업, 종합체육시설업(수영장 포함 2개 종목 이상) |
| 신고체육시설업 | 수영장업, 체육도장업(태권도, 유도, 복싱, 레스링, 검도, 우슈), 볼링장업, 테니스장업, 골프연습장업, 체력단련장업(헬스크럽), 에어로빅장업, 당구장업, 썰매장업, 무도학원업(볼룸댄스), 무도장업(볼룸댄스) |

### (4) 제 4 장 보칙(補則)

총 3조로 구성되어 있으며 국가와 지방자치단체에서 공공체육시설 또는 학교·직장체육시설의 관리·보수에 필요한 경비 보조(제38조), 시책수립에 필요한 사항 등의 보고(제40조), 체육시설업소의 등록 및 신청에 필요한 수수료(제41조) 등의 내용을 명시하고 있다.

### (5) 제 5 장 벌칙

총 32조로 구성되어 있으며 이 법률을 위반한 자에 대한 벌칙(제42조), 양벌규정(제43조), 그리고 과태료(제44조) 등의 내용을 명시하고 있다.

## 2) 체육시설의 설치·이용에 관한 법률 시행령

체육시설의 설치·이용에 관한 법률 시행령은 제1장 총칙, 제2장 공공체육시설, 제3장 체육시설업, 그리고 부칙으로 구성되어 있으며, 체육시설의 설치·이용에 관한 법률에서 위임된 사항과 그 시행에 관하여 필요한 사항을 규정함을 그 목적으로 하고 있다. 이 시행령은 1989년 7월 1일 대통령령 제12743호에 의거 제정되었으며 7차례의 개정을 통해 2000년 1월 28일 대통령령 제16701호로 개정되어 현재에 이르고 있다.

## 3) 체육시설의 설치·이용에 관한 법률 시행규칙

이 규칙은 체육시설의 설치·이용에 관한 법률 및 동법시행령에서 위임된 사항과 그 시행에 관한 필요한 사항을 규정함을 목적으로 하고 있다. 이 시행규칙은 1989년 7월 12일 체육부령 제13호로 공포되었으며, 이후 6차례의 개정을 통해 2000년 3월 28일 문화관광부령 제38호로 개정되어 현재에 이르고 있다. 특히 이 규칙에는 전문체육시설·생활체육시설·직장체육시설의 구체적 설치기준, 영리체육시설업에 대한 등록·신고 절차와 회원증 발급에 관한 사항, 법에 의한 행정처분의 세부기준 등을 제시하고 있다.

<표 8-6>에서 <표 8-16>까지는 체육시설의 설치·이용에 관한 법률 시행규칙에 명시한 내용 중 체육시설업소의 시설 기준과 지도자 배치기준이 제시되어 있다.

**〈표 8-6〉 체육시설업의 공통 시설기준〈개정 2000. 3. 28 〉**

| 구 분 | 시 설 기 준 |
|---|---|
| 가. 필수시설 | |
| (1) 편의시설 | ○ 수용인원에 적당한 주차장(등록체육시설업에 한한다) 및 화장실을 갖추어야 한다. 다만, 당해 체육시설이 다른 시설물과 동일부지에 위치하거나 복합건물내에 위치한 경우로서 그 다른 시설물과 공동사용하는 주차장 및 화장실이 있는 때에는 별도로 갖추지 아니할 수 있다. |
| | ○ 수용인원에 적당한 탈의실·샤워실 및 급수시설을 갖추어야 한다. 다만, 신고체육시설업(수영장업을 제외한다)과 빙상장업 및 자동차경주장업에는 탈의실·샤워실을 대신하여 세면실을 설치할 수 있다. |
| (2) 안전시설 | ○ 체육시설(무도학원업 및 무도장업을 제외한다)내의 조도는 산업표준화법에 의한 조도기준에 적합하여야 한다. |
| | ○ 상병자의 구호를 위한 응급실 및 구급약품을 갖추어야 한다. 다만, 신고체육시설업(수영장업을 제외한다)과 골프장업에는 응급실을 갖추지 아니할 수 있다. |
| | ○ 적정한 환기시설을 갖추어야 한다. |
| (3) 관리시설 | ○ 등록체육시설업에는 매표소·사무실·휴게실 등 해당체육시설의 유지·관리에 필요한 시설을 설치하여야 한다. |
| 나. 임의시설 | |
| (1) 편의시설 | ○ 관람석을 설치할 수 있다. |
| | ○ 체육용품의 판매·수선 또는 대여점을 설치할 수 있다. |
| | ○ 관계법령의 규정에 따라 식당·목욕시설·매점 등 편의시설을 설치할 수 있다(무도학원업 및 무도장업을 제외한다). |
| (2) 운동시설 | ○ 등록체육시설업에는 그 체육시설의 이용에 지장이 없는 범위안에서 해당 체육시설외에 다른 종류의 체육시설을 설치할 수 있다. |
| | ○ 하나의 체육시설을 계절 또는 체육종목을 달리하여 운영하는 경우에는 각각 해당 체육시설업의 시설기준에 적합하여야 한다. |

**〈표 8-7〉 종합체육시설업의 시설기준**

| 구 분 | 시 설 기 준 |
|---|---|
| (1) 필수시설 | ○ 해당 체육시설업의 필수시설 기준에 의한다. |
| (2) 임의시설 | ○ 해당 체육시설의 임의시설기준에 의한다. |
| | ○ 수영조바닥면적과 체력단련장 및 에어로빅장의 운동전용면적을 합한 면적의 15퍼센트이하의 규모로 체온관리실(온수조·냉수조·발한실)을 설치할 수 있다. 다만, 체온관리실은 종합체육시설업의 시설이용자만 이용하게 하여야 한다. |

**〈표 8-8〉 수영장업의 시설기준**

| 구 분 | 시 설 기 준 |
|---|---|
| (1) 필수시설<br>　① 운동시설 | ○ 수영조의 바닥면적은 200제곱미터(시·군은 100제곱미터)이상이 어야 한다. 다만, 호텔 등 일정범위내의 이용자에게만 제공되는 수 영장은 100제곱미터 이상으로 할 수 있다.<br>○ 물의 깊이는 0.9미터이상 2.7미터이하로 하고, 수영조의 벽면에 일 정한 거리 및 수심표시를 하여야 한다. 다만, 어린이용·경기용 등 의 수영조에 대하여는 이 기준에 의하지 아니할 수 있다.<br>○ 수영조와 수영조 주변통로 등의 바닥면은 미끄러지지 아니하는 자 재를 사용하여야 한다.<br>○ 도약대를 설치한 경우에는 도약대 돌출부의 하단부분으로부터 3미 터이내의 수영조의 수심은 2.5미터이상으로 하여야 한다.<br>○ 도약대는 사용시 미끄러지지 아니하도록 하여야 한다.<br>○ 도약대로부터 천정까지의 간격이 스프링보드도약대와 높이 7.5미 터이상의 플랫폼 도약대인 경우에는 5미터이상이어야 한다.<br>○ 물의 정화설비는 순환여과방식으로 하여야 한다.<br>○ 물이 들어오는 관과 나가는 관의 배관설비는 물이 계속하여 순환되 도록 하여야 한다.<br>○ 수영조 주변 통로의 폭의 1.2미터이상(헨드레일을 설치하는 경우 에는 1.2미터미만으로 할 수 있다)으로 하고, 수영조로부터 외부로 경사지도록 하거나 기타의 방법을 강구하여 오수 등이 수영조로 침 수할 수 없도록 하여야 한다. |
| 　② 안전시설 | ○ 이용자의 안전을 위하여 수영조 전체를 전망할 수 있는 감시탑을 설치하여야 한다. 다만, 호텔 등 일정범위내의 이용자에게만 제공 되는 수영장은 감시탑을 설치하지 아니할 수 있다. |
| (2) 임의시설<br>　편의시설 | ○ 물미끄럼대, 유아 및 어린이용 수영조를 설치할 수 있다 |

**〈표 8-9〉 체육도장업의 시설기준**

| 구 분 | 시 설 기 준 |
|---|---|
| 필수시설<br>운동시설 | ○ 운동전용면적은 66제곱미터이상으로 하되, 3.3제곱미터당 수용인 원이 1인이하가 되도록 하여야 한다.<br>○ 바닥면은 운동중 발생하는 충격의 흡수가 가능하게 하여야 한다.<br>○ 해당종목의 운동에 필요한 기구와 설비를 갖추어야 한다. |

**〈표 8-10〉 볼링장업 시설기준**

| 구 분 | 시 설 기 준 |
|---|---|
| 필수시설<br>①운동시설 | ○ 레인을 4개이상 설치하여야 한다.<br>○ 레인은 국내·외적으로 통용되는 규격을 갖추어야 한다. |
| ②안전시설 | ○ 소음·진동의 방지에 적합한 시설을 하여야 한다. |

**〈표 8-11〉 테니스장업 시설기준**

| 구 분 | 시 설 기 준 |
|---|---|
| 필수시설<br>운동시설 | ○ 규 격 |

| 종 류 | 가 로 | 세 로 |
|---|---|---|
| 단 식 | 8.23미터 | 23.77미터 |
| 복 식 | 11.00미터 | 23.77미터 |

○ 네트는 코트의 세로선으로부터 각각 0.91미터 바깥쪽에 위치한 2개의 포스트 위를 넘어서 매도록 하여야 한다.
○ 네트는 공이 빠지지 않을 정도의 좁은 그물이어야 한다.
○ 네트와 높이는 0.91미터이어야 한다.
○ 코트간의 간격은 2미터 이상이어야 한다.
○ 양쪽 세로선과 휀스와의 거리는 3미터이상, 양쪽 가로선과 휀스와의 거리는 5미터이상이어야 한다.

**〈표 8-12〉 에어로빅장업 시설기준**

| 구 분 | 시 설 기 준 |
|---|---|
| 필수시설<br>운동시설 | ○ 운동전용면적은 50제곱미터 이상이어야 한다.<br>○ 바닥면은 운동중 발생하는 충격흡수가 가능하게 하여야 한다.<br>○ 외부에 소음이 방지되도록 하여야 한다. |

**〈표 8-13〉 체력단련장업(헬스크럽) 시설기준**

| 구 분 | 시 설 기 준 |
|---|---|
| 필수시설<br>운동시설 | ○ 운동전용면적은 66제곱미터 이상이어야 한다.<br>○ 바닥면은 운동중 발생하는 충격흡수가 가능하게 하여야 한다.<br>○ 기초체력단련기구 5종 이상을 갖추어야 한다.<br>○ 연습용구 10점 이상을 갖추어야 한다.<br>○ 신장기·체중기 등 필요한 기구를 갖추어야 한다. |

**〈표 8-14〉 골프연습장업 시설 기준**

| 구 분 | 시 설 기 준 |
|---|---|
| (1) 필수시설<br>　① 운동시설 | ○ 실내 또는 실외의 연습에 필요한 타석을 갖추어야 한다. 다만, 타구의 원리를 응용한 연습 또는 교습이 아닌 별도의 오락·게임 등을 할 수 있는 타석을 설치하여서는 아니된다.<br>○ 타석간의 간격이 2.5미터 이상이어야 하며, 타석의 주변에는 이용자가 연습을 위하여 휘두르는 골프채에 벽면·천정 기타 다른 설비 등이 부딪치지 아니하도록 충분한 공간이 있어야 한다. |
| 　② 안전시설 | ○ 연습중 타구에 의하여 안전사고가 발생하지 않도록 그물·보호망 등을 설치하여야 한다. 다만, 실외연습장으로서 위치 및 지형상 안전사고의 위험이 없는 때에는 그러하지 아니하다. |
| (2) 임의시설<br>　운동시설 | ○ 연습 또는 교습에 필요한 기기를 설치할 수 있다.<br>○ 3홀 미만의 퍼팅연습용 그린을 설치할 수 있다. 다만, 퍼팅의 원리를 응용하여 골프연습이 아닌 별도의 오락·게임 등을 할 수 있는 그린을 설치하여서는 아니된다.<br>○ 실외골프연습장에는 3홀 미만의 골프코스 또는 18홀 이하의 피칭연습용코스(각 피칭연습용코스의 폭·길이는 100미터 이하이어야 한다)를 설치할 수 있다. |

〈표 8-15〉 당구장업 시설기준

| 구 분 | 시 설 기 준 |
|---|---|
| 필수시설<br>운동시설 | ○ 당구대1대당 16제곱미터 이상의 면적을 확보하여야 한다.<br>○ 3대이상의 당구대를 설치하여야 한다. |

〈표 8-16〉 썰매장업 시설기준

| 구 분 | 시 설 기 준 |
|---|---|
| 필수시설<br>① 운동시설 | ○ 폭 15미터이상, 길이 120미터이상의 슬로프를 1면이상 설치하여야 하되, 지형에 따라 그 폭·길이의 25퍼센트 범위내에서 감할 수 있다.<br>○ 슬로프 규모에 적당한 썰매와 제설기 또는 눈살포기(자연설을 이용할 수 있는 지역에 한한다)등을 갖추어야 한다. |
| ② 안전시설 | ○ 슬로프의 가장자리에는 안전망과 안전매트를 설치하여야 한다. |

〈표 8-17〉 무도학원 및 무도장업(볼룸댄스) 시설기준

| 구 분 | 시 설 기 준 |
|---|---|
| 필수시설<br>운동시설 | ○ 무도학원업은 바닥면적이 66제곱미터 이상이어야 하며, 무도장업은 특별시 및 광역시의 경우에는 330제곱미터 이상, 그 외의 지역의 경우에는 231제곱미터 이상이어야 한다.<br>○ 소음방지에 적합한 방음시설을 하여 소리가 밖으로 새어나가지 아니하도록 하여야 한다.<br>○ 바닥은 목재마루로 하고 마루밑에 받침을 두어 탄력성이 있게 하여야 한다.<br>○ 무도학원업 및 무도장업으로 사용되고 있는 건축물의 용도가 건축법시행령 별표 1의 건축물의 용도분류에 적합하여야 하고, 기타 건축법 및 도시계획법의 규정에 적합한 위치이어야 한다.<br>○ 운동시설은 사무실 등 다른 용도의 시설과 완전히 구획되어야 한다.<br>○ 업소내의 조도는 무도학원업은 100룩스 이상, 무도장업은 30룩스 이상 되어야 하며, 조명의 밝기를 조절하는 장치를 설치하여서는 아니된다. |

**〈표 8-18〉 체육지도자 배치 기준〈개정 1996. 5. 30〉**

| 체육시설업의 종류 | 규 모 | 배치인원 |
|---|---|---|
| 골프장업 | ○ 골프코스 18홀이상 36홀이하<br>○ 골프코스 36홀초과 | 1인이상<br>2인이상 |
| 스키장업 | ○ 슬로프 10면이하<br>○ 슬로프 10면초과 | 1인이상<br>2인이상 |
| 요트장업 | ○ 요트 20척이하<br>○ 요트 20척초과 | 1인이상<br>2인이상 |
| 조정장업 | ○ 조정 20척이하<br>○ 조정 20척초과 | 1인이상<br>2인이상 |
| 카누장업 | ○ 카누 20척이하<br>○ 카누 20척초과 | 1인이상<br>2인이상 |
| 빙상장업 | ○ 빙판면적 1,500제곱미터이상, 3,000제곱미터이하<br>○ 빙판면적 3,000제곱미터초과 | 1인이상<br>2인이상 |
| 승마장업 | ○ 말 20두이하<br>○ 말 20두초과 | 1인이상<br>2인이상 |
| 수영장업 | ○ 수영조 바닥면적이 400제곱미터이하인 실내수영장<br>○ 수영조 바닥면적이 400제곱미터를 초과하는 실내<br>  수영장 | 1인이상<br>2인이상 |
| 체육도장업 | ○ 운동전용면적 300제곱미터이하<br>○ 운동전용면적 300제곱미터초과 | 1인이상<br>2인이상 |
| 볼링장업 | ○ 14레인이상 30레인이하<br>○ 30레인 초과 | 1인이상<br>2인이상 |
| 테니스장업 | ○ 코트 6면이상 16면이하<br>○ 코트 16면초과 | 1인이상<br>2인이상 |
| 골프연습장업 | ○ 20타석이상 50타석이하<br>○ 50타석초과 | 1인이상<br>2인이상 |
| 체력단련장업 | ○ 운동전용면적 300제곱미터이하<br>○ 운동전용면적 300제곱미터초과 | 1인이상<br>2인이상 |
| 에어로빅장업 | ○ 운동전용면적 300제곱미터이하<br>○ 운동전용면적 300제곱미터초과 | 1인이상<br>2인이상 |

## 3. 업무처리절차(신고체육시설업)

이 책을 읽는 독자 중에는 현재 체육시설업을 경영하거나 장차 개업을 준비하는 사람이 있을 것이다. 따라서 여기에서는 소규모 체육시설업(신고시설)의 개업과 인수·인계·폐업에 대한 행정관청의 절차를 소개하고자 한다.

### 1) 신규 신고시 구비 서류

| 제 출 처 | 처리기간 |
|---|---|
| 구청 민원실 | 제출 후 3일 |

① 체육시설업 신고서 및 시설개요서(소정양식이 비치되어 있음)
② 법인등기부 등본(법인인 경우) 1부
③ 부동산 등기부 등본
  • 타인 소유인 경우는 그 부동산의 사용권을 증명할 수 있는 서류 1부
    (예) 임대차 계약서, 사용승락서 공증서 등
  • 건물의 용도가 근린생활시설 또는 생활편익시설로 표기되어야 함(건축물 관리대장 참고)
  • 건물의 용도가 근린생활시설이 아니면 건축과에 건축물의 용도변경 신청을 하면 된다.
④ 생활체육지도자 자격증 사본 1부 : 해당 종목 문화관광부장관 발행 자격증
  • 지도자를 고용한 경우는 고용계약서 1부
  • 당구장 등은 지도자 배치 의무가 없다.
  • 경기지도자 자격증도 유용하다.

### 2) 승계 신고시 구비서류(타인의 시설업을 인수받은 경우)

① 체육시설업 명의변경서(소정양식)
② 부동산 사용권 입증서류 또는 부동산 임대 계약서 사본 1부
③ 신고필증 반환(인계자의 신고필증)
④ 지도자 자격증 : 업주가 지도자가 아닐 경우 고용계약서 첨부

### 3) 폐업 신고시 구비서류

① 폐업할 때는 준비해야 할 특별한 서류가 없으며 행정관청(구청의 체육관련 부서)에 체육시설업 신고서를 반납하고 폐업 의사를 분명히 표명한다.

② 각종 세금 등의 체납이 없다면 즉시 처리된다.

③ 폐업 신고를 하지 않을 경우 자치단체에서는 체육시설을 계속 운영하고 있는 것으로 간주하고 면허세를 부과하게 된다. 따라서 세금 체납자로 분류되어 개인의 신용과 재산상의 손실을 입을 수 있다.

④ 또한, 자치단체에 폐업 신고를 한 후, 관할 세무서에 사업자 등록을 취소한다. 이를 이행하지 않을 경우, 세무서에서도 일정액의 소득세가 계속 부과된다.


# 제 4 절   비영리 체육법인


체육법인이란 공익법인의 설립·운영에 관한 법률 제2조 및 동법시행령 제2조의 규정에 의하여 설립된 비영리 사단 또는 재단법인을 말한다. 물론 법인격을 취득하려면 일정한 자격 요건을 갖추고 주무관청의 허가를 얻어(민법 제32조), 주된 사무소의 소재지에 설립 등기를 완료하여야 한다.

이러한 법인을 설립하게 되면 회원이나 단체의 활동이 법적으로 보장을 받거나 그 활동에 있어서 공신력을 가지게 되므로 조직의 목표 달성이 쉬워진다. 예를 들면 체육 종목과 관계되는 단체가 회원을 모집하여 교육을 실시하고 일정한 증서를 부여했을 때 법인명의로 발급한다면, 교육을 이수하고 증서를 교부 받은 회원은 보람을 느낄 수 있다. 또한 법인단체가 공익을 위한 학술연구회·체육행사를 개최할 때 국고나 지방비를 지원받을 수 있는 자격과 국가나 지방자치단체의 체육시설을 위탁 운영받는 데 있어서 많은 인센티브를 갖는다. 그리고 법인의 목적 사업을 달성하는데 있어서 경비를 충당하기 위하여 법인의 본질에 반하지 않은 범위 내에서 주무관청의 승인을 얻는 경우는 일정액의 수익사업을 할 수 있다. 그러나 비영리 체육법인의 궁극적인 설립 목적은 영리의 추구가 아니라 공익(사회일반의 이익)의 추구에 있다는 사실을 잊어서는 안 된다.

**〈표 8-19〉 문화관광부 관장 법인수 및 임직원수**　　　　　(단위: 법인수, 명)

| 구　분 | 전　체 | 특수법인 | 재단법인 | 사단법인 |
|---|---|---|---|---|
| 법인 수 | 95 | 3 | 17 | 75 |
| 임원 수 | 1,738 | 65 | 324 | 1,349 |
| 직원 수 | 2,591 | 1,608 | 531 | 452 |

자료: 문공회(2001). **문화관광연감 2001.** 사단법인 문공회. pp. 851-862

이러한 체육법인에는 특수법인체로서 대한체육회, 서울올림픽기념국민체육진흥공단, 한국마사회 등이 있고, 재단법인으로는 2002월드컵축구대회조직위원회, 2002부산아시아경기대회조직위원회, 서울평화상 문화재단 등이 있다. 그리고 사단법인으로는 국민생활체육협의회를 비롯한 여러 종류의 스포츠 단체가 있다. 〈표 8-19〉에 문화관광부 관장 법인수 및 임직원수가 제시되어 있다.

# 1. 법인의 정의

## 1) 공익법인의 정의

공익법인의 설립·운영에 관한 법률 제2조 및 동법시행령 제2조에 규정된 사업을 목적으로 하는 법인 즉, 사회일반의 이익에 공여(供與)하기 위하여 학자금·장학금 또는 연구비의 보조나 지급, 학술, 자선에 관한 사업을 목적으로 하는 법인을 말한다.

## 2) 비영리 법인의 정의

학술, 종교, 자선, 기예, 사교, 기타 영리 아닌 사업을 목적으로 하는 사단(社團) 또는 재단(財團)으로서 주무관청의 허가를 얻어 설립된 법인을 말한다.

### (1) 사단법인(社團法人)

일정한 목적을 위해 조직된 단체로서, 국가나 지방자치단체에 의하여 법률상 그 권리·의무의 주체로 인정받은 공익법인을 말한다.

## (2) 재단법인(財團法人)

일정한 목적에 제공된 재산의 독립된 운용을 위하여 설립된 공익법인을 말한다.

## 2. 근거법령

○ 민법 제31조~제97조(개정 1990. 1. 13 법률 제4199호)
○ 공익법인의설립·운영에관한법률(개정 1995. 7. 6 대통령령 제14712호)
○ 공익법인의설립·운영에관한법률시행령(개정 1993. 11. 20 대통령령 제14008호)
○ 문화관광부및문화재청소년비영리법인의설립및감독에관한규칙(개정 2000. 2. 21. 문화관광부령 제36호)
※ 법률의 제목은 원칙적으로 띄어쓰기를 하지 않는다.

〈표 8-20〉 법인설립허가 업무의 기본 방향

| 기본방향 | 내 용 |
|---|---|
| 설립취지 | · 법인의 설립취지가 공익에 기여할 수 있는지를 검토한다 |
| 목적달성 | · 목적 사업이 현실적으로 달성 가능한지를 검토한다 |
| 1종목 1법인 | · 전국규모의 법인설립은 1종목 1법인을 원칙으로 하며 기존법인과의 동일 또는 유사한 목적의 법인설립허가를 불허함으로서 유사단체간의 갈등이나 마찰이 없도록 하고 있다. |
| 재정능력 | · 법인의 건전한 운영을 도모하고 원활한 목적 달성을 위해 재정능력 및 법인운영 능력(목적사업수행)에 비중을 두어 허가를 검토하고 있다.<br>· 재단법인의 설립 당초 기본재산으로 출연되는 재산은 5억원 이상으로 한다.<br>· 주로 회원으로 구성된 사단법인의 원활한 목적사업 수행을 위하여 설립 당초에 기본재산(1회계연도 예산총액 정도인 1억원 이상)을 확보하도록 한다. |
| 법인활동 영역 | · 법인활동 영역의 독자성과 대표성, 보급수준, 전문성, 공익성, 사업목적 등을 중점 검토하고 있다. |
| 허가제한 | · 법인의 목적과 명칭이 부합되도록 하고 풍속영업의 규제에 관한 법률, 의료법의 규제를 받는 종목(지압, 맛사지, 카이로프락틱, 신체교정, 시술 등)에 대하여 법인 설립을 불허하고 있다. |

## 3. 법인설립 기본지침(문화관광부)

체육관련 법인의 설립 허가 주무관청인 문화관광부에서는 법인의 난립을 예방하고 공익에 기여할 수 있는 기본적인 조건을 갖추어 허가신청서를 제출하도록 업무처리에 대한 기본방향을 <표 8-20>과 같이 정하고 있다.

## 4. 업무처리 절차

### 1) 허가 절차

비영리 체육법인의 허가신청서를 제출할 때는 법인의 사무소가 소재하는 관할 자치단체의 구청에 제출하면 된다. 이러한 허가 절차를 그림으로 표시하면 <그림 8-1>과 같다.

### 2) 신청서 제출시 구비서류

① 신청서 1부
② 설립취지서 1부
③ 정관 1부
④ 출연재산의 종류, 수량, 금액 및 권리관계를 기재한 재산목록 1부(사단법인인 경우에는 회비징수계획 포함)
⑤ 재산출연을 증명할 수 있는 서류 1부
⑥ 부동산, 예금, 유가증권 등 주된 재산에 관한 등기소, 금융기관 등의 증명서 1부
⑦ 사업개시 예정일이 속하는 사업연도(당해 사업연도의 남은 기간이 3월 미만인 경우에는 그 다음 사업연도)의 사업계획서 1부
⑧ 사업개시 예정일이 속하는 사업연도(당해 사업연도의 남은 기간이 3월 미만인 경우에는 그 다음 사업연도)의 수지예산서 1부
⑨ 임원취임예정자의 이력서(사진첨부) 1부
⑩ 임원취임예정자의 취임승락서 1부
⑪ 임원취임예정자의 인감증명서 1부
⑫ 창립총회회의록사본(사단법인인 경우)1부(행정자치부, 1999).

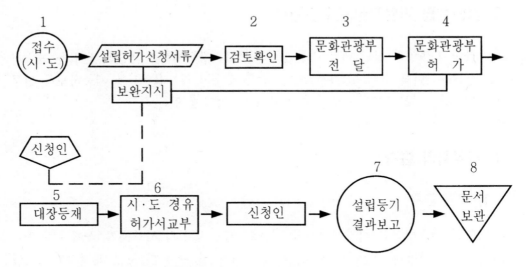

<그림 8-1> 법인설립의 허가 절차

자료 : 문화체육부(1997). **비영리체육법인 업무편람**. p. 13.

# 참고문헌

고기환(1997). 체육.스포츠사고와 책임자의 행정처분에 대한 사례분석, **한국사회체육학회지**, 8, 203-209.

남청웅, 서상옥, 남승구(1996). 스포츠법학 적용 접근에 관한 연구시론. **한국사회체육학회지**, 6, 246-256

문공회(2001). **문화관광 연감 2001**. 사단법인 문공회.

문화체육부(1997). **비영리체육법인 업무편람**.

손석정(1997). 스포츠법에 관한 소고. **스포츠 과학**, 61, 15-18

심재영(1993). **체육·스포츠사고의 법적책임과 구제에 관한 연구**. 한양대학교 대학원 박사학위 논문.

이상효(1994). **서울특별시 구별 생활체육행정전개의 비교연구**. 한국체육대학교 사회체육대학원 석사학위 논문.

한국학문연구소 편(1990). **고려사 중**. 서울: 아세아 문화사.

행정자치부(1999). 관보 제14269호(1999. 8. 31자).

小倉 良弘(1975). スポーツ事故の法的責任. 體育の科學 25, 體育の科學社, 702.

スポーツ史 大事典(1987). スポーツ史年表.

千葉正士(1994). スポーツ法の國家性·世界性: スポーツにおける當事者關係の特質. 日本 スポーツ法學會.

千葉正士, 濱野吉生(1995). スポーツ法學入門. (株)體育施設出版.

Bennett, B. L., Howell, M. L., & Simri, U.(1983). *Comparative physical education and sport*. Piladelphia : Lea & Febiger.

# 제9장  사무·문서관리

컴퓨터와 통신기술의 발전으로 정보화 시대라고 일컫는 현대의 복잡하고 세분화된 사회 속에서 체육조직을 비롯한 스포츠 경영체도 다량의 정보를 신속히 처리하고 전달할 수 있는 능력은 조직의 성공 여부와 직결된다. 체육사업의 목적 달성을 위한 책상도 체육활동의 생산을 위한 준비과정이며, 체육 서비스를 위한 프로그램의 연구활동은 공장 내의 공정(工程) 중에 놓여 있는 재료와 같이 볼 수 있다.

따라서 미래의 체육행정·경영가로서 독자들은 체육조직의 효율적이고 창의적인 목표 달성을 위해 사무관리와 문서관리에 대한 기본개념의 이해와 실무를 위한 훈련이 필요하므로 본 장에서는 이와 관련된 내용을 기술하고자 한다.

# 제 1 절   사무관리

## 1. 사무관리의 정의

제2장에서 살펴본 바와 같이 과학적 관리(scientific management)는 테일러 (Taylor)에 의해 제창되었고 공장 내의 제조작업 관리에 적용되는 이론으로 개발 되었다. 그런데 사무관리라는 것은 바로 이런 관리 방법을 사무실에 적용하기 위 하여 발생한 것이다.

이것은 체육행정·경영을 위한 사무실도 직접 제품을 생산하는 공장처럼 사무라 는 제품, 즉 무형의 서비스를 생산하고 있고, 거기에서는 기록, 계산, 회의 기타의 사무작업들이 행해지고 있으며, 이것들을 통하여 사무가 생산되고 있기 때문이다. 그래서 사무실이라는 것은 사무원이 사무작업을 능률적으로 하도록 관리되지 않으 면 안 된다. 그러기 위해서는 사무소의 위치, 건물, 설비, 사무실 내의 배치, 집무 환경 등을 정비하지 않으면 안된다.

이상과 같은 사무과정은 하나의 관리기능으로서 '사무'라는 전문적 입장에서 다루어져야 한다. 이러한 이유로 미국과 같은 곳에서는 이미 1910년대에 사무관 리자(office manager)라는 전문적 관리 책임자가 생기게 되었고, 1925년경부터 는 그의 전문적 지위가 널리 인정받게 되었다.

이러한 사무관리를 조석준(1996)은 "사무실의 작업을 관리하는 것"이라고 일 축하고 있다.

또한 행정자치부의 행정능률과(2000)는 사무를 종래의 단순한 서류 처리에 관 한 개념에서 행정 활동을 촉진하고 정보를 처리하는 종합적인 측면으로서, 작업적 인 측면과 기능적인 측면으로 다음과 같이 사무의 개념을 정리하고 있다.

① 작업적인 측면(소극적인 자세) : 사무는 사무실에서 이루어지는 문서의 생 산·유통·보존을 주로 하는 서류에 관한 작업이다(paper work, desk work).

② 기능적인 측면(적극적인 자세) : 사무는 행정목적달성을 위해 정보를 수집· 가공·저장하여 활용하는 정보처리의 기능이다(information processing function).

## 2. 사무의 본질과 기능

사무의 본질은 관리에 필요한 정보를 만드는 작업이다. 모든 관리나 경영활동을 하려면 의사결정이 필수적이다. 이러한 의사결정을 과학적으로 하기 위해서는 과학적 정보가 필요하게 된다. 그래서 정보를 효과적으로 생산하고 처리하는 일이 사무의 역할이라고 할 수 있다.

사무는 작업이기 때문에 그 자체로는 능률적으로 관리되지 않으면 안된다. 사무를 위한 작업은 통상 다음과 같은 것으로 구성된다.

① 기록(인쇄포함)(writing)
② 계산(computing)
③ 면담(interviewing)
④ 통신(운반을 포함)(communicating)
⑤ 분류와 정리(classifying and filing)

스카퍼(Schaffer, 1988)는 사무를 ① 조직의 독립적인 기능이나 독자적인 업무가 아니라 다른 분야의 업무와 연결되어 투명하게 처리되어야 만이 효율적으로 운영될 수 있다. ② 사무는 자동화보다는 사무에 관한 전문기술에 의하여 지원 받을 필요성이 있으며 이러한 전문기술은 사무 종사자들이 업무를 수행하기 위하여 사용할 수 있는 장비를 제공한다. ③ 사무에 관한 전문기술은 단지 하나의 작업장에만 영향을 미치거나 단독적인 적용을 의미하지는 않는다고 하였다.

따라서 사무관리의 분석은 폭넓은 조직의 이해를 비롯한 전문기술, 인사, 처리, 응용에 관한 시스템의 일부분으로서 이해되어야 한다(Horine, 1995).

또한 테데스코와 미첼(Tedesco & Mitchell, 1987)은 현대의 사무실 기능을 정보처리 시스템이라고 하고 조직의 의사 결정자들에게 정보의 흐름을 제공하기 위하여 개발된 네트웍 구성요소의 일부분이 될 것을 강조하고 있다. 또 사무실의 기능은 다음과 같은 다섯 가지 활동에 따라 수행된다고 하였다.

① 자료와 정보의 수합(receiving data and information)
② 자료와 정보의 기록(recording data and information)
③ 자료와 정보의 준비(preparing data and information)
④ 자료와 정보의 전달(communicating data and information)
⑤ 자산의 보호(safeguarding assets)

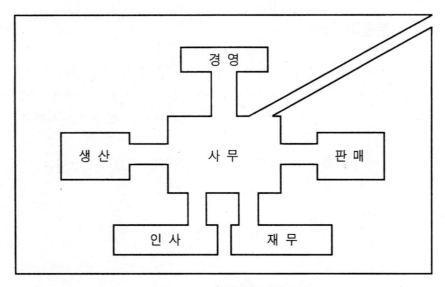

**〈그림 9-1〉 사무관리의 기능**

자료: 이범제(1999). **체육이론의 실제**. 서울대학교 출판부. p. 473.

〈그림 9-1〉에는 달링톤(Darlington, 1994)이 "경영제를 인체로 본다면 사무는 신경계통가 같다"고 주장하는 사무관리의 기능이 그림으로 제시되어 있다. 여기서 경영체는 생산, 판매, 인사, 재무 등으로 이루어지는 것이며 이것은 인체에 있어서 신경계통이 중요한 것처럼 사무를 통해야만 효율적인 경영이 이루어진다고 이범제(1999)는 해석하고 있다.

또한 행정자치부의 행정능률과(2000)는 사무의 기능을 아래와 같이 4가지 기능으로 보고 있다.

① 행정활동의 보조 및 촉진 : 사무는 조직체의 목적달성을 위한 업무활동과정에서 그 수단으로 존재하며, 사무작업은 업무의 수행과정과 내용 그리고 그 결과를 명확하게 할뿐만 아니라 그 결과로 남게 된 각종 자료는 다음 활동의 지침이 되거나 의사결정에 필요한 정보를 제공하는 중요한 역할을 한다.

② 관련분야의 연계성 유지 : 사무는 조직체가 행하는 수 개의 활동을 각 부문 또는 기관간에 서로 연결시켜 주면서 상호간의 활동을 협조·보완하게 하고, 때로는 견제·조정하는 역할을 한다. 이러한 사무의 결합기능은 각 부분의 활동을 원활하게 하며, 서로 자기의 위치와 활동방향을 깨닫게 하여 사회유

기체의 일원으로서 필요한 활동이 전개되도록 유도하고 촉진하여 관련분야 간의 연계성을 유지하도록 한다.

③ 정보처리기능 : 정보처리란 정보를 수집·생산·전달·정리·선택·가공· 분석 및 평가를 하거나 보관하는 활동 등을 말한다. 따라서 사무는 조직체의 목적달성을 위한 의사결정에 있어 필요한 정보를 처리한다.

④ 업무수행 기능 : 사무작업은 모든 업무수행에 있어서 필수적인 수단이며, 사무작업의 종류는 <표 9-1>과 같이 정리할 수 있다.

<표 9-1> 사무작업의 종류

| 종 류 | 내 용 |
|---|---|
| 쓰 기 | 필기도구를 사용하여 손으로 직접 쓰는 일뿐만 아니라 타자·워드프로세서의 조작, 복사, 인쇄, 속기 등의 작업을 포함하며 주로 문서를 생산하는 작업 |
| 읽 기 | 읽는 작업은 문서 또는 자료의 내용을 읽고 이해하며, 대조 또는 검토하는 작업 |
| 의사소통 | 면담, 대화, 전화통화, 회의청취에 의한 이해, 문서에 의한 지시·보고·의사전달 등 |
| 조사, 확인 | 조사·검사·검열·점검·감사·감시 및 교정 등 어떤 상황 또는 사태를 조사 또는 확인하는 작업 |
| 계 산 | 수치의 계산·통계작업·회계·정리작업 등 |
| 분류, 정리 | 문서의 편철·보관·보존·이관 및 폐기, 각종 참고자료의 분류·정리 및 제본 등 |
| 기 타 | 서류나 물품의 운반작업 등 |

## 3. 사무의 종류

### 1) 목적에 의한 분류

#### (1) 본래사무

국가의 존립·유지와 공공의 복지증진이라는 행정목적의 달성에 직접적으로 기여할 수 있도록 기능별로 분화된 각 행정조직 고유의 사무를 『본래사무』 또는

『업무』라고 한다. 본래사무는 각 행정영역별로 고유한 내용을 가지며 기능별로 분화되어 있는 것이 특징이다.

### (2) 지원사무

행정목적 달성을 위한 수단과 방법을 제공하는 일을 지원사무라 한다.

## 2) 사무의 난이도별 분류

### (1) 판단사무

전문적 지식과 경험을 필요로 하는 사무로서 주로 관리층에서 담당하는 사무이다(의사결정·기획·조정·심사·조사 또는 통제사무).

### (2) 작업사무

읽기·쓰기·계산·운반·정리 등 주로 육체활동을 요구하는 사무가 복합되어 행하여지는 사무를 말하는데 극히 숙련을 요구하는 것으로부터 전혀 숙련되지 않더라도 단순하게 처리될 수 있는 사무 등 매우 다양하다.

① 숙련을 요하는 작업사무 : 통계작성, 문서기안
② 반숙련을 요하는 작업사무 : 장부에로의 전기, 계산
③ 미숙련 가능사무 : 문서의 접수·운반

### (3) 기타 사무의 종류

위에서 살펴 본 것 외에도 위임여부에 따라 고유사무와 위임사무, 발생빈도에 따라 일상적인 사무와 예외적인 사무, 사무의 내용과 업무소관에 따라 국가사무와 지방사무 등으로 나눌 수 있다.

## 4. 사무관리 전략

## 1) 사무작업의 능률화

### (1) 작업능률

작업능률은 육체적 작업이 주가 되는 능률로서, 작업의 능률화는 될 수 있으면 힘을 덜 들이고 작업할 수 있도록 하는 것을 말하며, 작업능률화를 위하여 다음 사

항이 고려되어야 한다.

① 작업의 용이화, 작업과정의 간소화·표준화
② 동작의 경제화
③ 사무적인 이동거리(흐름)의 최소화
④ 사무의 자동화·기계화
⑤ 각종 사무집기의 인체공학적 설계

### (2) 정신능률

정신능률은 사무작업에 있어서 정신적인 요소의 최적화를 말하는 것으로서 정신능률을 올리기 위해서는 정신적인 긴장상태를 최소화하여 스트레스(stress)를 가볍게 하여야 하며, 정신능률을 저해하는 요인은 다음과 같다.

① 위험성이 수반되는 작업방법
② 많은 동작이 연속되는 작업과정
③ 적절하지 못한 인사관리
④ 조직구성원간의 불화·비협조

### (3) 균형능률

균형능률은 일정한 목적을 달성하는데 필요한 수단이 적절하게 조화된 상태를 말하며, 균형능률을 극대화하기 위하여 고려되는 사항은 다음과 같다.

① 적재적소에 배치
② 능력에 적합한 사무분담
③ 피로, 과로요인의 제거 및 유휴력의 조정
④ 공정한 사무관리

## 2) 사무비용의 경제화

사무비용의 경제화란 사무처리에 경제원칙을 도입하여 최소의 비용으로 최대의 효과를 올리도록 관리하는 것을 말하며, 사무제품을 생산하는 재료비만이 아니고 사무처리방법 등 제도적인 요소와 사무원에 관한 인적 요소, 사무시설과 환경 등 물리적인 요소가 있다.

① 비용절감

소모품비, 인건비 및 사무기기와 같은 비품비 등 직접적인 비용의 절감을 기하는 측면이다.

② 낭비제거

정당한 이유 없이 불필요하게 소비되는 현상을 줄이기 위한 몇 가지 유의사항을 살펴보면 다음과 같다.

가. 타성에 의하여 비판없이 선례를 답습하는 태도를 없애고,

나. 사무를 표준화·전문화 및 자동화하도록 노력하며,

다. 특히 관리층에 있는 사람들이 진지한 관심과 노력을 기울여야 한다.

## 5. 사무관리의 대상

### 1) 사무환경

① 사무공간 : 사무실 배치·면적기준 등
② 물리적 환경 : 조명·온도·습도 등
③ 사무집기 : 인체공학적 설계와 안전성이 고려된 디자인

### 2) 사무장비

① 행정정보시스템 등 네트워크
② OA기기
③ 차량 및 사무용품

### 3) 관리기법

① 문서관리
② 서식관리
③ 자료관리
④ 사무표준화·간소화
⑤ 보고·협조심사

## 6. 사무관리의 발전과정

### 1) 제1기(1948~1961) : 구 총독부의 사무관리제도 활용

문서의 종서, 한자혼용, 기관별 및 월·일별 문서분류방법, 문서보관, 보존관리 및 장표 서식관리 등.

### 2) 제2기(1961~1984)

① 1961년 : 정부공문서규정 개정
　　　　　　공문서의 횡서, 한글전용, 문서통제제도 등 채택.
② 1962년 : 서식제정절차규정 및 보고통제규정 개정
　　　　　　문서의 십진식 분류방법 채택.
　　　　　　홀더(Holder)를 사용한 문서편철.
　　　　　　파일링시스템(filing system)을 채택한 문서의 보관·검색
③ 1978년 : 문서분류체계를 업무기능별 십진분류방법에 따라 전면 개편

### 3) 제3기(1984~1991.9) : 사무의 기계화·자동화 모색

1984년 말 : 정부공문서규정 개정.
　　　　　　마이크로필름을 이용한 문서보존관리.
　　　　　　모사전송(FAX)에 의한 문서수발제도 등 채택.

### 4) 제4기 (1991년말~1996.4) : 사무관리규정 제정

종전 개별법령에 분산되어 있던 정부공문서 관리, 보고사무, 협조사무, 관인관리 및 서식에 대한 사항과 자료관리, 업무편람, 사무자동화, 사무환경에 관한 사항을 신규제정·추가하여 사무관리규정(1991. 6. 19 대통령령 제13390)으로 통합.

### 5) 1996. 5~1999. 8 : 전산화체제 도입

#### (1) 전자결재제도 도입과 전자문서 유통근거 마련

① 전자문서의 성립요건 및 효력발생요건 규정

② 20년이상 문서는 컴퓨터 화일 및 출력물의 동시 보존
③ 전산망 유통문서에는 전자관인을 사용

### (2) 공문서 보존 및 폐기절차의 체계적 정비

① 준영구 보존기간을 폐지하고 20·30년 보존기간제 도입
② 역사적 사건·사고에 관한 문서는『보존대상기록물』로 지정하여 정부
　기록 보존소에서 영구보관

### (3) 전결권의 대폭적인 하향조정

단순·경미한 사항에 대하여는 담당자도 전결할 수 있도록 함.

### (4) 행정간행물 발간 및 제출제도 개선

① 행정간행물 제출기간의 단축
② 행정간행물의 일반 국민에게 판매할 수 있는 근거 마련

### (5) 기관간 업무협조(부처간 협조 부진시)

① 관계기관 실·국장, 차관 등의 보조기관회의 또는 장관회의에서 조정
② 최종에는 국무회의 및 총리에게 보고하여 조정을 받음

## 6) 1999. 9~12월

### (1) 사무의 인계·인수의 구체화
### (2) 전자정부의 구현을 위한 기반조성

① 전자문서관리체계 구축
② 전자문서의 보안 및 전자서명의 인증 도입

### (3) 공문서관리체계 개선

① 한글전용과 한자 기타 외국어 병기
② 발의자와 보고자 표시
③ 기안용지 확대
④ 후열제도 폐지
⑤ 보조기관 또는 보좌기관 등의 검토생략 가능
⑥ 문서수발업무 및 문서심사업무의 처리과 이관

### (4) 관인제도 개선

　　① 관인모양의 다양화
　　② 관인날인 개선

### (5) 보고사무 개선

　법령보고의무부과 및 정기보고 지정시 협의제 폐지

### (6) 행정혁신사무 근거 마련 및 목표관리제 도입

## 7) 2000년 1월 이후

**공공기관의 기록물관리에 관한 법률 제정**

　① 사무관리규정중 기록물보존에 관한 조항을 삭제하고 동법에 규정
　　가. 문서의 등록
　　나. 문서의 편철·보존·폐기
　　다. 대통령기록물 보존 등
　② 공문서 분류 및 보존에 관한 규칙 폐지

# 7. 사무관리자와 그의 기능

　체육행정·경영의 사무관리자(office manager)는 스포츠 경영체의 관리전반에 걸친 모든 방침과 실천방법에 관하여 잘 알고 있는 전문가가 적합하다. 왜냐하면 사무관리는 전체적 관리와 분리하여 이루어질 수 없기 때문이다.

　사무관리는 커뮤니케이션이나 기록에 관하여 관리자가 계획하고 조직하고 통제하는 행위이다. 사무관리자는 이런 관리행위를 통하여 다른 모든 관리기능들이 잘 되도록 도와주는 수단적 역할을 한다. 따라서 사무관리는 서비스적·조장적 활동이라 할 수 있다.

　사무관리자는 효과적인 관리를 위하여 구체적으로는 다음과 같은 일을 해야 한다.

　첫째로 적절한 사무관리조직을 만든다. 이것을 위해 다음과 같은 일을 해야 한다.

　① 통보, 계산, 기록작성 정리, 용구조작, 분류, 검증, 편집 등의 각 직무에 관하여 숙지하고 있어야 한다.

② 사무직원들을 조직화하고 그들의 작업단위를 정해 주고, 그들이 책임을 수
행할 수 있도록 권한도 주어야 한다.

③ 자기 부서를 포함한 모든 사내의 정보의 흐름을 원활히 해야 한다.

④ 사무직원의 선발, 개발, 동기부여, 인간관계의 원활화에 노력해야 한다.

⑤ 능률적인 사무작업을 하는 데 필요한 물리적 시설, 즉 효과적인 사무실의
설계, 적절한 환기, 효과적인 소음감소장치 등을 설치하고 유지해야 한다.
또한 사무실의 비품, 설비, 기계 및 보급품의 지정과 구입을 해야 하며 사무
원과 일반감독자의 일을 조정해야 한다.

둘째로, 사무작업계획을 세우는 일을 한다. 이를 위하여 사무관리자는 다음과 같
은 일들을 해야 한다.

① 모든 직무마다 하루의 공정한 작업량 또는 지도시간의 양이 어느 정도인가
를 정해 주어야 한다. 물론 요즘의 스포츠 경영체에서는 조직별로 팀장의
직위가 있어 지도시간과 작업량을 배치하기도 한다.

② 각 직무를 수행하기 위해 계획, 분석, 지시를 해야 한다.

③ 인력의 낭비를 피하고 가능한 한 사무기계를 사용하게 한다.

④ 스포츠 경영체인 경우 사무실에서 근무할 때 복장을 지정하기도 한다. 예를
들면 기획부서의 직원과 지도부서의 직원이 동시에 근무할 때 운동복 차림
의 복장을 가급적 피한다.

⑤ 가능한 한 모든 작업을 쉽게 할 수 있도록 만들어 주어야 한다. 특히 문서
작성이 수반되는 기획업무나 지도업무에 있어서는 문서작성의 경험이 적은
현장 체육지도자들에게 서류에 의한 기획과 보고는 일을 오히려 지체시킬
수 있으므로 사무관리자가 적극 협조하여야 한다.

셋째로, 사무관리자는 사무작업을 통제한다. 여기에는 다음과 같은 일들이 포함
된다.

① 사무절차에 대한 지시와 사무직원의 인사문제를 다룬다.

② 통신, 파일링(filing), 우편, 전신, 전화, 지시 및 전달과 같은 서비스 업무를
유지한다.

③ 전체조직 속에서 각 부서마다 사무 서비스가 필요한 곳에 그것이 제공되어
있는가를 검사한다. 여기에는 모든 보고문서의 보존, 업무개선에 관한 민을

수 있는 의견을 제공하는 것이 포함되며 또한 서비스업무의 집중적 처리도 포함된다.

④ 각 사무원마다 자기의 전 능력을 발휘할 수 있도록 하기 위하여 사무에 관한 교육계획을 작성·유지한다.

⑤ 사무에 관하여 질적·양적 표준, 사무편람 및 원가에 관한 자료를 작성·유지한다.

⑥ 절차의 개선과 실시상황을 검사하기 위한 개선 후 추적계획을 작성·유지한다.

⑦ 사무원들을 감독하고 그들의 협조를 받아야 한다. 이를 위해 광범한 커뮤니케이션 통로를 계획·유지하고 사무원들과 좋은 인간관계를 맺는 것이 중요하다. 즉 사무관리자는 사무작업의 계획화, 조직화, 통제에 관하여 이상과 같은 책임을 지는 것이다(조석준, 1996).

특히, 스포츠 경영체의 사무관리자는 본인이 체육활동의 경험이나 지도경험이 없을 때는 일정한 기간 동안 현장의 체육 지도자들과 함께 체육용기구를 준비하거나 체육현상의 일차적 발생(참가자의 지도과정, 체육기자재의 사용법 설명 등)이 일어날 때 참관하여 그들의 어려움이나 애로사항을 사무관리에 적용할 수 있는 능력도 요구된다.


# 제 2 절  문서관리


문서관리란 문서를 작성하고 관리하는 제반 활동을 말한다. 본 절에서는 행정기관에서 사용하는 문서관리의 개념, 공문서의 종류, 문서작성법에 대해서 알아보고자 한다. 문서란 문자나 기호 등으로 사람의 생각이나 사물의 상태를 기록한 것을 말하는데, 체육조직에서의 정보교환은 주로 문서를 통하여 이루어진다. 조직 내에서 문서에 의한 정보처리와 교환을 표준 없이 실행하였을 경우 여러 가지 문제점과 혼란이 발생할 수 있다(이범제, 1999). 또한 문서에 의한 지시나 보고는 추후 업무를 추적하고 책임소재를 밝힐 수 있는 증거가 되므로 체육행정·경영가는 문서의 개념과 이를 작성하고 해독할 수 있는 능력을 겸비해야 한다.

# 1. 공문서의 개념

공문서는 행정기관 또는 공무원이 직무상 작성한 문서를 말한다.

### 〈공문서가 유효하게 성립되기 위한 일반적 요건〉
- 당해기관의 의사표시가 명확하게 표시될 것
- 위법·부당하거나 시행 불가능한 사항이 없을 것
- 당해기관의 권한내의 사항 중에서 작성될 것
- 법령에 규정된 절차에 따라 형식이 정리될 것

## [법률상의 공문서]

### ○ 형법상의 공문서

형법에서 말하는 "공문서"라 함은 공무소 또는 공무원이 그 명의로써 권한내에서 소정의 형식에 따라 작성한 문서를 말하며, 공문서위조·변조, 허위공문서 등의 작성 및 행사 등 공문서에 관한 죄(제225조 내지 제230조, 제235조 및 제237조)를 규정하여 공문서의 진정성(眞正性)을 보호하고 있는 데, 일반적으로 공문서에 관한 죄는 사문서에 관한 죄보다 무겁게 처벌되고 있다.

### ○ 민사소송법상의 공문서

민사소송법은 "문서의 방식과 취지에 의하여 공무원이 직무상 작성한 것으로 인정한 때에는 이를 진정한 공문서로 추정한다"(제327조)라고 규정하여 공문서는 그 방식·취지에 의하여 공무원이 직무상 작성한 것으로 인정될 때에는 진정한 공문서로 추정하여 증거능력을 부여하고 있다.

### ○ 형사소송법상의 공문서

형사소송법은 "호적의 등본 또는 초본, 공정증서등본, 기타 공무원 또는 외국 공무원의 직무상 증명할 수 있는 사항에 관하여 작성한 문서 등은 당연히 증거능력이 있는 서류(제315조)로서 증거로 할 수 있다"고 규정하고 있다. 또한, 동법 제147조의 규정에 의하면 공무원 또는 공무원이었던 자를 증인으로 직무상의 비밀한 관한 사항을 심문할 경우에는 법원은 당해 관청 또는 감독관청의 승인을 얻어야 하도록 규정하고 있다.

## 1) 문서의 필요성

① 내용이 복잡하여 문서가 없이는 당해 업무의 처리가 곤란할 때
② 사무처리 결과의 증빙자료로서 문서가 필요할 때
③ 사무처리의 형식상 또는 체제상 문서의 형식이 필요할 때
④ 사무처리에 대한 의사소통이 대화로는 불충분하여 문서에 의한 의사소통 이 필요할 때
⑤ 사무처리의 결과를 일정기간동안 보존할 필요가 있을 때 등

## 2) 문서처리의 원칙

① 즉일처리의 원칙
  문서는 내용 또는 성질에 따라 그 처리기간이나 방법이 다를 수 있으나, 효율적인 업무수행을 위하여 그날로 처리하는 것이 바람직하다.
② 책임처리의 원칙
  문서는 정해진 사무분장에 따라 각자가 직무의 범위 내에서 책임을 가지고 관계규정에 따라 신속·정확하게 처리하여야 한다.
③ 적법성의 원칙
  문서는 법령의 규정에 따라 일정한 형식 및 요건을 갖추어야 함은 물론 권한 있는 자에 의하여 작성·처리되어야 한다.

## 3) 문서의 종류

### (1) 작성주체에 의한 구분

① 공문서
  행정기관 또는 공무원이 직무상 작성 또는 접수한 문서
② 사문서
  사문서는 개인이 사적(私的)인 목적을 위하여 작성한 문서

  ※ 사문서도 각종 신청서 등과 같이 행정기관에 제출하여 접수가 된 것은 공문서임.

## (2) 유통대상에 의한 구분

### ① 대내문서
당해 기관내부에서 지시·명령 또는 협조를 하거나 보고 또는 통지를 위하여 수발하는 문서

### ② 대외문서
국민이나 단체 또는 다른 행정기관간(소속기관 포함)에 수발하는 문서

### ③ 전자문서
컴퓨터 등 정보처리능력을 가진 장치에 의하여 전자적인 형태로 작성, 송·수신 또는 저장된 문서

## (3) 문서의 성질에 의한 분류

### ① 법규문서
주로 법규사항을 규정하는 문서로서 헌법·법률·대통령령·총리령·부령·조례 및 규칙 등

### ② 지시문서
행정기관이 그 하급기관 또는 소속공무원에 대하여 일정한 사항을 지시하는 문서로서 훈령·지시·예규·및 일일명령 등이 있으며 <표 9-2>와 같이 제시된다.

**<표 9-2> 지시문서의 종류와 내용**

| 종류 | 내용 |
|------|------|
| 훈령 | 상급기관이 하급기관에 대하여 장기간에 걸쳐 그 권한의 행사를 일반적으로 지시하기 위하여 발하는 명령 |
| 지시 | 상급기관이 직권 또는 하급기관의 문의에 의하여 하급기관에 개별적·구체적으로 하는 명령 |
| 예규 | 행정사무의 통일을 기하기 위하여 반복적 행정사무의 처리기준을 제시하는 법규문서 외의 문서 |
| 일일명령 | 당직·출장·시간외근무·휴가 등 일일업무에 관한 명령 |

**〈표 9-3〉 공고문서의 종류 및 내용**

| 종 류 | 내 용 | 예 시 |
|---|---|---|
| 고 시 | 법령이 정하는 바에 따라 일정한 사항을 일반에게 알리는 문서로서 일단 고시된 사항은 개정이나 폐지가 없는 한 효력이 계속됨 | 민원사무처리기준표 고시 |
| 공 고 | 일정한 사항을 일반에게 알리는 문서로서 그 내용의 효력이 단기적이거나 일시적인 것 | 입찰공고, 시험시행공고 등 |

③ 공고문서

공고문서란 행정기관이 일정한 사항을 일반에게 알리기 위한 문서로서 고시·공고 등이 이에 해당되며 〈표 9-3〉에 내용과 사례가 정리되어 있다.

④ 비치문서

행정기관이 일정한 사항을 기록하여 행정기관 내부에 비치하면서 업무에 활용하는 비치대장·비치카드 등을 말한다.

⑤ 민원문서

민원인이 행정기관에 허가·인가·기타 처분 등 특정한 행위를 요구하는 문서 및 그에 대한 처리문서이다.

⑥ 일반문서

위 각 문서에 속하지 않는 일반적으로 처리되는 문서를 말한다.

다만, 일반 문서중 특수한 것으로서 회보 및 보고서가 있다.

가. 회 보

행정기관의 장이 소속공무원 또는 하급기관에 업무연락·통보 등 일정한 사항을 알리기 위한 경우에 사용하는 문서로서 행정기관 단위로 회보사항을 일괄 수록하여 문서과 등에서 발행한다.

나. 보고서

특정한 사안에 관한 현황 또는 연구·검토결과 등을 보고하거나 건의하고자 할 때 작성하는 문서를 말한다.

## 4) 문서의 성립과 효력발생

### (1) 문서의 성립

① 성립시기

당해 문서에 대한 결재권자의 결재(전자이미지서명 또는 전자서명에 의한 결재포함)가 있음으로써 성립된다.

※ 결재권자 : 행정기관의 장, 위임전결규정에 의하여 행정기관의 장으로 부터 결재권을 위임받은 자 및 영 제16조 제3항의 규정에 의하여 대결 하는 자

② 성립요건

가. 정당한 권한이 있는 공무원이

나. 직무의 범위 내에서 공무상 작성하고

다. 결재권자의 결재가 있어야 한다.

### (2) 효력발생시기

문서의 효력발생시기는 문서의 종류에 따라 다르다. <표 9-4>에 효력 발생시기 가 정리되어 있다.

**<표 9-4> 문서의 종류별 효력발생 시기**

| 종 류 | 효 력 발 생 시 기 |
|---|---|
| 일반문서 | 수신자에게 도달될 때 |
| 공고문서 | 고시 또는 공고가 있은 후 5일이 경과한 날<br>다만, 효력발생 시기가 법령에 규정되어 있거나, 공고문서에 특별히 명시되어 있는 경우는 제외 |
| 전자문서 | 수신자의 컴퓨터파일에 기록될 때 |

## 5) 문서수발의 원칙

① 문서는 직접 처리하여야 할 행정기관에 발신한다.

다만, 필요한 경우에는 행정조직상의 계통에 따라 발신할 수 있다.

② 하급기관에서 직근 상급기관 이외의 상급기관(당해 하급기관에 대한 지휘·

감독권을 갖고 있는 기관을 말함)에 발신하는 문서 중 필요하다고 인정되는 문서는 그 직근 상급기관을 경유하여 발신한다.

③ 상급기관에서 직근 하급기관 외의 하급기관에 문서를 발신하는 경우에도 전 항과 같이 경유하여 발신한다.

### 6) 각종 대장·서식의 전산관리

각종 대장·서식 등은 특별한 사유가 없는 한 전산화·자동화가 용이하도록 컴퓨터파일로 관리하여야 한다.

### 7) 문서관계규정

① 사무관리규정(1999. 8. 7 대통령령 제16521호)
② 사무관리규정시행규칙(1999. 9. 2. 행정자치부령 제64호)
③ 공공기관의기록물관리에관한법률(1999. 1. 29 법률 제5709호)
④ 공공기관의기록물관리에관한법률시행령(1999.12.7 대통령령 제16,609호)
⑤ 공공기관의기록물관리에관한법률시행규칙(1999.12.30 행정자치부령 제78호)

## 2. 문서작성의 일반사항

### 1) 용지의 규격

○ 기본규격 : 가로210mm, 세로297mm(A4용지).
※ 필요한 경우에는 그 용도에 적합한 규격을 정하여 사용 가능하다.

### 2) 용지의 여백

문서의
여 백
┌ 위로부터 3cm
├ 왼쪽으로부터 2cm
├ 오른쪽으로부터 1.5cm
└ 아래로부터 1.5cm

※ 문서의 편철위치나 용도에 따라
각 여백을 달리 할 수 있다.

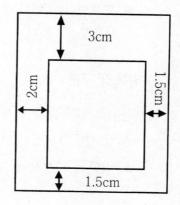

### 3) 문서의 용어

문서는 규정형식에 따라 작성하여 하여야 하며, 한글맞춤법에 따라 읽는 사람이 쉽게 이해하도록 작성하여야 한다.

<표 9-5>에 문서에 사용하는 용어가 정리되어 있다.

**〈표 9-5〉 문서에 사용하는 용어**

| 용 어 | 내 용 | 예 시 |
|-------|-------|-------|
| 글 자 | 한글로 작성하되, 올바른 뜻의 전달을 위해 필요한 경우에는 괄호 안에 한자 기타 외국어를 넣어 쓸 수 있으며, 한글맞춤법에 따라 가로로 씀 | 법규문서는 조문형식(條文形式)에 의하여--- |
| 숫 자 | 아라비아 숫자 | 1, 2, 3, 4 |
| 연 호 | 서기연호를 쓰되 "서기"는 표시하지 않음 | |
| 날 짜 | 숫자로 표기하되 년, 월, 일의 글자는 생략하고 그 자리에 온점을 찍어 표시 | 2001. 1. 3. |
| 시 분 | 24시각제에 따라 숫자로 표기하되, 시·분의 글자는 생략하고 그 사이에 쌍점(:)을 찍어 구분 | 오후 3시 20분 → 15:20 |

### 4) 용지 및 글의 색채

① 용지 : 흰 색
② 글자의 색채 : 검은색 또는 푸른색
　　※ 도표의 작성이나 수정·주의환기 등 특별한 표시를 할 때에는 다른 색을 사용할 수 있다.

### 5) 항목의 구분

(1) 문서의 내용을 2 이상의 항목으로 구분하여 작성하고자 할 때에는 다음과 같이 나누어 표시한다.

　　※ 기안문 작성시에 하나의 항목만 있을 경우에는 항목구분 생략

| 구 분 | 항 목 부 호 |
|---|---|
| 첫째항목 | 1., 2., 3., 4 ............. |
| 둘째항목 | 가., 나., 다., 라., ............. |
| 셋째항목 | (1), (2), (3), (4) ............. |
| 넷째항목 | (가), (나), (다), (라) ............. |
| 다섯째항목 | 1), 2), 3), 4) ............. |
| 여섯째항목 | 가), 나), 다), 라) ............. |
| 일곱째항목 | ①, ②, ③, ④ ............. |
| 여덟째항목 | ㉮, ㉯, ㉰, ㉱ ............. |

※ 둘째, 넷째, 여섯째, 여덟째 항목의 경우에 하., (하), 하), ㉲이상 더 계속되는 때에는 거., (거), 거), , 너., (너), ...로 이어 표시


## (2) 각 항목의 표시위치 및 띄우기

① 첫째 항목부호는 제목의 첫 글자와 같은 위치에서 시작
② 다음 항목부터는 바로 앞 항목의 위치로부터 1자(2타)씩 오른쪽에서 시작
③ 항목부호와 그 항목의 내용사이에는 1타를 띄움

〈예 시〉

```
수신×○○○장관
참조×○○○국장
제목×문서작성요령
─────────────────────────────
    1.*첫째항목 ○○○○○○○○○○
  ×가.*둘째항목 ○○○○○○○○○○
  ××(1)*셋째항목 ○○○○○○○○○○
  ×××(가)*넷째항목 ○○○○○○○○○○
  ××××1)*다섯째항목 ○○○○○○○○○○
  ××××가)*여섯째항목 ○○○○○○○○○○
```

※ ×표시는 한글 1자(2타), *표시는 숫자 1자(1타)를 띄움.

### (3) 하나의 본문 아래 항목 구분

〈예 시〉

수신×○○○장관
참조×○○○과장
제목×문서관리교육 실시
─────────────────────────────────
×××문서관리교육을 다음과 같이 실시하오니 참석하여 주시기 바랍니다.
×××.*일시 : ○○○○○
×××.*장소 : ○○○○○
×××.*참석대상 : ○○○○○.끝.

## 6) 문서의 "끝" 표시

(1) 본문이 끝났을 경우 : 1자(2타) 띄우고 "끝"자를 씀.

　〈예시〉 ---- 주시기 바랍니다.×끝.

　※ ×는 1자(2타) 표시임

(2) 첨부물이 있는 경우

　- 첨부의 표시를 한 다음에 1자(2타) 띄우고 "끝"자를 씀.

　〈예시〉 첨 부 1. 서식승인 목록 1부.

　　　　　　　　2. 승인서식 2부.×끝.

(3) 본문 또는 첨부의 표시문이 오른쪽 한계선에서 끝났을 경우

　- 다음 줄의 왼쪽 기본선에서 1자 띄우고 "끝"자를 표시.

　〈예 시〉 첨 부 ------------------------------- 1부.

　　　　　　×끝.

# 3. 기안 방법

## 1) 일반기안

### (1) 의 의

일반기안이라 함은 어떤 하나의 안건을 처리하기 위하여 정해진 기안용지에 문안을 작성하는 것을 말한다.

## (2) 기안용지의 서식

⑳

# ① 기 관 명

⑱

| ② 우편번호　　주소 | /③ 전화(　　) | /④ 전송(　　　　) | | |
|---|---|---|---|---|

⑲

② 우편번호　　주소　　　　　　/③ 전화(　　) /④ 전송(　　　　)
⑤ ○○○과　⑥ 과장 ○○○ ⑦○○○ 사무관　⑧ 담당자○ ○ ○

⑨ 문서번호

⑩ 시행일자 (　　　)

(경 유)

수 신

참 조

| 보존기간 | ⑪ | ⑫ | |
|---|---|---|---|
| 공개여부 | ⑯ | | |
| 연구부장 | | | / |
| 체육부장 | | | |
| 체육팀장 | | | |
| 기안자 | ⑭ | | 협조 |
| 심사자 | ⑮ | 심사일 | |

제 목

　1. (본문내용) ––––––––––––––––––––––
––––––––(×는 2타(한글 1자) *는 1타(숫자 1자)를 띄움)
　×가.*––––––––––––––––.
　××(1).*–––––––––––––––––––––––.
　　　(2).*–––––––––––––––––––––––.
　×나.*––––––––––––––––.
　2.*–––––––––––––––––––––––––––×끝.

## ⑰ 발 신 명 의

수신처

## (3) 기안용지의 작성방법

　① 기관명 : 문서를 기안한 부서가 속한 행정기관명을 기재한다.
　(예) 행정자치부, 수원시, 순창군, ○○사업소 등
　② 우/주소 : 우편번호 및 주소를 기재하되, 주소가 긴 경우에는 간략하게 기
　　재한다.

(예) 323-800 충남 부여 부여 동남 725

③ 전화번호 : 전화번호를 기재하되 ( )안에는 지역번호를 기재한다(당해 기관 내부문서의 경우는 구내전화번호를 기재한다).

(예) 대외문서: (02)3704-4684, 대내문서: (4684)

④ 모사전송(FAX) : 문서수발이 가능한 모사전송번호를 기재하되, 없으면 생략한다. (예) (02) 3703-5532

⑤ 처리과 : 당해 문서를 처리한 처리과명을 기재한다.

⑥ ⑦ ⑧ 담당자 : 당해 문서의 처리·문의에 응할 자를 기재하되, 과장 이하 직원의 직위 또는 직급 및 성명을 기재하며, 담당자는 성명만 기재한다.

※ 직위가 있는 자는 직위를, 직위가 없는 자는 직급을 기재하고 성명을 기재한다

⑨ 문서번호 : 처리과기관코드+연도별등록일련번호(예:1234567-1)

**※ 문서번호 : 처리과기관코드+연도별등록일련번호(2001.1.1.부터 사용)**

⑩ 시행일자( ) : 그 문서를 시행한 날짜를 기재한다. (예 : 2000. 2. 17.).

⑪ 보존기간 : 기안문서의 보존기간(영구·준영구·20년·10년·5년·3년·1년)을 기재한다.

⑫ 기관장 : 당해 기관의 장의 직위를 간략하게 기재하고 아래에 서명한 후 결재일자를 기재한다. (예) 장관, 시장, 군수, 소장, 위원장 등

※ 보조·보좌기관간에 발신하는 문서는 기관장란에 보조기관 또는 보좌기관명을 기재한다. (예) 실장, 국장, 과장 등

⑬ 보조기관 : 보조기관의 직위를 간략하게 기재하고 오른쪽에 서명한다.

⑭ 기안자 : 기안자란의 오른쪽 서명란에 서명한다.

⑮ 심사자 : 처리과의 문서심사자가 서명한다.

⑯ 공개여부 : 문서의 공개여부는 공개, 부분공개, 비공개로 구분하여 표시한다.

⑰ 발신명의 : 발신하는 문서의 경우는 발신명의를 기재하고, 보조기관 및 보좌기관간에 발신하는 문서는 보조·보좌기관명을 기재한다.

⑱ 취급 : 지급·기관장보고 후 처리·전신·전신타자·전화·정보통신망·모사전송(FAX) 등을 표시를 한다.

⑲ 보고 등 표시 : 보고심사, 협조심사 등의 표시를 한다.

⑳ 관인생략 등 표시 : 관인생략 또는 서명생략을 기재한다.

※ 전자이미지서명 등 전자문서처리를 위하여 문서처리란 크기를 조정하여 사용할 수 있다.

※ "수신"은 "받음"으로, "수신처"는 "받는 곳"으로 하여 사용할 수 있다.

## 2) 일괄기안

### (1) 의 의

일괄기안이라 함은 서로 관련성이 있는 2개 이상의 안건을 일괄하여 한 기안용지에 기안하는 것을 말한다.

### (2) 작성 및 시행방법

① 기안용지의 수신란 위에 "(제1안)"이라 쓴 다음 제1안의 수신란과 본문 및 결문을 작성한다.

※ (제1안)이 경유문서일 경우에는 경유기관명 위에 "(제1안)"이라고 쓴다.

② 제1안의 결문이 끝난 다음 칸에 "(제2안)"이라 쓰고 제2안의 수신란과 본문 및 결문을 작성한다.

③ 제3안, 제4안 등의 경우도 제2안과 같은 요령으로 구분하여 작성한다.

④ 제목은 각 안의 내용 및 성격에 따라 다르게 설정할 수 있다.

⑤ 시행문은 각 안별로 따로 작성하고 특별한 경우를 제외하고는 동일한 문서번호를 부여하여 같은 일시에 시행하여야 한다.

⑥ 외부에 발송할 것을 전제로 하는 기안문(제2안)이 제1안 내부결재의 내용과 동일한 경우에는 내부결재 안건의 별도 작성을 생략한다.

⑦ 각 안의 발신명의 표기에 있어 발신명의가 다를 경우에는 각 안별로 발신명의를 기재하되 각 안의 발신명의가 동일하면 최종안에만 발신명의를 표기한다.

〈일반 기안문 예시〉

# 한국체육행정개발원

| 우135-231 주소 서울시 강남구일원동 ○번지/ 전화(02)3331-1111/ 전송(02)3331-1112 |
|---|
| 체육과 　　　 과장 홍 길 동 　　　 연수팀장 김 우 수 　　　 담당자 최 탁 월 |

문서번호 1234567-1

시행일자 200 . 1. 2(1년)

(경 유)

수 신 한국○○학회장

참 조 연수과장

| 보존기간 | 1년 | 원 　 장 | |
|---|---|---|---|
| 공개여부 | 공개 | | |
| 연수부장 | | | / |
| 체육과장 | 전결 | 홍보과장 | |
| 체육팀장 | | | |
| 기안자 | | | 협조 |
| 심사자 | | 심사일 | |

제 목 연수교육일정 통보

　　　1. 한국 체육행정학 발전을 위하여 수고하시는 귀학회의 발전을 기원하며 본원에 자료를 협조해 주셔서 감사드립니다.

　　　2. 우리 개발원의 200 년도 교육일정을 아래와 같이 정하고 세부교육 과목을 붙임 서류와 같이 알려드리오니 참고하시기 바랍니다.

　　　　가. 교육기간 : 200 년 6월 1일 ~ 7월 2일(5일간)

　　　　나. 장　　소 : ○ ○ 소재 유스호스텔(전화 000-0000)

　　　　다. 참가 대상 및 인원 : ○○대학교 ○○명

　　　　라. 연수과목 : 체육행정 및 경영

붙임 : 세부교육과목 1부. 끝.

# 한국체육행정개발원장

〈일괄기안의 예시〉

기　관　명

| 우편번호　　　주소　　　　　　　/전화(　　　) /전송(　　　　　) |
| :--- |
| ○○○과 과장 ○○○ 사무관 ○○○ 담당자 ○○○ |

문서번호

시행일자 ．　．　.(　　)

| | 보존기간 | | |
| :--- | :--- | :--- | :--- |
| | 공개여부 | | |
| | | | / |
| | | | |
| | | | |
| | 기안자 | | 협조 |
| | 심사자 | 심사일 | |

**(제 1 안)**

(경 유)

수 신

참 조

제 목

　　(본문내용)

```
┌─ ─ ─ ─ ─ ─ ─ ─ ─ ─ ─ ─ ─ ─ ─ ─┐
① │　○　　　　　○　　　청　　　　장 │
└─ ─ ─ ─ ─ ─ ─ ─ ─ ─ ─ ─ ─ ─ ─ ─┘
```

수신처

**(제 2 안)**

수 신

제 목

　　(본문내용)

```
┌─ ─ ─ ─ ─ ─ ─ ─ ─ ─ ─ ─ ─ ─┐
② │　총　　무　　과　　　　장 │
└─ ─ ─ ─ ─ ─ ─ ─ ─ ─ ─ ─ ─ ─┘
```

수신처

　※ (제1안)과 (제2안)의 발신명의가 같을 경우 ①을 생략하고 ②에만 표기할 수 있다.

　※ 내부결재문서에는 발신명의를 표시하지 아니함.

## 4. 결 재

### 1) 결재의 의의

① 결재는 법령의 규정에 의하여 소관사항에 대한 기관의 의사를 결정할 권한을 가진 자(주로 행정기관의 장)가 직접 그 의사를 결정하는 행위를 말한다.

② 전결이라 함은 행정기관의 장으로부터 사무의 내용에 따라 결재권을 위임받은 자가 행하는 결재를 말하며, 그 위임전결사항은 당해 기관의 장이 훈령(위임전결규정 또는 지방자치단체의 규칙)으로 정한다.

③ 대결이라 함은 결재권자가 휴가·출장 기타의 사유로 결재권자의 사정에 의하여 결재할 수 없을 때에 그 직무를 대리하는 자가 행하는 결재를 말한다.

### 2) 전결 및 대결의 표시

#### (1) 전결의 표시

① 위임전결사항을 전결할 때에는 기안용지의 보조기관란 중 전결할 자의 서명란에 "전결"의 표시(또는 "전결"고무인 날인)를 하고 결재란에 서명한다.

〈예 시〉 국장이 전결하는 경우의 표시

| 보 존 기 간 | 3 년 | 청 장 | |
|---|---|---|---|
| 공 개 여 부 | 공 개 | 홍 길 동 | |
| 차 장 | | | 11/13 |
| 국 장 | 전 결 | | |
| 과 장 | 박문서 | | |
| 기 안 자 | 김철수 | 사무관 허서식 | 협 조 |
| 심 사 자 | | 심사일 | |

② 전결한 문서를 시행할 때에는 그 시행문의 발신명의 밑에 다음과 같이 전결의 표시를 한다.

○　○　　○　청　장<br>
전결 ○○○○국장 홍　길　동

③ 행정기관 외의 자에게 시행하는 문서와 서식에 의하여 처리하여 시행하는 문서에는 전결의 표시를 생략한다.

### (2) 대결의 표시

문서를 대결할 때에는 기안용지의 보조기관란 중 대결할 자의 서명란에 "대결"의 표시(또는 "대결"고무인 날인)를 하고 결재란에 서명한다.

〈예시〉 기관장 부재 중 직근 하급자가 대결하는 경우의 표시

| 보 존 기 간 | 3 년 | 청 장 | |
|---|---|---|---|
| 공 개 여 부 | 공 개 | 명 왕 성 | |
| 차 장 | 대 결 | 11/13 | |
| 국 장 | 홍길동 | | |
| 과 장 | 박문서 | | |
| 기 안 자 | 김철수 | 사무관 허서식 | 협 조 |
| 심 사 자 | | 심사일 | |

## 5. 문서의 시행

### 1) 시행문의 작성

#### (1) 대상문서

인편·우편·모사전송·정보통신망에 의한 방법으로 발송하는 문서이다.

#### (2) 제외문서

전신·전신타자·전화로 발신하는 문서는 시행문 작성에서 제외한다.

※ 시행문을 작성하지 않지만 시행문 작성형식으로 발신한다.

#### (3) 시행문의 서식(시행문 예시 참고)

(4) 수신처가 행정기관이 아닌 경우와 기타 특별한 사유가 있을 때에는 문서처리란을 설치하지 아니한다.

(5) 전자문서인 경우에는 별도 시행문을 작성하지 아니하고 결재한 문서를 시행문으로 변환하여 시행한다. 단 비밀문서는 제외한다.

〈시행문 예시〉

⑫
## 기     관     명

⑩                                                              ⑪

| 우　　　주　소　　　　　　　/전화(　　　)　　/전송(　　　) |
|---|
| ○○과　⑦ 과장 ○ ○ ○　⑧ 사무관 ○ ○ ○　⑨ 담당자 ○ ○ ○ |

문서번호×○○○

시행일자×○○.○.○.(　　)

공개여부(　　)

수 신×○○○

참 조×○○○

| 선람 | ① | ② | 지시 | ③ | |
|---|---|---|---|---|---|
| 접수 | 일자 시간 | ·  ·<br>　: | 결재··공람 | ⑥ | |
| | 번호 | | | ⑥ | |
| 처 리 과 | | ④ | | ⑥ | |
| 담 당 자 | | ⑤ | | ⑥ | |
| 심 사 자 | | ⑭ | 심 사 일 | ⑮ | |

제 목×○○○

　　　1. (본문내용)○―――――――――――――――――

―――――――――――――――――――――――――.

　　(×는 2타(한글 1자) *는 1타(숫자 1자)를 띄움)

　　가. *○―――――――――――――.

　　(1) *○――――――――――――――――――――――.

　　2. *○――――――――――――――――――――――

붙임×○――――――――1부.×끝.


## 발　　신　　명　　의


수신처×○.○.○.

①② 선람 : ①란에 결재권자의 직위를 기재하고 ②란에 서명한다.

③ 지 시 : 결재권자가 선람한 후 지시할 사항이 있는 경우 이를 기재한다.

④ 처리과 : 처리과명을 기재한다.

⑤ 담당자 : 처리과의 문서처리담당자가 서명한다.

⑥ 결재·공람 : 결재·공람할 자의 직위를 기재하고 오른쪽에 서명한다.

⑦⑧⑨ 문서생산기관에서 당해 문서의 처리·문의에 응할 자를 기재하되, 과장 이하의 직원의 직위 또는 직급 및 성명을 기재하며, 담당자는 성명만 기재한다.

⑩ 취 급 : 지급·기관장보고후처리·전신·정보통신망·모사전송 등을 표시 한다.

⑪ 보고 등 표시 : 보고심사, 협조심사 등의 표시를 한다.

⑫ 관인생략 등 표시 : 관인생략 또는 서명생략 표시를 한다.

⑬ 공개여부 : 공개, 부분공개, 비공개로 구분하여 표시한다(「공공기관의정보공개에관한법률」 제7조, 제12조 등을 참조).

⑭⑮심사자와 심사일 : 수신한 문서를 수정하여 시행한 경우에 한하여 심사자와 심사일을 표시한다.

※ 기관의 실정에 따라 "○○과"는 "○○담당관실" 등으로, "과장"은 "담당관" 등으로, "사무관"은 "서기관, 주사, 주사보" 등으로 변경하여 사용할 수 있다.

※ 전자문서처리를 위하여 문서처리란 크기를 조정하여 사용할 수 있다.

※ "수신"은 "받음"으로, "첨부"는 "붙임"으로, "수신처"는 "받는 곳"으로 하여 사용할 수 있다.

(6) 행정기관의 장이 소속공무원 또는 소속기관에 단순업무에 관한 지시, 단순한 자료요구·업무연락·통보, 공지사항, 일일명령 등의 시행문을 정보통신망을 통하여 게시할 때에는 당해 문서를 시행한 것으로 본다. 보조기관·보좌기관간 상호간에 발신하는 문서에도 동 규정 준용한다.

## 2) 관인날인 및 인영인쇄 사용

(1) 행정기관의 장의 명의로 발신하는 문서의 시행문과 임용장·상장 및 각종 증명서에 속하는 문서에는 관인(전자관인을 포함한다)을 찍거나 행정기관의 장이 서명한다.

※ 대내문서를 제외하고는 행정기관의 장외에는 서명하여 시행할 수 없다.

(2) 보조기관 또는 보좌기관의 명의로 발신하는 문서의 시행문에는 발신명의 표시의 마지막 글자 위에 보조기관 또는 보좌기관이 서명하여 시행하되, 필요

한 경우에는 소속공무원으로 하여금 발신명의자의 서명표시인을 찍어 시행
할 수 있다. 다만, 전자문서는 서명표시인을 사용하지 않고 전자이미지서명
이 자동적으로 생성되도록 하여 시행한다.

(3) 군의 상호간에 발신하는 문서 중 경미한 내용의 문서는 일반행정을 담당하
는 참모 또는 기관의 장이 따로 지정하는 자의 서명에 의하여 발신한다.

(4) 전신·전신타자 또는 전화로 발신하는 문서나 관보·신문 등에 게재하는 문
서에는 관인 또는 서명을 생략한다.

(5) 경미한 내용의 문서로서 일일명령 등 단순 업무처리에 관한 지시문서와 행
정기관 또는 행정기관내 보조(보좌)기관간의 단순한 자료요구·업무연락·
통보 등을 위한 문서의 경우에는 다음의 요령에 따라 관인날인 또는 서명
을 생략할 수 있다.

(6) 관인 인영의 인쇄사용

① 관인을 찍어야 할 문서로서 다수의 수신자에게 동시에 발신 또는 교부하는
문서는 관인날인에 갈음하여 관인의 인영을 그 문서에 인쇄하여 사용 가능
하다.

② 관인의 인영을 인쇄하여 사용하고자 할 때에는 처리과의 장은 당해 기관장
의 승인을 얻기 전에 당해 관인을 관리하는 부서의 장과 협의하여야 한다.

③ 관인의 인영을 인쇄하여 사용하는 경우 문서의 크기나 용도에 따라 인영의
크기를 적절하게 축소 인쇄하여 사용이 가능하다.

<관인날인 생략의 표시> → 대외문서에 한함

```
┌─────────────────────┐
│   관  인  생  략      │
└─────────────────────┘
```

○ 표시위치 : 기안문 및 시행문의 발신기관명 위
○ 관인날인생략의 결정 : 문서심사관

<서명날인 생략의 표시> → 대내문서에 한함

```
┌─────────────────────┐
│   서  명  생  략      │
└─────────────────────┘
```

○ 표시위치 : 기안문 및 시행문의 발신기관명 위
○ 서명생략의 결정 : 문서심사관

### 3) 문서의 발송

#### (1) 발신원칙

① 문서는 처리과에서 발송한다.

② 문서는 정보통신망을 이용하여 발신함을 원칙으로 한다.

③ 업무의 성격 기타 특별한 사정이 있는 경우에는 인편·우편·모사전송·전신·전신타자·전화 등으로 발신한다.

④ 내용이 중요한 문서는 인편·등기우편 기타 발송사실을 증명할 수 있는 특수한 방법으로 발송한다.

⑤ 인편(문서사송)·우편으로 발송하는 문서는 문서과의 지원을 받아 발송할 수 있다.

⑥ 전자관인을 찍은 문서 중 정보통신망을 이용하여 시행할 수 없는 문서는 출력하여 시행 가능하다.

⑦ 우편에 의하여 발송하는 때에는 행정자치부장관이 정하는 행정사무용 봉투에 넣어 발송한다.

⑧ 관인(전자관인 제외)을 찍어 시행하는 문서는 관인관리자가 관인을 찍은 후 처리과에서 발송한다.

#### (2) 문서발송의 일반절차

행정기관의 장은 공문서를 수발함에 있어 문서의 보안유지와 분실·훼손 및 도난방지를 위하여 적절한 조치를 강구하여야 한다. 문서발송의 일반적 절차는 다음과 같다.

① 전자결재문서를 정보통신망을 통하여 발송하는 경우

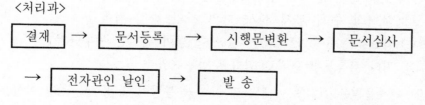

&lt;처리과&gt;

결재 → 문서등록 → 시행문변환 → 문서심사

→ 전자관인 날인 → 발송

※ 관인 생략 또는 서명생략문서에는 "관인생략" 또는 "서명생략" 표시

② 전자결재를 하여 전자관인을 날인한 후 정보통신망이 아닌 수단을 이용하여 발신하는 경우

&lt;처리과&gt;

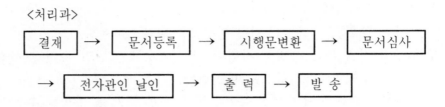

③ 일반결재문서를 시행하는 경우

&lt;처리과&gt;

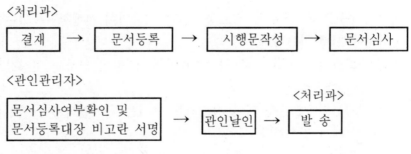

※ 관인생략문서는 처리과에서 "관인생략" 표시 후 발송한다.

## 6. 기록물의 편철 및 관리

### 1) 편철(2001. 1. 1.부터 시행)

(1) 모든 기록물은 사안단위로 관련문서끼리만 얇게 편철한다.
  ① 발생·경과·완결의 관계로 연결되는 하나의 사안단위
  ② 하나의 주제·과제·행사·회의·사안 관련 기록물
  ③ 카드류는 동종카드(30건 미만)를 넣어 편철한 봉투단위
  ④ 기타 기록물철 단위로 적합한 업무단위

(2) 기록물철은 100매 이내로 얇게 하되 분량이 많을 때는 2권 이상으로 분철이 가능하다. 이 경우 동일 분류번호에 권호수만 달리하고, 면표시는 권호수 구분없이 계속 연결된다.

(3) 편철순서는 위로부터 표지, 색인목록(수기작성), 발생일자순 문건의 순서로 끼워 넣어 편철한다.

## 2) 관리

(1) 일반문서류는 완결전에는 진행문서파일에, 완결후에는 진행문서파일에서 기록물만 빼내 전산출력한 색인목록을 첨부하여 보존용 표지를 씌워 크립으로 고정후 보존상자에 넣어 관리한다.
(2) 카드류, 사진·필름류, 도면류는 보관봉투에 담아 관리한다.
  ① 비치활용기간중에는 개별로 카드함에 넣어 관리한다.
  ② 비치활용이 끝난 카드류는 30건 기준으로 카드봉투에 넣어 편철하고 「기록물철등록부」에 등록한 후 관리한다.
(3) 도면류는 사안(기록물철)단위로 도면봉투에 넣어 편 상태로 도면함에 관리한다.
(4) 보관봉투 맨위에 색인목록을 놓고 각 기록물에 등록번호 표시 후 색인목록순으로 배열한다.

## 3) 보존기간

문서의 보존기간은 영구, 준영구, 20년, 10년, 5년, 3년, 1년, 등 7종으로 구분된다. 특히 준영구문서란 인적기록·물품관리기록, 시설관련기록 등 장기보존은 필요하나, 관리대상인 인물·물건·시설 등이 사망 또는 소멸되면 더 이상 보존필요가 없으나 보존기간을 특정하기 곤란하여, 50년 경과후 매 20년마다 보존여부를 재분류해야 하는 기록물이다.

① 기록물철의 구체적 내용에 따라 기록물분류기준표상의 보존기간과 다르게 책정이 가능하다.
② 종전의 30년 보존기록물은 준영구 기록물로 간주하여 관리한다.
③ 보존기간 계산의 기산일 : 생산년도 다음해 1월 1일까지이다.
④ 비밀기록물도 기록물분류 기준표를 참고하여 건 단위로 보존기간을 책정한다.
⑤ 전문관리기관의 장은 특별히 보존조치 필요시 특정기록물에 대하여 보존기간 지정통보가 가능하다.

# 참고문헌

이범제(1999). **체육행정의 이론과 실제**. 서울대학교 출판부.

조석준(1996). **현대사무관리론**. 서울: 박영사.

행정자치부(2000. 2. 26). **사무관리실무요령**. 행정자치부 행정능률과.

Darlington, R.(1994). *The dynamics of workplace unionism: Shop steward orga-nization on three merseyside plants*. New York: Mansell Pub.

Horine, L.(1995). *Administration of physical education and sport programs*. Dubuque, IA.: Wm. C. Brown Communication, Inc.

Schaffer, G.(1988). *Functional analysis of office requirement: A multi perspec-tive approach*. Chichester, NY: John Wiley & Sons.

Tedesco, E. H., & Mitchell, R. B.(1987). *Administrative office management systems* (2th ed.). New York: Wiley.

# 제10장 학교체육 관리

학교체육은 학교교육과정 속에서 일정한 자격 있는 교사에 의하여 이루어지는 의도적이고 계획적인 활동을 의미한다. 이러한 학교체육은 시대적인 요구와 사회적·교육적 환경여건에 따라 끊임 없이 변화되어 왔고, 현대사회에서는 체육교육의 가치와 중요성이 강조되고 있는 실정이다.

하지만, 현재의 학교체육은 정과수업으로 이루어지는 체육수업과 체육특기생 제도를 포함한 여러 방면에서 많은 문제점이 도출되고 있음은 주지의 사실이다. 여기에 학교체육행정을 관장하는 중앙부처의 이원화는 학교체육 발전을 저해하는 원인이 되고 있다. 즉, 체육교과에 대한 업무는 교육인적자원부가 담당하고, 체육특기생 제도는 문화관광부가 관장하고 있을 뿐만 아니라 업무분장의 한계도 불명확하다.

따라서 본 장에서는 학교체육행정의 기본구조와 변천 과정을 살펴보고 여기에서 나타난 문제점들과 바람직한 개선방안을 설명하고자 한다.

# 제1절 학교체육의 의의

## 1. 학교체육의 개념

학교체육이란 정부가 정한 체육교육과정을 학교라는 범주 안에서 자격 있는 교사가 일정한 연령층에 있는 피교육자를 대상으로 목적지향적이고, 의도적이며, 계획적인 체육활동을 의미한다.

이러한 체육활동을 의미하는 체육이 학교교육과정에 마땅히 포함되어야 하는 이유는 청소년들의 지·덕·체를 겸비한 인간형성에 있어서 중요한 수단이며 방법으로 인식되기 때문이다. 즉, 다른 교과에서는 볼 수 없는 신체활동을 통한 교육내용을 기본으로 하고 있어 청소년의 신체적, 정신적 측면의 건강을 동시에 함양시킬 수 있는 유일한 교과이기 때문이다.

이와 관련하여 부커(Bucher, 1975)는 체육이 인간의 신체를 건강하게 해주고, 운동능력을 향상시켜 주며, 인지능력을 개발시켜 주며, 바람직한 사회적 성향을 길러 준다고 주장하고 있다(최의창, 2001). 또한, 우리 나라의 교육부(1994)에서는 체육교육과정을 아래와 같이 설명하고 있다.

> 체육은 잠재된 신체적 능력과 환경에 적응할 수 있는 능력을 개발시켜, 운동욕구를 실현하고 건강을 추구하는 신체활동에 관한 교과이다. 따라서, 체육은 신체활동을 통하여 운동능력을 개발하고, 건강을 증진시켜 풍요로운 삶을 향유할 수 있게 하는 체육문화를 계승 발전시키는 교과이다. 체육은 신체활동을 통하여 신체의 생리적 효율성을 높이고 심리적 안정성을 유지시키며, 공간 지각 및 물체 조작능력과 신체적인 상호작용 능력을 향상시키려는 목적을 가지고 있다.

따라서 지금까지 설명한 내용을 토대로 학교체육의 목적을 정리하면,

① 학교체육은 계획적이고 의도적인 신체활동을 통하여 인간행동을 변화시키는 활동이므로 바람직한 인격형성이라는 목적을 가지고 있다.

② 체육활동을 통하여 학생으로 하여금 신체적으로 건강하고, 정신적으로 건전하며, 사회적으로 바람직한 성격을 길러 학교생활을 보람있게 보내며 장차 민주시민으로서 긍지와 자부심을 가지고 사회에 공헌할 수 있는 역량 있는

인재를 양성하는 데 있다.

③ 학생으로 하여금 신체적성(physical fitness)을 향상·유지토록 하고, 스포 츠 생활을 즐길 수 있도록 기본체력과 기술을 지도, 교육하는데 학교체육의 근본 목적이 있다고 할 수 있다.

## 2. 학교체육의 범주

학교체육이라고 하면 대부분의 사람들은 교과과정 속에 포함된 정과체육만을 생 각하겠지만, 체육도 시대적인 요청과 여러 가지 환경변화에 따라 그 범위와 역할 이 점차 확대되어 가고 있는 실정이다. 즉, 전학생이 필수적으로 참여하는 체육수 업으로서의 정과체육활동, 과외자율체육활동, 교내·대교 경기활동 등이 포함된다.

① 정과체육활동: 가장 기본이 되는 학교의 체육프로그램으로서 정부가 제정 공 포한 교육과정(curriculum)에 근간을 두고 주당 2~3시간의 학급별 운영이 이루어지고 있다.

② 과외자율체육활동: 과외자율체육활동은 개인의 취미나 흥미에 따라 스포츠 종목을 배우거나 계획적인 신체활동을 행하는 것이다. 자발적으로 참여하는 과외자율체육활동은 주당 2시간의 특별활동이 각급 학교마다 행하여지고 있 으며, 이러한 특별활동과 관계없이 방과 후 또는 주말을 이용하여 동아리 형 태로 이루어지기도 한다. 특히 이러한 동아리 형태의 스포츠 참여는 학생들 의 원만한 사회성을 기르는데 크게 기여하고 있으며, 장차 성인이 되었을 때 스포츠 활동에 지속적으로 참여할 수 있는 평생체육의 기틀이 되기 때문에 중요한 의미를 지니고 있다.

　과외자율체육활동을 담당할 과외자율체육조직은 지역이나 학교실정에 따 라 규모나 편성에 있어서 차이가 있지만 기본적인 조직은 <그림 10-1>과 같다.

③ 교내·대교경기활동: 교내경기(intramural sports)란 동일 교내에서 개인 및 팀 사이에 행하는 스포츠 활동을 뜻한다. 그러나 근래에 학생들 사이에 스포 츠가 성행하게 되었지만 일부 선수만이 운동을 하게 되고 대부분의 학생들은 관람과 응원에만 그치는 경우가 많다. 특정 학생들만 스포츠에 참가하는 폐

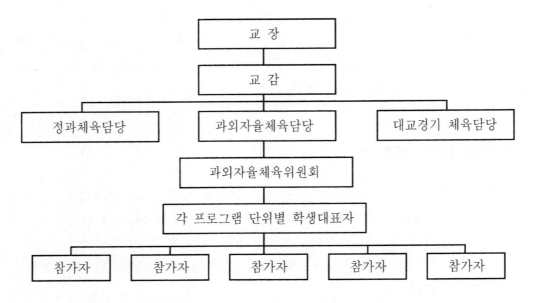

**〈그림 10-1〉 과외자율 프로그램 관리조직**

자료: 이병익, 김종필(1999). **체육행정학**. 서울: 도서출판 홍경. p. 180. 수정·보완.

해를 시정하여 대다수의 학생들이 스포츠 활동에 참여하게 함으로써 여가선용 및 개인의 잠재능력 발휘의 기회와 인간관계의 개선에 주안점을 두는 학교체육 프로그램의 한 분야이다. 초·중·고등학교 수준에서의 교내경기에는 운동회, 각 종목별 학급·학년대항 체육대회 등이 있다. 대학수준에서의 교내경기에는 단과대학별, 과별, 동아리연합 체육대회 등이 여기에 속한다고 할 수 있다.

대교경기(intercollegiate sports)는 학교를 대표하는 운동선수들이 각종 대회에 참가하여 경기를 하는 것을 말한다. 이러한 대교경기는 엘리트선수 양성의 지름길 역할을 하고 있다. 대표적으로 전국체육대회, 소년체육대회, 기타 종목별 체육대회 등이 여기에 포함된다(강복창, 2001).

 **경기운영계획, 대진방법은 제6장의 직장체육대회 운영방법을 참고하기 바람.**

# 제 2 절   학교체육 교육과정

## 1. 학교체육 교육과정의 의미

오늘날 학교교육의 대명사로 보는 교육과정(敎育課程, curriculum)이란 말이 학교교육에 적용되어 온 역사는 결코 오래된 일은 아니다.

원래 영어에서 「curriculum」이란 단어의 어원을 살펴보면 라틴어의 쿠레레(currere)에서 나온 말이라고 한다. 「currere」라는 뜻은 「달린다」는 뜻을 지닌 동사지만, 명사로는 「달리는 코오스」라는 의미로도 사용되었다고 한다.

이러한 curriculum이란 용어가 교육에 전용되어 학습자가 일정한 목표를 향하여 학습하는 방향이나 내용을 의미하는 해석으로는 훨씬 후에 교수요목(敎授要目, course of studies)이라고 해석하면서 시작되었다. 그러나 학교교육의 성격으로 보아 교육과정이 단순하게 「달리는 코오스」만을 의미하는 것이 아니라 달리는 코오스에 관련 있는 여러 가지 내용을 포함한 복합적인 뜻으로 보아야 한다. 다시 말하면 주로(走路)를 뜻함과 동시에 달리는 활동, 움직임, 그 자체도 함께 의미한다. 그러므로 교육과정은 학교교육 측면으로 볼 때 일정한 순서로 배열된 「학습의 코오스」를 의미하는 동시에 학습내용이나 경험내용을 뜻하는 것이다(대학교직과교재편찬위원회, 1985).

이처럼 '교육과정'의 정의가 다양하고 복잡한 것처럼 '체육교육과정'에 대한 정의도 연구하는 학자들의 수만큼 다양하다. 따라서 현재로서는 체육교육과정이 무엇을 의미하는가에 대하여 어떤 체육교육학자도 명확하고 설득력 있는 개념규정을 제시하지 못하고 있으나(최의창, 2001), 체육교육적 목표의 실현을 위한 구체적인 설계도라고 할 수 있다.

이를 구체적으로 설명하면, 체육교육과정은 학습자에게 교육적 성취를 의도하여 학교에서 효과적, 효율적으로 가르칠 수 있도록 신체활동의 지식과 경험 그리고 이와 관련된 문화내용을 교육적으로 재구성한 국가 및 사회적 수준의 계획이다. 즉, 연령 및 성별, 학년 수준에 맞는 체육활동의 경험체계로 사람들을 신체적으로 교육하는데 필요한 지침이라고 할 수 있다(교육부, 1997a).

**〈표 10-1〉 체육교과의 변천과정**

| 시대별 \ 요인 | 교육과정의 사적 배경 | 교과영역 배경 |
|---|---|---|
| 교수요목기<br>(1945-1954) | 해방이후 통일된 교수요목없이 학교의 자율에 실시하다가 1946년 가을학기 시작전에 교수요목이 포함된 각급 학교 교육과정을 군정청에 의해 공포함. 해방후 미군정에 의해 우리나라 교육의 이념을 4대 기본방침으로 제시하였다. | 교수방침으로는 10개항으로 구성되었으며, 5가지의 지도내용을 제시하고 있다.<br>체육보건과의 교재는 '체육보건과에는 체육·위생·휴양을 둔다'라고 교수내용을 명시하였다. |
| 제1차<br>교육과정기<br>(1954-1963) | 우리 손에 의해 만들어진 최초의 체계적 교육과정으로 용어가 사용되었다. 체육교육의 도입기로 체육교과의 명칭은 중·고등학교에서 '체육'으로 개칭되었다. | 전인적 발달의 목표아래 중·고등학교에서는 맨손체조, 스포츠, 무용, 위생, 체육이론으로 분류되어 제시되고 있다. |
| 제2차<br>교육과정기<br>(1963-1973) | 미국의 실용주의 교육에 영향을 받아 보건 및 체육의 명칭이 '체육'으로 통일되어 사용되었다.<br>교과내용은 학생들의 생활과 체육을 연계하여 학생 경험중심의 기본 방향을 갖추었다. | 제1차 때의 '위생'이 '보건위생'으로 바뀌었다.<br>생활중심 교육과정에 영향을 받아 중·고등학교에서 레크리에이션이 새로이 추가된 것이 특징이다. |
| 제3차<br>교육과정기<br>(1973-1981) | 국민교육헌장의 선포와 함께 민주화 이념을 확립시키고, 학문중심 교육과정의 영향을 받아 창조, 협동 등의 국민정신을 강조하였다. | 지도내용이 중학교는 6개 영역에서 10개, 고등학교는 6개 영역에서 9개 영역으로 세분화되었다. 또한 영역별 시간배당 비율을 명시하였다.<br>새로운 체육과정 내용은 순환운동과 질서운동이 추가되었다. |
| 제4차<br>교육과정기<br>(1981-1987) | 인간중심 교육과정으로 건전한 심신의 육성, 지력과 기술배양, 인격형성, 민족 공동체의식 등을 강조하였다. 이 시기에 교육과정 및 교과서 개발과 함께 통합적 교육과정이 구성되었다. | 고등학교의 경우 다양한 운동경험과 스포츠의 기본소양을 지니도록 하는 평생 스포츠 및 야외활동 영역을 강조하였다. |
| 제5차<br>교육과정기<br>(1987-1992) | 건강한 사람, 자주적인 사람, 창조적인 사람, 도덕적인 사람을 육성시키는 교육과정이 기본방향으로 제시되고, 미래사회를 대비한 체육교육이 강화되었다. | 교육과정의 구체적인 지도내용을 제시하지 않고, 교과의 목표를 심동적, 인지적, 정의적 영역으로 나누어 학교에 의사 결정권을 부여하기 시작하였다. |
| 제6차<br>교육과정기<br>(1992-2000) | 정보화, 세계화를 주도하는 '신교육 체제론'의 교육운영과 학습내용 중심의 교육과정으로 변화하였다. | 운동을 하는데 필요한 주된 원리를 학습내용으로 제시하였다. 또한 체력육성을 강조하는 대안책을 제시하였다.<br>학년별 내용영역에 학습목표를 제시하여 교사의 창의성과 자율성을 제고하였다. |
| 제7차<br>교육과정기<br>(2000-2004) | 21세기 세계화, 정보화 시대를 대비하여 신교육 체제수립을 위한 교육개혁을 추진하였다. 또한 열린 교육, 평생교육을 목표로 하고 있다. | 운동을 통하여 개인적 정서함양과 윤리적 규범을 습득한다.<br>'체육과 건강'을 학습할 수 있는 기반을 마련한다. |

자료: 최경칠(1999). 근대 중등체육 교육과정 변천에 관한 연구. **한국사회체육학회지, 12,**
pp. 159-174.

## 2. 체육교육과정의 변천

우리 나라의 체육교육과정의 변천과 교과내용은 <표 10-1>과 같이 제시할 수 있는데, 교수요목기에는 해방 이후 통일된 교수요목 없이 학교 재량에 의해 실시되다가 1946년 각급 학교 교육과정을 공포하였다.

제1차 교육과정기에는 체육교과의 명칭이 '체육'으로 개칭되었으며, 제2차 교육과정기에는 생활중심 교육과정에 영향을 받아 중·고등학교에서 레크리에이션이 새롭게 추가되었다. 제3차 교육과정기에는 체육과정 내용에 순환운동과 질서운동이 추가되었으며, 제4차 교육과정기에는 평생 스포츠 및 야외활동 영역을 강조하였다. 제5차 교육과정기에는 구체적인 지도내용을 제시하지 않고 교과의 목표를 심동적, 인지적, 정의적 영역으로 나누어 학교에 의사결정권을 부여하였으며, 제6차 교육과정기에는 운동을 하는데 필요한 주된 원리를 학습내용으로 제시하였다. 그리고 제7차 교육과정기에는 21세기의 세계화, 정보화 시대를 대비하여 신교육체제 수립을 위한 교육개혁 추진을 목표로 체육에서는 운동을 통하여 개인적 정서 함양과 윤리적 규범의 습득을 제시하고 있다.

# 제3절  정과체육 관리

## 1. 학교체육의 목표

체육교육과정에 기초하여 이루지는 체육수업을 정과체육이라고 하는데 이러한 정과체육에는 교육단계별로 목표가 차별화 되어 있다.

### 1) 초등학교

초등학교 체육은 아동의 움직임 욕구를 실현하고, 다양한 신체활동을 수행하는데 필요한 기초운동능력과 체력을 기르는데 중점을 두고, 건강한 생활을 영위할 수 있는 지식의 습득과 운동에 적극적으로 참여하는 태도를 기른다. 이 시기에 중요한 것은 아동의 움직임 욕구를 충족시킴으로서 신체활동에 대한 흥미를 유발하

<표 10-2> 초등학교 체육교과의 내용 및 체계

| 학 년 | 3, 4학년 | 5, 6학년 |
|---|---|---|
| 영 역 | 체조 활동<br>게임 활동<br>표현 활동<br>보  건 | 체조 활동<br>육상 활동<br>게임 활동<br>표현 활동<br>체력 활동<br>보  건 |

자료: 교육부(1997b). **체육과 교육과정**(고시 제1997-15[별책 11]). p. 29.

여 중학교 체육에서 강조될 다양한 스포츠 활동을 학습할 수 있는 토대를 마련한다.
특히, 초등학교의 체육은 학생을 보호·육성하는 시기에 있으므로 가급적 스포츠와 직접 관련이 없는 놀이 형식으로 수업을 구성하는 것이 바람직하다. <표 10-2>에 초등학교 체육교과의 내용 및 체계가 제시되어 있다.

### 2) 중학교

중학교의 체육은 운동을 다양하게 경험하며, 보다 향상된 기능을 발휘하고, 체력 및 건강을 증진한다. 구체적으로 운동 기술을 발달시키고, 조장시켜 신체 각 부위의 생리적인 성장 및 조화적 발달을 꾀한다. 그리고 스포츠 활동을 통하여 어려움을 참고, 친구와 협동할 수 있는 사회성을 함양하는데 목적을 둔다.

특히, 이 시기에는 초등학교에서 습득한 신체활동에 대한 적극적인 흥미를 발전시켜 고등학교 체육에서 강조될 평생 스포츠 활동의 학습을 촉진하도록 하는 중간 단계로서의 성격을 지닌다(이병익, 김종필, 1999).

### 3) 고등학교

고등학교의 체육은 국민 공통 기본교육과정이 완성되는 단계로서 중학교에서 학습한 내용을 보다 심화시키거나, 새로운 내용을 다루어 다양한 운동을 경험하게 한다. 구체적으로 운동기능과 기술을 숙달시켜 신체 각 부위를 균형 있게 발달시키고 건강증진에 힘쓴다.

또한 운동경기를 통하여 활달한 기상과 공명정대한 정신을 기르고 준법성·책임감·협동심 등의 건전한 사회성을 기른다. 이외에도 체육활동과 건강생활에 필요한 전문지식을 터득하여, 합리적으로 운동경기를 할 수 있는 능력의 함양과 레크리에이션 활동을 기획하고 참가·지도할 수 있게 하며 윤택한 민주생활을 하도록 한다. <표 10-3>에는 제7차 교육과정에 의한 고등학교 체육교과 내용이 제시되어 있다.

**〈표 10-3〉 고등학교 체육교과 내용(제7차 교육과정: 2000~2004)**

| 종 목 | 내 용 |
|---|---|
| 1. 체 조 | 맨손체조, 기계체조, 리듬체조 등 |
| 2. 육 상 | 달리기, 던지기, 뜀뛰기 등 |
| 3. 수 영 | 자유형, 배영, 평영, 접영 등 |
| 4. 개인 및 단체운동 | 개인운동, 단체운동 |
| 5. 무 용 | 창작무용, 민속무용 등 |
| 6. 보 건 | 환경보건, 정신보건, 성교육 등 |
| 7. 체력운동 | 심폐지구력 운동 |
| 8. 이 론 | 체육과 현대생활, 체육과 진로, 여가생활과 건강증진 등 |

자료: 최경칠(2001). 근대 고등학교 체육교육과정 변천에 관한 분석. **한국체육과학회지, 10**(1), pp. 353-367.

### 4) 대 학

선택된 스포츠 활동에 자발적이며 창의적으로 참여하여 자신의 건강을 유지·증진하고 사회적·도덕적 정신을 배양함으로써 풍요로운 학교생활과 사회생활을 영위할 수 있도록 하고 나아가 평생 동안 스포츠 활동에 참여할 수 있는 태도를 기른다. 그리고 사회의 예비 지도자로서의 자질과 교양을 함양함은 물론, 사회 구성원으로서 갖추어야 할 인성과 역량을 배양한다.

## 2. 체육수업설계와 수업계획

수업설계(instructional planning/design)란 글자 그대로 어떻게 가르치고 어떻게 배우게 될 것인가에 대한 계획수립이다. 수업설계의 근본적인 목적은 교수·학습목표를 성공적으로 성취하기 위하여 교수·학습과정의 효율성과 효능성을 극대화시켜 조직하는데 있다. 여기서 교수·학습과정은 곧 교수·학습 프로그램으로 바꾸어서도 표현할 수 있고, 그 속에 포함되는 요소는 교수·학습의 목표, 내용, 방법, 활동, 시간, 자료와 설비, 평가 등 매우 다양하고 복합적이다.

이러한 수업을 계획하는데 있어서 다음과 같은 세 가지 질문이 곧 세 가지 기본 요소가 된다고 할 수 있다. 첫째 질문은 "나는 어디를 향해 가려 하는가?" 라는 질문으로서, 이는 곧 수업의 목적 및 목표를 나타낸 말이다. 둘째는 "나는 거기에 어떻게 도착할 것인가?" 로서, 이는 수업의 방법, 자료, 매체, 활동 등을 의미하는 것이다. 그리고 셋째는 "나는 그곳에 언제 내가 도달했는지를 어떻게 알 것인가?" 라는 질문으로서, 이는 곧 학습자의 성공에 대한 평가를 의미하는 것이다. 따라서 수업설계와 수업계획을 연결한다면, 수업계획이란 수업의 목표, 방법, 그리고 평가를 사전에 수립해 놓은 하나의 방략적인 수단이라고 하겠다. <그림 10-2>에는 일반적인 수업설계의 모형이 제시되어 있다.

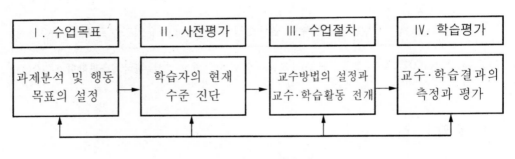

<그림 10-2> 수업설계 모형

### 1) 수업계획서 작성

아무리 좋은 교육과정이 수립되었다고 하더라도 교사들이 이에 무관심하고 실제 교육현장에 활용되지 않는다면 '속빈 강정'에 불과하다. 하지만, 지금까지 대부분의 체육수업 속에서 교사들은 획일적이고 중앙집권적인 교육과정의 체제 속에 젖어 있었기 때문에 자율적이고 창의적인 체육교육수업이 이루어지지 못한 점을 지적할 수 있다.

　이러한 수업계획서는 원칙적으로 교육인적자원부와 교육청에서 제시한 학교체육관리 지침서에 의하여 작성되어야 하지만, 학교의 특성이나 상황에 적합하도록 재구성할 수 있는 교사의 재량권도 있다. 이러한 재량권은 지역적 장점인 동시에 단점이 될 수 있지만, 장점으로는 지역학생들의 욕구를 반영하기 때문에 교사의 창조적인 수업을 진행할 수 있다. 그러나 단점으로는 목표성취에 대한 책무성의 결과로 목표없는 프로그램으로 유도될 수 있다는 점도 있다(강신복, 손천택, 곽은창 역, 1995).

　학교체육관리 지침서에는 첫째, 체육교육과정의 철학과 체육교육과정의 목적 및 목표가 제시되며, 둘째, 체육교육과정의 범위와 계열에 관한 내용이 제시된다. 이렇게 체육교육과정 지침서를 토대로 연령, 학년 혹은 학생의 운동수행 수준에 따라 지도수준을 결정하게 되는 것이다. 셋째, 체육교사가 체육지도단원을 계획하는 데 도움을 주는 정보가 제시되어 있다(이범제, 1999).

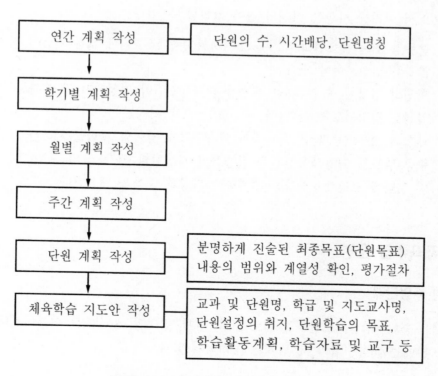

〈그림 10-3〉 수업계획 작성의 순서

수업계획은 먼저 학교의 체육부장과 체육교사의 책임아래 일년 동안 가르쳐야 할 단원의 수, 시간배당, 단원명칭을 포함한 연간계획이 수립되고, 학기별, 월별 및 주간계획이 작성된다. 이러한 계획들이 완성되고 나면 이를 토대로 단원계획이 작성되는데 단원계획에는 본시체육수업목표와 본시수업의 평가과정까지 포함되어 있다. 여기에서 단원이란 하나의 중심이 되는 제재를 바탕으로 하여 여러 개의 교수·학습체계와 활동을 묶어 놓은 것을 의미한다.

단원계획이 완성되면 체육수업을 효과적으로 수행하기 위한 조직적이고 구체적인 수업진행계획인 체육학습 지도안이 작성되게 된다. <그림 10-3>에는 수업계획의 작성 순서가 제시되어 있다.

### 2) 시간표 편성

체육시간표의 편성은 하루 중 체육수업을 몇 교시에 편성할 것인가의 문제와 일주일 중 체육수업을 어느 요일에 편성할 것인가의 문제와 관련된다. 시간표 편성에 있어서 고려할 사항은 아래와 같이 정리할 수 있다.

- 운동장 또는 체육관의 사정을 고려하여 동일한 교시에 많은 학급이 집중되지 않도록 편성하여야 한다.
- 학생의 입장에 볼 때 매일 계속하여 체육수업이 편성되지 않고 가능하면 격일제로 편성되도록 한다(예, 월, 수, 금으로 편성).
- 대학의 경우에는 많은 학생들이 체육수업에 참여할 기회를 확대하기 위하여 주중 별도로 교양체육시간을 집중하여 지정한다(예, 수요일 오후 또는 금요일 저녁에 교양체육시간을 편성하고 다양한 종목을 개설한다).

## 3. 체육수업 운영

### 1) 수업단계

체육수업은 학습지도안을 토대로 도입, 전개, 정리의 세 단계로 이루어진다. <표 10-4>에는 체육수업의 세 단계가 정리되어 있다.

&lt;표 10-4&gt; 수업의 세 단계

| 단 계 | 내 용 |
|---|---|
| 도입단계 | 기구준비, 수업을 위한 정열, 출석 및 복장 점검, 본시 수업예고, 준비운동 등 ※ 도입단계에 너무 많은 시간을 할애하여 실제수업시간(ALT: Academic Learning Time)이 낭비되지 않도록 한다. |
| 전개단계 | 수업내용에 대한 설명과 시범, 학생들의 본시체육활동 등 |
| 정리단계 | 정리운동, 수업내용의 정리 설명, 질의 및 응답, 차시수업예고, 기구정리 등 |

## 2) 효과적인 지도의 대열편성(隊列編成, formation)

교사의 설명이나 시범을 학생들에게 효과적으로 전달하기 위해서는 학생들의 인원을 고려하여 어떠한 방법으로 대열을 편성하는 것이 시각·청각으로 좋은가를 결정하여야 한다. 이러한 편성은 학생들의 수에 따라 다르게 조직될 수 있으나 몇 가지 기본적인 방법은 &lt;그림 10-4&gt;와 같다.

또한, 학생들의 수가 많을 경우 첫줄은 앉고, 둘째 줄은 무릎을 구부린 자세로 서고, 셋째 줄은 일어서는 방법으로 변형시킬 수 있을 것이다. 편성과정에서 반드시 고려해야 할 것은 학생들은 다른 사람이 일하거나 놀고 있는 장면, 창문, 해, 바람을 등지고 앉거나 일어서야 한다는 것이다(강상조, 안문영, 원영두, 2000).

## 3) 시범(demonstration) 방법

'백문이 불여일견'이라는 말이 있듯이, 시각을 통해 얻어진 정보는 이미지를 만들기가 쉽다. 학생들에게 시범을 보이는 것은 기술 지도에 있어 매우 효과적인 방법이다. 시범은 미숙련된 학생들에게는 모방하려는 모델을 제시해 준다. 또한, 숙련된 학생들에게는 그 기술을 보다 확실히 기억하고 완성시키기 위한 수단이 된다. 시범을 보일 때 그 기술의 핵심이 어디에 있는지를 구체적으로 설명을 덧붙이면 학생들의 쉽게 이해할 수 있다(이상효, 유희형, 2001).

시범을 보일 때, 다음과 같은 점에 유의하도록 한다.

① 시범은 연습하기 전에 보여 주는 경우가 많지만, 때로는 연습 중에, 그리고 연습을 종료할 때도 효과를 높일 수가 있다.

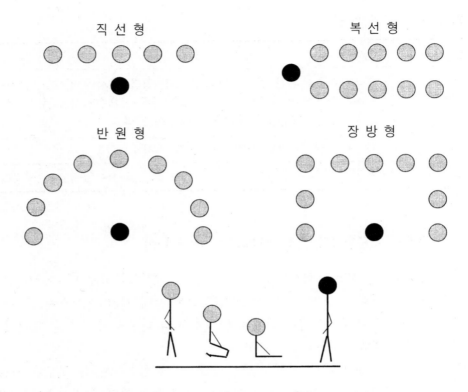

〈그림 10-4〉 효과적인 지도를 위한 대열 편성

자료: 강상조 외(2000). **코치론.** 서울: 도서출판 대한미디어. p. 206. 수정.

② 모든 학생들이 잘 볼 수 있는 위치에서 시범을 보인다.

③ 시범을 보일 때 전체 학생의 기능 수준에 가까운 대표자를 활용하여도 효과적이다.

④ 기술의 핵심이 되는 부분은 말로 설명하여, 학생들의 주의를 집중시키도록 해야 한다.

⑤ 모든 학생들이 잘 이해할 수 있을 때까지 몇 번 반복해서 시범을 보인다.

## 4) 효율적 수업관리를 위한 절차(routines)의 개발

'절차'는 체육수업 내에서 특정한 행동을 하기 위해서 필요한 과정을 말한다. 이러한 절차는 자주 발생하고 수업의 흐름을 방해하거나 저지할 가능성이 있는 모든 종류의 학생에 관해서 만들어지고 가르쳐져야 한다. 또한 절차는 체육수업시 어떤 과제를 성취하기 위하여 이용되는 특정한 방법으로서 수업시 유용하게 사용될 수 있다. 체육교사는 학기초에 학생들에게 주목, 집합, 분산행동을 위한 신호와 절차를 분명히 가르치고 빈번하게 상기시키고 자주 연습시켜야 한다. <표 10-5>에는 수업관리를 위한 절차와 목적이 제시되어 있다.

<표 10-5> 효율적 수업관리를 위한 절차와 그 목적

| 절 차 | 목 적 |
|---|---|
| 정 열 | 수업이 시작되기 전 전체 학생들이 모여 교사를 기다리는 절차 |
| 준비운동 | 교사의 감독이나 지시없이 하는 준비운동 |
| 주목/조용 | 학생의 주목을 집중하는 신호와 이에 대한 학생들의 반응 |
| 집합장소 | 지시에 따라 학생들이 가는 운동장이나 체육관 등의 특정 장소 |
| 교사주목 | 교사의 주목을 얻기 위한 적절한 학생의 방법 |
| 집 합 | 교사의 지시가 주어졌을 때 한 곳에 모이는 적절한 방법과 대형 |
| 분 산 | 집합했다가 연습대형으로 흩어지는 적절한 방법 |
| 장 비 | 운동 용기구를 가져오거나 돌려놓는 적절한 방법 |
| 수 거 | 게임이나 연습 중 다른 학생에게 공이 갈 경우 그것을 다시 가져오는 적절한 방법 |
| 시 작 | 신호에 따라 신속하게 활동을 개시하는 절차 |
| 지 역 | 지정된 장소나 구역에 있도록 하는 특정한 절차 |
| 종 료 | 수업을 종료하는 특별한 절차, 일반적으로 정리운동과 수업정리 부분을 포함 |
| 해 산 | 수업장소를 떠나 교실로 돌아가는 절차 |
| 정 리 | 옷갈아 입기, 화장실 사용하기, 마실 것 얻기, 입실하기 등을 다루는 모든 절차 |

자료: 최의창(2001). **체육교육탐구**. 서울: 태근문화사. p. 252.

## 4. 체육평가

### 1) 평가의 의미

교육평가(educational evaluation)는 교육과정에서 교육목표를 달성하고자 선정, 조직, 실천된 학습경험들이 실제에서 어느 정도로 그 교육목표를 달성하였는지를 평가, 반성, 검토하는 일이라 하겠다.

교육평가를 미시적(微視的) 관점에서는 학생들의 학업성적의 평가, 판정 내지는 교육과정에서의 교육목표 달성도를 측정하는 것이라고 할 수 있다.

그러나 거시적(巨視的) 관점에서는 교육평가란 학생평가만이 아니라 일정한 교육과정에서 교육목표를 달성하기 위하여 동원된 모든 방법, 원칙, 설비의 교육적 유효도를 평가하는 것이 목적인 바, 교육자의 교육계획 및 교육활동에 대한 반성과 연구, 교육개선을 위한 행위라고 할 수 있다. 그러므로 교육평가란 곧 학습자의 학습성적의 판정뿐만 아니라 보다 다양한 목적에 이바지하기 위한 활동이기에 여러 교육활동과정에서의 문제점을 모색하고 그것을 개선해 나감으로써 교육의 성과를 높이는데 기여하려는 것이 평가의 보다 중요한 구실이라 하겠다.

### 2) 체육평가의 목적

평가의 제1차적 목적이 수업을 향상시킨다고 할 때, 평가는 정보를 수집하고 그 정도의 의미를 해석하는 과정이라고 볼 수 있다. 평가의 과정에는 '측정'(measurement)과 '평정'(evaluation)이 본질적으로 관여되는데, 측정은 정보를 수집하는 과정이라고 정의되며, 평정은 수집된 정보의 가치에 관한 모종의 판단이 내려지는 해석의 과정이라고 간주된다.

이러한 평가를 위한 정보는 공식적·비공식적 수단으로 수집될 수 있다. 학생들에게 배구의 서브테스트를 실시할 때 학습자의 서브능력에 관한 자료를 공식적 수단으로 수집할 수 있다. 학생들이 서브하는 것을 관찰하고 기억하며 평가하는 교사들은 비공식적 수단으로 평가하는 것이다. 학생들이 서브할 때마다 점검기준으로 체크하는 교사들은 보다 객관적인 비공식적 평가수단을 이용하고 있다.

<표 10-6>에는 평가의 공식적 및 비공식적 수단들이 제시되어 있는데, 이러한 평가에 보다 신중해야 하는 이유는 아직까지 신뢰롭고 타당한 도구가 개발되지 않고 있을 뿐만 아니라 공식적인 평가에 엄청난 시간이 소비되고 있다는 사실이다.

**〈표 10-6〉 평가의 공식적·비공식적 수단**

| 공식적 | 비공식적 |
|---|---|
| • 기능 테스트<br>• 필기 테스트<br>• 운동수행의 기록(예, 궁도, 볼링, 테니스, 체력점수 등)<br>• 관찰체계를 이용하여 비디오 촬영한 내용을 분석하는 것<br>• 학습자의 성공과 실패에 관한 기록 | • 평정 척도<br>• 관찰에 기초하여 학습자의 운동수행을 기술<br>• 기능의 체크<br>• 학습자의 시간사용을 위한 관찰체계 |

자료: 최의창(2001). **체육교육탐구.** 서울: 태근문화사. p. 229.

결국, 공식적·비공식적 수단을 통하여 이루어지는 체육평가의 목적은 첫째, 체력 및 운동기능의 발달 둘째, 운동 및 건강에 대한 지식 셋째, 다양한 운동상황에 적응할 수 있는 창의력 등의 인지적 영역 넷째, 희생정신·자신감·책임감·공정심·협동심 등의 정의적 영역 등이 어느 정도만큼 성공했는가를 측정하는 것이다.

### 3) 평가의 유형

체육평가의 성패는 수집된 자료 또는 정보의 질에 달려있다. 만약 측정과정을 통해서 얻은 자료가 일관성이 없고 진실성이 없다면, 정확한 평가는 불가능해진다.

**〈표 10-7〉 규준지향표준과 준거지향표준의 비교**

| 구 분 | 규준지향표준(상대평가) | 준거지향표준(절대평가) |
|---|---|---|
| 특 징 | 한 학생의 성적을 다른 학생의 성적과 비교할 때 사용 | 미리 정해 놓은 수행의 준거와 비교하여 학생의 성취도를 평가할 때 사용 |
| 장 점 | 학생들을 능력별로 집단화하거나 점수배점을 위한 규준을 정할 때 효과적이다 | 수업분위기가 좋고 실기수업의 평가에 적합하며, 인지적·심동적·정의적 목표를 평가하는데 모두 사용할 수 있다 |
| 단 점 | 평가의 결과로 나온 점수가 현재 상황과 불일치할 수 있다. | 적절한 준거행동을 마련하는데 있어서 어려움이 따른다 |
| 사용경향 | 전통적으로 체육교사들이 선호 | 많은 전문가들이 사용을 권장 |

그리고 평가는 어떤 표준에 비추어 수집한 자료의 가치를 판단하는 행위를 말하기도 한다. 평가시에 가장 널리 활용되는 표준 두 가지는 '규준지향표준'과 '준거지향표준'이다(최의창, 2001).

<표 10-7>에는 규준지향표준(norm-referenced standards)과 준거지향표준 (criterion-referenced standards)의 차이점이 제시되어 있다.

### 4) 체육평가의 실행과정

체육평가의 실행과정은 평가계획과정, 평가실시과정, 평가결과의 활용과정 등 세 가지 과정으로 나누어 실행되는데, <그림 10-5>와 같이 함축하여 제시할 수 있다.

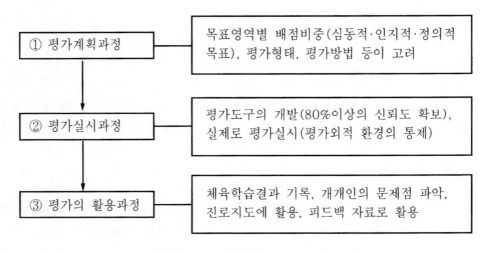

| ① 평가계획과정 | 목표영역별 배점비중(심동적·인지적·정의적 목표), 평가형태, 평가방법 등이 고려 |
| ② 평가실시과정 | 평가도구의 개발(80%이상의 신뢰도 확보), 실제로 평가실시(평가외적 환경의 통제) |
| ③ 평가의 활용과정 | 체육학습결과 기록, 개개인의 문제점 파악, 진로지도에 활용, 피드백 자료로 활용 |

<그림 10-5> 체육평가의 실행과정

# 제 4 절 학교체육행정의 문제점 및 개선방안

학교체육은 움직임 욕구의 실현 및 신체문화의 계승·발전이라는 내재적 가치와 체력 및 건강의 유지증진, 정서순화, 사회성 함양이라는 외재적 가치를 동시에 추구하고 있다. 또한 이를 통하여 삶의 질을 높이는데 공헌하는 교과이며, 이와 같은 가치를 실현하기 위하여 지, 덕, 체가 통합된 인간육성, 즉 전인교육을 궁극적 목적으로 삼고 있다.

하지만, 우리 나라의 학교체육은 주지교과위주의 상급학교 입시준비교육에 밀려 교육과정의 비정상적 운영, 시설, 용구의 부족, 교육행정가나 학부모 등 주위의 무관심으로 규정된 교육과정마저도 제대로 시행되지 못하고 있는 실정이다. 이로 인하여 일반학생들로 하여금 그 가치와 필요성을 깊이 인식시키지 못한 반면, 학교선전을 위한 엘리트 스포츠 선수들의 수업결손, 학교예산의 편중배분, 시설의 독점적 운영 등으로 인하여 비정상적으로 학교체육이 운영되고 있는 실정이다(이병익, 김종필, 1999).

따라서 본 절에서는 학교체육 정상화를 방해하는 문제점들을 살펴보고 개선방안을 제시하고자 한다.


## 1. 학교체육 전담부서의 실종

### 1) 문제점

학교체육은 당연히 교육인적자원부에 총괄할 것으로 기대할 수 있으나, 사실은 이원화되어 있다. 즉 교육인적자원부에서 학교체육의 육성지원에 관한 사항, 학교체육활동 및 체력검사에 관한 사항, 학교체육시설의 운영·지원을 담당하고 있고, 문화관광부에서 각급 학교의 운동부 관리·지원 등의 엘리트 스포츠 육성·지원 업무를 담당하고 있다.

특히, 학교체육과 밀접한 관계가 있는 엘리트 스포츠를 담당하는 문화관광부는 서울올림픽 유치를 계기로 1982년 체육부가 발족되고 여러 차례 명칭변경 등 변화 과정을 겪어 오늘날에 이르게 되었으나, 학교체육을 전담하는 과(課) 또는 국 단위(局單位)의 부서가 존재하지 않고 있다. 게다가 교육을 담당하는 교육인적자원부 내에도 학교체육을 전담하는 부서는 없다.

현재 문화관광부의 체육지원과가 유일한 학교체육 지원부서로 과업무(課業務)의 극히 일부인 각급 학교운동부 육성업무, 체육계학교 육성업무만을 담당하고 있고, 교육인적자원부 내에는 학교체육 본연의 임무보다는 학교보건 및 급식에 관한 업무를 주로 담당하고 있는 실정이다. 따라서 학교체육에 관한 담당부처의 이원화는 효율적으로 학교체육 업무를 추진하는데 있어 장애요인이 되고 있다.

다만, 지방의 경우, 교육인적자원부 산하의 각시도 교육청에서 학교체육과 생활체육행정을 관장하고 있으나, 초·중등학생이 참가하는 전국소년체육대회 운영권도 대한체육회가 중심이 되어 있기 때문에 학생체육을 담당하고 있는 교육인적자원부나 시·도 교육청은 협조 부서로 존재할 뿐이다.

## 2) 개선방안

교육인적자원부와 문화관광부로 이원화되어 있는 행정체계를 일원화하여 업무의 효율성과 전문성을 신장시켜야 한다. 우선, 교육인적자원부 내에 학교체육 담당 부서를 현재의 학교정책실 학교정책과(2001년 8월 현재 기준)에서 체육과로 독립, 격상시키고 인원도 확대하되 반드시 체육전문직이 보임 되도록 해야 한다. 이제까지 학교체육을 담당하는 부서에 체육전문가가 보임된 경우는 드물었다. 일반행정직이면 누구나 다 주어진 업무를 수행할 것이라고 생각할 수 있다. 그러나 그동안 체육을 잘 알지 못하는 사람이 체육계획을 수립·실천하여 낭패를 본 사례가 빈번하게 있었다. 따라서 학교체육은 학생들의 인성과 건강, 체력향상 등 전인교육을 위해서 중요한 과목이기 때문에 교육인적자원부의 독립된 부서에서 관장하는 것이 타당하다.

또한, 현재 대한체육회에서 관장하고 있는 전국소년체육대회에 당연히 교육인적자원부가 참여해야 한다. 전국소년체육대회는 원래 교육활동의 일환이기 때문이다. 그럼에도 불구하고 교육과 핵심적 연관성이 부족한 기관에서 전적으로 관장하고 학교는 선수들만 출전시키라고 요구하는 것은 잘못이다(김동진, 1998).

그 밖에 학교체육 특기자 관련 시책이 문화관광부와 교육인적자원부의 협의를 거치지 않고 실행되고 있어 학교체육 담당 부서에서 업무를 추진하고 시행하는데 많은 어려움을 겪고 있으며, 시·도 교육구청간의 업무에도 차질이 일어나고 있다. 엘리트 체육이나 생활체육의 출발점이 학교체육에 있다는 것은 당연하다. 따라서 학교체육 전반의 기획과 실행은 보다 강화된 전담 부서에서 담당하는 것이 타탕할 것이다.

## 2. 체육수업 시간의 부족

### 1) 문제점

학교체육의 중요성에 비추어 볼 때 현재 학교체육수업 시간의 부족은 많은 문제점을 내포하고 있다. 체육교육과정 편성과 운영에서 보면 초등학교는 2000년, 중학교 1학년은 2001년, 고등학교 1학년은 2002년부터 제7차 교육과정을 실시하게 된다. 이러한 제7차 체육과 교육과정을 제6차 체육과 교육과정과 비교해 보면 국민공통기본교육과정인 3~8학년까지는 주당 3시간으로 6차와 같으나, 9학년(현재 중학교 3학년에 해당됨)은 3시간에서 2시간으로, 10학년(현재 고등학교 1학년에 해당됨)은 4단위로 축소되며, 선택중심과정인 11~12학년은 연간 4단위인 선택과목으로 편성되어 있어 체육수업 시수가 크게 줄어들게 됨으로써 학생들의 신체활동 시간이 적어질 수밖에 없는 형편이다(최옥수, 1999).

### 2) 개선방안

체육수업의 부족을 해결하기 위해서는 우선, 학교 정규체육시간수의 증가가 요구된다. 초등학교 단계에서는 현행 주당 평균 3시간의 정과체육시간을 5시간 이상으로 늘려 일부 외국 선진국과 같이 '매일체육' 체제로 전환되어야 한다. 또한, 실업계고등학교의 현행 주당 1시간의 체육시간을 3시간 이상 확보하여야만 내실을 기할 수 있다.

물론 여기에 대학의 교양체육의 대폭적인 확대와 강화가 요구된다. 특히 대학생들이 교양체육 수강신청을 회피하고 있는 첫째 원인으로 작용하고 있는 체육실기수업의 상대평가제도를 절대평가제도로 전환하여 운동에 소질이 없어도 흥미와 관심만을 갖고도 참여할 수 있는 체육수업 평가제도의 개선이 시급하다.

그 밖에 정규체육수업을 보완하는 방법으로는 요즘 각 학교에서 실시하고 있는 방과 후 교육활동(특기적성교육으로 명칭이 변경됨)에서 체육관련 프로그램을 더욱 많이 실시하여야 한다. 즉 주간 수업시간에서 부족한 부분을 방과 후 프로그램에 누구나 참여할 수 있게 하여야 한다. 현재 입시준비, 학원, 경비 등의 문제가 복합적으로 관련되어 있어 체육활동을 하고 싶어도 참여하지 못하는 학생들이 많다. 따라서 오래 전부터 실시되어 온 특별활동과 방과 후 실시되는 특기적성교육을 일원화하는 방안도 아울러 강구되어야 한다.

또, 남녀 혼성학급의 실시가 일반화됨에 따라 남녀 공히 함께 참여할 수 있는 프로그램 개발에 노력하여 학교수업이 정상화될 수 있도록 하여야 한다.

## 3. 체육시설 및 교구확보의 부족

### 1) 문제점

체육교육의 목적을 효과적으로 달성하기 위해서는 다양한 교수–학습의 지도내용 및 방법 등이 필요하지만 체육시설 및 교구의 확보는 절대적으로 필요하다. 그러나 현재 학교체육시설의 부족과 기존시설의 관리 미흡으로 인하여 많은 어려움이 있다. 즉, 실내 체육관은 커녕 100m 직선코스를 그릴 수 없는 좁은 운동장에서 천 여명의 학생들이 활동하는 학교가 대부분이며, 교육부 조사에 의하면 체육관을 가지고 있는 학교는 전국의 5%에 지나지 않는다고 한다. 또한, 수영장이 있는 학교는 손꼽을 정도이다.

서울 시내 S교육청의 경우 관내 초·중학교 76개교 중에서 4개교가 수영장을 보유하고 있으나, 이러한 시설을 활용하고 유지·보수할 수 있는 예산이 뒷받침되지 않아 제대로 운영되지 못하고 있는 실정이다. 또한 Y중학교의 경우는 체육부 1년 예산은 981만원으로 운동부 지원 및 각종 체육행사 등을 치르고 체육수업에 필요한 최소한의 용기구를 장만할 수 있을 뿐이며, 그 밖의 학교교구설비기준에 맞추어 시설이나 기구 등을 확보한다는 것은 매우 어려운 현실이다.

### 2) 개선방안

학교교육의 질은 교사의 사명감과 더불어 시설의 확보가 중요한 요건이다. 21세기의 체육은 보다 다양한 개인운동 위주의 스포츠가 각광을 받을 것이다. 그러므로 이를 수용할 수 있는 실내 체육관은 물론, 학교체육교구설비기준에 의한 체육설비와 기구를 충분히 확보함으로써 체육수업 시간이나 특별활동 시간 등의 특기적성교육시간에 이용할 수 있도록 하고, 지역주민들과 연계하여 평생학습장으로 이용할 수 있도록 하여야 한다.

이를 위하여 최소한 각급 학교별로 1개교 1개의 전천후 다목적 체육관과 소규모 에너지 절약형 수영장을 설치하도록 유도해야 한다. 최근 경제사정 때문에 당장 시행하기는 무리가 있겠으나 경제사정이 나아지면 국고보조금 지원을 유도하고, 국고지원이 불가능하다면 마케팅 개념을 도입한 민자 유치를 시도하는 것이다. 즉, 학교체육수업과 수익사업을 겸하는 방법으로 평일 낮에는 학습용으로 활용하고 새벽, 저녁, 공휴일에는 일반주민들에게 유료로 개방하는 것이다. 이 경우 학교 체육시설 확보는 물론, 지역주민의 생활체육시설까지도 확보가 가능하게 될 것이다.

또 하나는 각 지역 교육청별로 공공자본 또는 민자유치에 의해 종합체육센타를 건설하여 주변학교 체육수업은 물론, 방과 후 자율체육활동을 유도하는 것이다.

## 4. 체육교사의 전문성 부족

### 1) 문제점

21세기는 무한한 경쟁시대에 필요한 인간을 육성하고 신교육 개혁에서 강조하는 인성교육의 수단으로서 중요한 교과목 중의 하나인 체육교과를 올바르게 지도하기 위해서는 담당 교과의 전문성 신장의 노력을 경주할 때이다. 그러나 많은 교사들은 체육에 대한 인식도가 아직도 낮은 편이고, 환경시설의 부족, 주변의 인식부족, 과도한 수업과 잡무 등의 이유로 체육을 등한시하는 경우가 많고, 체육의 전문성에 대한 교과지식, 방법지식, 수업지식에 대한 연구와 관심이 부족한 실정이다.

또한, 교사들의 교수-학습방법은 전통적인 기능중심 수업방법을 많이 채택하고 있으며 학습지도는 지도안에 가까운 교사용 지도서가 있지만 많은 교사들은 수업 내용과 관련된 교수-학습자료를 충분히 준비하지 못하고 획일적인 학습지도에 의존하고 있는 실정이다. 이와 같이 교수기능을 제대로 갖추지 못한 전문성 부족의 교사는 학생들의 성장을 저해하는 그릇된 교육의 원인이 되고 있다(정우식, 1999).

그리고 초등학교 교사 및 교육대학교 재학생의 대부분을 여성이 차지하고 있어 초등학교 학생들이 여성화되고 있다는 우려를 나타내고 있다. 게다가 일반적으로 여교사들은 체육교과를 힘들어하는 과목이고 기피하는 과목으로 여기고 있다. 전담교사제도를 시행하고 있지만, 이것도 극히 형식적이거나 제대로 지켜지지 않고 있는 실정이다(김동진, 1998).

### 2) 개선방안

체육교육의 활성화를 위한 교사의 전문성 향상과 체육수업의 질적 개선을 위해서는 다음과 같은 문제들이 우선적으로 해결되어야 한다.

첫째, 체육교사의 전문성 제고를 위하여 연수교육의 일환으로 대학원 진학의 기회가 확대되어야 한다. 이를 위하여 교육대학원의 체육교육과정은 체육의 현장교육과 관련된 평가방법과 같은 전문교육 측면 위주로 교육과정을 재구성하여야 한다.

둘째, 소규모 단위의 연수기회를 적극 권장하여 지역이나 학교의 문제점 토의, 정보교환, 새로운 지도방법 등을 주기적으로 실시하고 전문저널이나 팜플렛, 각종 자료의 보급을 통한 연수방법의 다양화를 꾀하여야 할 것이다(이병익, 김종필, 1999).

셋째, 초등학교에서는 체육전담 교사제의 필요성이 강조되고 있으므로, 체육전담교사제도를 내실화(체육전담교사의 보상제도 마련, 체육교과의 전문성을 가진 전담교사 배정, 체육심화과정 학생 배출의 확대)하여 체육수업의 질을 개선시켜 나가야 한다. 그리고 여교사들의 체육실기 지도능력을 향상하기 위하여 실기연수기회를 확대하고 여교사의 연수율을 높이기 위해서는 연수의 유인체제와 동기유발을 강화시키고 정부의 재정적 지원이 뒤따라야 한다.

넷째, 체육전문가들로 구성된 장학업무의 활성화로 수업운영 및 교수-학습상의 새로운 이론을 제공하고 수업목표가 효율적으로 달성될 수 있도록 장학사와 교사 간의 교수-학습에 관한 협동적인 정보체제를 갖추어야 한다(정우식, 1999).


## 5. 학교운동부의 비정상적 운영

### 1) 문제점

학교운동부 육성으로 얻는 효과를 보면 적게는 해당학교의 홍보효과, 애교심 고취 등을 들 수 있고 크게는 우수선수 저변확대로 국위선양을 들 수 있다.

그러나 학교운동부 육성을 위한 과학적 토대와 제도적 장치의 미흡 그리고 아동의 발달 특성과 종목적 특수성을 고려치 않은 조기 전문화는 현재 교육적 차원에서 많은 문제점을 야기시키고 있다. 예를 들어 너무 어린 나이에 시합 참여에서 겪게 되는 실패경험, 과도한 시합불안, 훈련의 단조로움으로 인한 관심의 변화 그리고 스포츠 외 영역과의 단절에서 오는 사회적 소외감을 충분히 극복하고 보상받을 수 없는 것으로 인한 어린 선수들이 겪는 심리적 갈등은 스포츠를 중도에 포기하는 원인이 되고 있다.

이와 관련하여 학교교육 속에서 결과주의에 집착한 나머지 선수들의 일반교과 수업 결손이 관행처럼 되어 있는 현실은 체육교육의 정상화를 위해서 시급히 해결되어야 할 많은 문제점을 안고 있다.

현재 우리 나라 운동선수의 학업과 훈련의 괴리 내지 분극현상은 체육교육의 무용론을 발생시키고 선수들의 학력저하 문제는 선수 개인은 물론 학교체육의 발전에도 매우 심각한 결과를 초래하고 있다.

그리고 또 다른 학교운동부의 문제점으로는 빈약한 재정 기반을 지적할 수 있는데, 대부분의 초·중·고교에서는 학교체육예산으로 팀을 운영하는 것이 아니라 학부모의 재정 부담으로 이루어지기 때문에 또 다른 병폐를 유발하고 있다.

그러나 운동부 선수의 학업에 있어서 일본의 경우, 고교 운동선수들은 일반학생들과 똑같은 의무와 기회가 주어지고 있으며 「先 학업 後 운동」의 엄격한 규율이 오늘날 대학 스포츠를 살찌게 하였다.

미국은 대부분의 대학들이 「자격 있는 학생신분」을 먼저 강조하기 때문에 미국 사회에서 대학선수들의 자질을 높이 평가하고 있다. 또한, 동부지역의 하버드, 예일, 프린스턴 등 이른바 명문사립대학의 경우 학과성적이 평균 80점 이상이라야 선수활동이 가능하도록 되어 있다(윤이중, 2001).

## 2) 개선방안

학교운동부 즉, 엘리트 스포츠의 육성방법도 분명히 바뀌어야 한다. 어린 선수들이 즐겁게 운동하고 학교 공부도 열심히 할 수 있는 제도를 만들어 생각하는 선수, 교양 있는 선수들로 길러 주어야 한다. 학교운동부가 공부 못하는 학생들의 진학 수단으로 이용되어서는 안 된다. 이와 관련하여 체육특기자제도는 유지되는 것이 바람직하지만 4강, 8강 등의 제도는 없어져야 한다. 팀 스포츠의 선수라 할지라도 선수 개인의 능력에 의하여 진학하면 되는 것이다.

윤이중(2001)은 학교운동부 육성에 대한 문제점을 지적하고 다음과 같은 개선 방안을 제시하고 있다.

첫째, 수업결손이나 상급학교 진학시 금품수수, 과다한 훈련에 의한 성장장애 발생, 승리의 집착에 따른 학생선수 구타와 폭력이 이루어지고 있기 때문에 이를 해결하기 위해서는 학생선수들의 운동부 육성 방향을 잠재력 개발과 성취감, 도전과 끈기향상, 그리고 진정한 경쟁의 의미를 깨닫는 경험이 되도록 하고 실적위주의 후속적 혜택을 누리려는 승리지상주의로부터 벗어나도록 함으로써 학생선수들의 바람직한 육성이 가능해 질 것이다.

둘째, 운동부 지도자와 학생선수 자신, 학부모간의 유기적인 관계가 원만히 이루어지지 못하는 현실은 운동부 육성과정에 수반되는 상대적 입장의 갈등 때문에 합리적 지원체제의 유지보다는 부적절한 관계로 나타나는 것으로 해석된다. 따라서 지도자의 학생선수에 대한 배려와 학부모들의 관심과 지원이 잘 이루어 질 수 있도록 하기 위해서는 학교 내 체육위원회와 같은 제도적 장치가 마련되어 중재에 나서야 할 것이다.

셋째, 각급 학교마다 차이는 있지만 선수들의 최대 기량을 발휘할 수 있는 운동부의 체육시설이 미비하여 지역사회의 공공시설에 크게 의존하고 있는 현실은 보다 적극적인 교육인적자원부와 문화관광부의 관심과 지역관할 교육구청의 꾸준한 지원이 요구된다.

그 밖에도 홍인수(1999)는 학교운동부를 육성하는데는 많은 경비가 소요되므로 국가에서는 메달을 딴 선수에게만 연금을 지급할 것이 아니라 유니폼을 맞출 돈이 없어 쩔쩔매는 초·중·고의 팀에도 재정적인 지원이 이루어지기를 제시하고 있다.

# 6. 특기적성교육의 비합리적 운영

## 1) 문제점

학교체육의 또 다른 영역인 방과 후 특기적성에 중점을 둔 체육활동은 학생들의 자발적 참여에 따라 개인의 취미와 능력에 맞는 체육활동을 하기 때문에 학생들의 잠재력과 창의력을 길러줄 수 있다는 점에서 개인의 인격형성에 매우 의미 있는 활동이라 할 수 있다.

그러나 우리 나라의 학교에서 특기적성교육(과외체육활동)에 대한 정책은 오래 전부터 시행되어 왔지만 그 성과는 가시화 되지 못하고 있다. 그 원인으로는 입시 위주의 교육풍토를 지적할 수 있지만, 효과적인 정책 마련의 미흡에도 원인이 있다고 할 수 있다.

그 밖에 특기적성교육이 제대로 이루지지 못하는 이유를 나열하면, 첫째 특기적성교육영역이 한정되어 있어 학생들의 선택의 폭이 매우 좁으며, 둘째 특기적성교육에 요구되는 시설과 용구의 부족, 셋째 우수지도자 확보의 어려움과 낮은 지도비용의 책정으로 인한 지도방식의 효율성이 떨어지며, 넷째 값싼 교육비로 인한 새로운 프로그램의 개발과 보급 지연으로 인한 운영의 비합리성 등을 들 수 있다.

## 2) 개선방안

특기적성교육의 활성화를 위해서는 다음과 같은 사항들이 검토되고 시행되어야할 것이다.

첫째, 학교체육이 평생체육으로 연계될 수 있도록 1교 1기를 확대 실시하고 1인 1운동을 생활화할 수 있도록 권장하고, 필요하다면 지역사회 동호인조직과 연계한 특기적성교육을 확대 실시해야 한다.

둘째, 특기적성교육의 효율적인 성공을 위해서는 반복적인 경험이 요구되므로 충분한 시간의 확보를 위한 관계자들의 관심이 요구되고, 학생들의 선택의 폭을 넓히기 위해서 학교 또는 지역의 특성 그리고 학생들의 관심과 요구 수준에 따라 프로그램이나 종목이 우선적으로 개발되어야 한다.

셋째, 효율적인 지도체계와 시설부족 그리고 소요경비 문제를 해결하기 위해서는 학교교사나 교내시설만을 활용할 것이 아니라 인근 동호인 지도자, 대학, 자원봉사자들을 모집하여 지도하게 하고, 시설의 문제를 해결하기 위해서는 공공체육시설 또는 사설체육시설과의 연계도 검토해 볼 만 하다. 즉 학생들이 수업하는 주간에는 공공체육시설과 사설체육시설은 이용객의 수가 적거나 휴관시간이므로 이용요금을 할인 받거나 무료로 지원 받을 수 있다.

# 참고문헌

강복창(2001). **체육행정학**. 서울: 도서출판 태근.

강상조, 안문영, 원영두(2000). **코치론**. 서울: 도서출판 대한미디어.

강신복, 손천택, 곽은창 역(1995). **증보 체육학습교수법**. 서울: 보경문화사.

교육부(1994). **중학교 체육과 교육과정 해설**.

교육부(1997a). **제7차 교육과정 개발연구**. 한국교육개발원 교육과정개정 연구위원회.

교육부(1997b). **체육과 교육과정**(고시 제1997-15[별책 11]). 29.

김동진(1998). 학교체육, 이대로는 안된다. **21세기를 향한 체육의 발전방향 정책토론회, 서울대학교 체육연구소**, 19-30.

대학교직과교재편찬위원회(1985). **교육과정 및 평가**. 서울: 교육출판사.

윤이중(2001). 학교체육의 발전방안에 관한 연구: 광주광역시를 중심으로. **한국스포츠리서치**, 12(1), 117-128.

이범제(1999). **체육행정의 이론과 실제**. 서울대학교 출판부.

이병익, 김종필(1999). **체육행정학**. 서울: 도서출판 홍경.

이상효, 유희형(2001). **건강·스포츠 프로그램을 위한 지도방법과 리더십**. 서울: 도서출판 금광.

정우식(1999). 초등학교 체육교육의 문제점진단 및 활성화 방안모색. **한국사회체육학회지**, 12, 119-140.

최경칠(1999). 근대 중등체육 교육과정 변천에 관한 연구. **한국사회체육학회지**, 12, 159-174.

최경칠(2001). 근대 고등학교 체육교육과정 변천에 관한 분석. **한국체육과학회지**, 10(1), 353-367.

최옥수(1999). 학교체육의 활성화 방안. **스포츠 과학**, 69(가을호), 8-12.

최의창(2001). **체육교육탐구**. 서울: 태근문화사.

홍인수(1999). 무관심 속에 무너져 가는 학교체육, 어디로 가고 있나? **스포츠과학**, 69(가을호), 2-7.

Bucher, C.(1975). *Foundations of physical education* (7th ed.). St. Louis: The C. V. Mosby Company.

# 제11장 생활체육행정 관리

현대사회를 일컬어 자동화 시대, 정보화 시대, 후기 산업 사회 등 다양하게 특징 지워 표현하고 있다. 그러나 복잡한 산업사회 속에서 도시의 인구집중, 환경오염, 인간소외, 체력저하, 퇴폐화, 향락 등 바람직하지 못한 사회병리 현상의 문제에 직면하게 되었다.

이러한 사회의 제 문제를 해결하고 개선하여 인간다운 삶과 그 질을 높이기 위한 사회와 국가적 차원의 노력으로서 생활체육의 역할은 매우 크다고 할 수 있다. 따라서 본 장에서는 세계적인 체육정책의 흐름이며 미래의 체육방향인 생활체육의 개념과 의의를 살펴보고 이제는 정착단계에 있는 지방자치 속에서 생활체육을 좀 더 활성화시킬 수 있는 방법에 관하여 설명하고자 한다.

# 제 1 절  생활체육행정의 의의

## 1. 생활체육행정의 개념

생활체육행정은 생활체육 목표달성에 필요한 인적, 물적 조건을 정비하고 지원하는 제반 조성활동이라고 할 수 있다. 생활체육행정의 본래적 기능은 생활체육 활동을 효율적으로 수행할 수 있도록 국가나 지방자치단체에서 정책을 수립하고 시행하는 지도적, 조성적 행위로서 법령 및 제도, 조직, 시설, 지도자 양성 및 배치 그리고 재정을 지원해 주는 활동이라고 할 수 있다(김용길, 1993).

또한, 생활체육행정은 단순하게 국민의 건강증진과 여가선용의 기회를 확대하고 생활체육 참여인구의 저변확대를 위한 체육행정만이 아니라 국민복지행정 차원에서 이해되어야 한다.

현대국가는 모든 국민에게 건강하고 인간다운 최저 한도의 생활을 영위할 수 있는 권리를 인정하고 있고 국민생활의 균등한 향상을 위하여 노력하고 있으며 우리나라 헌법의 제34조는 "① 모든 국민은 인간다운 생활을 할 권리를 가진다" ② 국가는 사회보장·사회복지의 증진에 노력할 의무를 진다"라고 규정하고 있는 등 국민복지 증진을 국가정책의 중요 목표로 하고 있으며 이러한 사회적 배경하에서 복지행정에 관한 연구가 꾸준히 진행되고 있다.

생활체육행정은 이와 같은 국민복지의 향상이라는 측면에서 시대적 요구에 부응하여 새롭게 강조되고 국민적 관심을 갖는 국가와 지방정부의 정책으로 전개되고 있다. 또한 건강한 국민의 육성을 도모하여 국가발전의 원동력을 제공하고 신체적, 정신적, 사회적으로 잘 다듬어지고 균형 잡힌 인간으로 만드는 평생교육적 차원의 교육적 행위라고 할 수 있으며, 국민생활의 질적 향상을 가져오는 국민복지의 핵심요소라고 할 수 있다.

즉 생활체육행정은 생활체육을 제도화시켜 개인의 인간적인 요청과 사회적인 요청을 통합하고 국민의 체육에 대한 권리를 평생을 통하여 보장해 주며 나아가 체육기능을 전 사회적으로 극대화시키는 체육복지정책이라고 볼 수 있다.

이러한 체육정책을 지속적이고 강도 있게 전개하고 행정의 일관성을 유지하기 위하여 국민체육진흥법을 개정('93.12.31 법률 제4689호)하여 생활체육진흥을 위한 구체적인 용어와 지침을 설정하였다.

제2조(정의)의 3호에서는 생활체육의 정의를 "생활체육"이라 함은 "건강 및 체력증진을 위하여 행하는 자발적이고 일상적인 체육활동을 말한다"라고 규정하였고, 같은 조 7호에서는 "체육동호인 조직"은 "같은 생활체육활동에 지속적으로 참여하는 자의 모임"으로 용어를 명시하였다.

또한, 동법 속에 포함된 생활체육진흥을 위한 내용들을 살펴보면 제3조(체육진흥시책 및 권장)에서는 "국가 및 지방자치단체는 국민체육진흥에 관한 시책을 강구하고 국민의 자발적인 체육활동을 권장, 보호 및 육성"하도록 하였으며, 제8조(지방체육의 진흥)에서는 "지방자치단체는 주민의 건강과 체력증진 그리고 건전한 체육활동을 생활화할 수 있도록 시설 등 여건을 조성하고 지원하여야 하며 행정구역단위로 년1회 이상 체육대회를 개최하거나 체육단체로 하여금 개최토록 지원하여야 한다"라고 규정하고 있다.

위의 국민체육진흥법에서 보듯이 생활체육행정은 국민의 복지증진 차원에서 건전한 여가선용과 체력증진 그리고 사회참여의 기회제공을 기본으로 하는 정부와 지방자치단체의 조직적인 활동이라고 표현할 수 있다. 또한 그 목적은 인간생활의 질적 가치의 보장에 있다라고 하는 전제하에 개인의 문제에서 사회문제 그리고 국가문제로 관심의 범위가 확대되는 체육행정이라고 할 수 있다.

## 2. 생활체육행정의 기본 방향

민주국가에서 체육이나 스포츠 활동에 참여할 수 있는 권리는 특권이 아니라 기본권이다. 이러한 체육활동은 개개인의 자아실현을 통하여 국가·사회발전에 기여할 수 있도록 조직되고 운영되어야 한다.

오늘날 체육은 학교체육제도 및 각종 생활체육제도의 확충과정을 통하여 질적·양적 측면에서 급격한 발전을 하였고, 이에 따라 생활체육행정은 체육행정의 중요한 부문을 차지하게 되었다. 생활체육행정을 어떠한 시각이나 관점에서 해석하고 정의하든, 궁극적으로는 체육활동을 효율적으로 지원하고 조장하는 수단적, 봉사적 활동이다. 그러나 생활체육행정은 과학화, 전문화 없이는 체육의 정상화와 발전은 기대할 수 없는 것도 사실이다.

현대 행정의 주요 관심은 행정현상의 동태적(動態的)표현이라고 할 수 있는 정책에 집중되고 있다. 생활체육행정 분야에서도 정책에 대한 연구는 중요한 영역으로 간주된다. 특히, 오늘날 생활체육행정은 법규 집행적 기능보다는 국가의 체육목표를 달성하기 위한 기본 정책을 수립하는 정책 결정적 기능을 한층 강조하게 되었다. 그러므로 정책 결정에 관한 이론적 연구는 생활체육행정의 본질적 방향을 제시하고 실제상의 개선점을 파악하는데 불가결한 요건이 된다.

따라서 생활체육행정은 자주성과 전문성, 정치적 중립성 및 지역의 특수성을 신장한다는 기본정신에 입각하여야 하며, 지방분권의 원리, 민중 자율성의 원리, 그리고 생활체육 행정요원의 전문화의 원리를 바탕으로 실시되어야 한다.

## 3. 우리 나라 생활체육행정의 기본 방향

우리 나라는 국민의 체육진흥을 위하여 국민체육진흥 5개년계획(1차 : '93~'97, 2차 : '98~2002)을 수립하여 추진하고 있다.

이 계획 수립의 동기는 산업화가 진행되면서 국민의 생활여건이 나빠짐에 따라 국민의 건강과 체력을 높이기 위한 국민복지 차원의 주요정책으로서 체육진흥의 필요성이 대두되었고, 국민들의 욕구도 메달획득 등 국제경기대회에서의 우승 못지 않게 운동에 대한 균등한 참여기회와 직접적인 체육행정 서비스 제공을 요구하고 있었기 때문이다(문화체육부, 1993). 계획의 범위는 체육교육과 스포츠 그리고 신체적 레크리에이션 활동을 조장·육성시키고자 하는 제반 시책이라고 할 수 있으며 구체적으로는 이러한 행정 전개에 필요한 지지의 확보, 시설 및 공간의 확충, 지도자 양성, 프로그램 개발 및 추진체제의 구성, 재원 확보 등을 그 대상으로 한다.

또한, 문화관광부의 2001년도 주요업무계획의 중점 추진과제에는 「스포츠·레저로 건강하고 활기찬 사회 조성」이라는 기치아래 주민친화형 체육활동 공간의 지속적인 확충, 체육동호인 확산을 위한 국민생활체육 한 마당을 창설, 생활체육 및 레저 프로그램의 보급 및 확산을 추진과제로 세우고 있다.

# 제 2 절  생활체육의 의의

## 1. 생활체육의 개념

현대사회는 새로운 신체활동이나 체육의 형태를 필요로 하고 있다. 그것은 생활과 현실적으로 관련된 체육이 되지 않으면 안 된다는 것을 뜻한다. 그러한 생활이란 어느 부분적 생활의 국부적 단계에만 관계된 체육이 아니고 삶의 전체와 관련지어진 계속적인 체육이 되어야 한다. 즉 평생을 통한 계속적인 삶의 현장에서 신체활동을 의미하는 것이다.

생활체육은 개인적 견지에서 건강을 유지하고 즐거움을 찾는 소극적인 활동에서 벗어나 사회적·국가적 견지에서 보다 긍정적인 기능을 발휘하는 적극적 활동으로 변모해가고 있다. 여기에 경제성장으로 인한 심리적·경제적 여유는 자연스럽게 체육활동을 수단으로 한 사회참여에 대한 욕구가 증대되어 생활체육 붐 현상이 도래한 것이다. 문화관광부(1999)는 이러한 생활체육을 "개인적 생활영역 안에서 각자의 취미와 여건 및 환경에 따라 여가시간을 이용한 자발적인 참여를 통하여 개인의 일상생활을 풍요롭게 하는 신체적 활동을 의미한다"라고 정의하고 있다.

〈표 11-1〉 생활체육의 정의

| | |
|---|---|
| 임번장<br>(1993) | "개인이 전 생애를 통하여 능동적으로 지속적인 체육활동에 참여함으로써 신체적·정서적·사회적으로 조화적인 발달을 꾀하고, 급격한 현대사회의 변동에 슬기롭게 대처하며, 창조적으로 삶을 개척해 나갈 수 있는 기능과 성향을 학습할 뿐만 아니라 다른 사람과 더불어 공동체의 복지를 증진시켜 나가는 복지사회의 체육이다." |
| 위성식<br>(1993) | "학교의 정규교육과정에서 행하여지는 체육활동을 제외한 국민의 건강 및 후생복지 향상과 개인의 삶을 풍요롭게 할 목적으로 개별 영역 안에서 각자의 취미와 흥미 및 환경에 따라 여가시간을 이용하여 자발적으로 실시하는 신체활동이다." |
| 채재성<br>(1992) | "인간 삶의 질적 향상이라는 이념 추구를 위하여 유아체육에서부터 시작하여 아동체육, 청소년체육, 성인전기체육, 성인후기체육, 노인체육을 수직적으로 통합한 체육영역과 가정, 학교, 직장, 지역사회에서 이루어지는 체육활동을 수평적으로 통합한 체육영역을 총칭한다." |

또한 여러 학자들은 생활체육에 대한 개념을 <표 11-1>과 같이 정의하고 있다 (이범제, 1999).

위 내용을 종합하여 볼 때, 생활체육이란 "**교육기관에서 교과과정으로 이루어 지는 체육수업과 직업을 목적으로 이루어지는 전문적 체육활동을 제외한 지역, 학 교, 직장, 군대 등 사회생활 속에서 자발적으로 이루어지는 모든 사람의 체육활동 의 총칭이다**" 라고 정의할 수 있다.

## 2. 생활체육의 의의

현대사회에 있어서 생활체육이 지니는 의의를 살펴보면, 크게 개인적 측면과 사 회적 측면에서 접근할 수 있다.

### 1) 개인적 측면

① 인간은 전 생애를 통하여 바람직한 생을 영위할 수 있는 체육활동의 보장을 필요로 한다. 인간의 성장과 발달, 건강과 체력증진, 자기실현과 행복추구는 평생을 통하여 추구되고 성취되기를 원하는 것이다. 따라서 생활체육은 참여 자로 하여금 건강한 신체를 소유하고, 삶을 즐길 수 있게 하며, 인간생활에 계속적인 의미를 부여함으로써 삶의 질을 제고시키는 중요한 사회활동의 하 나로 간주되고 있다.

② 생활체육은 세대간의 격차를 줄일 뿐만 아니라 동일세대 안에서의 간격을 좁 혀주는 역할을 담당한다. 생활체육은 체육 및 스포츠라는 한계적 범위 내에 서의 상호 신체적 접촉을 강조하기 때문에 서로 다른 가치관과 의견을 지니 고 있는 개인과 세대를 가장 효과적으로 연결하여 주는 사회적 연결망일 뿐 만 아니라 격렬한 신체적 접촉과 경기규칙의 준수, 그리고 상대방의 존중을 통하여 대인관계의 지식과 방법을 배우고, 사물을 상대적 관계성 속에서 사 고할 수 있도록 도와주는 것이다.

③ 인간의 생리적 욕구인 활동의 욕구를 수용하여 원활한 신체 활동을 도모하 며, 현대사회에서 빚어지는 각종 심리적·사회적·환경적인 스트레스를 풀게 할 뿐만 아니라 삶의 태도에 있어서 능동적이고 적극적인 사고방식으로 대처 하게 하여 단순한 개인적 건강만이 아닌 총체적 건강이라고 할 수 있는 웰리

스(wellness)적 삶을 영위하는데 영향을 미친다.

## 2) 사회적 측면

① 생활체육은 사회의 모든 계층에게 신체활동을 충분히 즐길 수 있는 기회를 부여함으로써 사회적 불평등을 해소하는데 기여할 뿐만 아니라 서로 다른 계층간의 상호작용을 증진시킴으로써 사회적 갈등의 해소에 도움이 된다.

② 학교체육 및 엘리트체육 중심에서 대중 중심의 체육으로 이행되고 있는 체육의 추세에 부응함으로써 체육의 평등화에 이바지할 수 있다. 이외에도 생활체육은 근래에 커다란 문제로 대두되고 있는 청소년문제를 해결하는데 효과적인 수단이 될 수 있다. 즉 스포츠 활동을 통하여 사회적 고립감의 해소, 공동체 의식 함양, 여가선용 등을 경험할 수 있게 한다. 특히, 요즘 심각한 교육 문제로 떠오르고 있는 "왕따" 문제를 가해학생과 피해학생이 함께 참여함으로써 서로를 이해하고, 능력을 인정함으로써 줄일 수 있다. 또 지역사회 단위에서의 체육은 사회통합의 기능을 제공하여 국민적 일체감을 조성하는 데 도움이 된다.

# 3. 생활체육의 목적과 가치

생활체육의 목적과 가치는 전체 사회에 대한 생활체육의 기능과 역할을 사회적인 기대로써 사회의 입장에서 명시한 것이다. 또한 이는 생활체육의 존재를 사회적으로 정당화하는 근거가 되므로 당시 사회의 기본적인 목표와 부합된다고 할 수있다. 이를테면 민주적 사회에서는 평화와 복지의 증대를 목적으로 하기 때문에 생활체육의 목적도 일상생활에서 건강과 운동문제를 해결하고, 복지를 향상시키는것이 되어야 한다(양재용, 김흥수, 변영신, 1998).

이러한 생활체육의 목적 및 가치를 구체적으로 제시하면 아래와 같다. 또한 <그림 11-1>과 <그림 11-2>에는 생활체육의 사회적 목적과 개인적 목적이 도식화되어 있다.

① 기분전환이나 즐거움을 충족시킴으로서 보람된 일상생활을 향유하게 하며 운동 기능의 향상을 도모하여 건전한 여가생활을 누릴 수 있도록 한다.

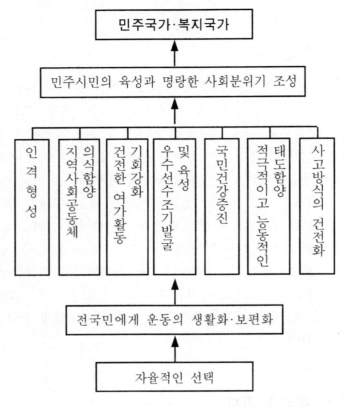

**〈그림 11-1〉 생활체육의 사회적 목적**

자료: 양재용 외(1998). **사회체육개론**. 서울: 형설출판사. p. 6. 수정 · 보완.

② 여러 가지 운동을 합리적으로 실천하여 체력을 증진시키며, 이를 통하여 건강을 유지하고 증진하도록 한다.

③ 자율적으로 스포츠활동에 참가하여 공명정대한 정신과 협동심, 준법정신, 책임감 등 민주적 생활태도를 함양한다.

④ 다른 사람과 더불어 사는 공동체 의식을 증진시키며 자연과 접촉하여 올바른 우주관 및 인생관을 확립시킨다.

⑤ 조화로운 신체적, 정서적, 사회적 발달을 꾀하고 급격한 현대사회의 변동에 슬기롭게 대처하여 나아갈 수 있는 기능과 성향을 학습시킨다.

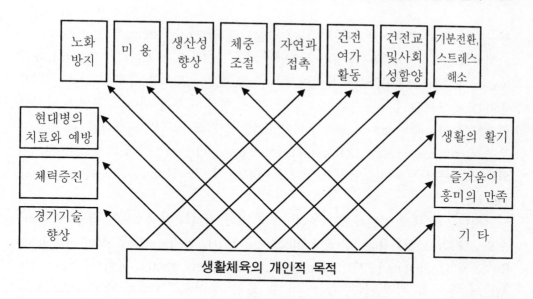

<그림 11-2> 생활체육의 개인적 목적

자료: 양재용 외(1998). **생활체육개론**. 서울: 형설출판사. p. 7.

## 4. 생활체육 용어의 개념

생활체육 용어의 개념은 1968년 유럽 스포츠 장관회의에서 공식적으로 정립되었으며 공식명칭으로 'Sport for All'이라는 용어를 사용하였다. 또한 1975년 3월 벨기에의 수도 브뤼셀에서는 유럽 지역의 체육관계 장관회의가 개최되었는데 여기서 생활체육운동(Sport for All Movement)을 하나의 슬로건으로 채택하였다. 이 때부터 생활체육의 개념이 전세계적으로 전파되었으며 생활체육이 활성화되기 시작하였다. 이러한 생활체육운동의 발전에 주도적인 역할을 한 나라들은 대부분 유럽국가들이며 그 중에서도 영국의 신체 레크리에션중앙회(Central Coun-cil of Physical Recreation)와 국제스포츠 체육과학협의회(ICSSPE)의 역할이 컸다고 한다(이범제, 1999).

그리고 현재 정부와 지방자치단체에서 사용하고 있는 생활체육이란 용어는 1962년 국민체육진흥법이 제정되면서 행정기관에서는 국민체육이란 용어로 사용되었으나 1960년대 후반부터는 이론식 표기법인 사회체육으로 불리었다. 그 후 1990년 초반 학계(學界)에서는 학문적인 견해에서 사회체육으로, 정부와 행정기관에서는 생활체육이란 용어로 이분화 되어 사용되고 있다(장주호, 심성섭, 1998).

미국의 경우는 사회체육의 용어상 의미는 다소 차이가 있게 표기되고 있는데 Lowe, Kanin, & Strenk(1978)는 유럽에서의 "Sport for All"의 개념과 같은 의미의 용어는 찾아보기 힘들다라고 지적하고 있다. 미국은 우리 나라의 용어와 유사한 형태로서 "Health and Fitness"라는 표현을 쓰기도 하지만(Sullivan, 1990), 대부분 community recreation center의 leisure and recreation 프로그램 안에서의 스포츠를 분류하여 포함하고 있다(Kenneth, 1989; Kraus, 1994; Stokowski, 1994).

그러나 미국에서 전반적으로 불리어지고 있는 광의의 개념으로는 "Recreation"으로 표기하고 있다(Farrell & Lundegren, 1991; Kelly, 1987; Mull, Bayless, Ross, & Jamieson, 1997; Schleien, Ray, & Green, 1997). 따라서 "Sport for All"의 용어와 같은 의미로 쓰일 수 있는 용어로 "Physical Recreation", "Fitness", "Wellness", "Total Fitness" 등의 표현이 일반적으로 통용되고 있다(장주호 외, 1998).

# 제 3 절  지방자치와 생활체육

## 1. 지방자치의 개념

지방자치는 다의적(多義的)인 것으로서 그 개념에 관한 견해가 반드시 일정하지 않다. 그것은 각국에 따라서 현실적인 자치행정의 역사적 형태가 각각 다르기 때문이다. 지방자치(local autonomy)는 한 국가의 역사적 배경, 문화적 환경, 사회적 여건에 따른 정치적 발전의 행정적 제도로서 각국의 현실에 따라 역사적 배경을 다르게 하여 발전해 왔기 때문에 한정적인 개념으로 설명하는 것이 쉽지 않다.

그러나 일반적으로 지방자치란 일정한 지역을 기초로 한 지방자치단체가 국가의 일정한 감독 아래 그 구성원인 주민들의 자유로운 의사에 따라 자신의 부담과 책임 아래 지역의 공공사무를 독자적으로 처리하는 것을 말한다. 지방자치는 역사적으로 민주주의 이념인 권력의 수직적 분권 정신과 불과분의 관계를 갖는 개념으로서, 실질적으로 일정한 지역 내의 행정이 국가의 하부기관인 일선 기관에 의하지 않고 그 지역의 주민에 의해 수행된다는 주민자치의 요소와 형식적으로 국가 내의 일정한 지역을 기초로 하는 지역단체가 자기의 사무를 자주적으로 처리한다는 주민자치의 요소가 복합되어 있다. 이와 같이 지방자치의 원칙은 본질적으로 지역 주민들이 그 지역의 주요 사무의 결정과정에 직접 참가하고 아래로부터의 민주정치를 구현하는 것이라고 할 수 있다(최창호, 1995).

우리 나라에 근대적 의미의 지방자치제도가 도입된 것은 정부 수립 이듬해인 1949년 7월 4일 지방자치법의 제정이 그 시초이다. 그러나 국내 치안의 불안정 등을 이유로 연기되어 왔던 지방의회 선거가 1952년 4월 25일 시·읍·면 의회 선거, 5월 10일 도의회 의원 선거를 통해 지방의회가 구성됨으로써 마침내 실시하게 되었다(김덕천, 1999). 그러나 1952년 구성되어 9년간 운영되던 지방의회가 1961년 5·16에 의한 군사정부의 포고령으로 바로 해산되고 지방선거는 기약 없이 미루어지게 되었다. 이러한 주민자치의 공백을 메우기 위한 제도적 장치가 「지방자치법에 관한 임시조치법」이었으며 이 법과 상충되는 지방자치법 규정은 효력을 상실하게 되었다. 이로부터 30여 년간 지방행정은 있으되 지방자치(주민자치)는 없는 파행적인 시기를 겪게 되었고 지방자치의 재개는 긴 동면에 빠져들었다. 그러나 1980년대에 들어와 국가의 민주화 추세가 신장되면서, 1991년 선거에 의해 시·군·구 의회와 뒤이어 시·도 의회를 개원하였으며 1995에는 자치단체장 선거가 실시되어 7월 1일부터 민선 지방자치단체장에 의하여 좀 더 본질에 가까운 지방자치가 실시되었다.

민선 지방의회가 재개된 이후, 특히 민선 단체장에 의한 지방자치가 실시된 이래 우리 나라의 지방자치는 적지 않은 변화를 겪고 있다. 지방행정의 단체장과 의원들이 민선에 의해 선출됨으로써 지방행정의 민주화, 고객 만족주의가 상당히 확산되고 있다. 또한 기존에 중앙정부와의 지시·의존적인 관계에서 고유행정 분야에 관한 한 동반자적이고 지원적인 관계로 변모되고 있다. 구체적으로 보면 자체 수익사업을 확대하고, 민간위탁을 확대하는 등 업무수행에 있어서 경영 마인드를 가지고서 민간 경영방식의 장점을 학습해 가고 있다.

지방자치단체는 일반적으로 장소적 구성 요소인 구역과 인적 구성 요소인 주민, 법제적 구성 요소인 자치권으로 이루어진다. 장소적 구성 요소인 구역은 지방자치권이 미치는 기능적 범위를 말하고, 인적 구성 요소인 주민은 지방자치의 구역 안에 주소를 가진 자로 법령이 정하는 바에 따라 공공시설 이용권, 균등한 혜택의 권리, 선거참여권, 청원권 등의 권리를 갖게 되며 비용의 부담의무, 명예직, 수고의무 등을 가진다. 마지막으로 법제적 구성 요소인 자치권은 지방자치단체가 자치 구역 내 주민에 대하여 행사하는 통치권으로 자치입법권, 자치행정권, 자치조직권, 자치 재정권을 총칭한다.

## 2. 지방자치와 생활체육의 관계

생활체육은 국민이 자발적인 동기에 의하여 주체적이고 자율적으로 참여하는 민간 차원의 자율성의 원리를 기본 특성으로 하지만 생활체육 서비스가 모든 국민의 건강과 삶의 질 향상에 밀접히 관련된다는 점에서 공공성을 띠게 된다. 그러므로 국가와 지방자치단체의 관여와 지원이 필요하다고 이주운(1998)은 주장하고 있다.

특히, 1995년「6·27 4대 지방선거」의 실시로 개막된 본격적인 지방자치제는 생활체육 발전을 위한 제2의 전환점을 가져왔다. 지방자치제는 지역 주민이 지역 정치에 직접 참여하는 지역 주민화 시대, 모든 분야에서 지역의 특성을 심도 있게 반영할 수 있는 지방화 시대라는 특성을 갖게 된다. 따라서 지방화 시대에 있어서 생활체육 정책은 지역의 특수성에 입각한 보다 구체적이고 정확한 목표설정과 목표에 부합되는 적절하고 합리적인 대책 및 방안을 필요로 한다.

또한, 지방자치의 민주주의 사상은 생활체육의 기능과 관련이 있다. 즉, 계층에 관계없이 누구나 스포츠 활동에 참여하여 규칙을 준수하고 공명정대한 정신, 공동체 의식을 함양하기 때문에 생활체육의 현장은 민주시민을 육성하는 교육장 또는 훈련장으로서의 교육적 기능을 갖는다고 하겠다.

지방자치단체의 생활체육행정은 남·여·노·소 그리고 소외계층의 전 주민을 대상으로 전개되어야 하며, 특히 청소년을 위한 특별 프로그램을 마련하고 그들에게 충분한 체육시설을 제공하는 것이 지방자치단체의 이상적인 체육행정이라고 할 수 있다. 선진국에서는 청소년들의 심신단련과 그들을 위한 많은 제도적 장치를 갖추고 있으며(하웅용, 1999) 청소년의 스포츠 참여가 청소년 비행의 예방과 건전한 가치관 성립에 직·간접적으로 영향을 미친다는 공통적인 견해를 가진 연구들이 학문적으로 증명되고 있다(신영균, 조만태, 1999; Burhman, 1977; Burhaman & Bratton, 1978; Segrave, 1980). 이와 같은 청소년을 위한 프로그램과 시설 확충은 매우 중요하다고 생각하며 학문적으로도 많은 연구들(Christensen, 1972;

Kelly, 1977; McPherson, 1989; Smith, Theberge, 1987)이 어린 시절 스포츠 경험이 성인 시절의 스포츠 참여 형태와 관련이 있음을 입증하고 있듯이 청소년 프로그램은 성인 프로그램과 연계하여 실시하고 청소년들에게 체육활동의 동기와 풍부한 경험을 제공해야 한다.

지방자치제도는 주민복지, 지역개발, 국가발전이라는 목적을 가지고 있다. 이러한 목적을 성취하기 위한 일환으로 지역사회의 생활체육 진흥·육성은 필요하며 매우 가치있는 일이라 하겠다. 그러므로 바람직한 지역사회의 생활체육은 지역 선수 중심, 행사 중심, 그리고 특정계층에게만 적용되는 체육활동을 탈피하여 인간 평등화, 광역 공동체화, 인간의 행복한 생활 영위라는 기본이념을 바탕으로 전개되어야 한다.

정리하면, 지방자치단체의 생활체육은 ① 지역주민의 체력증진 및 건강유지, ② 건전한 정신함양, ③ 건설적이고 적극적인 여가선용 기회 제공, ④ 지역주민 화합 및 지역적 연대감 조성, ⑤ 건전한 놀이문화의 전통 수립을 위한 토대 마련, ⑥ 생활체육을 통한 국위선양 등과 같은 목적을 갖는다고 할 수 있다(체육청소년부, 1992).

## 3. 지방자치단체의 생활체육행정 조직

지방자치단체의 생활체육행정 조직은 시·도 차원에서는 체육청소년과 또는 체육진흥과에서 추진하고 있다.(제4장 지방체육행정 조직 참조)

서울특별시의 경우도 생활체육활동을 통하여 시민들의 건전한 여가선용으로 삶의 질을 높이고자 이에 관한 업무를 관장할 체육청소년과를 설치하고 있다. 그 연혁을 살펴보면 1988년 7월 26일 건전생활과를 신설(시: 대통령령 제12496호, 구: 대통령령 12495)하였으며 1989년 11월 3일 생활체육과로 그 명칭을 변경하였다. 그 후 사회진흥과로 명칭이 변경되었고 현재는 문화관광국 체육청소년과로 편제되어 있다.

한편 각 기초자치단체(구청, 25개구)도 시청과 비슷하게 여러 차례의 명칭 변경이 있었으며 현재는 자치단체의 특성에 따라 <표 11-2>와 같이 그 명칭이 다양하다.

대부분 문화체육과 또는 문화공보과의 명칭을 사용하고 있는데, 문화·공보업무와 체육의 업무가 이 부서에서 추진되기 때문이다. 그러나 일부 체육관련단체에

〈표 11-2〉 서울시 각 구청별 생활체육행정 관련 부서(2001. 7월 현재)

| 구 별 | 명 칭 | 구 별 | 명 칭 |
|---|---|---|---|
| 종 로 구 | 문화진흥과 | 마포구 | 문화체육과 |
| 중 구 | 문화체육과 | 양천구 | 문화체육과 |
| 용 산 구 | 문화체육과 | 강서구 | 문화공보과 |
| 성 동 구 | 문화공보과 | 구로구 | 문화체육과 |
| 광 진 구 | 사회문화과 | 금천구 | 문화공보과 |
| 동대문구 | 문화공보과 | 영등포구 | 문화체육과 |
| 중 랑 구 | 문화체육과 | 동작구 | 문화공보과 |
| 성 북 구 | 문화공보과 | 관악구 | 사회진흥과 |
| 강 북 구 | 문화공보과 | 서초구 | 문화공보과 |
| 도 봉 구 | 문화체육과 | 강남구 | 사회진흥과 |
| 노 원 구 | 공보체육과 | 송파구 | 문화공보과 |
| 은 평 구 | 문화체육과 | 강동구 | 사회활동지원과 |
| 서대문구 | 문화체육과 | | |

소속된 주민 또는 동호인들은 '생활체육과'로 명칭이 변경되기를 희망하는 의미에서 단체장(구청장)에게 민원을 제기하는 경우가 종종 있다.


## 4. 지방자치단체의 생활체육행정

서울시 기초자치단체(구청)의 경우 생활체육과 관련된 행정을 분류하면 크게 생활체육교실 운영, 생활체육 동호인 육성·지원, 생활체육행사 개최, 체육진흥단체 지원, 체육시설 투자 등으로 나눌 수 있다.

### 1) 생활체육교실 운영

각 자치단체의 생활체육교실은 지역 주민에게 여가시간을 건전하게 활용할 수 있는 방법을 소개하고 체육에 대한 인식을 새롭게 하여 지속적으로 체육활동에 참여할 수 있는 동기를 부여하기 위하여 개설하고 있다. 또한 스포츠 종목만이 아니라 취미·레크리에이션 교실을 운영하여 지역 주민의 정신적, 신체적 건강증진에 기여하고 있다. 생활체육교실의 일차적인 목표는 누구나 쉽게 참여할 수 있는 체육여건 조성으로 체육의 생활화 운동 확산을 목적으로 추진하고 있다. 체육교실은 어린이에서부터 노인에 이르기까지 계층 구분 없이 누구나 참여할 수 있도록 대상과 지역적 특성에 맞추어 운영하고 있으며, 프로그램, 지도자, 홍보는 자치단체에서 결정한다.

특히 대부분의 성인들은 학창시절에 흥미 있는 체육수업을 받아 본 경험이 없고 주로 체조, 구기운동으로 일관하여 왔기 때문에 체육활동에 대한 이해가 부족하고 참가하기를 꺼리고 있다. 이러한 인식을 갖고 있는 주민들에게 지속적으로 체육활동 참가를 유도하고 체육에 대한 좋은 인상을 심어 주는 것도 자치단체의 체육교실 목표의 일부분이 된다.

또한 젊었을 때 생활 습관과 경험은 노년기의 삶에 있어 중요한 영향을 미친다. 젊었을 때 여가를 다양하게 경험하고 그에 대한 충분한 교육을 받은 노인들은 노년기에 풍요로운 여가생활을 누릴 수 있지만 청·장년기에 노동밖에 몰랐던 사람들은 여가에 대한 부정적인 인식과 여가 활용 능력의 부족으로 노년기에 심한 심리적 스트레스와 무료함을 겪게 된다. 따라서 노년기에 접어들기 전 장년층에게 여가의 가치와 중요성을 인식시키고 여가에 관한 지식과 여가를 적극적으로 활용하게 하는 태도를 배양하여 장차 그들이 여가 시간을 적절하게 활용하는 방법을 생활체육교실을 통하여 체험케 하고 있다. 자치단체에서 대표적으로 운영되는 종목은 배드민턴, 아침체조, 수영, 볼링, 테니스, 게이트볼 등이 있다. 청소년을 위한 프로그램으로는 농구와 축구교실 등이 있다. 이 교실에 참가하는 주민은 무료 또는 최소한의 수강료를 부담하여야 하며 소요예산의 대부분은 강사료가 차지하고 있다. 또한 생활체육교실 참가비는 지방자치단체가 체육재정의 확보를 위하여 해결해야 할 문제 중의 하나이다. 즉 공공복리의 시각으로 해석하여 저렴한 비용을 부담시켜야 할지 또는 일정한 금액을 징수하여 지방체육재정의 확보에 기여해야 하는가에 대하여 많은 논의와 토론의 대상이 되고 있으며, 체육교실 운영비의 일부가 국고보조금으로 지원되는 경우가 흔히 있다.

## 2) 생활체육 동호인 육성·지원

체육활동에 정기적으로 참여하는 주민들로 구성된 집단을 자생단체 또는 동호회라하며, 이들 구성원들은 종목, 취미, 연령 등 지역환경에 따라서 서로 좋아하는 여건에서 자발적으로 조직되고 자율적으로 운영에 참여한다. 동호회의 결성은 구성원간의 유대감과 우애감을 생성하고 나아가서는 조직 사회의 공동목표를 추구하고 문제해결을 위한 참여의식을 높인다고 할 수 있다. 또한, 동호회 결성은 건강과 지식을 교환하고 상호 교류를 통해서 공동체 의식을 함양할 뿐만 아니라 지역 단위간 각종 행사 즉, 체육주간, 체육의 날 행사, 동호인 체육대회 등 체육행사 참여를 통해서 지역주민의 연대감을 조성하고 건전한 시민 정신을 함양한다(서울특별시, 1995).

따라서 자치단체에서는 이러한 동호회 활동을 지원하기 위하여 행정·재정적인 지원을 아끼지 않고 있으며 자치단체별로 지원방법, 회수, 대상, 금액이 현격히 차이가 난다. 지원 방법으로는 지역 내에서 개최되는 각종 생활체육대회 및 지역 외 동호인과 친선을 교류하는 대회 출전시 장려금 지원, 동호인들이 활동하고 있는 체육현장 순방을 통하여 운동 용구를 지원하고 있다.

서울시의 경우 자치단체의 종목별 조직 수와 회원 수는 지역의 지리적 여건을 비롯한 여러 가지 특성에 의하여 차이가 있는데 구릉이 많은 지역은 배드민턴 조직이 활성화되어 있고 한강변에 인접한 지역은 윈드써핑 등의 수상 종목이 타 지역에 비하여 활성화되어 있다.

<표 11-3>에는 전국의 생활체육 동호인 조직현황이 제시되어 있는데 총 4만 3,336개 조직으로서 148만 5,810명의 동호인 활동하고 있다.

### 3) 생활체육행사 개최

오늘날 각 지방자치단체는 지역 고유의 개성과 특성에 맞는 정책을 통하여 타 지역과의 차별성을 부각시키고 지역 주민들의 입장을 고려한 지역특유의 관광상품과 이벤트(행사), 각종 서비스 개발 등을 토대로 지역 주민들의 다양한 욕구 충족과 지역사회의 연대감 및 공동의식을 육성하는 수단으로서 넓게 활용하고 있다. 또한, '세계화'와 '지방화'가 강조되고 지역 주민들의 생활수준과 교육수준이 향상되어 여가시간의 가치가 커지고 있다. 따라서 지역 주민의 스포츠 인구가 점차 증가하면서 지역의 스포츠 이벤트에 대한 관심과 수요가 한층 더 커지고 있는 현실이다. 이와 같은 상황은 지역 주민들이 스포츠 이벤트에 참여하여 정서적·심미적인 욕구의 충족은 물론 창의성과 혁신성을 함양하고, 정체성과 공동체 의식을 느낄 수 있기 때문이다. 즉 지역 주민들은 지역의 특수성에 바탕을 둔 지역 고유의 스포츠 이벤트를 공유함으로써 지역사회에 대한 정체감과 자긍심을 가질 수 있어,

〈표 11-3〉 생활체육동호인 조직 현황[2001. 5월 현재]　　　　　(단위: 조직수, 명)

| 시 · 도별 | 합계 | | 지역 | | 직장 | |
|---|---|---|---|---|---|---|
| | 조직 수 | 회원 수 | 조직 수 | 회원 수 | 조직 수 | 회원 수 |
| 총 계 | 43,336 | 1,485,810 | 31,123 | 1,090,481 | 12,213 | 395,329 |
| 서울 | 6,148 | 239,898 | 3,597 | 145,178 | 2,551 | 94,720 |
| 부산 | 2,840 | 83,917 | 1,861 | 57,996 | 979 | 25,921 |
| 대구 | 2,293 | 66,249 | 2,120 | 62,152 | 173 | 4,097 |
| 인천 | 1,652 | 84,693 | 1,371 | 73,460 | 281 | 11,233 |
| 광주 | 1,472 | 49,739 | 1,229 | 43,271 | 243 | 6,468 |
| 대전 | 1,167 | 67,154 | 521 | 28,510 | 646 | 38,644 |
| 울산 | 800 | 21,479 | 636 | 17,430 | 164 | 4,049 |
| 경기 | 6,696 | 240,594 | 5,721 | 216,873 | 975 | 23,721 |
| 강원 | 1,779 | 48,719 | 1,438 | 40,588 | 341 | 8,131 |
| 충북 | 4,261 | 115,275 | 2,622 | 76,956 | 1,639 | 38,319 |
| 충남 | 2,365 | 84,917 | 1,967 | 70,749 | 398 | 14,168 |
| 전북 | 1,725 | 65,167 | 1,195 | 48,400 | 530 | 16,767 |
| 전남 | 2,235 | 70,963 | 1,464 | 46,207 | 771 | 24,756 |
| 경북 | 2,991 | 86,275 | 2,245 | 59,811 | 746 | 26,464 |
| 경남 | 3,479 | 121,253 | 2,030 | 71,205 | 1,449 | 50,048 |
| 제주 | 1,433 | 39,518 | 1,106 | 31,695 | 327 | 7,823 |

이런 의미에서 지역의 스포츠 이벤트는 지방자치의 필수요소라고 할 수 있다(박용범, 1998).

　자치단체에서의 체육행사란 자치단체가 직접 주관하는 행사를 비롯하여 민·행정관청이 공동 주최하는 행사, 그리고 전국 단위와 시 단위 체육행사에 참여하는 것을 일컫는다. 이러한 체육행사는 지역 주민들에게 부담 없이 생활체육행사에 대한 참여기회를 확대하여 "보는 즐거움에서 모두 함께 참여하는 즐거움"으로 전환하기 위하여 기획된다. 생활체육행사 참여를 통해 주민의 체력증진은 물론 지역공동체의 구성원으로서 구정에 대한 관심을 유도하고 화합·단결에 기여한다. 지역단위 체육행사의 대표적인 예는 구민체육대회, 구민걷기 대회, 씨름왕 대회 등이 있으며 시 단위 대회 출전에는 시민체육대회, 단오절 시민행사 등이 있다. 구민체육대회 개최경비는 1억원 이상이 소요되기도 한다.

### 4) 체육진흥단체 지원

각 자치단체의 체육진흥단체에서는 대한체육회 산하 구(區) 체육회와 국민생활체육협의회의 구(區) 생활체육협의회가 있다. 구 체육회는 법정단체(法定團體)로서 단체장(구청장)이 당연직 회장으로 취임하고 있으며 지역사회에서 체육활동의 생활화 운동을 추진하고 있다. 특히 체육회는 학교체육과 엘리트체육 육성을 규약에 명시하고 있지만, 지방자치단체에서는 생활체육 진흥에도 관심을 갖고 지원사업을 펼치고 있다.

또한 법정단체로서의 체육회는 지방자치단체에서 별도의 보조금을 받고 있는데, 이는 국민의 여가선용과 체력단련을 위하여 필요한 경비를 보조한다(국민체육진흥법 제17조)라는 규정에 의하여 편성토록 기준액을 제시하고 있다. 즉 인구 30만 이상의 시·자치구는 1,210만원, 인구 30만 미만은 480만원, 그리고 군단위에는 240만원을 보조할 수 있도록 되어 있다(행정자치부, 2000).

하지만, 생활체육협의회는 이러한 규정이 없어 서울시 생활체육협의회에서 일정한 사업비를 보조받고 있다. 일부 자치단체에서는 생활체육협의회의 원활한 사업 추진을 위하여 임의로 지원하기도 한다.

### 5) 체육시설투자

체육시설은 중앙정부를 비롯한 각 자치단체에서 가장 관심을 갖고 해결해야 할 문제이다. 자치단체의 체육시설투자는 구민체육센타 건설 및 운영, 동네뒷산 운동시설의 확충 및 보수, 다목적 운동장 건설 등을 들 수 있다. 자치단체간의 체육예산에 현격한 차이가 나는 이유 중의 하나는 체육센타와 운동장 건설이 예정되어 토지를 매입하거나 공사가 진행 중이기 때문이다. 반대로 체육관이나 운동장이 이미 건설되어 있는 자치단체는 체육예산이 낮을 수밖에 없다. 즉, 각 자치단체의 제반여건(인구, 면적, 재정자립도 등)과 관계없이 체육예산 총액이 높거나 낮은 가장 큰 이유는 체육시설비 때문이다. 이러한 체육시설비는 구비, 시비, 국고지원금에 의하여 투자된다.

체육시설비는 구민체육센타는 물론, 동네뒷산의 체육시설물 설치 및 보수, 동호인들이 사용하는 운동시설의 보수, 편익시설(의자, 화장실), 산책로 개설비 등의 모든 금액이 포함된다. 또한 이 사업에 대한 예산은 체육업무 추진 부서의 예산이 아닌 공원녹지과의 예산으로 확정되어 투입되기도 한다.

# 제 4 절  생활체육행정관리의 구성 요소

생활체육행정 관리의 기본적인 구성 요소는 일반적으로 지도자, 프로그램, 동호인조직 등 세 가지로 함축된다. 물론 이러한 세 가지 요소가 원활하게 이루어지기 위해서는 체육시설, 체육재정, 체육홍보 등이 뒷받침되어야 한다.

## 1. 생활체육지도자

생활체육지도자를 한 마디로 표현하면 "보다 많은 사람들이 생활체육활동에 참여할 수 있도록 노력하는 사람"이라고 할 수 있다.

이와 같은 생활체육지도자는 여러 가지 형태가 있다. 생활체육 분야의 법적 업무, 시설관리, 프로그램 계획, 예산 및 인사관리 등을 관장하는 소위 행정분야의 지도자들이 있고, 실제로 참가자들과 대면적(face-to-face) 관계에서 체육활동을 지도하게 되는 현장 지도자들도 있다. 그 외에 생활체육발전을 위한 조사 연구나 학문적인 체계화를 위해 노력하는 학자와 연구원들도 지도자의 유형에 포함된다.

다시 말하면, 생활체육이나 레크리에이션에서 단순히 기술만 지도하는 시대는 이미 지났다. 사회적·문화적 배경을 토대로 하여 지역은 물론, 직장 및 종업원의 건강과 인간관계 및 생산성 향상 등을 노력하는 생활체육지도자가 되어야 한다는 것이다. 따라서 교양과 높은 품격, 그리고 전문적 지식과 지도능력이 있는 유능한 생활체육 지도자가 요망되고 있다(임종호, 1999). 이를 함축하면 아래와 같다.

### 1) 생활체육지도자의 역할

① 생활체육 경영·관리 지도자 : 스포츠의 진흥을 추진하기 위하여 지역 실정, 참여자의 현상을 충분히 파악하고 적절한 경영목표를 정하고, 각종 스포츠사

업을 기획·작성하고 효과적으로 운영할 수 있어야 한다. 그러므로 경영·관리 지도자는 공공스포츠 시설, 상업스포츠 시설, 직장체육시설 등에서 법적인 업무, 시설관리, 프로그램 계획, 예산, 인사관리의 역할이 기대된다.

② 생활체육 행정 지도자 : 정부와 정부지원 조직 및 단체에서 생활체육 정책을 입안하고 수립, 추진해나가는 지도자를 의미하며, 문화관광부, 시·도 생활체육과, 대한체육회, 각 종목별 경기단체, 국민생활체육협의회, 지방자치단체의 시·군·구·읍·면 단위의 생활체육 부서에서 활동하는 지도자를 말한다.

③ 생활체육 실기 지도자 : 정부가 지원하는 조직 및 단체, 공공 생활체육시설, 비영리 생활체육시설, 상업스포츠시설, 직장스포츠시설 등에서 해당 생활체육 종목의 기술을 지도하고 관리하는 지도자를 의미하며, 실기지도 및 상담 등의 역할이 기대된다.

④ 건강관리 및 육성 지도자 : 선수뿐만 아니라 일반 국민 전체의 건강과 체력관리를 목적으로 국민의 건강 상태 및 체력, 심리, 스트레스 수준을 진단하고, 운동처방을 할 수 있는 사람을 의미한다. 그러므로 개인의 체격, 체형, 심리, 직업에 맞는 운동종목과 운동량 및 운동형태를 선택하는데 도움을 줄뿐만 아니라 평생동안 지속할 수 있도록 평가, 보완, 지도하는 역할이 기대된다 (김경숙, 1999).

## 2) 생활체육 지도자의 자질

생활체육 지도자는 생활체육의 대상이 성별, 연령별, 계층별, 직업별, 그리고 종목별로 매우 다양하기 때문에 단순히 운동이나 레크리에이션 게임 등의 실기만을 전수하는 지도자기 되어서는 곤란하다.

① 인격적 자질 : 생활체육 지도자는 성실하고 민주적인 성품과 지도자로서의 능력과 사명감을 겸비한 자로서 존경과 믿음으로 따를 수 있는 인격적 자질을 갖추어야 한다.

② 교양적 자질 : 생활체육 지도자는 지도분야의 지식뿐만 아니라 풍부한 교양지식과 사교성 또는 예절 등을 겸비한 교양적 자질을 갖추어야 한다.

③ 기능적 자질 : 생활체육 지도자는 주로 실기를 지도하기 때문에 실기기능이 우선적으로 우수하여야 함을 물론, 지도방법이 과학적이고 합리적이며, 항상 안전사고에 대비하고 유사시 구급처지를 할 수 있는 능력을 갖추고 있어야 한다.

## 3) 생활체육지도자 양성제도

우수하고 능력 있는 생활체육지도자를 양성하기 위하여 우리 나라의 체육관련 부처(문화관광부)에서는 이를 법으로 규정하고 있다.

이 법규정은 국민체육진흥법 시행령 제22조 내지 제25조와 국민체육진흥법 시행규칙 제9조의 규정에 의하여 경기지도자와 생활체육지도자의 연수·자격검정 및 자격부여에 관한 사항을 규정함을 목적으로 하고 있다. 특히 생활체육지도자 양성에 대하여 살펴보면 1급, 2급, 3급으로 나누어져 있으며, 1급은 단순한 체육활동이 아닌 체력진단 및 운동처방, 프로그램 구성, 카운셀링 등 예방의학적 차원의 역할을 수행한다. 2급은 지역, 직장 등에서 체육활동을 지도할 수 있도록 전공 1종목과 부전공 1종목의 지도가 가능한 지도자로 양성한다. 3급은 체육도장 및 체육시설업소에서 해당하는 실기지도를 전담하는 역할을 한다. <그림 11-3>에는 생활

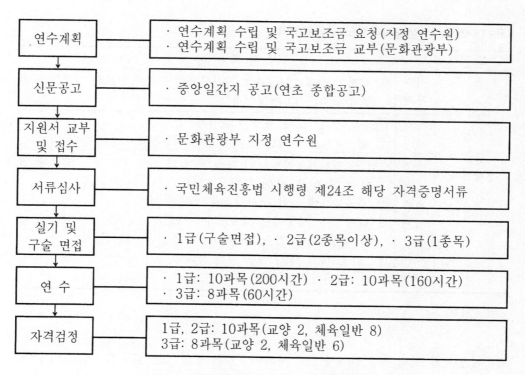

**<그림 11-3> 생활체육지도자 자격취득 절차**

자료: 이범제(1999). **체육행정의 이론과 실제**. 서울대학교 출판부. p. 438.

| 생활체육지도자 연수원 |
|---|
| · 1급 지도자 연수원-한국체육과학연구원<br>· 2급 지도자 연수원-한국체육과학연구원<br>· 3급 지도자 연수원-서울대학교(서울지역) 및 각 국·시립대학지정 연수원 |

〈표 11-4〉 1급 생활체육지도자 응시자격

| 과 정 | 응 시 자 격 |
|---|---|
| 1급 생활체육<br>지도자 | ① 2급 생활체육지도자 자격을 가진 자로서 선수 또는 체육에 관한<br>행정, 연구, 지도분야의 경력이 3년 이상인 자<br>② 체육분야에 관한 박사 또는 석사학위를 취득한 자<br>③ 제1호 및 제2호에 규정된 자와 동등한 이상의 자격이 있다고 문화<br>관광부장관이 인정하는 자 |

〈표 11-5〉 2급 생활체육지도자 응시자격

| 과 정 | | 응 시 자 격 |
|---|---|---|
| 2급<br>생활체육<br>지도자 | 자격<br>부여 | ① 대학의 사회(생활)체육 관련학과를 졸업한 자로서 대학의 교과<br>성적이 70/100 이상인자 |
| | 특별<br>과정 | ① 1급 경기지도자 자격증 소지자<br>② 체육교사로서 해당 전공 종목의 지도경력 5년 이상인 자 |
| | 일반<br>과정 | ① 3급 생활체육지도자 자격을 가진 자로서 선수 또는 체육에 관<br>한 행정·연구·지도 분야의 경력이 3년 이상인 자<br>② 체육분야에 관한 학사학위를 취득한 자<br>③ 대학 또는 전문대학 체육학과를 졸업하고 선수 또는 체육에 관<br>한 행정·연구·지도 분야의 경력이 2년 이상인 자<br>④ 제1호 내지 제2호에 규정된 자와 동등한 자격이 있다고 문화관<br>광부장관이 인정하는 자 |

체육지도자의 자격취득 절차가 도식화되어 있다. 또한 〈표 11-4〉, 〈표 11-5〉, 〈표 11-6〉에는 급수별 응시자격이 제시되어 있고 〈표 11-7〉에는 생활체육지도자의 양성현황이 제시되어 있다.

〈표 11-6〉 3급 생활체육지도자 응시자격

| 과 정 | | 응 시 자 격 |
|---|---|---|
| 3급<br>생활체육<br>지도자 | 자격<br>부여 | ① 대학의 체육관련학과 및 전문대학의 사회(생활)체육학과를 졸업한 자로서 대학의 교과성적이 70/100 이상인자 |
| | 특별<br>과정 | ① 2급 경기지도자 자격증 소지자<br>② 체육교사로서 해당 전공 종목의 지도경력 5년 이상인 자<br>③ 자원봉사자로서 자원봉사 경력이 5년 이상인 자<br>④ 체육에 관한 행정·연구·지도분야 종사자로서 각 분야의 종사기간이 10년 이상인 자 |
| | 일반<br>과정 | ① 18세 이상인자 |

〈표 10-7〉 생활체육지도자 양성 현황(2000.12월 현재)　　　　　　　(단위: 명)

| 자격구분 | 1995년이전 | 1996년 | 1997년 | 1998년 | 1999년 | 2000년 | 계 |
|---|---|---|---|---|---|---|---|
| 1급 | 17 | 21 | 23 | 52 | 48 | 36 | 197 |
| 2급 | 1,980 | 137 | 158 | 402 | 370 | 404 | 3,451 |
| 3급 | 24,260 | 4,352 | 4,933 | 6,870 | 6,960 | 6,417 | 53,352 |

※ '86년부터 생활체육지도자 자격증 발급, 1급 자격증은 '95년 최초 발급.
자료: 문공회(2001). **문화관광연감 2001**. 사단법인 문공회. p. 800.

## 2. 생활체육 프로그램

　프로그램이란 조직이나 단체의 효율적 운영의 기초가 되는 일련의 기본계획 운영으로서 계획, 수행, 평가 등을 내용으로 한다. 즉, 시설 및 공간이 아무리 잘 갖추어져 있더라도 프로그램이 빈약하거나 이용자들에게 적합하지 않으면 유명무실한 것이다. 따라서 생활체육 프로그램은 모든 사람들이 체육 및 스포츠 활동을 구체적으로 실천할 수 있는 동기와 방법이 포함된 내용구성이라 하겠다.

### 1) 생활체육 프로그램 구성의 원리

　생활체육 프로그램을 구성할 때는 아래와 같은 사항이 반드시 고려되어야 한다.

① 평등성 : 연령, 성별, 종교, 교육수준, 사회 경제적 지위에 관계없이 모든 사람에게 프로그램의 개발과 실행의 참여기회가 제공되어야 한다.

② 창조성 : 건설적이고 창조적인 신체활동의 기회를 제공하여야 한다.

③ 다양성 : 다양한 영역의 활동내용을 제공하여야 한다.

④ 욕구 반영성 : 참여자 개개인의 욕구충족 요소가 어떠한 형태로든지 반영되어야 한다.

⑤ 편의성 : 프로그램 관련 시설을 효율적으로 이용할 수 있도록 계획되어야 한다.

⑥ 전문성 : 프로그램은 자격을 갖춘 전문가에 의해 개발·운영·감독되어야 한다.

⑦ 전달성 : 프로그램은 모든 대중에게 적절한 대중매체 및 홍보수단을 통해 의미있게 전달되어야 한다.

⑧ 평가성 : 프로그램의 평가는 지속적이고 규칙적으로 이루어져야 한다.

⑨ 보완성 : 프로그램의 평가와 그 결과에 따라 프로그램의 질적·양적인 수정·보완을 이룩함으로써 참가자의 다양한 요구에 부응하여야 한다.

## 2) 생활체육 프로그램의 계획과정

생활체육 프로그램의 계획과정은 다음과 같은 네 가지 기본과정을 거친다.

① 계획단계 : 계획이란 기대한 목표가 이루어질 수 있도록 취해야 할 행동들을 미리 그려보는 과정이다. 간단히 말해서, 결과가 잘 나오도록 설계하는 것이라 할 수 있다. 이러한 계획에는 우선적으로 목표를 설정하는 것이 중요한 과제라 할 수 있는데 이는 목적 없는 계획은 있을 수 없기 때문이다. 이러한 의미에서 프로그램을 구성하는데 있어서 참가대상자의 요구분석 및 목표의 설정·수립이 고려되어야 한다.

② 조직단계 : 일단 개인 및 집단의 요구가 결정되고 프로그램의 집단 목표가 개발되면 다음 단계는 실제로 프로그램을 조직하고 구성하는 것이다. 프로그램 내용의 형태는 활동이 조직되는 방법으로서 생각할 수 있다. 전반적으로 바람직한 활동을 하기 위해서는 프로그램 영역 내의 활동은 프로그램 영역과 관련하여 적절한 형태가 있다. 즉 경쟁스포츠, 스포츠교실, 클럽(동호인)활동 프로그램(동호인 집단 대항 대회), 주민체육대회, 이벤트 등이다.

③ 수행단계 : 수행단계는 프로그램의 내용과 방법을 선정 조직하는 단계와 평가단계 사이에서 일어나는 구체적인 활동단계이다. 프로그램의 계획이나 조직은 수행단계를 거치지 않으면 그저 설계나 가설 또는 문서에 불과하다고 말할 수 있다. 그리고 이 단계에서는 생활체육지도자들의 자유재량권이나 의사결정권이 중요 시 되며 지도자로서의 자격과 기준이 가장 중요 시 되는 단계이다.

④ 평가단계 : 프로그램 개발의 마지막 단계가 프로그램 평가단계이다. 이러한 평가는 생활체육조직이나 여가 서비스 기관이 계획한 프로그램이 얼마나 달성하였고 또 수립한 계획이 얼마나 잘 수행하였는지를 측정하고 현재의 수행여부를 알아봄으로써 보다 나은 생활체육의 전개를 위해 활용 자료나 정보를 제공해주는 과정 혹은 결과라고 할 수 있다. 평가분야는 다음과 같은 내용이 포함되어야 한다.

• 참가자의 만족도에 대한 평가
• 참가자의 자기발전에 대한 평가
• 실천도를 측정한 조사를 통한 평가
• 지역사회의 조직에 대한 평가
• 활동내용의 개관적 측정을 통한 평가

이상과 같은 프로그램의 계획과정은 <그림 11-4>와 같이 도식화할 수 있다.

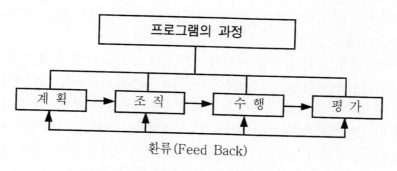

<그림 11-4> 생활체육 프로그램의 계획 과정

### 3) 생활체육 프로그램의 홍보

생활체육 활동에 있어서 홍보는 생활체육 참여자뿐만 아니라 비참여자의 참가를 촉진하는 중요한 요인이다. 생활체육 활동에 있어서 홍보의 중요성은 국민의 체육 및 스포츠에 대한 선택 가능성을 잠재적으로 확대시켜 준다는 점에서 그 의의를 가진다. 또한 홍보는 체육 및 스포츠 활동의 순기능 및 효과에 대한 대국민 계몽을 통하여 올바른 체육관을 형성하는데 기여할 뿐만 아니라 일반 국민의 체육 및 스포츠 참여기회 확대를 유도함으로써 체육활동의 사회화에 긍정적으로 작용한다.

따라서 생활체육 각 부문의 활성화 방안과 더불어 일반 국민의 자발적 참여 유도를 위한 정부 및 지방자치단체의 생활체육 정책 및 프로그램이 어떠한 형태로든지 전달·장려되어야 함은 생활체육 진흥에 있어서 매우 중요하고 시급한 문제이다. 그러므로 각 부문의 활성화 방안과 더불어 경영자와 참여자들의 자발적 참여 유도를 위한 정부의 생활체육 정책과 프로그램을 국민에게 전달할 수 있는 방법을 모색하여야 할 것이다. 이를 해결하기 위한 방법은 시설, 조직, 프로그램과는 다른 차원의 생활체육에 관한 홍보가 필수적이다.

홍보란 사적·공적 조직체와 기구가 관계하는 사람들의 이해, 동조 및 지지를 획득하고 유지하는 지속적이고 계획된 성격의 관리기능이다. 그 목적은 계획적이고 광범위한 정보에 의한 더욱 생산적인 협력과 공동이익의 효과적인 달성을 위한 것이다. 즉, 홍보는 한 조직체와 각종 대상자와의 의도적이고 지속적인 노력이라고 할 수 있으며, 그 필요성은 첫째, 자의적인 새로운 태도의 형성, 둘째, 자의적인 태도의 강화, 셋째, 비호의적인 기존 태도의 호의적인 방향에로의 변화로 요약할 수 있다(이제홍, 1999).

생활체육 홍보는 이와 같은 이유에서 최소의 투자로 최대의 효과를 성취할 수 있는 정책기조의 최우선 부문일 뿐만 아니라 기존의 비효율적이고 비체계적인 생활체육 정책의 합리성 및 효율성을 제고할 수 있는 정책 전략이라고 할 수 있다.

또한 이러한 생활체육을 홍보할 수 있는 매체에는 여러 가지가 있으나 생활체육 홍보매체로 선정할 수 있는 매체를 분류하여 보면 다음과 같이 크게 일곱 가지로 구분할 수 있다(국민생활체육협의회, 1994).

① 신문, 잡지, 사보 등의 인쇄매체
② 라디오, TV, 영화 등의 전파매체
③ 포스터, 게시판, 간판 등의 옥외매체

④ 버스, 전철 등의 교통매체

⑤ 각종 우편물을 이용한 우편매체

⑥ 각종 판매촉진 수단으로 사용되는 전화번호부, 여러 가지 증정품, 견본품, 쿠폰, 콘테스트, 게임, 트레이딩 스템프 등의 판촉매체

⑦ 최근 새롭게 대두되고 있는 유선 TV, 비디오 텍스 등의 뉴미디어 매체

## 3. 생활체육 동호인

### 1) 동호인 조직의 개념

생활체육의 저변확대를 위해서는 혼자서 운동을 하는 것보다는 함께 어우러져 조직적으로 이루어지는 것이 체육활동에 참여하고자 하는 동기가 강하게 유발되기 때문에 체육활동을 좋아하는 사람들에 의하여 자생적으로 결성되고 자율적으로 운영되는 생활체육 동호인 조직체의 활성화가 필요하다.

생활체육 동호인 조직의 개념은 관점과 사용목적에 따라 다양하게 제시되고 있는데 보편적으로 사용되고 있는 개념들을 살펴보면 다음과 같다.

일반적으로 생활체육 동호인 조직은 공통의 관심이나 목표를 추구하는 구성원에 의해 자발적으로 구성된 사교적 조직이나 특정조직의 이익을 증진시키려는 목적으로 결성된 조직을 말한다(박인태, 2000). 그리고 생활체육 동호인 조직은 특정 스포츠 종목을 매체로 스포츠팀의 공동 목표와 개인적 과업을 성취하기 위하여 직접적이고 지속적인 상호작용을 유지·발전시키는 기능집단으로서 성원간의 상호의존적 관계를 통하여 경기의 참가와 승리, 운동수행능력의 향상, 그리고 스포츠 활동을 통한 즐거움을 추구하는 집단이며, 또한 스포츠 활동을 목적으로 하여 자생적으로 결성된 사회집단으로서 특정 종목에 지속적으로 참가하는 집단을 의미한다.

결국 위에서 제시한 생활체육 동호인 조직의 개념들을 종합해보면 **"생활체육 동호인 조직이란 강제나 물질적 보상 때문에 참여하거나 생계를 위한 전문적 활동을 위해서 결성된 조직과는 달리 스포츠 애호가들에 의해 결성된 자발적 집단으로서 특정 스포츠 종목에 취미와 관심이 있는 구성원들이 공동의 관심과 목표를 추구하기 위해 집단화하여 정기적이고 지속적인 체육활동을 수행하는 순수 자생단체이다"** 라고 정의할 수 있다.

## 2) 생활체육 동호인 조직의 필요성

생활체육 동호인 조직은 모든 국민들에게 생활체육 활동 참여에 커다란 동기를 부여함으로써 이러한 사회적인 분위기를 조장할 수 있다. 뿐만 아니라 국민생활체육 활성화와 저변확대에의 필수적 요소인 운동참여에 대한 흥미와 지속성을 유지할 수 있다. 이러한 동호인 조직의 필요성을 정리하면 아래와 같다.

① 신분 및 경제적 사회계층의 구조적 모순 해소 : 이는 체육활동에 참여하는 조건이 단순히 같은 종목을 좋아하는 사람끼리의 모임이며, 자발적 참여로 이루어지는 집단이므로 신분상 제약을 받지 않는다. 성별과 연령에 차별 없이 집단을 이룰 수 있는 것은 생활체육 동호인 조직밖에 없다.

② 생활체육 진흥의 핵심 요소 : 개개인의 능력을 최대한 활용함으로써 개인의 건강증진 및 삶의 질적 향상과 사회적 화합, 단결심 함양 등 일반 생활 속의 중요한 기능을 통한 체육활동의 저변확대와 활성화에 기여한다.

③ 활기차고 건전한 사회집단 : 체육 동호인 조직은 체육활동을 통하여 사회적 상호작용을 맺은 구성원으로 집단을 이루고 있다. 그러므로 구성원들이 그 집단 내에서 자기역할의 중요성과 스포츠맨십을 통한 질서의식 및 잘못된 행동양식을 스스로 규제하는 규범을 창출하여 지역사회의 건전한 사회분위기 조성과 올바른 인생관을 배양하는 바람직한 집단이다.

④ 이웃간 교류의 장과 지역사회 발전에 기여 : 현대사회는 경제적 고도성장과 더불어 핵가족화, 이기주의, 물질만능주의 등에 따른 사회구성원간의 신뢰와 윤리관의 상실 등으로 인하여 이웃간의 단절을 초래하고 있다. 체육동호인 조직은 공동의 관심과 취미를 가진 집단으로서 신체활동을 통하여 사회적 불만을 해소할 수 있는 장으로 활용됨으로서 지역주민간의 교류 기회를 증대하고 지역사회 구성원간의 신뢰 회복 및 인간성 회복의 계기가 된다.

⑤ 체육시설 이용의 수월성 : 체육동호인 조직에 가입함으로써 실제적으로 시설 이용 부담을 상당히 줄일 수 있다. 국가적인 차원에서도 점차 동호인 조직을 활성화시키려고 하는 이유중의 하나도 국민 개개인의 신체활동의 장을 마련하기에는 현실적으로 불가능하기 때문이다.

## 3) 생활체육 동호인 조직의 특성

생활체육 동호인 조직은 지도자, 구성원, 인간관계, 시설 등 구조적인 측면과, 목표, 활동내용의 선택자, 활동계획의 작성자, 규범승인의 방법 등 문화적인 측면의 분류 기준을 갖고 여러 종류의 집단으로 분류되어 사회규범을 반영할 뿐만 아니라 사회규범의 형성에도 도움을 준다.

따라서 생활체육 동호인 조직은 자발적으로 결성된 사회조직으로서의 참가의 자유성과 조직의 개방성, 일정한 규칙에 의한 자주적 운영, 공동의 목적과 협동에 대한 적극적 태도 등의 특성을 지닌다. 또한 비구속성, 자율성, 응집성, 비영리성 등이 강하게 나타나는 조직이라고 할 수 있다. 특히 생활체육 동호인 조직은 조직의 명칭, 조직의 목표, 조직의 내규, 활동장소(시설 및 기구), 활동내용(스포츠 종목 및 프로그램), 조직의 추진체(대표자 및 지도자), 조직의 운영자금과 같은 구성요소를 구비함으로써 조직의 영속성을 유지할 수 있다. <표 11-8>에는 동호인 조직의 특징이 제시되어 있다.

**<표 11-8> 생활체육 동호인 조직의 특징**

| 구 분 | 분류기준 | 조직의 특성 |
|---|---|---|
| 구조적 측면 | 지도자<br>구성원<br>인간관계<br>시설 | 구성원 일동의 지지<br>성인<br>수평적 관계<br>공공 및 민간체육시설 |
| 문화적 측면 | 목표<br>활동내용의 선택자<br>활동계획의 작성자<br>규범승인의 방법 | 목표를 자신이 인정<br>집단의 구성원<br>집단의 구성원<br>합리주의적 가치 승인 |

## 4) 동호인 조직 체계의 구성 및 역할 분담

동호인 조직 체계는 조직 중심이며, 모임을 통괄하는 회장, 회장 역할을 대행하는 부회장, 총무, 재무담당, 섭외홍보담당, 프로그램담당, 자원봉사담당 등으로 <그림 11-5>와 같이 구성한다. 그리고 공동의 목표를 성취하기 위해서는 개개인의 업무분담과 성공적인 임무완수가 필요하며, 동호인 조직내 직위별 구체적인 역할은 <표 11-9>와 같다.

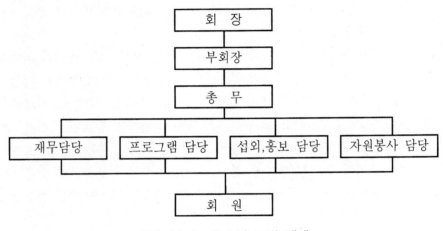

<그림 11-5> 동호인 조직 체계

**<표 11-9> 동호인 조직의 직위별 역할**

| 직 위 | 역 할 내 용 |
|---|---|
| 회 장 | · 모임 통괄 및 대표자 |
| 부회장 | · 회장 보조, 회장 부재시 역할 대행 |
| 총 무 | · 회장을 보좌하여 조정 역할 담당, 회원관리 및 결정사항 고지<br>· 관련기관과의 행정 관련 사항 중개, 모임의 회의록 기록 관리 |
| 재무담당 | · 자금조달 및 관리, 예산편성 및 절차 |
| 프로그램 담당 | · 각종 체육행사 및 교류전 주선, 프로그램 개발 및 운영 담당 |
| 섭외·홍보 담당 | · 시설 및 지도자 섭외, 용기구 구입 및 대여, 각 요소별 홍보활동 |
| 자원봉사 담당 | · 비회원을 위한 자원봉사활동 추진 |

자료: 박인태(2000). 지역사회 복지차원의 생활체육 활성화를 위한 동호인조직 운영모형 연구. **한국사회체육학지, 13**, pp. 699-720.

## 5) 동호인 조직의 예산

예산은 조직의 기획과 운영과정의 핵심 부분이다. 재무담당자는 새해 예산을 조정할 책임이 있다. 이것은 '가능성 있는 수입과 예측되는 경비'에 관한 설명서이다. 재무담당자는 회장을 포함한 구성원과 함께 예산을 수립하여야 한다.

예산안은 사무경비와 사업비를 함께 나타내야 하기 때문에 조직의 여러 사업을 담당하고 있는 소위원회가 예산편성과정에서 의견을 제시하여야 한다.

재무담당자는 우선 '가능한 모든 수입원'과 '지불이 예상되는 영역'을 확인해야 한다. 그리고 나서 지출 또는 수입예산규모를 신중히 예측하여야 한다. 금액규모를 결정할 때는 전년도 예를 참고하면 좋다. 물가상승율과 비용상승을 고려해야 한다. 어떤 예산항목에 대해서는 지출 또는 부담 총액을 정확히 계산할 수 있을 것이다. 이것은 자본투자와 같이 큰 지출항목에 대해서 특히 긴요하다. 총회에 예산안을 제출하는 것은 그것이 모든 회원들의 것이며, 예산의 지출비용도 모두 그들의 것이라는 사실을 명심해야 한다. 구성원이 조직의 재정상태를 알게 되면, 자금모집에 참여하는데 더 보람을 가질 것이다. 정확한 예산을 수립하려면 몇 가지

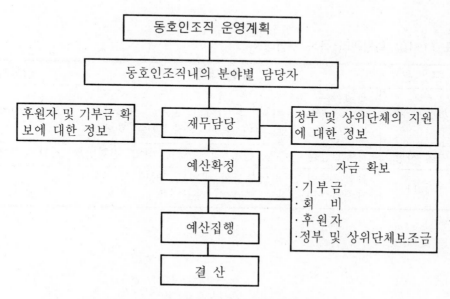

**〈그림 11-6〉 동호인 조직의 예산운영 모형**

자료: 박인태(2000). 지역사회 복지차원의 생활체육 활성화를 위한 동호인조직 운영모형 연구. **한국사회체육학지**, 13, pp. 699-720.

시도가 필요하다. 적자를 예방하려면, 비용을 절감할 수 있는 항목을 찾거나 추가 자금을 모집할 수 있는 수단을 모색하여야 한다. 바람직한 방법은 재무담당자가 예산초안을 작성하면서 납부자들이 참여한 가운데 회의를 열어 토론하는 것이다. 큰 클럽(특히 직원을 고용하고 있는 곳)에서는 더 상세한 예산안이 필요하고, 간과하기 쉬운 사무비용에 대한 계산도 포함되어야 한다.

예산안은 연말에 가서 실제적인 재정상태를 평가해 볼 수 있는 척도가 된다. 이러한 동호인 조직의 예산운영 모형을 <그림 11-6>과 같이 제시할 수 있다.

## 6) 동호인 회원 관리

동호인 조직의 회원관리 목록의 작성은 조직 구성원의 참여를 지속적으로 유지하는데 활용되며, 동호인 조직의 활동계획을 수립하고 운영하는데 있어서 필요한 회원들의 요구를 보다 체계적이고 구체적으로 파악할 수 있는 기초자료가 된다. 회원관리 목록에는 회원 개인의 인적사항을 중심으로 회원들의 가입 일자, 가입 동기 등 조직 운영에 필요한 기초 정보를 포함한다. 구체적인 회원관리 목록의 내용은 <표 11-10>과 같다.

**<표 11-10> 회원관리 목록 구성내용**

| 구 분 | 구성 내용 | 작성자 |
|---|---|---|
| 회원인적 사항 | ·성명(한글,한문), 성별, 연령<br>·주민등록번호, 학력, 주소(자택, 직장), 전화번호<br>·특기사항 : 종교, 취미, 특기, 신장, 체중, 혈액형 | 회원 본인이 작성 |
| 가족 사항 | ·가족구성원의 성명, 관계, 연령, 학력, 작업, 전화번호 | 회원 본인이 작성 |
| 기 타 | ·회원등록일, 회비납부상황(월별로 구분)<br>·거주지 약도, 활동 및 행사 참가내용 | 임원진이 작성 |

# 제5절  생활체육행정 정책의 추진 방향

국민의 삶의 질 가치구현에 대한 요구를 효과적으로 충족시켜주는 기본조건으로서 생활체육행정 정책은 국민 개개인의 건강증진 뿐만 아니라 바람직한 사회성원의 육성, 건전한 여가문화의 창달, 그리고 국민의 총체적인 복지증진에 기여하는 효과적인 수단이 된다. 따라서 생활체육 발전은 복지사회 구현의 중요지표이며 반드시 성공적으로 추진되어야 한다. 이러한 생활체육행정을 효과적으로 추진하기 위한 몇 가지 정책을 제시한다면 아래와 같이 함축할 수 있다.

## 1. 생활체육 참여기회 확대

주민의 생활체육 참여기회 확대를 위해 국민 개개인에게 적합한 종목을 선택하고 참여할 수 있도록 다양한 스포츠 교실과 동호인 클럽을 활성화시켜야 한다. 또한, 직장체육 활동을 체계적으로 육성하고 사회적 소외계층의 체육활동을 적극 지원하며, 생활체육프로그램의 질적 향상을 도모해야 한다.

## 2. 체육 지도인력 확보

최근 생활체육에 대한 관심 증대로 생활체육 참여 인구가 증가하고 질 높은 지도자에 대한 요구가 강해짐에 따라 수요자의 요구에 부응하는 다양한 종류의 수준 높은 생활체육지도자의 양성, 관리 및 능력 개발이 요구되고 있다. 유능한 체육지도 인력의 확보를 위하여 연수인원의 확대, 연수과정의 질적 향상, 자격검정제도 개선 등을 통하여 과학적이고 전문화된 자격을 갖춘 지도자를 많이 배출해야 할 것이다. 또한 체육지도자의 발전을 도모하기 위하여 각종 강습회 개최, 정기적 교육과 우수 사례 발표회 등을 개최하는 것도 바람직할 것으로 판단된다.

## 3. 생활체육 홍보 전략

생활체육활동 참여를 유도하기 위한 동기 유발과 지속적인 흥미 유지가 생활체육 저변을 확대하는 데에는 필수 요건이다. 따라서 생활체육활동 참여의 필요성과 이에 따른 신체적, 사회적 건강 효과 등 긍정적 효과를 인식시키기 위한 적극적이고 다양한 홍보 전략이 요구된다. 매스미디어를 통한 홍보 및 유명 인사와 지역 지도자를 홍보요원으로 활용하여 지역 주민의 생활체육 참여를 유도하고 홍보효과를 극대화해야 할 것이다.

## 4. 생활체육 참여 환경 조성

생활체육 참여 환경의 현저한 차이를 해소해야 한다. 이러한 균형 있는 여건 조성을 위해서는 정부와 지방자치단체 및 생활체육단체간의 효율적인 추진체계 구성이 요구된다. 이를 위해 국민생활체육협의회와 지방자치단체의 협력적 역할 재정립을 추진할 필요성이 있으며, 장기적으로는 생활체육의 추진이 민간 중심으로 이루어지도록 종목별 체육동호인 연합체와 생활체육법인체 등을 건전하게 육성해야할 것으로 판단된다.

## 5. 투자 재원 확충

마지막으로 투자 재원과 관련하여 생활체육의 활성화에 보다 많은 관심을 가져야 할 것이다. 문화체육부(1998)의 자료에 의하면 2002년까지의 국민체육진흥계획에서 총 3조 2,464억원의 투자예상 기금 중 생활체육 분야에는 19.6%인 6,350억원을 투자하는 데 그치고 있다.

이러한 수치는 다른 선진국과 비교하여 국민의 직접적 생활체육 참가를 유도하는 데는 턱없이 부족한 실정이다. 물론 2002년 부산아시안게임과 월드컵축구대회를 앞두고 이들 국제경기에 많은 예산을 소요해야 하는 것은 인정하지만, 국고를 통한 투자 재원에만 관심을 둘 것이 아니라 민간 기업을 통한 체육산업 즉, 산업협동 체육용기구 개발 등 민간체육산업 육성 지원에 투자함으로써 이들 민간 기업이 생활체육활동에 재투자할 수 있는 여건을 마련해야 할 것이다.

# 제 6 절  각국의 생활체육행정

## 1. 노르웨이

　노르웨이의 생활체육을 위한 목표는 첫째, 실내·외에서 모든 국민의 생활환경의 개선 둘째, 아동과 청소년의 삶의 질적 향상 셋째, 실업자를 위한 체육활동과 고용이다. 노르웨이가 생활체육에 개입하기 시작한 것은 트림캠페인(Trim campaign)과 함께 생활체육운동이 확산되기 시작한 1960년대부터이다. 이 캠페인은 스포츠가 노르웨이 문화의 한 부분이며, 누구나, 어디서나 국민 모두가 스포츠를 즐기는 것을 의미한다. 심지어 이 캠페인은 엘리트스포츠도 생활체육에 포함시켰다. 1970년대 초부터 노르웨이의 스포츠에 대한 정부정책은 생활체육이라는 원칙을 기본으로 하고 있다. 이 원칙에는 전국민이 자신의 능력, 요구, 흥미에 따라 원하는 스포츠에 참가할 수 있는 권리가 천명되어 있다. 정부는 개인의 권리를 실현시킨다는 측면과 개인의 스포츠에 대한 참여 기회를 제공한다는 뜻에서 생활체육을 책임지고 있다. 생활체육은 장기적이며 희망적인 측면이 강하기 때문에 중앙정부, 주, 시가 우선 순위에 바탕을 두고 생활체육을 활성화시키고 있다.

　1987년 정부는 스포츠경기에 아동의 참가를 제한하는 법을 통과시켰다. 이 법에 따라 정부는 10세 이전의 아동이 해당 스포츠클럽 이외에서 경기를 하지 못하도록 규정하고 있으며, 10세에서 12세 이전의 아동은 지역과 지방의 스포츠경기에 참가하지 못하도록 하고 있다. 오늘날 노르웨이는 스포츠시설을 근린체육시설, 시 체육시설, 주 체육시설, 국가체육시설과 같이 네 가지 유형으로 범주화시키고 있다. 이 외에도 스포츠시설을 사용목적에 따라 실외생활시설, 하이킹시설, 레크리에이션시설로 구분하고 있다. 매년 갬블링 수익금에서 스포츠부문에 할당된 재원 중 약 40%가 정부관리 아래 스포츠시설의 건설에 투자되고 있으며, 재원은 스포츠시설을 신청한 지역에 동등하게 제공한다는 원칙에 따라 집행된다. 정부는 이와 같은 시설 중 근린체육시설에서는 정규시합이 이루어지지 못하도록 규정하고, 걸어서 갈 수 있는 가까운 위치에 스포츠시설을 건설하도록 하는 등 다양한 시설관련 지침을 마련하였다. 이와 같은 지역 스포츠시설의 건설을 증가시키기 위하여 정부는 시의 건설비용 중 50%를 보조금으로 지급하고 있다. 현재 노르웨이는 생활체육의 활성화를 위하여 다양한 정책을 수행하고 있다. 첫째, 생활체육프로그램

을 개발·추진하고 있다. 예를 들어 어린이 스포츠학교(Sport Schools for Children)
가 과외자율체육활동의 차원에서 운영되고 있다. 이와 같은 스포츠학교의 필요성
은 아동에게 다양한 스포츠활동을 보급하여 다양한 스포츠경험을 제공한다는 데
있다. 둘째, 후진국의 생활체육을 지원하고 있다. 노르웨이는 쌍무계약(bilateral
agreements)을 통하여 1989년 이후 탄자니아, 짐바브웨 등에 생활체육 발전지원
프로젝트 사업의 한 부분을 수행하고 있다. 셋째, 신체적·정신적 장애자를 위한
프로그램을 개발·운영하고 있다. 노르웨이는 1962년부터 장애자 프로그램을 운
영하였으며 1968년 이후에는 장애자를 지도하기 위한 지도자 과정을 개설하고 있
다. 또한 현재 문화부는 신체활동과 치료과정을 연계시켜 장애자의 원기 부양과
인성발달에 스포츠를 활용하고 있다.

## 2. 독 일

독일에 스포츠가 도입된 것은 19세기말 학교를 통해서이다. 그 당시 체육활동은
교육적 목적을 가지고 있었으며 신체단련과 정서함양에 크게 기여한다고 보았다.
1891년에는 독일스포츠진흥중앙위원회가 결성되면서 독일청소년 대중경기보급이
확대되었고, 1910년대에는 청소년복지운동 전개와 함께 후생성에 청소년복지과가
신설되었다. 독일 정부의 이와 같은 스포츠 및 레크리에이션 활동의 장려로 1920
년 이후 스포츠클럽이 독일전역에서 조직되었다. 1933년에 접어들면서 스포츠는
또 다른 양상으로 변화하기 시작하였고, 나치정권은 권력유지를 위하여 민중에 대
한 정치선전 강화와 함께 스포츠를 군사활동의 수단으로 활용하였다. 1950년대에
접어들면서 제2차 세계대전으로 폐허가 된 국토를 재건하고 국민의 체력을 향상시
키며 민주주의 국가로서의 면모가 갖추어지면서 국민의 여가선용과 건강증진, 삶
의 질 향상을 위하여 정부가 나서기 시작하였다.

1950년대 이후 독일은 서독과 동독으로 분할되어 서독은 생활체육을 중심으로
발전한 반면 동독은 엘리트체육을 중심으로 발전하였다. 1950년대 이후 서독의
생활체육정책은 1961년 독일올림픽협회(German Olympic Society)에 의해 15
년 장기계획으로 수립·시행된 황금계획(Golden Plan)에 의하여 대대적인 국가차
원의 스포츠시설 건설이 이루어지기 시작했다. 이러한 스포츠시설들은 오전에는
학교, 점심·저녁·주말에는 스포츠클럽을 위해 개방되었다.

1970년대에는 "생활체육(Sports for All)" 운동을 좀더 체계적으로 추진하기 위하여 4년 계획으로 "트림(Trim)" 캠페인을 전개하였다. 독일체육연맹은 1976년에 트림캠페인으로 인한 변화에 발맞추어 "여가정책을 위한 구상"을 발표하였다. 이 구상은 스포츠프로그램의 확대, 정규시합 일정을 배제한 순수한 생활체육 프로그램 제공, 스포츠클럽과 타 영역(학교, 교회, 소년단 등)과의 연계 등이었다. 아울러 "클럽을 위한 연합"을 결의하고 미래 생활체육의 활성화를 위하여 생활체육시설의 확충, 스포츠프로그램의 다양화, 생활체육지도자 및 조직관리자의 양성, 자원봉사자의 활성화에 주력하여 대성공을 거두었다. 그러나 1차 황금계획(1961-1975)은 핵심스포츠인 육상, 수영, 체조 등을 위한 시설확충에 중점을 두었기 때문에 새로운 스포츠에 대한 수요를 적절히 반영하지 못한다는 지적을 받았다. 따라서 2차, 3차 황금계획의 필요성이 대두되었지만 실현되지 못했다.

통일독일 후 구 동독지역의 낙후된 스포츠시설을 개선하고 엘리트스포츠위주의 편협적인 스포츠시설을 대중스포츠 시설로 바꾸는데 주력하고 있다. 1990년대 이후에는 정부주도의 시설확충에서 벗어나 민간기업이 참여하는 상업스포츠시설과 스포츠클럽이 활성화되어 현재의 독일 생활체육은 정부가 담당하는 공익적 스포츠센터와 상업적 스포츠센터로 양분되어 가고 있다.

## 3. 미 국

미국정부는 19세기말부터 학교체육에 개입하기 시작하였으며, 20세기초부터는 생활체육에 개입하기 시작하였다. 그 이전에는 스포츠가 국방체육의 하나로 장려되었다. 제2차 세계대전이후부터 미국에서 생활체육을 통한 체력운동(Physical Fitness Movement)이 일어나기 시작하였다. 이전까지는 체육이 군사적 목표 또는 사회적 목표의 하나로 인식되었을 뿐 진정한 의미의 체육이나 건강의 가치로 인정되지는 못했다.

1955년 Kraus Weber의 체력에 관한 연구가 발표되면서 미국은 큰 충격을 받았다. 테스트결과 미국 청소년들의 체력이 유럽지역청소년들 보다 뒤떨어져 있다는 보고를 받은 아이젠하워 대통령은 1956년 대통령 직속의 청소년체력자문위원회(President's Council on Youth Fitness)를 발족시킴으로써 체력향상운동을 전개하기 시작하였다. 1990년대에 들어와서는 연방정부의 생활체육에 대한 간접적인 후원과 지방정부의 꾸준한 레크리에이션 및 스포츠에 대한 직접적인 지원활동이 이루어지고 있는데 스포츠 시설에 대한 건설 및 유지를 사회복지 차원에서 적극 지원하고 있다. 1990년부터 대통령체력스포츠자문위원회는 청소년들의 체력증진을 위해 체력테스트 프로그램을 개발하여 시행하고 있으며, 생활체육지도자양성 프로그램을 통하여 생활체육의 질적 성장을 촉진시키고 있다. 각 주마다 공식적·비공식적 생활체육지도자 양성프로그램을 운영하고 있다.

## 4. 영 국

영국정부가 생활체육부문에 개입하기 시작한 것은 19세기부터이며, 정부는 도시지역주민의 삶의 질 증진을 위하여 공공스포츠시설의 확충에 정부의 많은 투자가 이루어졌다.

1960년 영국정부는 독일의 황금계획과 같은 체육발전 장기계획을 수립하여 이의 구체적인 실천을 위하여 스포츠자문위원회를 구성하고, 이 위원회를 통하여 지역사회가 요구하는 체육시설의 확충과 지도자양성 활동을 추진하여 사회체육진흥을 도모하도록 하였다. 정부가 생활체육부문에 정책적 관심을 갖게 된 것은 첫째, 정부는 지속적으로 청소년과 도시 무질서의 관계에 대한 관심과 둘째, 체육단체를 포함한 압력단체들이 정부에 스포츠와 레크리에이션 기회를 확대해 달라는 요청 때문이었다.

1970년대 초 중앙정부는 스포츠위원회의 역할이 부족하다고 판단하여 독립적이고 집행권한이 확대된 스포츠위원회를 만들어 나갔다. 스포츠위원회의 장기목표는 대중들에게 사회복지의 측면에서 스포츠와 신체레크리에이션의 지식과 습관을 발달시키고, 여가의 즐거움을 누리도록 하는데 있었다. 1980년대 이후에는 지방정부는 지역의 생활체육 활성화를 위해 시설확충 등에 지속적인 재정지원을 가속화하였다. 스포츠위원회는 공공 및 민간상업 부문에 대한 지원을 통하여 스포츠 참여율 증대와 스포츠시설의 확충, 연령별·성별의 다양한 프로그램개발을 통한 국민의 건강 및 체력증진, 삶의 질 향상을 위한 건전한 체육문화 형성에 노력하고 있다.

현재 영국은 지역스포츠의 활성화를 위하여 다양한 생활체육프로그램을 만들어 이에 맞는 지도자양성도 병행추진하고 있다. 생활체육지도자 훈련은 스포츠기술보다는 지도자의 행동, 태도, 예의 등 도덕적 바탕 위에 인격적 교육을 강조하고 있

다. 또한 각종 스포츠에 대한 강습을 정기적으로 실시하고 있는데 강습내용은 실
외활동, 청소년봉사, 성인교육, 체육 등 다양하며 지도자의 국가등록제를 권장하고
있다.

## 5. 일 본

일본 정부가 생활체육에 개입하기 시작한 것은 1970년대의 일이다. 1960년대
이후 일본은 도시화와 산업화로 여가시간이 증가하고 국민소득이 높아짐에 따라
스포츠에 참여하는 비율이 증가하기 시작했다. 이때부터 일본정부는 생활체육을
진흥시켜 국민에게 스포츠를 통한 즐거움을 제공하고 건강을 증진시켜야 한다는
인식을 갖게 되었다. 이때까지 일반적인 정책방향에서 구체적인 체육진흥방안인
스포츠진흥법의 실행계획이 마련되었다.

또한 스포츠심의위원회가 제출한 개선방안인 첫째, 일상생활권내의 스포츠시설
의 확대 둘째, 외곽도시 지역의 실외 스포츠활동을 증진시키기 위한 지역사회스포
츠클럽 육성 셋째, 각종 스포츠서비스 개선 넷째, 스포츠지도자 양성의 확대 다섯
째, 지방정부의 스포츠관리체제의 개선 여섯째, 스포츠과학 진흥 등에 중점을 두고
체육정책을 수립하였다.

1980년대까지 일본의 생활체육이 활성화된 것은 생활체육을 직접담당하고 있
는 일본체육회의 역할이 매우 컸다고 볼 수 있다. 일본체육회는 1964년 도쿄올림
픽이후 엘리트체육위주에서 생활체육으로 전환하여 생활체육진흥사업을 수행하고
있었지만, 각 분야에서 문제점이 발견되었고, 1989년 문부성은 생활체육은 민간
시장에 맡기고 정부는 국제대회에서 부진을 면치 못하는 엘리트체육진흥에 매진한
다고 발표하였다. 그러나 1992년 총리실에서 실시한 체력과 스포츠에 관한 여론
조사에서 국민의 30%이상이 스포츠클럽의 회원이 되기를 원하고 스포츠시설을 저
렴하게 이용하기를 바란다는 것과 주 5일 근무제로 인한 여가시간의 증대 등에 따
른 생활체육진흥정책의 필요성이 대두되게 되었다.

이에 따라 생활체육진흥책의 하나로 "종합형 지역스포츠클럽"의 육성이 실시
되었다. "종합형 지역스포츠클럽"은 아동에서 노인에 이르기까지 다양한 스포츠
애호가들이 참가할 수 있는 종합체육시설로 첫째, 단일종목이 아닌 복수종목을 기
본으로 하고 둘째, 지역스포츠센터 등을 활동거점으로 하고 학교체육시설 및 공공

체육시설과 연계하여 장기적·계획적 스포츠활동을 실시하고 셋째, 수준 높은 지도자의 배치와 적절한 지도가 이루어지도록 하였다. 정부는 또한 생애스포츠캠페인 사업을 전개하고 "체육의 날" 행사 개최, 체육공로자 및 사회우량단체 표창, 전국적인 스포츠축제 개최 등의 각종사업을 추진하고 있다.

## 6. 캐나다

캐나다의 스포츠는 식민지 이주자들에 의하여 처음 도입되었다. 식민지 이주자들은 토착민의 재산과 문화유산을 몰수하고 이주민 국가의 문화와 스포츠를 이식시키고 새로운 스포츠를 주입시켰다. 19세기 중반부터 캐나다는 영국의 스포츠와 레크리에이션을 학교체육을 통해 받아들여 체육과목이 학교교육과정으로 개설되었다(Harvey, Thibault, & Rail, 1995).

당시의 스포츠는 대부분 지방정부를 중심으로 이루어지고 있었고, 연방정부는 1943년 국민체력진흥법(National Physical Fitness Act)을 제정하고 국민체력진흥위원회(National Council on Physical Fitness)를 발족하였다. 국민체력진흥법은 첫째, 모든 학교와 지역사회의 스포츠활동을 지원할 것 둘째, 스포츠 및 레크리에이션 활동 등 신체적 발달이 가능한 모든 활동을 관장할 것 셋째, 체육교사·강사 등을 육성할 것 넷째, 스포츠 및 레크리에이션 활동에 필요한 시설을 마련할 것 다섯째, 체력증진에 관여하는 조직이나 단체를 지원하고 협력체계를 구축할 것 등을 목표로 하였다. 그리고 캐나다 전국민, 즉 남녀노소를 불문하고 건강한 자 뿐만 아니라 지체장애자 및 상이군인에게도 적용시키고, 스포츠를 비롯한 문화예술분야의 단체를 지원하며 대학은 체력발달프로그램을 개발하도록 하였다.

1969년 캐나다 복지부는 "participation"이라는 조직을 설립하고 대중스포츠 진흥에 노력하였다. 1980년대에는 캐나다의 연방정부가 엘리트체육 부문에 많은 재정지원을 하였으나 1988년 서울 올림픽에서 밴 존슨이 약물복용으로 금메달을 박탈당하자 국내의 여론과 함께 생활체육진흥으로 방향을 전환하였다(Chelladural & Haggerty, 1991; Sport Canada, 1998).

## 7. 프랑스

프랑스 정부가 생활체육부문에 개입하기 시작한 때는 19세기말부터이다. 1930년 학생들에 의한 최초의 스포츠단체인 전국학생연합(National Union of Students in France)이 발족되면서 생활체육이 시작되었다. 그후 프랑스 정부는 생활체육발전을 위해 소규모체육시설 및 이동강습수영장과 실·내외 수영장을 건설하여 대다수 국민이 이용하도록 하였다. 1975년 정부는 "체육 및 스포츠의 발전"에 관한 법을 통과 시켜 학교체육과 생활체육이 발전하도록 하였다. 특히 청소년의 생활체육 부문을 진흥시키기 위하여 첫째, 청소년의 욕구에 부응하는 지역사회 스포츠시설 및 체육장비 지원 둘째, 스포츠클럽 활성화 등으로 학생들의 방과후 스포츠활동에 적극 참여하도록 하였다.

그리고 다섯 가지의 생활체육활성화 프로그램을 추진하였는데, 첫째, 청소년이 이용할 수 있는 1,000개 지역의 스포츠센터 건설 둘째, 스포츠 리그 지원 셋째, 소규모 도시 및 지방 스포츠클럽 지원 넷째, 학생들이 방학중 스포츠시설을 원하는 시간에 이용할 수 있는 "Sports Tickets" 제도의 도입, 다섯째, 스포츠클럽, 스포츠연맹, 지역사회에서 스포츠분야의 고용촉진을 위한 "직업스포츠(Profession Sports)" 프로그램추진 등이다. 특히 직업스포츠 프로그램은 시행된 첫 3년 동안 정부에서 지원금을 제공하였으며 현재는 독립적으로 운영되고 있다(유희형, 2000).

## 8. 호 주

호주의 스포츠시스템은 지역사회의 성인 중심 스포츠클럽을 활성화시키고 학교는 아동과 청소년의 신체활동을 주도하는 것이다. 호주는 초창기에 영국의 스포츠를 받아들여 지방과 학교중심으로 스포츠가 활성화되었으며, 연방정부는 스포츠보다는 관광이나 문화에 더 많은 관심을 기울였다. 1980년대 이후 연방정부는 엘리트체육에 대한 지원을 강화해 가는 추세지만 아동·청소년을 위한 "Aussie Sports" 프로그램을 성공적으로 운영하여 생활체육 활성화를 도모하였고, 특히 3만개 이상의 스포츠클럽을 육성하여 질적인 프로그램 제공과 효율적인 관리로 이용자들이 마음놓고 스포츠에 전념하도록 하였다. 호주정부는 스포츠클럽을 활성화시키기 위하여 지방정부로 하여금 스포츠시설 건설을 담당하게 하고 골프 등 일부종목은 회원권으로 충당하게 하였다.

인력관리를 효율적으로 하기 위하여 스포츠클럽 관련 임원부터 자원봉사자까지 철저한 교육을 통하여 능력을 개발하고 사용자에게 질적인 프로그램을 제공하였다. 그리고 호주체육위원회는 국립스포츠정보센터(National Sport Information Centre)를 설립하여 선수뿐만 아니라 일반인에게도 스포츠에 관한 정보를 제공하육위원회는 원주민위원회(Aboriginal and Torries Strait Islanders Commission)와 협력하여 호주 원주민의 스포츠 진흥과 스포츠활동에 많은 예산을 지원하고 있다. 호주정부는 학교를 중심으로 오지스포츠(Aussie Sport)프로그램을 개발하여 청소년의 스포츠활동 참가를 확대해왔다. 오지스포츠는 청소년의 신체발달과 심리적 상황에 맞는 운동 프로그램을 제공하는 것이다. 1993년 시드니올림픽경기 유치로 정부가 엘리트체육지원에 많은 할애를 하고 있지만 생활체육프로그램과 스포츠클럽운영이 잘 이루어지고 있어 생활체육은 계속 발전되고 있다(Australian Sports Commission, 1996, 1997).

# 참고문헌

국민생활체육협의회(1994). **생활체육 프로그램 순회강사 연수교재.**

김경숙(1999). 사회체육지도자의 사회적 기대와 역할에 관한 연구. **한국사회체육학회지, 6**, 5-18.

김덕천(1999). **지방자치단체의 특성화에 따른 여가스포츠 정책 모형.** 고려대학교 대학원 박사학위 논문.

김용길(1993). 사회체육행정의 방향. **한국사회체육학회지, 창간호**, 31-43.

문공회(2001). **문화관광연감 2001.** 사단법인 문공회.

문화관광부(1999). **생활체육업무편람.**

문화관광부(2001). **체육통계.** www.mct.go.kr.

문화체육부(1993). **국민체육진흥 5개년 계획.**

문화체육부(1998). **체육진흥정책평가회 자료.**

박용범(1998). **지방자치단체의 스포츠 이벤트를 통한 지역사회 개발 방안.** 중앙대학교 대학원 박사학위 논문.

박인태(2000). 지역사회 복지차원의 생활체육 활성화를 위한 동호인조직 운영모형 연구. **한국사회체육학회지, 13**, 699-720.

서울특별시(1995). **체육진흥정책 평가자료.** 236-237.

신영균, 조만태(1999). 청소년의 스포츠 가치관과 비행의 관계. **한국체육학회지, 38**(3), 117-129.

양재용, 김흥수, 변영신(1998). **사회체육개론**. 서울: 형설출판사.

위성식(1993). **사회체육개론**. 서울: 한국학술자료회.

유희형(2000). **21세기 한국인의 삶의 질 제고를 위한 생활체육행정정책의 발전방향**. 한국체육대학교 대학원 박사학위 논문.

이범제(1999). **체육행정의 이론과 실제**. 서울대학교 출판부.

이제홍(1999). 지역사회진흥을 위한 사회체육 프로그램의 개발과 홍보의 모형화. **한국사회체육학회지**, 12, 79-93.

이주운(1998). 새 정부의 체육행정 변화와 효율성 제고방안. **21세기를 향한 체육의 발전 방향 토론회**, 서울대학교 체육연구소. 11-18.

임번장(1993). 생활체육의 활성화와 생산성 향상. **제12회 국민체육진흥세미나**. 한국체육학회.

임종호(1999). 지역사회체육 활성화를 위한 지도자 활용. **한국사회체육학회지**, 12, 95-108.

장주호, 심성섭(1998). 비교사회체육의 문헌적 고찰. **한국사회체육학회지**, 9, 7-26.

채재성(1992). **스포츠 동호인활동의 사회적 기능에 관한 연구**. 서울대학교 대학원 석사학위 논문.

체육청소년부(1992). **지역사회 생활체육 활성화를 위한 모형 개발**. 2-3.

최창호(1995). **지방자치학**. 서울: 삼영사.

하웅용(1999). 스포츠 시설 활성화 정책안 연구. '99 한국사회체육학회 학술대회, 한국사회체육학회. 428-434.

행정자치부(2000). **지방자치단체예산 편성지침**.

Australian Sports Commission.(1996). *Our achievements, Annual Report 1995/96.*

Australian Sports Commission.(1997). *Sport development and policy, Annual Report 1996/97.*

Burhman, H. G.(1977). Athletic and deviance : An examination of the relationship between athletic participation and deviant behavior of high school girls. *Review of Sport and Leisure, 2,* 17-35.

Burhman, H. G., & Bratton, R. D.(1978). Athletic participation and deviant behavior of high school girls. *Review of Sport and Leisure, 3,* 25-41.

Chelladural, P., & Haggerty, T. R.(1991). Measures of organizational effectiveness of Canadian national sport organizations. *Canadian Journal of Sport Sciences, 16(2).*

Christensen, J. E.(1972). *A sociological analysis of the high use and low use of outdoor recreation facilities.* Unpublished master's thesis, Iowa State University, Ames.

Farrell, P., & Lundegren, H.(1991). *Recreation programming: Theory and technique.* State Collage: Venture Publishing, Inc.

Harvey, J., Thibault, L., & Rail, G.(1995). Neo—Corporatism: The political man—agement system in canadian amateur sport and fitness. *Journal of Sport & Social Issues, 19*(3). 67—86

Kelly, J. R.(1977). Leisure socialization: Replication and extension. *Journal of Leisure Research, 9,* 121—132.

Kelly, J. R.(1987). Family leisure in the three communities. *Journal of Leisure Research, 10*(1), 47—60.

Kenneth, F. J.(1989). *Leisure education: Program materials for persons with developmental disabilities.* Stat College: Venture Publishing, Inc.

Kraus, R. G.(1994). *Leisure in a changing America: Multicultural perspectives.* New York : Macmillan College Publishing Company, Inc.

Lowe, B., Kanin, D. B., & Strenk, A.(1978). *Sport and international relations.* Il—linois : Stipes Publishing Company.

McPherson, B. D.(1989). Aging and involvement in physical activity: A socio—logical perspectives. In F. Landry & W. Orban (Eds.), *Physical activity and human well—being: Vol,* 1 (pp. 111—128). Miami: Symposia Specialists.

Mull, R. F., Bayless, K. A., Ross, C. M., & Jamieson, L. M.(1997). *Recreation sport management* (3rd ed.). Champaign: Human Kinetics.

Schleien, S. J., Ray, M. T., & Green, F. P.(1997). *Community recreation and people with disabilities.* Baltimore: Paul H. Bookes Publishing Co.

Segrave, J. O.(1980). Delinquency and athletes : Review and reformulation. *Journal of Sport Psychology, 2,* 82—89.

Smith. D. H., & Theberge, N.(1987). *Why people recreate: An overview of research.* Champaign: Life Enhancement Publication.

Sport Canada.(1998). *Organization of sport in Canada (The Canada sport system).*

Stokowski, P. A.(1994). *Leisure in society: A network structural perspective.* New York: Mansell Publishing Limited.

Sullivan, J. V.(1990). *Management of health and fitness programs.* Illinois: Charles, C. Thomas Publisher.

# 제12장 스포츠 마케팅

요즘 체육관련 학부생이나 대학원생들에게 장차 어떤 직장에서 근무하고 싶은가? 또는 어느 분야를 연구하고 싶은가?를 물으면 대부분 스포츠마케팅 분야에서 근무하거나 이 분야를 연구하고 싶다고 답변한다. 아마도 그렇게 답변을 한 이유는 현대사회에서 첫 번째의 관심거리는 막대한 경제력에 있을 것이고, 두 번째는 우리 체육학 분야에서 스포츠 마케팅 분야가 흥미 거리로 등장하고 있기 때문일 것이다. 이미 머리말에서도 언급하였듯이 이제 체육·스포츠의 영역은 단순한 신체활동을 통한 교육적 차원의 학문 영역이 아니라 거대한 볼거리를 제공함과 동시에 직접 참여하여 즐기는데 필요한 여러 가지의 상품과 서비스를 개발하고 판매하는 산업경영의 차원도 조명하는 것이 우리 체육학의 과제가 된 것이다. 즉 '스포츠의 비즈니스 시대'에 걸 맞는 학문으로서 체육의 영역이 확대되어야 하는 것이다.

따라서 본 장에서는 21세기 산업으로서 '황금알을 낳는 거위', '황금의 마이더스'로 상징되기도 하는 스포츠 마케팅에 대한 기초개념과 올림픽 마케팅, 월드컵 마케팅의 엄청난 부가가치에 대하여 설명할 것이다.

# 제1절 마케팅의 의의

## 1. 마케팅과 기업

현대기업의 존립 이유이며 기본 기능은 재화와 용역의 공급을 통하여 소비자로 구성된 시장에 진출함으로써, 사회전체를 목표로 삼는 것이다. 따라서 기업이 생존하고 이익과 성장을 달성하기 위해서는 소비자 지향적 내지 시장 지향적이어야 한다.

이는 기업체가 소비자를 제대로 만족시키려면 그 모든 활동이 '소비자(시장)로부터 시작되고 소비자(시장)에서 끝나야 한다(Start with the consumer and end with the consumer)'는 뜻이다.

기업체는 마케팅기능을 통해서 소비자와 접촉하고 거래를 한다. 즉 마케팅, 생산, 인사, 재무, 회계 등 기업체의 주요 기능들이 개별적으로 소비자와 접촉하고 거래하는 것이 아니라, 마케팅기능을 통해서만 기업체와 소비자가 거래한다는 뜻이다. 그렇기 때문에 소비자와의 접촉과 거래에 한해서는 마케팅이 기업체를 대표하는 기능이다. 따라서 생산, 인사, 재무, 회계 등은 마케팅기능을 지원하는 기능을 담당하게 된다.

그러나 마케팅기능이 소비자를 효율적으로 만족시킬 수 있으려면, 기업체의 다른 주요 기능인 생산, 인사, 재무 등이 각기 맡은 바 기능을 제대로 수행해야 함은 당연하다. 또한 마케팅을 포함한 기업체의 모든 주요 기능은 상호 조정되고 통합적으로 수행되어야 한다. 그 중에서도 마케팅은 생산 및 제품의 연구개발과 아주 밀접히 연결되어야만 한다. 그래야만 기업체는 판매할 수 있는 제품만을 생산하게 되고 생산된 제품을 판매할 수 있게 된다. <그림 12-1>에는 소비자와의 거래에 있어서 마케팅과 타 기능과의 관계가 제시되어 있다.

## 2. 마케팅의 성격과 개념

마케팅에 대해 우리가 관찰할 수 있는 첫 번째 성격은 동작(motion) 또는 이동(movement)이다. 왜냐하면 마케팅과정은 생산자로부터 판매자를 거쳐 소비자에 이르기까지 재화의 흐름에 관한 것이기 때문이다.

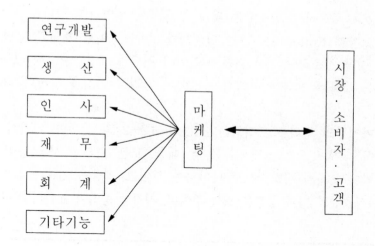

**〈그림 12-1〉 마케팅과 타 기능과의 관계**

이와 같은 재화의 흐름이 있으려면 반드시 재화의 매매가 이루어지고 매매당사자간에 그 소유권이 이전되어야 한다. 또한 재화가 장소적·시간적으로도 이동되어야 한다. 재화와 용역의 계속적인 이동을 담당하는 마케팅 시스템은 인간의 욕구와 필요를 만족시키는 데 목적을 둔 전체적인 경제체제 내에서는 없어서는 안될 하나의 중요한 하부구조를 형성한다.

또한 오늘날의 마케팅은 제품을 강조하기보다는 인간(소비자)을 강조한다. 진실로 마케팅 지향적인 기업체가 되려면 그 경영층은 당연히 소비자의 욕구를 만족시킬만한 가치 있는 제품을 제조하고 유통하는데 노력과 자원을 집중시켜야 하기 때문이다. 그리고 마케팅은 기업체의 수익과 이익을 창출하는 유일한 기능이라는 점을 인식하고 경영층은 이러한 마케팅을 기업체의 가장 중요한 기능으로서 관리하고 있다.

이러한 마케팅에 대한 개념은 시대의 변천과 사회 및 기업의 발전에 따라 크게 변화하여 왔다. 어느 시기에도 마케팅을 바라보는 관점에 있어서는 사람마다 다소의 차이는 있었지만 시대를 달리할 때마다 관점의 차이가 더욱 두드러짐을 볼 수 있었다. 그 이유는 마케팅이 그 만큼 역동적이고 발전하는 학문이며, 오늘날 기업사회에서 중요한 역할을 하고 있기 때문이다(Aaker, 1991).

마케팅에 대한 정의에 대하여 AMA(미국 마케팅협회)는 "개인 및 조직의 목표를 충족시키는 교환을 창출하기 위해 제품, 서비스, 아이디어 개발, 가격 책정, 유통, 촉진 등을 계획하고 실행하는 과정이다"라고 설명하고 있다.

그리고 코틀러(Kotler, 1997)는 마케팅을 "마케팅이란 개인과 집단이 제품과 가치 있는 것을 창조하여 이를 다른 개인이나 집단과 교환함으로써 그들이 필요로 하고 원하는 것을 획득하는 사회적 과정이나 관리적 과정을 말한다"라고 정의하고 있다.

이러한 마케팅의 정의를 도식화하면 <그림 12-2>와 같으며, 여기서 마케팅 개념을 구성하고 있는 요소는 필요와 욕구, 제품, 교환, 그리고 시장 등이다. 필요와 욕구는 개인이 문화적·사회적으로 나타나는 것이고, 제품은 기업에서 만드는 것이며, 교환은 상호간의 가치 창출을 위한 것이며, 시장을 통하여 교환의 장이 형성된다.

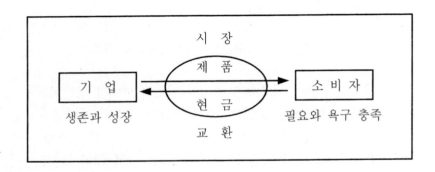

<그림 12-2> 마케팅 개념의 구성 요소

자료: 김도균(2001). 스포츠기업 마케팅 믹스에 대한 청소년의 중요 인식과 소비행동.
한국체육대학교 대학원 박사학위 논문. p. 26.
송용섭, 김형순(1999). **마케팅**. 서울: 영문사. p. 10.

## 3. 마케팅과 판매의 차이

일반적으로 마케팅과 판매의 차이는 다른 학문 분야에서 정리한 것과 다름이 없지만 아래와 같이 차이점을 정리할 수 있다.

마케팅 활동이 기업에 도입되어 일반화되기 이전에는 이와 비슷한 활동을 판매로 불렀다. 그러던 것이 판매 활동 자체가 단순한 판매 기능으로부터 복잡한 기능의 집합으로 발전하면서 마케팅의 개념이 도입되기 시작했다.

미국의 경우 호이트는 1900~1920년대를 경계로 하여 그 이전을 제품시대 (manufacturing age), 그 이후를 마케팅 시대(marketing age)로 나누고 있는데

〈표 12-1〉 마케팅과 판매의 차이

| marketing | selling |
|---|---|
| · 소비자의 요구 강조<br>· 고객이 원하는 것을 먼저 결정한 다음 그 욕구를 충족할 수 있는 제품을 이익을 얻으면서 생산 또는 제공할 수 있는 방법을 모색<br>· 대외적, 시장 지향성<br>· 시장(구매자)요구의 강조 | · 제품의 강조<br>· 먼저 제품을 만든 다음 그 제품에서 이익을 얻고 판매할 방법을 모색<br><br><br>· 대내적, 기업 지향성<br>· 기업(판매자)요구 강조 |

자료: 김영준(1998). **스포츠 마케팅의 이해.** 서울: 이벤트박스. p. 18.

그 후자를 적극적 판매단계(aggressive selling phase)로도 표현하고 있어 마케팅과 판매는 흔히 같은 뜻으로 쓰이기도 하고 있다. 다시 말해 마케팅 활동은 단순한 판매기능으로부터 복잡한 기능의 집합으로 점차 발전하여 왔다고 할 수도 있다.

마케팅과 판매의 근본적인 차이는 그 지향성에 있어 차이가 있는데 마케팅은 생산을 기준으로 하여 볼 때 판매 개념이 생산 이전의 단계에까지 확대된 개념이라고 할 수 있다(김영준, 1998). 〈표 12-1〉에 마케팅과 판매의 차이가 제시되어 있다.


# 제 2 절   스포츠 마케팅의 개념


## 1. 스포츠 마케팅의 개념

스포츠 마케팅의 정의는 일반 마케팅의 개념으로부터 시작된다. 마케팅이 제품의 교환과정을 통한 소비자의 필요성과 욕구의 만족을 의도하는 인간의 활동이라고 할 때, 이러한 마케팅의 개념을 스포츠에 접목시킨 것이 스포츠 마케팅이라고 할 수 있다. 오늘날의 스포츠 마케팅은 대부분 신문·방송 등을 통한 미디어 가치에 의해 창출된 고부가 상품으로서 스포츠를 전제로 하고 있기 때문에 시장에 공급되는 생산물을 대상으로 한 일반적인 마케팅과는 다르다고 할 수 있다.

스포츠 마케팅도 일반 경영 마케팅과 같이 원론적 입장과 관리론적 입장을 갖는데 원론적 입장에서의 스포츠 마케팅은 "스포츠 소비자의 욕구 충족과 장기적 복지증진에 기여하고 스포츠 산업 각 부문에 해당하는 스포츠 생산자 혹은 조직의 목적을 달성하기 위하여 스포츠 제품이나 서비스 교환과 관련된 모든 활동"으로 정의된다. 이는 스포츠 산업의 사회적·경제적 차원에서의 거시적 마케팅 활동을 의미한다. 또한 관리론적 입장에서의 스포츠 마케팅은 "스포츠 생산자가 스포츠 제품이나 서비스를 통하여 스포츠 소비자의 욕구를 만족시킬 수 있도록 상호 교환을 조장하는 아이디어, 재화 및 서비스의 개념, 가격설정, 촉진 및 유통경로를 계획하고 실행하는 경영과정"으로 정의된다.

그리고 스포츠 분야의 마케팅은 스포츠의 마케팅(the marketing of sports)과 스포츠를 이용한 마케팅(the marketing through sports)으로 대별된다. 전자는 스포츠의 활성화를 위한 마케팅 활동 자체를 지칭하며, 후자는 스포츠를 기업의 마케팅 활동을 위한 수단으로 이용하는 것을 말하는데 이는 스포츠 스폰서십이라는 용어로 보다 정확히 표현할 수 있다.

① 스포츠의 마케팅(the marketing of sports) : 스포츠 그 자체나 스포츠와 관련된 제품의 서비스에 대한 마케팅이다.
- 관람 스포츠나 참여 스포츠의 경우에 보다 많은 관객이나 회원을 모집하는 일
- 스포츠 제조 부문에서 스포츠 용품이나 시설 및 프로그램 등을 판매하기 위한 활동
- 각종 스포츠협회나 프로스포츠 단체에 의해 실시되는 마케팅 활동을 말한다.

② 스포츠를 이용한 마케팅(the marketing through sports) : 기업이 상업적 목적을 달성하기 위한 수단으로 어떤 활동에 재정적 또는 이에 상응하는 지원을 제공하는 것으로서, 세계적으로 스포츠의 마케팅보다는 스포츠를 이용한 마케팅이 활성화되어 있다.
- 독특한 광고 노출로 인한 효과의 극대화
- 특정한 표적시장을 목표로 하는 프로모션 전개
- 소비자의 높은 광고 수용성
- 스포츠 중계에 의한 자사 브랜드 홍보 등이 이 개념에 포함된다.

<그림 12-3>에는 스포츠 마케팅의 개념도가 제시되어 있다.

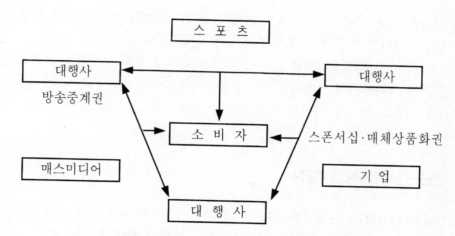

<그림 12-3> 스포츠 마케팅의 개념도

자료: 고기채, 황의룡, 오경록(1997). 2002년 월드컵과 스포츠 마케팅의 관계. **한국사회체육학회지**, **8**, pp. 129-139.

## 2. 스포츠 마케팅의 범위

현재 스포츠 회사들은 스포츠 마케팅에서 가장 큰 영향과 힘을 발휘하여 지배적인 역할을 수행하고 있다. 그들은 우수한 팀이나 선수에게 제품을 공급함으로써 각자의 세분화된 시장에서 선두 위치들을 차지하기 위해 창조적인 마케팅 전략을 통하여 제품판매와 연결시키고 있다.

그들의 마케팅 전략을 보면 이들 스포츠 회사들은 유명 스타선수와의 계약을 통하여 영향력을 행사하고 있다.

또한 기초적인 스포츠에 막대한 예산을 투자하여 이벤트를 개발하고 스포츠 소비자들을 직접 참여시킴으로써 스포츠 참여 인구 확장에 따른 제품 수요를 창출함과 동시에 회사에 대한 이미지를 집중시키는 방법이다.

이는 기업 주최로 길거리 농구대회나 축구대회 개최 등과 선수초청 Clinic 행사, 발표회 등 소비자가 직접 참여하여 즐기고 느끼고 배우는 프로그램이 있다. 미국의 경우 프로에 속한 팀들이 지역에서 각종 행사를 개최하거나 팀 서비스를 위한 지역행사 개최 등을 한다.

NBA, MLB, NHL, NFL 등의 영역이 미국에서 캐나다, 유럽, 아시아 지역으로 확대되어 팀간의 경쟁이나 교류 등을 통하여 그 영역을 전 세계로 계속하여 확장해 나가고 있는 추세이다. 우리 나라의 경우에도 프로팀들이 지역을 연고로 창립되면서 조그마한 시골 도시까지 스포츠가 확장되었다.

또한 대학 스포츠는 기업과 스폰서 계약 체결이나 상품권 계약을 체결하여 팀이 입고 있는 유니폼이나 트레이닝복이 일반인에게까지 판매가 이루어지는 등 스포츠 자체가 일반 시민에게 가까이 다가서고 있다(김도균, 2000).

## 3. 스포츠 마케팅의 특징

스포츠 마케팅은 21세기를 선도할 지식산업과 고도 산업사회의 한 물결로 '황금 알을 낳는 거위', '황금의 마이더스'로 상징되어 산업과 소비생활 곳곳에 파고들어 관광, 영화, 예술과 함께 문화산업으로 획기적인 발전을 이룰 것으로 예측된다. 이러한 스포츠 마케팅을 일반적인 마케팅과 구분하여 보면 아래와 같은 차이점이 있다.

① 경쟁과 협동의 관계이다 : 많은 경우에 스포츠 조직들은 동시에 경쟁하고 협동해야 한다. 특히, 프로리그의 경우에 모든 팀들이 성공하고 살아남는 것이 모든 구단주와 프랜차이즈의 가장 큰 관심이다. 그러나 일반적인 마케팅의 개념으로 보면 비즈니스에서 존재의 성공은 경쟁자를 이기고 제거하는 데 달려 있다.

② 소비자는 전문가이다 : 정보의 우월함과 개인적인 경험의 가능성, 강한 개인적인 감정 때문에 스포츠 소비자들은 때때로 자신들이 전문가라고 생각한다. 하지만 일반적인 비즈니스에서는 소수만이 스스로 전문가라고 생각한다.

③ 재고가 없다 : 기본적인 스포츠 상품은 동시에 생산되고 소비된다. 예를 들면, 게임이나 이벤트는 한 번 치러지면 사라진다. 하지만, 일반 제품들은 재고와 보존기간이 있다.

④ 스포츠 마케터는 상품에 대한 지배력이 없다 : 스포츠 마케터는 핵심 상품에 대한 지배력이 전혀 없고 상품 확장에 대한 제한된 지배력을 가지고 있다. 그러나 일반적인 분야에서 마케터는 인지된 완전한 상품을 만들기 위해 조사와 디자인을 가지고 일한다.

⑤ 소비자 요구의 변화·예측불가 : 스포츠에서 소비자의 요구는 크게 변화

하는 경향이 있으며, 스포츠 상품은 일관성이 없고 예측할 수 없다. 하지만 일반적인 마케팅에서는 일관성이 없고 예언할 수 없는 것은 받아들여지지 않는다.

⑥ 가격결정의 어려움 : 전통적인 방법으로 가격을 결정하기 어렵다. 또한, 소비자가 사용한 전체 금액 중 극히 일부만이 스포츠 조직의 몫이다. 따라서 상품확장, TV 등(간접수입)을 통해서 더욱 많은 수입을 올린다.

## 4. 스포츠 마케터

스포츠 마케팅은 스포츠 비즈니스의 주체로서 소비자의 욕구를 만족시킬 수 있는 상품이나 서비스를 개발함으로써 부가가치를 높이고 시장을 창조하거나 확대하는 것에 목표를 두고 있다. 그러한 일을 담당하는 사람을 스포츠 마케터(sport marketer)라고 한다. 또한 스포츠 마케터는 스포츠의 헌신적인 추종자가 되어야 함은 물론, 제품의 속성이나 특징을 파악해야만 하고 그것의 강도와 한계를 알아야 한다.

<표 12-2>에는 Australian Society of Sport Administrator(호주스포츠경영자협회, ASSA)가 제시한 스포츠 마케터가 갖추어야 할 능력이 제시되어 있다.

<표 12-2> 스포츠 마케터의 조건

| 순위 | 능력 |
|------|------|
| 1 | 고객과 의사소통 (Communication with clientele) |
| 2 | 의사결정 (Decision making process) |
| 3 | 예산편성 (Budget preparation) |
| 4 | 문서작성 (Writing skills) |
| 5 | 프로그램 개발 및 준비 (Develop and prepare programs) |
| 6 | 단·중·장기 전략 계획 (Strategic planning) |
| 7 | 시간관리 (Time management) |
| 8 | 프로그램 목표 및 목적 설정 (Program goals and objectives) |
| 9 | 마케팅 (Marketing) |
| 10 | 법률적 책임과 의무 (Legal liability and responsibility) |

## 5. 스포츠 매니지먼트 및 마케팅 에이전시

스포츠 매니지먼트 및 마케팅 에이전시는 스포츠에 관한 재산의 이익을 위해 활동하는 사업이다. 여기에서 스포츠 재산이란 인력, 기업, 이벤트, 팀 또는 이벤트 장소가 될 수 있다. 이러한 재산을 위해 취하는 행동들에는 대리, 협상, 판매, 특허 관련 업무, 마케팅 또는 매니지먼트들이다.

최초의 스포츠 매니지먼트 및 마케팅 에이전시들은 계약을 위한 협상에서 주로 선수들을 대표하고 이러한 선수들의 광고와 그밖의 수입원을 찾기 위해 구성되었다. 이러한 업무를 담당하는 최초의 에이전시는 IMG(International Management Group)로서 1960년 오하이오 클레버랜드에서 매코맥(Mark H. McCormack)이 설립하였다.

현재 스포츠 마케팅 에이전시들의 범위와 업무는 매우 광범위하게 확대되었으며 계약을 위한 협상뿐만 아니라 여러 가지 업무를 수행하고 있다. 이와 같은 에이전시들이 수행하는 기능에는 아래와 같은 것들이 있다(Parks, Zanger, & Quarterman, 1998).

- 고객 경영과 대리
- 고객 마케팅과 상품 광고
- 이벤트 개발
- 이벤트 관리와 마케팅
- 자산의 대행과 특허 관련 업무
- TV 개발과 제작
- 스폰서십을 위한 로비와 상담
- 접대 관리 서비스
- 잠재 고객 프로그램과 참가 프로그램
- 연구와 평가
- 재정기획 및 경영

한편 <그림 12-4>에는 여기에서 근무하는 직원들이 갖추어야 할 능력들이 제시되어 있다.

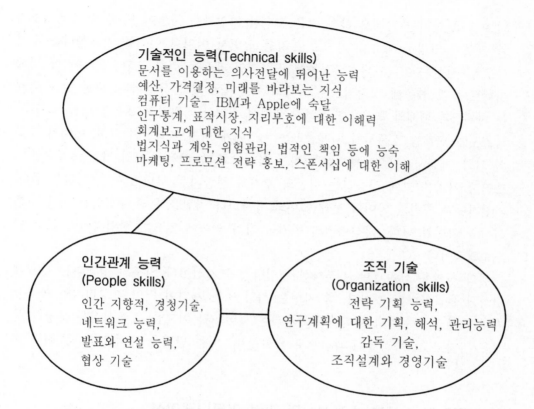

기술적인 능력(Technical skills)
문서를 이용하는 의사전달에 뛰어난 능력
예산, 가격결정, 미래를 바라보는 지식
컴퓨터 기술- IBM과 Apple에 숙달
인구통계, 표적시장, 지리부호에 대한 이해력
회계보고에 대한 지식
법지식과 계약, 위험관리, 법적인 책임 등에 능숙
마케팅, 프로모션 전략 홍보, 스폰서십에 대한 이해

인간관계 능력
(People skills)
인간 지향적, 경청기술,
네트워크 능력,
발표와 연설 능력,
협상 기술

조직 기술
(Organization skills)
전략 기획 능력,
연구계획에 대한 기획, 해석, 관리능력
감독 기술,
조직설계와 경영기술

〈그림 12-4〉 스포츠 매니지먼트 및 마케팅 에이전시 직원에게 필요한 능력

자료: Parks, J. B., Zanger, B. R. K., & Quarterman, J.(1998). *Contemporary sport management.* Champaign, IL: Human Kinetics. p. 267.

# 제 3 절  스포츠 스폰서십

## 1. 스폰서십의 정의

스폰서십(sponsorship)이란 조직의 정상적인 활동과 직접 관련이 없는 이벤트나 활동에 재정적·인적·물적 지원을 제공하여 그 제휴를 통해서 상업적 이익을 얻기 위한 행위이다.

스폰서십은 하나의 투자결정으로서 이는 단순한 기부에 대한 답례로 사회의 이익 이외에 어떠한 기대도 하지 않은 순수한 자선과는 구별이 된다. 즉 스폰서십이 란 기업이 일정한 목표를 가지고 투자를 하면서 어떠한 이익을 기대한다는 것이 다. 스폰서십은 이벤트나 그 활동에 직접적인 제휴를 위한 교환으로 조직에 의해 이벤트나 그 활동에 직접적으로 공급되는 재원에 대한 규정이다. 또한 그 조직체 는 마케팅과 매체의 목적을 달성하기 위하여 이러한 직접적인 제휴를 맺을 수 있다.

스포츠 단체는 스폰서십을 제공하는 기업에게 인지도 향상의 기회, 이미지 강화 의 기회, 제품사용 및 판매기회 그리고 접대기회 등 다양한 사업 기회를 제공한다. 그리고 기업은 그에 상응하는 현금의 투자와 현물지원 서비스 등을 지원을 한다. 자선가들과 지원의 양이나 형태는 이와 유사하나 지원을 통해 추구하는 바가 스폰 서십과 차이가 난다. 자선행위의 동기는 자기 만족에 있으며 상업적이지 않고 인 도주의적이다.

위의 정의를 살펴보면 스폰서십은 일방적인 자선이나 기부의 성격과는 다르게 인식되어야 한다는 것이다. 즉 자선은 기업 또는 개인이 어떠한 영리적인 목적을 지니지 않고 순수하게 사회에 봉사한다는 것이 기본이지만, 스폰서십은 분명한 목 적을 가지고 그 목적을 효과적으로 달성할 수 있는 방법을 모색한다는 것이다.

## 2. 대기업의 스포츠 스폰서십과 기업 커뮤니케이션

스포츠 마케팅에 있어서 대기업은 스포츠의 생산자인 동시에 적극적인 소비자가 되고 있는 추세이다. 오늘날의 대기업들은 국제화, 세계화를 추구하는 현재의 추세 에 걸 맞는 글로벌 마케팅을 진행하고 있다. 그리고 글로벌 마케팅 전략의 목표시 장은 전세계가 그 대상으로써 기업의 인지도 향상을 위한 기업 촉진활동에 많은 투자를 하고 있다. 이러한 사례로는 과거 1996-1997년도, 한국 현대자동차에서 마케팅 전략 중심지역을 유럽지역과 동구유럽지역으로 설정하여 스포츠를 통한 기 업광고를 실행하기 위해 독일 1부 분데스리가 함부르크SV팀에 약 18억 정도의 유니폼 스폰서십을 한 바가 있다. 또한, 대우자동차는 1996년 독일 1부 프로축구 단인 한자로스톡팀의 유니폼 스폰서십을 약 17억에 달하는 비용을 투자하였다. 반 면 삼성은 90년대 초반 독일 1부 프로축구팀인 FC쾰른의 유니폼 스폰서십과 프랑 크푸르트 축구팀, FC쾰른 아이스하키팀의 유니폼 스폰서십을 진행하였다. 대기업 들은 이러한 기업 커뮤니케이션과 스포츠를 통한 마케팅의 활용으로 기업의 자사 브랜드와 이미지 제고, 북방시장 개척의 계기 제공, 기존 해외 거래선과의 관계유지 등을 목적으로 해외 유명팀의 후원업체로서 스폰서십을 적극적으로 실행하고 있다.

이는 대기업들이 스포츠 마케팅을 적극적으로 활용하여, 통일성 있는 자사 이미지와 제품 이미지 향상으로 인하여 소비자들의 제품에 대한 높은 신뢰도를 유도하고자 함이다. 따라서 이러한 기업이미지 광고를 필두로 제작되는 제품 이미지 광고는 그 기업체 제품에 대하여 소비자들이 호감적인 신뢰도를 구축하여 구매 이후 부조화(postcruciate dissonance)를 방지하거나 또는 새로운 제품의 포지셔닝 혹은 부정적 이미지를 개선하여 기존 제품의 재 포지셔닝을 제공한다(설민신, 1999).

이러한 대기업들의 스포츠를 이용한 마케팅은 다음과 같다. 즉, 첫째, 스포츠의 젊음과 역동성, 스포츠 이벤트의 명성과 신뢰도를 회사 또는 제품의 이미지와 결합시킴으로써 고객에게 친근감과 설득력을 줄 수 있으며, 둘째, 소비자에게 기업의

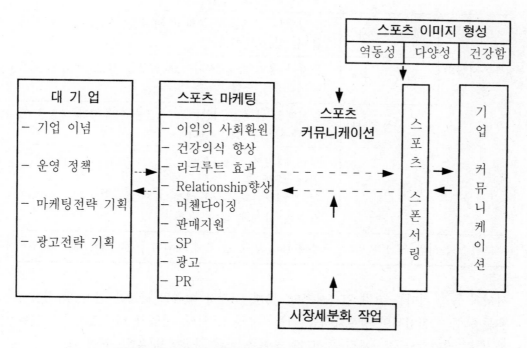

**〈그림 12-5〉 스포츠를 이용한 마케팅과 기업커뮤니케이션**

자료: 설민신(1999). 2002년 월드컵대회 스폰서십 구조변화에 따른 대기업의 스포츠마케팅 전략에 관한 제언적 고찰. **한국사회체육학회지**, 12, pp. 1095-1107.

**〈표 12-3〉 기업 스폰서십의 종류와 특성**

| 구분기준 | 종 류 | 특 성 |
|---|---|---|
| 기업의 형태 | 기업주도형 | · 기업이 대회 경비의 전부 또는 대부분을 부담함<br>· Title Sponsor와 Non-title Sponsor로 구분됨 |
| | 매체주도형 | · 매체사가 PR목적을 위해 개최하는 대회에 기업이 협찬하는 방식임 |
| | 기 타 | · 여러 기업에 의한 공동 협찬 형식<br>· 제품 기증(Supplier)형식 |
| 스포츠 이벤트의 성 격 | 관전형 이벤트 | · 각종 프로, 아마추어 경기대회 후원<br>· TV 중계여부가 주요한 요소임 |
| | 참가형 이벤트 | · 일반시민이 직접 참여하는 대회의 후원<br>· 시민들의 참여와 호응을 유도할 수 있는 다양한 프로그램과 일정액의 금액을 지불하고 휘장을 광고, 판촉에 이용할 수 있는 권리 |
| 스폰서십의 종 류 | 공식 후원사 | · 일정액의 금액을 지불하고 휘장을 광고, 판촉에 이용할 수 있는 권리 |
| | 공식 공급업체 | · 물자나 용역 등을 지원하고 휘장을 광고, 판촉에 이용할 수 있는 권리 |
| | 공식 상품화권자 | · 일정액의 금액을 지불하고 휘장을 이용하여 상품을 제조 판매할 수 있는 권리 |
| 스 폰 서 대 상 | | · 선수 개인에 대한 후원<br>· 팀에 대한 후원<br>· 경기 대회(Event)에 대한 후원<br>· 스포츠 단체에 대한 후원 |
| 스포츠 스폰서의 지역적 범위 | | · 세계 대회의 후원, 국내 대회의 후원, 지역 대회의 후원 |

사회적 공적 기여를 고지 인식시키며, 셋째, 경기장 주위의 광고물 설치 및 휘장사용들을 통해 직접적인 광고효과를 거둘 수 있고, 넷째, 기업의 내부고객인 종업원과 관련 거래선의 경기관련 초청 및 참여를 통한 자긍심을 높일 수 있다.

한편, 기업들이 적지 않은 비용을 들여가면서 스포츠를 이용한 마케팅에 매력을 느끼는 이유는 다음과 같은 긍정적인 효과가 있기 때문이다. 첫째, 스포츠는 독특한 광고노출 효과를 갖고, 둘째, 스포츠를 이용하면 표적시장이나 시장세분을 목표로 한 광고를 통하여 효과적인 집행이 가능하고, 셋째, 스포츠를 이용하여 광고를 하면 소비자들의 광고 수용성이 높고, 넷째, 스포츠는 대중 마케팅(mass marketing)의 훌륭한 촉진수단이고, 다섯째, 스포츠는 세계 시장에 있어서 문화적, 사회적 및 언어장벽을 뛰어넘는 엄청난 부대효과를 창출할 수 있으며, 여섯째, 기업의 공익 추구적인 면을 강조함으로써 기업의 이미지 향상을 도모하며, 이를 통해 기업이 보다 시장경쟁력을 높일 수 있고, 일곱째, 기존의 커뮤니케이션 장벽을 피해 나갈 수 있고, 여덟째, 경제적 이익이 제공된다. 또한 스포츠 중계시간 만큼 반복적인 광고를 할 수 있기 때문이다(송해룡, 1997).

<그림 12-5>에는 스포츠를 이용한 마케팅과 기업커뮤니케이션의 도식화가 제시되어 있으며, <표 12-3>에는 기업 스폰서십의 종류와 특성이 제시되어 있다.

# 제4절 스포츠 마케팅의 기금 조성

## 1. 스폰서십 판매

스폰서십 판매는 크게 네 가지로 구별된다. 경기스폰서와 팀스폰서, 공식스폰서, 공식서플라이어가 바로 그 네 가지다. 그밖에도 각종 스폰서십 패키지 상품이 판매된다.

스폰서 기업들은 그들의 상품을 홍보하고 판매하는데 있어서 스포츠 대회의 마크(mark)나 로고(logo), 그리고 캐릭터(character)사용에 대한 권한을 갖고 이를 이용해서 기업/상품의 이미지 제고를 꾀하고 있다. 따라서 스폰서 기업들은 익명의 기여자가 되는 것을 원치 않고 어떠한 방법으로든 스포츠 조직과 긴밀한 관계를 갖기 위해 부단히 노력하고 있다. 그러므로 스폰서는 상업적인 목적으로 행하는 것이기 때문에 자선과는 명백하게 구분이 되며 후원자는 단순한 은혜를 베푸는 사람이라기 보다는 오히려 고객이나 사업 파트너로서 간주되어야 한다.

스폰서십을 통한 홍보 효과에 대한 기대는 스폰서의 확신에 근거한다. 즉, 스폰서는 스폰서십이 자신의 입지를 강화에 주는 효율적인 방법이며, 소비자는 그들의 스포츠를 지원하는 기업이나 상품에 대해 친근감과 함께 동일감을 느낀다는 확신을 가져야 한다는 것이다. 기업이 스포츠 스폰서십에 참여하는 이유는 스포츠 이벤트가 기업 스폰서들에게 매력을 줄 수 있는 속성을 가지고 있기 때문이다. 스폰서를 이용한 스폰서십은 다른 매체보다 대중의 관심이 크기 때문에 스폰서 기업에게 다음과 같은 효과를 제공한다.

첫째, 스포츠 스폰서십은 전통적인 대중 광고보다 특별한 목표 그룹을 선정하는 데 있어서 직접적이면서도 비용 효과성이 높다.

둘째, 기업이 스포츠 이벤트나 유명선수의 긍정적인 특성과 제휴할 때 상품, 서비스 혹은 상표의 이미지를 제고시킬 수 있다.
- 구축 이미지 : 고객들과 상호관계에 의해 이미 인지된 이미지
- 전환 이미지 : 기업의 의사 결정자가 희망 또는 선호하는 이미지
- 확산 이미지 : 응집력 있는 기업의 메시지 세트로 전환되는데 영향을 미치는 이미지를 말한다.

셋째, 스포츠는 스포츠 소비자들에게 감격과 집착을 불러일으키기도 하는데, 이러한 감격과 집착은 상품 관련 메시지와 다른 마케팅 상품에 보다 민감하게 작용한다.

넷째, 스폰서십은 독점성, 공공에 대한 인식, 그리고 긍정적인 이미지의 순으로 가치를 부여한다. 그러나 스폰서십의 효과를 평가하는 것은 결코 쉽지 않다. 스폰서십의 효과성을 평가하기 위해서는 매체 노출, 관중의 스폰서십의 인지 정도, 상품 판매, 관중의 피드백, 그리고 비용-혜택의 5가지 주요 전략에 입각하여 분석해야 한다.


## 2. 라이센싱

라이센싱(licensing)이란 경제적 가치가 있는 특허권, 노하우(know-how), 상표권, 브랜드 이름 및 자산 등의 소유권의 사용권을 허가함으로써 라이센서(licensor)가 어떤 형태의 대가를 받기 위하여 라이센시(licensee)에게 소유권 사용권을 이용하도록 허가하는 것을 말한다(김용만, 1996). 크래머(Krammer, 1972)는 라이

센싱은 라이센서에 의해서 제공되는 제조, 가공, 상표, 노하우, 기술 원조, 머첸다이징(merchandising, 시장조사를 중심으로 하는 합리적이고 포괄적인 판매 촉진책), 지식 또는 기타 숙련을 라이센시가 사용할 목적으로 라이센서와 라이센시가 협약하는 기업간 계약의 한 방법이라고 하였다. 라이센싱을 통한 브랜드 전략은 조직에게 로얄티 지불의 대가로 상품, 서비스, 혹은 촉진과 관련된 브랜드, 브랜드명, 브랜드 마크, 상표 혹은 상호를 사용할 권한을 부여하는 것이다.

또한 스레이트(Sleight, 1989)는 라이센싱은 소비자가 구매할 것으로 판단되는 모든 상품―의류, 모자, 보석, 핀, 그리고 뱃지 등―에 선수, 팀, 이벤트명, 그리고 로고를 부착하여 판매를 증진시키는 것이라 하였다.

다시 말하면 한정된 기간 동안 상품과 관련하여 다른 사람에게 소유권을 사용할 권리를 부여하는 것이며, 이벤트와 관련된 혜택을 극대화할 목적으로 상품이나 이벤트를 활용하기 위한 권리의 획득이라고 규정할 수 있다. 라이센싱 협약은 반드시 필요한 것은 아니지만 다음과 같은 규정이나 이익 발생 내용을 포함할 수도 있다.

① 상품/이벤트와 구매자와의 관계를 설명해 주는 로고, 이름, 상품, 그리고 그래픽 연출에 대한 사용 권리
② 상품이나 서비스 영역 안에서 독점적인 권리
③ 이벤트나 시설에 대한 권한 부여
④ "공식 스폰서", "공식 공급업자", "공식 상품" 혹은 "기부자"와 같이 상품/이벤트와 관련하여 다양한 명칭을 사용할 수 있는 권리
⑤ 상품/이벤트와 제휴하여 구매자의 상품을 사용할 수 있는 권리
⑥ 라이센싱 협약과 관련하여 촉진 활동을 할 수 있는 권리

라이센싱에 참여하는 기업에 대한 혜택은 로고가 상품의 이미지를 제고시킨다고 하는 소비자 인지에 대한 보편적인 노출 효과로 나타난다. 스포츠 이벤트 라이센싱은 스포츠 소비자의 스포츠 종목 또는 스포츠 이벤트에 대한 이미지의 정도에 따라 영향을 받는 경향이 있다. 즉, 이벤트 권위나 스포츠 종목에 대한 선호도가 높으면 스폰서십과 마찬가지로 라이센싱에 참여하는 기업의 혜택이 크지만, 이벤트의 권위가 없거나 스포츠 종목에 대한 선호도가 낮으면 혜택도 적어진다.

올림픽 상품의 경우 올림픽 헌장에는 올림픽 로고, 마크, 캐릭터의 상업적 사용에 대해서 규칙 6조와 53조, 그리고 이 규칙에 대한 시행 세칙에 명확하게 규정하고 있다.

## 3. TV 방영권

성공적인 스포츠 대회의 운영을 위해서는 스포츠 조직은 방송국에 TV 방송중계권을 팔아야 하며, 방송국의 입장에서는 광고 수익을 증대시키기 위해서 스포츠 조직으로부터 스포츠 중계권을 사야 하고, 그리고 광고주의 입장에서는 기업/상품을 알리기 위해서 방송국에 광고비를 지불해야만 하는 3각 관계가 TV 방영권의 핵심적인 내용이다. 이러한 서로에게 필요한 관계 때문에 TV 방송국은 스포츠 이벤트에 있어서 가장 큰 비중을 차지하게 되었고, 스포츠는 TV 방송국 수입을 증대시키는 역할을 하고 있다.

스포츠 프로그램이 처음으로 TV에 등장한 것은 1941년 미국에서부터이며, IOC가 방송권료를 받기 시작한 것은 1976년 멕시코 올림픽대회부터다. 방송권 판매 프로그램은 1984년 LA올림픽에서 TOP(The Olympic Partner)프로그램과 맞물려 엄청난 수입을 올려 흑자 올림픽에 크게 기여했으며, 이후 TOP 프로그램의 핵심적인 부분을 차지하고 있다.

그래서 올림픽의 경우는 올림픽 헌장에 올림픽 개최 도시의 조직위원회는 방송권료의 1/3을 IOC에 지불해야만 한다는 내용을 명시해 놓고 있다. 뿐만 아니라 TV 방송권은 IOC 수석 부위원장이 TV·라디오 분과위원회 위원장을 맡을 정도로 비중이 높다.

역대 하계 올림픽 대회의 미국 TV 방영권료를 보면 1968년 멕시코올림픽에서 8,400만달러부터 시작해서 1992년 바르셀로나올림픽 때에는 6억 3,500만달러, 그리고 1996년 애틀랜타올림픽 때에는 1992년에 비해 무려 42%가 인상된 9억 달러로 결정되어 상승폭이 커지고 있는 추세에 있다. 그런데 이렇게 엄청난 광고비를 들이며 방송사에서 스포츠를 중계하려고 하는 이유는 광고주로부터 그 이상의 광고비를 받을 수 있기 때문이다. 그것은 TV 방송국은 대회의 권위, 관중, 일정뿐만 아니라 수익 발생을 스포츠 중계의 중요한 기준으로 삼고 있는 것을 통해서 알 수 있다.

이러한 이유 때문에 올림픽이나 월드컵축구대회와 같은 큰 규모의 스포츠 이벤트뿐만 아니라 각종 국제대회, 그리고 국내 스포츠 이벤트에도 TV 방송사의 관심이 집중되고 있다. 1996년 애틀랜타 올림픽의 TV 중계 방송은 지구촌 시청 인구를 극대화하려는 IOC의 의도와 맞물려 1992년 바르셀로나올림픽의 193개국에 비해 다소 늘어난 200여개 국가에 방송되었다. 이 수입은 애틀랜타올림픽 조직위원회에 60%가 분배되고 전세계 197개 국가 올림픽위원회, 26개 국제경기연맹(IFs), 그리고 기타 관련 스포츠 단체를 포함하여 전세계 올림픽 가족을 위해 나머지 40%가 IOC에 배정된다.

# 제 5 절  스포츠 자체 마케팅

## 1. 자체 마케팅의 탄생 배경

1970년 후반 경부터 스포츠는 미디어 발달에 힘입어 더욱 발전하게 되었다. 특히 대회 스폰서나 TV 중계를 이용한 상품 광고는 관객이나 소비자의 관심을 불러 일으킬 수 있기 때문에 각 기업들은 스폰서라는 형태로 스포츠 비즈니스에 적극 참가하게 되었다. 스포츠 단체 측에서도 스폰서료는 중요한 재정적 원천이 될 수 있었기에 크게 환영할만한 일이었다. 하지만 프로를 전제로 하지 않은 종목의 경우 스폰서료에 걸맞은 스폰서 메리트가 준비되어 있지 않았기에 스폰서의 논리와 아마추어의 논리를 조정할 필요가 있었다.

바로 이것이 자체 마케팅의 탄생 배경이 되었고 자체 마케팅의 활성화에 결정적 역할을 한 것이 바로 1984년 로스엔젤레스올림픽이었다.

## 2. 올림픽 마케팅

인류 최대의 스포츠 제전인 올림픽은 기업과 스포츠의 만남인 스포츠 마케팅이 가장 활발하게 이루어지는 무대이다.

IOC 대행사 중의 하나인 SRi가 세계 각국에서 실시한 각종 조사결과는 기존의 TOP스폰서나 신규 스폰서들에게 올림픽 스폰서십이 얼마나 큰 위력을 발휘할 것인지를 객관적인 수치로 제시하고 있다.

SRi가 각국에서 실시하는 조사항목에는 올림픽에 대한 이미지, 다른 이벤트와 비교한 올림픽 인지도, 오륜마크에 대한 인지도, 올림픽경기의 시청률 등이 포함되어 있다. 또 세계 각국의 응답자들은 올림픽을 어떤 이벤트보다 잘 알고 있고, 높게 평가할 뿐만 아니라 각종 올림픽마크가 세계최고의 브랜드로 인식한다는 반응을 보였다. 참고로 시드니올림픽 개최 전에 IOC가 실시했던 올림픽 경기의 TV시청 의향조사에 의하면, 포르투칼을 제외한 모든 국가의 응답자가 이 대회의 "TV시청에 관심이 있다" 이상의 반응을 보인 비율이 50%를 넘은 것으로 나타났다. 이 조사에 응했던 한국의 응답자들은 81%가 TV시청에 관심을 보인 것으로 나타났고 일본이 88%로 가장 높은 비율을 기록했다(정희윤, 2000).

올림픽의 로고는 1914년 쿠베르탱의 고안으로 만들어졌으며 올림픽기로서 정식 게양되기 시작한 것은 1920년 앤트워어프(벨기에)올림픽대회 때부터였다. 오륜기는 다섯 개의 둥근 고리가 W자를 이루어 5대륙을 상징하며 오늘날에는 로고를 상품에 사용하려면 엄청난 투자가 있은 후에야 가능해진다. 이제 올림픽은 순수한 아마추어 스포츠가 아닌 황금알을 낳게 하는 고부가가치의 사업으로 인식되어 지구상의 수많은 기업들은 올림픽 파트너가 되는 것을 부와 영광의 상징으로 알고 있다.

이런 상업주의로 인해 사마란치와 아마추어리즘의 합성어로써 '사마추어리즘'이라는 말이 생겨났는데 이는 고결한 올림픽 정신을 훼손했다는 비난이 담겨져 있는 말이다. 사마란치는 1980년 이후 21동안 IOC위원장으로서 IOC 재정을 반석위에 올려 놓았는데 그가 장기 집권할 수 있었던 가장 큰 이유 중의 하나가 바로 '사마추어리즘'에 입각한 IOC Business에 의한 것이다.

사마란치는 1984년 LA올림픽 조직위원장 피터 위버로스에게서 '돈벌이' 비법을 배웠다. 변호사 출신 위버로스는 LA올림픽 때 102개 기업으로부터 9,800만

**〈표 12-4〉 역대 TOP프로그램**

|  | TOP I<br>(1985-1988) | TOP II<br>(1989-1992) | TOP III<br>(1993-1996) | TOP IV<br>(1997-2000) |
|---|---|---|---|---|
| TOP 참여기업 수 | 9 | 12 | 10 | 11 |
| 올림픽 참가국 수 | 159 | 169 | 197 | 200 |
| TOP 총 수입 | 9500만 달러 | 1억7500만 달러 | 3억5000만 달러 | 5억5000만 달러 |
| 전기대비 증가율 | – | 84% | 100% | 57% |

자료 : 정희윤(2000, 10월호). TOP프로그램. Sport business, 27, pp. 2-7.

달러를 끌어들어 흑자를 냈다. 이를 본 IOC는 1985년 기업 후원을 제도화한 TOP (The Olympic Partner)프로그램을 도입했다. 이 TOP 프로그램의 첫 적용이 서울올림픽으로 코카콜라 등 9개 업체가 참여하였으며 92년 바르셀로나올림픽에서는 12개 기업, 96년 애틀란타올림픽에서는 10개 기업이 돈을 냈다(김도균, 2000). <표 12-4>에는 역대 TOP프로그램이 제시되어 있다.

이와 같이 올림픽은 이제 스포츠의 교육적 가치인 페어플레이 정신, 스포츠맨십을 포함한 아마추어리즘을 기본원리로 이루어지는 인류의 순수한 스포츠의 제전만이 아니라 세계적인 기업의 브랜드의 이미지를 확실하게 심어주어 황금알을 낳는 상업올림픽이 되었다. 또한 올림픽 개최도시는 기업들의 후원금, TV방영권료를 비롯한 부수익을 비롯해 수십억달러의 상업적 이익을 얻는다. 그러한 이유와 중국역사상 최초의 올림픽이 될 2008년 베이징올림픽 유치를 위해 중국은 최선을 다한 결과 2001년 7월 대회유치에 성공을 거두었다.

## 1) IOC의 조직

IOC(International Olympic Committee)는 1894년 6월 23일 파리 소르본느 대학의 강당에서 개최된 회의에서 쿠베르탱의 제창에 의해서 창설된 근대 올림픽의 주최 기관으로 본부는 스위스 로잔에 있는 샤또드비어에 있으며 80명 정도가 사무국에서 일하고 있다. 또한 올림픽 운동을 이끄는 3대 지주(IOC, IFs, NOCs) 중 대표 주자로 올림픽 운동을 주도하는 통제 기구로서 1세기를 생존해 오고 있다.

회원국만 해도 198개국으로 유엔 가입국(185개국)보다 많으며 세계에서 가장 영향력 있고 권위 있는 기관이다(김철주, 1999).

① IOC의 목적
- 대회의 정기적 개최를 확보할 것
- 올림픽 부흥을 제창한 사람들의 높은 이상을 잘 실천할 것
- 여러 가지 국제적 경기를 조직화하고 근대 스포츠를 바른 길로 이끌기 위해 노력을 경주할 것

② IOC의 권한
- 스포츠 및 스포츠 경기의 조직과 개발을 장려하는 일
- 올림픽 이상의 테두리 안에서 스포츠를 고취하고 주도함으로써 모든 국가의 스포츠인들간에 우의를 증진시키고 강화하는 일

- 올림픽 경기의 정기적 개최를 보장하는 일
- 올림픽 경기를 쿠베르탱 남작과 그의 동료들이 재생시킨 영광된 역사와 높은 이상에 더욱 가깝게 발전시켜 나가는 일

## 2) IOC 위원

IOC 위원들은 서로를 가족(family)이라고 부른다. 인종과 민족을 뛰어넘어 "인류는 하나"라는 숭고한 이념의 표현이다. IOC 위원은 IOC라는 조직에서 자신의 나라를 대표하는 것이 아니라 각자 자신의 나라에서 IOC를 대표한다.

### IOC 위원의 특혜

- IOC 위원은 자기 국가 또는 기관으로부터 구속을 받지 않고 IOC업무를 추진한다.
- 무 비자 입국
- 투숙한 호텔에 IOC 위원 깃발은 물론 해당 국가의 국기 게양
- 국가 원수 면담 편의 등 특권
- IOC는 비밀 행정으로 감사 제도가 없다.

## 3) IOC와 상업주의

올림픽 경기의 형태는 경기인 중심(player-centered)에서 관중 중심(spectator-centered)으로 바뀌었으며 이는 스포츠의 상업화를 가속화하는 계기가 되었다. 이러한 변화에는 여러 가지 요인이 있겠지만 그중 가장 큰 것은 텔레비전의 보급일 것이다.

- 84년 LA시는 세금을 단 1 센트도 사용하지 않고 순수 민간 자본을 도입해 올림픽을 성공적으로 개최하였다.
- 이후 개최국에서 부담하는 방대한 운영비 때문에 존폐의 기로에 섰던 올림픽이 '상업 올림픽'으로 변모하고 막대한 흑자로 세계 각국의 올림픽 유치 경쟁이 일어났다.
- 미국의 기업들은 IOC의 가장 큰 수입원이다(현재 올림픽 주요 후원 업체 11개 가운데 9개의 기업이 미국의 기업이다). 이들 스폰서들은 IOC에 4년 마다 4000만~5000만달러를 지원하고 있다.

• 따라서 미국의회는 입법활동을 통해 IOC 재정에 타격을 줄 수 있는 제재조치를 내리려고 한다(기부금 면세 혜택을 받는 비영리 단체의 지위를 박탈, IOC에 기부금을 내는 기업에 감세 혜택을 제한, 미국 TV 방영권 계약권자를 IOC 대신 미국 올림픽위원회로 변경 등).

올림픽 개최도시는 기업들의 후원금, TV 방영권료를 비롯한 부수익을 비롯해 수십억달러의 상업적 이익은 물론 국내경기 활성화, 관광진흥, 전세계에 자국의 홍보효과 등 천문학적인 부가 가치로 인해 수많은 나라들이 올림픽 자국 유치를 위해 혈안이 되고 있다.

## 4) IOC와 마케팅

최초로 스포츠의 강력한 가치를 알고 적절하게 활용한 사람은 나치의 히틀러였다. 당시 나치의 마케팅 전략 목표는 돈이 아니라 '국위선양'과 '독일 나치즘의 과시'였으며 목표는 다음과 같은 활동을 통하여 달성하였다.

• 독일 관광국을 중심으로 40개국에 선전 거점을 두고 13개국어로 포스터 제작
• 당시 음악계의 거장 리하르트 슈트라우스에게 '올림픽 찬가'를 작곡케 하여 불려지게 함
• 올림픽 기록 영화인 "민족의 제전"을 제작하여 배포
• TV중계(폐쇄회로)가 이루어진 최초의 올림픽

① 올림픽에서 마케팅의 효시: 1928년 암스테르담 올림픽 때 미국 코카콜라사가 대량으로 콜라를 미국선수 단에게 제공하여 미국 내에서 코카콜라 선풍을 일으켰고 이로 인해 매출이 급격하게 신장하였다.

② 올림픽에서 상업적 목표를 갖고 마케팅을 시작한 대회: 60년 로마 올림픽이 최초이며 이때부터 TV중계권료의 개념이 일어났다.

③ IOC로 하여금 스포츠 마케팅에 관심을 갖게 한 대회: 68년 멕시코 올림픽으로서 조직위는 미국의 ABC방송으로부터 450만달러의 중계권료를 받았는데 그중 15만달러만 IOC에 기부하였다.

### 5) 올림픽 마케팅에 성공한 기업

올림픽 대회를 후원한 기업들의 자체 조사에 따르면 소비자들은 올림픽 후원사의 제품을 믿고 구매해 소비자 신뢰도 향상과 함께 매출증대에도 상당한 효과가 있는 것으로 나타났다. 코카콜라는 올림픽을 통한 스포츠 마케팅으로 가장 성공한 기업중의 하나이다. 코카콜라는 2000년 시드니올림픽에 6000만달러에 계약했었고, 2004년 아테네 올림픽에 1800만달러에 이미 후원 계약을 해 놓았다. 코카콜라의 위력이 잘 나타났던 대회는 96년 애틀란타 올림픽이었다. 1928년 올림픽에 공식 스폰서를 시작으로 각종 대회마다 최고의 스폰서를 시작으로 각광받아온 코카콜라는 애틀랜타 올림픽의 경우 제2의 IOC라고 불릴 정도로 막강한 영향력을 발휘하였다.

올림픽 기간 중 각 경기장에는 코카콜라만이 판매되었으며 크리스탈 생수를 제외한 모든 음료수는 코카콜라사 제품만이 나와 있을 뿐 이여서 "미국은 과연 코카콜라 왕국"이라는 감탄을 자아내기도 하였다. 일본의 재봉틀회사 브라더는 전자 타자기를 개발한 후 LA올림픽의 공식 후원업체가 되어 정보기기회사로 이미지 전환에 성공했으며 매출과 경상이익도 높게 늘었다(김철주, 1999).

## 3. 월드컵 마케팅

월드컵은 경제적 차원에서 부를 창출하는 새로운 자원으로 급부상하고 있다. 올림픽과 마찬가지로 월드컵은 산업 전반의 성장을 가져올 수 있는 기회 비용을 창출하고 여러 산업의 균등한 발전을 유도한다. 30여만명에 이르는 관광객과 연인원 410억명의 전 세계 TV시청자들이 축구뿐만 아니라 개최국의 모든 부분에 집중한다.

이처럼 상업성에서는 오히려 올림픽을 능가하는 대회로서 '장외 월드컵'은 그라운드 내의 열기보다 더 치열하게 전개될 수밖에 없다. 이제 월드컵 대회는 단순한 스포츠제전을 넘어 그 자체가 거대한 상품이 되어 기업은 세계적 브랜드로 도약할 수 있고 개최국에게는 국가 홍보의 절대적인 기회가 될 수 있다.

이 밖에도 월드컵의 효과들은 도시 및 지역 발전의 차원에서 보면, 여러 도시에서 분산 개최됨으로써, 지역간 균형 발전을 도모하고 지방자치단체의 역량을 강화하여 세계도시로 발돋움할 수 있는 절호의 계기이다. 즉 개최도시의 이미지를 새

**〈표 12-5〉 월드컵과 올림픽의 주요 차이점 비교**

| 구 분 | 월드컵 축구대회 | 올림픽대회 |
|---|---|---|
| 주관기구 | 국제축구연맹(FIFA) | 국제올림픽위원회(IOC) |
| 대회의 성격 | · 국가간 경기<br>· 상업적 이익의 추구 | · 참가 선수 개인 및 종목별 팀간의 경쟁임<br>· 경기 외에도 문화교류·선린 등의 이념도 동시에 추구 |
| 회원국 | · 204개 국가 및 지역<br>(영국의 경우 4개 지역) | · 200개 국 |
| 대회의 유치 | · 축구협회 | · 개최도시 |
| 대회의<br>조직운영 | · FIFA가 대회 운영·사업에 관한 모든 권한을 배타적으로 보유<br>· 조직위는 FIFA가 직접하기 어려운 시설준비, 현지영접 등에 관한 사항 등 일부를 위탁 받아 추진 | · 대부분의 사항을 조직위원회가 추진<br>· IOC가 정한 범위 내의 업무에 한하여 IOC의 승인을 받아서 처리 |
| 출전선수 | · 아마추어와 프로 구분없이 출전 | · 아마추어 원칙<br>- 최근 일부 종목에서 프로선수 출전 허용 |
| TV 시청자 | · '94 미국대회 연 320억명<br>· '98 프랑스대회 연 370억명 | · '96 애틀란타 올림픽 196억명 |
| 대회기간 | · 30일 내외 | · 16일 내외 |
| 참가경비 부담 | · FIFA 부담(본선 진출국) | · 참가국<br>· 선수촌 등 경비는 개최도시 부담 |
| 개최도시 | · 8~12개의 도시에 분산 개최 | · 원칙적으로 개최도시에 한정 |

롭게 창출함으로써 관광 등 지역산업의 발전을 강화할 뿐만 아니라, 경기장, 숙박시설, 교통인프라, 문화관광인프라 공급 등 도시재개발계획의 촉진적 역할을 수행할 수 있다. 뿐만 아니라 기존에 추진하던 여러 도시 정책들을 한층 질적으로 승화시켜 도시의 삶의 질 전반을 업그레이드(upgrade)시킬 수 있는 계기가 된다. 즉월드컵은 도시 이미지의 재창출을 통해 지역경제 활성화와 지역 주민의 삶의 질향상 및 지역정체성의 확립을 추구하는 이른바 '도시마케팅(city marketing)' 전략의 중요한 계기가 되기도 한다. 〈표 12-5〉에는 월드컵과 올림픽의 주요한 차이점이 제시되어 있다.

## 1) 월드컵대회의 경제적 가치

1950년부터 1988년까지 조직화된 축구선수는 전세계적으로 6천8백만명에서 2억백만명으로 증가되었다. 또한 월드컵축구대회는 단일 종목의 최대 스포츠 이벤트로 부각되고 있다. 지난 94년 미국월드컵은 총 52경기에서 3백56만7천4백15명의 관중을 동원하였다.

이러한 관중동원은 종전의 최고기록인 2백51만7천3백48명으로 90년 이탈리아 월드컵보다 백만명 정도가 더 동원되었다. 1경기당 관중수는 6만8천6백40명으로 1950년 브라질 월드컵의 6만7백72명을 앞지른 관중동원에 성공하였다. 이러한 관중동원에 성공한 94년 미국 월드컵은 입장수입 부분에 있어서도 역시 4천3백50만여달러로 당시 환율로 환산하면 약 3백50억원으로 사상최대의 흥행을 기록하였다. 반면 프랑스 월드컵은 사상 최대로 32개국이 출전하여 미국월드컵의 24개국보다 무려 12개국이 늘어나 총 64경기를 진행하였다. 그러나 평균 4만5천석에 불과한 경기장 규모로 대회 참가국과 경기수의 증가 및 모든 경기가 매진을 이루었음에도 불구하고 미국 월드컵에 비해 약 1백만 정도 줄어든 2백5십만명 정도였다. 하지만, 94년 미국 월드컵 개최보다 98년 프랑스 월드컵 대회의 진행결과 FIFA의 수입은 2460억원에서 3960억원으로 증가되었다. 또한 프랑스 월드컵은 고용창출의 효과도 높아 15,000개의 자리가 만들어지고 제공되었다. <표 12-6>에는 프랑스 월드컵대회 개최결과가 간단하게 제시되어 있다.

**〈표 12-6〉 1998년 프랑스월드컵대회 개최 결과**

| 구 분 | 내 용 |
| --- | --- |
| 참가국 | 32개국(사상최대) |
| 기념주화 | 90만개 |
| TV중계권료 | 1억8천만달러(약 2천5백억원) |
| 입장객 | 2백50만명 |
| 개최비용 | 20억프랑(4천8백억원) |
| 총 수입 | 24억2천1백프랑(5천8백10억원) |
| 순수익 배분 | 참가국 배당 70%, 대회조직위 몫 30% |

자료: 설민신(1999). 2002년 월드컵대회 스폰서십 구조변화에 따른 대기업의 스포츠마케팅 전략에 관한 제언적 고찰. **한국사회체육학회지**, 12, pp. 1095-1107. 수정

## 2) 2002년 FIFA 월드컵대회

### (1) 대회개요

- 대회명칭 : 2002 FIFA World Cup Korea/Japan
- 대회기간 : 2002. 5. 31~6. 30 (31일간)
- 장    소 : 한국, 일본, 각 10개 도시
- 주    최 : 한·일 월드컵축구대회 조직위원회

### (2) 경제적 파급효과

2002년 월드컵대회의 투자 및 소비지출 효과와 국민경제적 파급 효과에 대한 내용이 〈표12-7〉과 〈표12-8〉에 각각 제시되어 있다.

### 〈표 12-7〉 투자 및 지출

| 투자지출 | 경기장 부대시설점검 | 1조 5,708억원 |
|---|---|---|
| 소비지출 | 외국인 관광소비 | 7,967억원 |
| | 대회 운영비 | |
| 계 | | 2조 3,675억원 |

※ 투자지출에는 부지매입비 제외, 부산·대구는 관련비용의 40%만 적용

　 인천·수원은 '97년까지의 투자비용은 제외

자료 : 2000년월드컵축구대회조직위원회(1998). **내부자료.**

### 〈표 12-8〉 경제적 파급 효과　　　　　　(한·일 국제산업연관모형에 의한 분석)

| 효　과 | 금　액 |
|---|---|
| 생산유발 효과 | 7조 9,961억원 |
| 부가가치유발 효과 | 3조 7,169억원 |
| 고용창출효과 | 24만 5,338명 |

자료: 2000년월드컵축구대회조직위원회(1998). **내부자료.**

### (3) 마케팅 개요

2002년 월드컵대회의 마케팅 권한은 원칙적으로 FIFA가 독점 소유한다(대회 조직협약서 6.1). FIFA는 마케팅을 추진하기 위하여 세계적인 스포츠 마케팅 대행사인 ISL(International Sports Culture & Leisure)를 선정하였다('97. 12).

그러나 이 법인이 파산한 후, FIFA가 직접 마케팅 AG(Agency)를 설립하였으며, 한국은 SMK(Sports Marketing Korea)가 대행하고 있다. 조직위원회(LOC)는 FIFA의 가이드라인 범위 내에서 마케팅 대행사와협의하여 일부사업 수행이 가능하다. <표 12-9>에는 마케팅구조가 제시되어 있고, <그림 12-6>에는 2002년 월드컵대회 FIFA의 마케팅 개념도가 제시되어 있다.

**<표 12-9> 2002년 월드컵대회 마케팅 구조**

| 구 분 | 사 업 권 한 | 선정기관 및 수입금 귀속 | 비 고 |
|---|---|---|---|
| FIFA공식파트너 (업체수:15개내외) | · 공식명칭, 엠블렘·마스코트 등 사용권<br>· 경기장 Fence 광고권 (2~4면)<br>· 무료입장권 및 유료입장권 구입 우선권<br>· 관련 상품의 전세계적 광고·판촉권 등 | FIFA/대행사 | · 2001.11월 현재 16개 업체, 코카콜라, 마스터카드, 현대자동차, JVC, 맥 도날드, 버드와이져, 후지필름, 질레트, 아디다스, 후지제록스, 아바야, 도시바, 필립스, 야후, 한국통신·NTT |
| LOC공식공급자 (업체수: 6개) | · 공식명칭, 엠블렘·마스코트 등 사용권<br>· 경기장 Fence 광고권(1면)<br>· 무료입장권 및 유료입장권 구입 우선권<br>· 관련 상품의 개최국내 광고<br>· 판촉권 등 | LOC (조직위) | · LOC와 대행사가 공동으로 사업을 추진, 수입금은 전액 LOC에 귀속<br>· FIFA 공식파트너와 업종 중복 불가 |
| 공식상품화권자 (200~300여개 품목) | · 특정상품에 엠블렘·마스코트 등 사용권한 | FIFA/대행사 | · 한국내 Licensing 사업은 대행사 또는 자회사가 사업예정 |

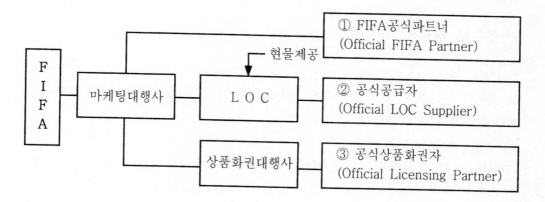

<그림 12-6> 2002년 월드컵대회 FIFA 마케팅 개념도

자료: 2002년월드컵축구대회조직위원회(2001). 개최지 운영본부 업무편람. p. 358.

# 제6절 스포츠를 통한 마케팅

## 1. 스포츠를 통한 마케팅의 탄생 배경

스포츠 마케팅은 두 가지로 나눌 수 있지만 엄밀히 구분하기는 쉽지 않다. 스포츠 현상은 복잡한 구조를 갖고 있기 때문이다. 또한 요즘의 각 스포츠 구단이나 팀들은 기업화되고 있고 그 기업은 스포츠 자체로 마케팅을 실시하지만, 때에 따라서는 스폰서십을 통하여 목적을 달성하고 있다.

스포츠를 통한 마케팅은 이미 로마시대에서부터 시작되었으며 현대에 들어와서는 미국에서 본격적인 사업으로 발전했다. 미국에서 스포츠를 마케팅에 활용한 최초의 회사는 뉴잉글랜드라는 철도회사였다.

1852년 뉴잉글랜드 철도회사는 하버드와 예일대학 두 학교의 스포츠 행사에 교통편을 무료로 제공했다. 물론 자주 이용해달라는 기대가 담긴 것이었다. 이에 자극 받아 1876년 메이저리그 출범이후 여러 철도회사들이 앞다투어 야구팀과 제휴하여 교통편을 무료로 제공했고 이를 홍보수단으로 활용했다.

## 2. 선수를 활용한 마케팅

스포츠 이벤트나 팀 전체를 대상으로 후원하는 것만이 스포츠를 이용한 마케팅의 전부는 아니다. 스포츠의 열기를 판촉 마케팅에 연결시키는 것이라면 무엇이든 여기에 속한다.

스포츠 마케팅이 활발하게 전개되면서 스타 선수들의 탄생에 기업들이 힘을 쏟고 있다. 스타 선수가 부각되면 자연스럽게 기업과 제품의 이미지가 향상되기 때문이다. 국내의 기업들이 스포츠 스타 발굴에 더욱 관심을 갖게 된 계기는 타이거 우즈를 지원한 나이키의 성공 이후 많은 사람들이 스포츠 스타의 중요성을 인식한 이후 부터라고 해도 과언은 아니다. 이러한 기업의 개념은 선수는 하나의 제품이고 선수는 제품을 대표하는 주자이면서 광고의 주요 모델이다. 농구의 경우 선수에 대한 초점은 이제 농구화에 있는 것이 아니라 어떤 포지션(가드, 포워드, 센터)이냐에 따라 그 특성에 맞게 제품이 기능적으로 개발되며, 여기서 한발 더 나아가 가드 포지션도 슈팅 가드와 포인트 가드, 포워드 포지션도 스몰 포워드와 파워 포워드 등으로 세분화된 신발이 나오고 있다.

이제 선수는 바로 마케팅의 가장 핵심이 되는 부분이며 스타급 선수를 얼마나 보유하고 있느냐 하는 것은 '얼마나 매출이 많으냐' 하는 것과 일맥상통한다 해도 과언은 아니다.

일례로 유명선수를 자사제품의 광고모델로 등장시키거나 이들의 유명세를 이용한 스포츠용품을 판매하는 것도 최근 자주 이용되는 마케팅기법이다. 스포츠 마케팅 전문회사인 GF가 우리 나라 국가대표였던 박주봉 선수의 이름을 사용한 배드민턴용품을 생산 판매하는 사례가 이에 속한다.

또한 박찬호 선수를 후원하는 나이키나 박세리 선수를 지원하는 삼성 등은 국내·외적으로 큰 매출 신장과 브랜드 이미지 상승 효과를 기록하고 있으며 스포츠 음료인 게토레이나 삼보 컴퓨터 등도 박찬호 선수를 광고에 등장시킨 이후 그 제품에 대한 매출 신장이 커졌다는 것을 신문이나 잡지 등을 통하여 알 수 있다.

## 3. 팀운영

각 기업들은 스포츠를 활용한 마케팅의 한 방법으로 구단을 운영하기도 한다.

특히 국내 기업의 경우, 예전에는 주먹구구식으로 그룹 총수가 좋아한다는 이유로 운동팀을 만들던 것에서 점차 과학화되고 있는 실정이다. 주력제품의 소비계층이나 기업 이미지에 걸맞은 종목을 선택하는 경향이 강화되고 있다. 이를테면 삼성 그룹의 경우 축구는 운동장을 거침없이 달린다는 점에서 '자동차'에서, 농구는 아기자기하고 정밀한 팀워크를 요구한다는 점을 감안해 '전자'에서 팀을 운영하고 있다. 또 비교적 활용 범위가 적으면서도 세기와 파워를 필요로 하는 배드민턴은 '전기'에서 맡고 있다.

82년 프로야구가 출범한 이래 프로구단들이 적자운영을 호소하고 있음에도 불구하고 엄청난 대가를 지불하며 프로구단을 인수하거나 기회만 있으면 참여의지를 보인 것은 적자 이상의 기업이미지나 홍보효과를 거둘 수 있다는 판단 때문이다.

즉, 팀을 운영하면 스포츠를 통해 소비자와 일체감을 조성할 수 있으며 이를 통해 기업과 제품을 널리 알릴 수 있다. 팀을 직접 운영할 경우 그 효과는 펜스광고나 대회스폰서에 비교할 수 없을 정도다. 인기종목의 경우 입장표를 구하기가 힘들고 TV중계의 시청률도 20%을 웃돈다. 홍보효과로는 만점인 셈이다.

물론 수치상으로 계산하면 이익이 아니라 적자다. 예를 들면 한국 프로농구팀 97시즌 결산서엔 20억이 빨간 색깔로 기록되어 있다. 20억원이 적자였다는 것이다. 하지만 각 팀들은 실제 효과분석 결과 200억원의 순이익이 발생했다고 낙관하고 있다.

그러나 스포츠구단을 만든다고 해서 언제나 좋은 효과만 거두는 것은 아니다. 승률이 나쁘면 기업 이미지에도 마이너스가 될 소지가 있다. 따라서 경기에서 이기는 것은 단순한 승리 이상의 의미를 가지며 각 기업들이 스카웃 파문을 불사하면서 우수 선수를 확보하려는 것도 그러한 이유가 있기 때문이다.

## 4. 라이센스를 활용한 마케팅

기업의 스포츠를 활용한 마케팅 중에는 라이센스를 매입, 제품의 판매와 광고에 이용하는 방법도 있다. 라이센스는 로고나 혹은 그와 유사한 것을 통해서 소매상에서의 판매를 촉진시킬 수 있기 때문에 매우 매력적이다.

미국의 최대의 스포츠화 제조업체 중의 하나인 리복은 미국에서 풋볼이 가장 인기 있는 스포츠라는 것을 알았으며 세계적으로도 뻗어갈 수 있는 잠재력 큰 스포츠 종목임을 감안해 라이센스를 매입했다.

NFL 라이센스는 리복에게 브랜드 지명도를 가진 세계적인 회사가 될 수 있는 초석을 마련해 주었다. 게다가 리복은 풋볼팀에게 그들이 디자인한 티셔츠와 모자를 제공하기로 협상을 할 수 있었다. 리복이 NFL의 라이센스를 매입함으로서 소비자들은 확실히 리복의 제품을 더 많이 구입하게 되었다.

또한 풋볼 경기의 대부분은 TV를 통해 분석되고 재방송되는데, 이를 통해 시청자들은 선수들의 유니폼이나 경기장 결승점에 새겨진 리복의 로고를 자주 목격하게 된다. 이것은 확실한 광고 효과를 가졌으며 이로 인해 리복은 한해 평균 30억 달러의 판매 수익을 올렸다.

스포츠 잡지사인 스포츠 일러스트레이트지(Sports Illustrated)는 연간 정기구독자에게 마이클 조던이나 래비 버드의 경기 모습, 재미있고 황당스러운 경기 중의 실수 장면, 하이라이트 등이 담긴 비디오를 무료로 제공한다. 이러한 방법을 통해 일러스트레이트지는 판매 부수 증가뿐만 아니라 잡지의 광고수입까지 상승시킬 수 있었다(김영준, 1998).

## 5. 스포츠 마케팅 실례

### 1) LA 다저스

LA 다저스의 박찬호에 대한 투자는 무엇보다도 완벽한 스포츠 상품화를 위한 것이다. 그의 빠른 공과 야구감각, 자기관리, 정신력은 그의 상품성을 입증하는 핵심으로 파악했다. 게다가 외모와 무명에서 일약 스타가 된 라이프 스토리는 개척 정신을 높이 사는 프론티어적(frontier) 미국인들에게 더할 나위 없이 매력적인 마케팅 요소가 된 것이다.

LA다저스는 계약 당시 박찬호에게 120만달러의 계약금을 지불했다. 한국의 무명선수에게 메이져 리그 사상 최고 수준의 계약금을 지불한 것이다. 다저스의 최고 강타자 도미니카 출신의 우익수 몬데시도 입단 시에는 이에 훨씬 못 미쳤다. 그러나 다저스의 안목과 투자는 과감하고 정확했다는 것이 밝혀지게 되었다.

다저스의 홈경기 평균 관중수(37,474명)보다도 14.4%가 많은 42,872명이 그의 선발경기를 관전했다. 95년 이후 가장 흥행력이 높은 선발투수였던 노모 히데오보다도 17%가 많은 수치이다. 다저스측에 의하면 관중 한 사람이 입장료(9달

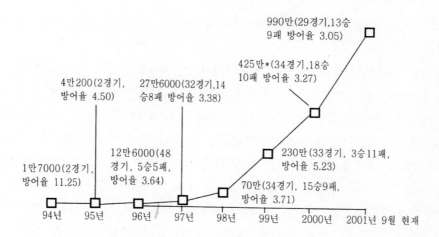

990만(29경기,13승
9패 방어율 3.05)

425만*(34경기,18승
10패 방어율 3.27)

4만200(2경기,
방어율 4.50)

27만6000(32경기,14
승8패 방어율 3.38)

1만7000(2경기,
방어율 11.25)

12만6000(48
경기, 5승5패,
방어율 3.64)

230만(33경기, 3승11패,
방어율 5.23)

70만(34경기, 15승9패,
방어율 3.71)

94년  95년  96년  97년  98년  99년  2000년  2001년 9월 현재

**〈그림 12-7〉 박찬호 연봉추이(단위 : 달러, *옵션포함)**

자료 : 고석태(2001. 9. 5). 박찬호 '연봉 2000만달러' 가능하다. **조선일보.** 25면.

러)와 주차비(5달러), 핫도그(2.50달러), 음료수(1.50달러), 결국 박찬호가 선발
등판하는 날 5,000여명이 더 입장함으로써 다저스는 하루 8만-10만달러의 매출
실적 증가를, 1년에 15경기의 홈선발로 나서는 것을 감안하면 연간 90만-150만
달러를 더 벌여들이게 된다.

## 2) NIKE

나이키는 세계적인 스포츠 의류 업체로서 광고 전략은 세계적인 글로벌화한 특
성을 가지고 있다. 나이키는 박찬호가 마이너 리그에서 전전할 때 언젠가는 '뜰
것'으로 보고 계약을 맺었다. 이 회사는 거액을 아끼지 않고 빅스타를 모델로 쓴
다. 광고에서 밀리면 영업전선이 무너질 것이라는 생각 때문이다.

누구나 인정하듯이 나이키는 스포츠 산업 내에서 우상과 같은 존재가 되었다.
이 회사는 자사 제품을 세계 시장에 팔고 있으며 마이클 조단(Michael Jordan),
마이클 존슨(Michael Johnson), 타이거 우즈(Tiger Woods)와 같은 세계적으로
유명한 선수들을 통해 선전을 하고 있다. 또한 나이키는 현재의 자리에 머물어 있
지 않는다. 공격적인 마케팅 회사로서 지속적으로 새로운 시장들을 찾고 있으며,
새로운 아이디어를 개발하여 시장 점유율과 경쟁력을 유지하려 하고 있다.

나이키는 자금력을 돋보이면서 국제적으로 경쟁성 있는 제품을 생산하여 세계
스포츠 시장에서 그 힘을 키우고 있다. 나이키가 이처럼 지속적인 성공을 누리고

있는 것은 성공의 목표를 높이도록 회사에 동기를 부여하고 채찍질하는 원동력이
된다.

나이키는 골프 신동 타이거 우즈가 고등학교 때부터 1천만 달러에 가까운 후원
금을 내줬다. 그의 천재성을 간파하고 투자를 결심한 것이다. 타이거 우즈가 96년
3월 미국 아마추어 선수권 사상 3년패를 이룬 뒤엔 5년간 4천만달러라는 거액을
후원료로 지불하며 스폰서 계약을 맺었다. 이후 우주가 가는 곳엔 나이키도 그림
자처럼 따라 다니게 됐고 결과는 대성공이었다. 나이키의 타이거 우주로 인한 마
케팅의 효과는 미국 골프부문이 시장점유율 1위, 골프신발 분야에선 2위를 차지했
다. 또한 99년 매출은 지난해 보다 60%까지 증가했다. 나이키가 그만한 소득을
얻기까지 타이거 우즈에게 투자한 금액은 4천만달러(약 3백60억원)이다.

### 3) 삼성의 마케팅(박세리 선수)

95년 삼성이 박세리 선수와 10년간 계약금 8억원에 연봉 1억원씩 지급하기로
계약했을 때 경쟁 기업들은 이를 몹시 못 마땅해 했다. 당시 수준으로는 대우가 파
격적이었기 때문이다. 이로부터 불과 4년, 박세리 선수가 세계적인 골퍼로 우승하
며 일약 스타가 되자 다른 기업들은 무릎을 치며 부러워하고 있다. 삼성이 키워낸
박세리가 삼성의 브랜드 이미지를 7% 상승시켰는데, 돈으로 환산하면 1억5,000
만달러 이상의 광고비 지출과 같은 효과가 있다.

삼성은 유독 스포츠 마케팅에 집착해 왔다. '인류 사회 기여' 라는 기업철학이
스포츠 정신과 일치하는데도 이유가 있지만 세계인의 이목이 집중된 스포츠 빅이
벤트 현장에서 삼성이 세계적 기업이라는 긍정적 이미지를 높이고 미래 지향적인
브랜드 인상을 굳힌다는 것이 목표이다.

### 4) 일본의 J리그

일본은 우리 나라보다 거의 10년 정도 늦게 93년 프로축구리그, 일명 'J리그'
를 출범시켰다. 그러나 모두가 놀랄 정도로 큰 성공을 거두고 있다. 특히 일본은
전통적으로 야구 경기 열기가 높은 곳이어서 어느 누구도 선뜻 J리그의 성공을 예
측할 수가 없었다. 그러나 철저한 마케팅적 관점에서 출범을 준비했고 때마침 일
본사회가 무엇인가를 변화를 원하는 분위기에 쌓여 있었기 때문에 성공했다고 볼
수 있다.

〈표 12-10〉 박세리의 경제적 효과

| | | |
|---|---|---|
| 투입 | · 계약금 | 8억원 |
| | · 3년연봉 | 3억원 |
| | · 코치, 매니저비 | 5억원 |
| | · 훈련비 | 6억원 |
| | · 포상금 | 4억원 |
| | · 주택지원 등 기타 | 4억원 |
| | · 합계 | 30억원 |
| 산출 | · 중계방송사 CBS광고효과 | 7백억원 |
| | · CNN.ABC.NBC 등 기타<br>신문.방송.인터넷 광고효과 | 1천4백억원 |
| | · 합계 : 우승에 따른 광고효과 | 2천1백억원 |
| 향후 기대치 | · 4천억~7천억원 | |

J리그 창설 준비를 맡은 회사는 덴츠의 자회사 하쿠모토사, 하쿠모토는 사전 마케팅 리서치 결과 "J리그는 반드시 성공한다"는 자신감을 얻었다. 이와 같은 자신감은 우선 일본사회가 새로운 구경거리인 프로 축구를 수용할 분위기가 충분히 성숙했다는 분석이 나왔기 때문이다. 즉, 미국의 프로농구(NBA), 프로미식축구(NFL), 프로아이스하키(NHL)와 독일의 프로축구 분데스리가 등 다른 국가들의 성공한 스포츠 사례를 제대로 분석한 것이다.

스포츠 마케팅의 대상인 스포츠는 자체가 일반적인 상품은 아니지만 하쿠모토는 축구와 그 시장을 마케팅의 관점에서 분석하고 J리그 개발 – 상품화 – 매체화의 3단계 전략을 준비했다. 이 과정에서 하쿠모토는 중요한 사실을 포착했다.

첫째는 2차대전 이후 축구 인구가 오히려 야구보다 앞서 있다는 점이다.

둘째는 당시 많은 일본인들이 중앙집중에 대한 불만이 컷고 경제대국이 되면서 미국에 대한 라이벌 의식이 강해져 미국에 뿌리를 둔 야구에 대한 열기도 조금씩 식어가기 시작한다는 것이다. 이러한 사회적 분위기를 계산하고 하쿠모토사는 J리그를 일본 시민들의 변화 요구를 충족시킬 수 있는 철저한 상품으로 개발시켜 나갔고 예측은 정확하게 맞아떨어졌다. 신개발품 J리그는 이와 같은 사회적 여건의 도움과 경제력에 걸맞지 않게 월드컵 축구 본선에는 한 번도 오르지 못한다는 일본인들의 열등감을 자극시켜 훌륭한 상품이 되었다.

일본 유수의 언론 매체인 NHK TV와 마이니치 신문 등도 새로운 흐름에 뒤처지지 않기 위해서 홍보에 앞다투어 뛰어들었다. 또한 선수들도 열광하는 관중에게 호응하기 위해 프로로서 승리하고 우승하는 것에 대한 책임감으로 최선을 다하는 경기를 펼침으로써 더욱 관객들을 끌어들이는 결과를 낳았다. J리그 출범 이후 일본축구의 위상은 엄청난 변모를 가져왔다. 예를 들면 이전에는 축구 1경기 중계권료가 30만엔이었는데 지금은 1천만엔이다.

## 5) 스포츠 마케팅 전문 회사

### (1) ISL

ISL(International Sport, Culture & Leisure Marketing)은 IOC와의 휘장사업 공인 Agent이다. 88서울 올림픽을 계기로 우리들에게 조금씩 귀익기 시작한 ISL은 1984년 로스엔젤레스 올림픽에서 위베로스 조직위원장이 철저한 상혼(商魂)으로 흑자올림픽의 신화를 창조하기 바로 2년전인 1982년에 설립된 주식회사이다.

지구촌의 화려한 축제, 올림픽을 연결고리로 휘장사업을 하면 그 신장성은 무한할 것이라는 전망과 자신을 갖고 스포츠 마케팅에 뛰어들었다.

세계적 재벌인 다슬러 그룹이 아디다스(51%)를 내세워 일본의 유수한 광고회사 덴쯔(49%)와 손을 잡고 일을 시작하였다. ISL은 TOPⅡ(The Olympic Partner) 프로그램을 개발, 1992년의 프랑스 알베르빌 동계올림픽과 스페인 바르셀로나 하계올림픽을 독점시장으로 삼았다.

숭고한 올림픽정신과 올림픽운동의 본산인 IOC의 품위를 손상시키는 일없이 IOC의 체육문화사업을 측면 지원한다는 소기의 목적을 성취함으로써 돈도 벌고 사회적 명성도 함께 얻겠다는 것이 ISL의 설립목적이다. 그러나 2002년 한·일 월드컵대회 마케팅 대행사로도 선정되었던 ISL도 2001년 상반기에 파산하고 말았다.

### (2) IMG

전세계 36개국에 77개의 지사를 거느리고 한해 10억달러 이상의 매출을 올리는 세계 최대 규모의 스포츠 마케팅 전문회사 'IMG'(Interantinal Management Group)의 회장인 매코맥(Mark H. McCormack) 그는 유명선수들의 매니지먼트를 통해 막대한 부를 축적한 최초의 인물이라고 해도 과언은 아니다.

매코맥이 스포츠 마케팅에 눈을 뜨기 시작한 것은 1960년 당시 가장 유명한 골퍼였던 아놀드 파머와 손을 잡으면서부터다. 그때만 해도 생소한 개념이었던 스포츠 매니지먼트 및 마케팅에 처음으로 발을 놓았던 것이다. 하지만 그가 처음부터 스포츠 매니지먼트로 돈을 벌 생각을 한 것은 아니었다. 원래 아마추어 골프선수였던 매코맥은 US오픈뿐만 아니라 몇몇 골프대회에 출전한 결과 자신이 골프선수로서는 성공할 수 없음을 깨닫고 예일대 법대에 진학하게 된다. 법률가로서 사회에 첫발을 내디딘 그는 자신의 법률지식과 골프에 대한 경험을 결합시킨 사업을 궁리하게 된다. 이 과정에서 가장 먼저 떠오른 인물이 아놀드 파머, 그는 즉시 파머를 찾아가 "당신은 골프에만 전념하라. 내가 당신의 계약 및 세금, 투자문제 일체를 책임져 주겠다"며 당시로서는 누구도 생각하지 못했던 파격적인 제의를 하게 된다. 파머의 반응은 의외였다. "지금까지 이런 제의를 한 사람은 한 명도 없었다. 훌륭한 사업"이라며 즉석에서 악수하는 것으로 계약을 마쳤다.

미래의 황금산업으로 불리는 스포츠 마케팅의 원조 IMG는 이렇게 탄생하게 됐다. 이후 매코맥은 게리 플레이어 등 유명 골퍼를 자기 식구로 끌어들이며 스포츠

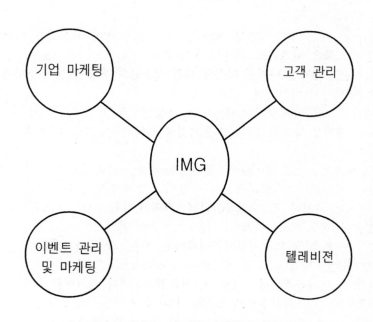

〈그림 12-8〉 IMG의 네 가지 핵심 사업

자료: Parks, J. B., Zanger, B. R. K., & Quarterman, J.(1998). *Contemporary sport management*. Champaign, IL: Human Kinetics. p. 270.

매니저먼트의 새로운 영역을 개척, 승승장구할 수 있었다. 현재 IMG가 매니지먼트 계약을 하고 있는 선수는 타이거 우즈와 애니카 소렌스탐(골프), 피터 샘프라이스와 마르티나 힝기스(테니스), 크리스 웨버(농구), 웨인 그레즈키(아이스하키) 등 세계 정상급 선수들을 망라하고 있다. 또 피겨스케이팅과 북미미식축구리그(NFL) 소속 선수들의 90%는 IMG를 통해 소속팀과 연봉을 결정하고 있을 정도다.

이 과정에서 매코맥회장이 '돈이 될 만한 선수'들을 선별하는 선구안은 거의 타의 추종을 불허할 정도인 것으로 알려져 있다. 타이거 우즈의 경우 매코맥회장은 주니어시절 아무도 거들떠 보지도 않던 우즈의 진가를 거의 동물적인 감각으로 알아채고 계약을 해 막대한 수입을 올렸다. 이와 같은 적극적인 사업방식으로 매코맥 회장은 지금까지 5억달러 이상의 개인 재산을 모을 수 있었다.

# 참고문헌

고기채, 황의룡, 오경록(1997). 2002년 월드컵과 스포츠마케팅의 관계. **한국사회체육학회지**, 8, 129-139.

고석태(2001. 9. 5). 박찬호 '연봉 2000만달러' 가능하다. **조선일보**. 25면.

김도균(2000). **스포츠 비즈니스**. 서울: 오성출판사.

김도균(2001). **스포츠기업 마케팅 믹스에 대한 청소년의 중요 인식과 소비행동**. 한국체육대학교 대학원 박사학위 논문.

김영준(1998). **스포츠 마케팅의 이해**. 서울: 이벤트박스.

김용만(1996). **경기장 광고의 TV노출 효과성에 관한 연구**. 한국체육학회 학술발표회논문집.

김철주(1999, 6월호). IOC business. **Sport business, 13,** 24-31.

설민신(1999). 2002년 월드컵대회 스폰서십 구조변화에 따른 대기업의 스포츠마케팅 전략에 관한 제언적 고찰. **한국사회체육학회지, 12,** 1095-1107.

송영섭, 김형순(1999). **New 마케팅**. 서울: 도서출판 문영사.

송해룡(1997). **스포츠 광고와 기업커뮤니케이션**. 서울: 한올 아카데미.

정희윤(2000, 10월호). TOP프로그램. **Sport business, 27,** 5-7.

2002년월드컵축구대회조직위원회(1998). **월드컵축구대회 개최현황**.

2002년월드컵축구대회조직위원회(2001.2). **개최지 운영본부 업무편람**.

Aaker, D. A.(1991). *Managing brand equity*. New York: The Free Press.

Kotler, P.(1997). *Marketing management: Analysis, planning and control* (9rd ed.). Englewood Cliffs, New Jersey: Prentice-Hall.

Krammer, R. L.(1972). *International marketing* (3rd ed.). Cincinnati, Ohio: Edition South Western Publishing Co.

Parks, J. B., Zanger, B. R. K., & Quarterman, J.(1998). *Contemporary sport management*. Champaign, IL: Human Kinetics.

Sleight, S.(1989). *Sponsorship: What is and how to use it*. Landon: McGraw Hill.

# 찾아보기

## 나

## 차

PHYSICAL EDUCATION ADMINISTRATION

# 체육행정 경영의 이론과 실제

초판 인쇄 2018년 7월 2일
초판 발행 2018년 7월 6일

지은이     이상효

펴낸이     진수진
펴낸곳     혜민북스

주소       경기도 고양시 일산서구 하이파크 3로 61
출판등록   2013년 5월 30일 제2013-000078호
전화       031-949-3418
팩스       031-949-3419

값 26,000원